电力企业
税务工作指南

主　编　曹培东　张伯凝　王冬法
副主编　杨仁标　吴　清　蓝　飞

图书在版编目（CIP）数据

电力企业税务工作指南/曹培东，张伯凝，王冬法主编. —北京：中国电力出版社，2019.12（2020.6重印）
ISBN 978-7-5198-3968-0

Ⅰ.①电… Ⅱ.①曹… ②张… ③王… Ⅲ.①电力工业－工业企业管理－税收管理－中国－指南 Ⅳ.①F812.423-62

中国版本图书馆CIP数据核字（2019）第241528号

出版发行：中国电力出版社
地　　址：北京市东城区北京站西街19号（邮政编码100005）
网　　址：http：//www.cepp.sgcc.com.cn
责任编辑：钟　瑾（010-63412867）
责任校对：黄　蓓　常燕昆
装帧设计：郝晓燕
责任印制：钱兴根

印　　刷：三河市航远印刷有限公司
版　　次：2019年12月第一版
印　　次：2020年6月北京第四次印刷
开　　本：787毫米×1092毫米　16开本
印　　张：22
字　　数：528千字
定　　价：78.00元

编 委 会

前言

近年来，国资国企改革、电力体制改革持续推进，财税体制改革推向纵深。随着国税地税征管体制改革、“放管服”（简政放权、放管结合、优化服务）改革全面开展，营业税改增值税、减税降费、小微企业等财税政策频繁出台，这对电力企业财税人员的专业素养尤其是职业判断能力提出了新要求，也对电力企业税务风险防范能力提出了新挑战。随着电力体制改革的不断深入，电力企业主动优化经营管理策略，开展多维精益管理变革，与之相适应，财税管理业财协同迫在眉睫，亟须建立一套全员全业务税务工作标准。为适应财税体制改革，实现财税业务标准化管理，国家电网有限公司财务资产部组织开展了企业全生命周期涉税管理研究，形成了《电力企业税务工作指南》（简称《指南》）。

《指南》由三部分共九章组成。第一部分是电力企业税务概论；第二部分是企业生命周期涉税实务，涵盖新设、筹资、投资、运营、退出等各个阶段，每个阶段均从业务描述及流程图、涉及税种、涉税处理、涉税风险、政策依据等五个方面进行详细描述和剖析；第三部分是税收管理实务。

《指南》具有以下特点：一是引入“企业全生命周期”管理理念，从企业设立到退出、从项目前期到资产报废，环环相扣，逻辑性强，既适合作为财务人员开展税务工作的工具书，又适合业务人员学习贯彻；二是遵循“业务决定税务”的创作思路，紧紧围绕业务实际开展涉税分析，引入并改造 63 张涉税业务内控流程图，为促进财税业务业财融合奠定了基础；三是秉持“流程决定风险”的管理理念，从内控流程图入手，提出 119 个业务涉税风险和 171 个财务涉税风险，力求风险定位精准、管理职责明确，通过风险编号建立业务流程与税务风险的索引关系，既方便读者阅读又能有效指导实务工作；四是贯彻“税法遵从其他法文”的原则，全书 66 个业务定义均按法律法规、部门规章或规范性文件、国家电网通用制度的等级顺序引用，确保业务定义的准确和严谨；五是坚持理论创新与实操并重，本书原创内容颇多，如从实践中提炼总结税务稽查应对策略、将零星散落的发票管理规定整合成发票全流程管理规范，结合信息系统创新设置房产税、土地使用税等 11 个常用表格税务台账模板，具有极强实用性。

《指南》构建了企业全生命周期税务处理的方法体系，对流程各环节发生的经营行为进行了前端性税收筹划，为电力企业实现财税管理业财协同提供了理论指导和实践路径。作为税务管理工作指导书的出版，将有助于提高电力企业税务管理工作水平。

《指南》由国家电网有限公司财务资产部主导，国网浙江省电力有限公司财务资产部具体组织编写。在编写过程中，杨仁标同志对本书进行了多次审改和总撰，同时其他单位也给予了大力支持和配合，在此一并表示诚挚的谢意。囿于编写人员的学识和水平，书中难免存在疏漏和不足，敬请广大读者批评指正。

曹培东

2019 年 7 月

目 录

第三部分　税 收 管 理 实 务

第一部分

电力企业税务概论

第一章　电力企业税务概况

第一节　税务工作概述

一、企业基本概况

国家电网有限公司（简称国家电网公司）是根据《中华人民共和国公司法》（中华人民共和国主席令第42号）规定设立的中央直接管理的国有独资公司，是关系国民经济命脉和国家能源安全的特大型国有重点骨干企业。公司以投资建设运营电网为核心业务，承担着保障安全、经济、清洁、可持续电力供应的基本使命。公司经营区域覆盖26个省（自治区、直辖市），覆盖国土面积的88%以上，供电服务人口超过11亿人。公司注册资本8295亿元，资产总额38088.3亿元，稳健运营在菲律宾、巴西、葡萄牙、澳大利亚、意大利、希腊、中国香港等国家和地区的资产。公司连续13年获评中央企业业绩考核A级企业，2016—2018年蝉联《财富》世界500强第2位、中国500强企业第1位，是全球最大的公用事业企业。

目前，公司总部设立了30个部门，拥有27家省供电公司、6家国网分部及40家直属单位。公司组织结构如图1-1所示。

公司除购售电外的主要业务为建设电网相关设施，属于资产密集型企业，资产数量多，分布范围广，建设周期长，涉及金额大；同时，公司属于公用事业企业，享受国家的税收优惠政策较多。基于这些特点，公司的税务工作面临着较大的挑战，需要一套贯穿经营周期的税务工作指南来规范各项经营活动的涉税处理。

二、税务工作概述

为加强纳税集约化管理，强化依法纳税意识，规范纳税行为，降低涉税风险，国家电网公司下发了《国家电网有限公司纳税管理办法》[国网（财/2）202—2018]、《国家电网公司会计核算办法》[国网（财/2）469—2014] 等文件，并据此进行税务核算和管理工作。

公司涉及的具体税目包括增值税及附加、企业所得税、个人所得税、印花税、房产税、城镇土地使用税、土地增值税、契税、车船税等税种。根据国家现行税法规定，公司应及时计算并足额缴纳纳税期内应缴纳的各种税费，并通过SAP和财务管控系统在公司系统内进行登记和上报。

在税务管理方面，公司严格执行国家税收法律、法规和政策，对所属单位进行指导和检查工作。公司下属各级单位向上级公司上报纳税管理情况，配合上级公司有关税务管理工作并定期进行税务自查。在税务管理工作中，公司各级单位的财务部门都设有发票管理岗位和税务专职，前者负责发票申领、开票等工作；后者负责税务会计处理、纳税申报，按照国家减免税等有关规定，积极办理减免手续，充分享受税收优惠政策，科学进行税务筹划工作。

国家电网有限公司

总部
- 1. 办公厅（董事会办公室）
- 2. 总师办公室
- 3. 研究室
- 4. 发展策划部
- 5. 财务资产部
- 6. 安全监察质量部
- 7. 设备管理部
- 8. 营销部（农电工作部）
- 9. 科技部（全球能源互联网办公室）
- 10. 基建部
- 11. 特高压建设部
- 12. 抽水蓄能和新能源部
- 13. 互联网部
- 14. 物资部（招投标管理中心）
- 15. 产业发展部
- 16. 党组宣传部（对外联络部）
- 17. 国际合作部（“一带一路”工作办公室）
- 18. 审计部
- 19. 经济法律部
- 20. 党组组织部（人事董事部）
- 21. 人力资源部
- 22. 体制改革办公室
- 23. 离退休工作部
- 24. 后勤工作部
- 25. 党组党建部
- 26. 监察局
- 27. 党组巡视办、巡视组
- 28. 工会
- 29. 国家电力调度控制中心
- 30. 企业管理协会
- 北京电力交易中心有限公司

直属单位
- 1. 全球能源互联网集团有限公司
- 2. 国网国际发展有限公司
- 3. 鲁能集团有限公司（都城伟业集团有限公司）
- 4. 南瑞集团有限公司（国网电力科学研究院）
- 5. 国网信息通信产业集团有限公司
- 6. 国网电动汽车服务有限公司
- 7. 国网电子商务有限公司
- 8. 中国电力技术装备有限公司（国网雄安金融科技集团有限公司）
- 9. 国网新源控股有限公司（国网新源水电有限公司）
- 10. 国网通用航空有限公司
- 11. 国网物资有限公司
- 12. 英大传媒投资集团有限公司
- 13. 国网节能服务有限公司
- 14. 国网中兴有限公司
- 15. 国中康健集团有限公司
- 16. 许继集团有限公司
- 17. 平高集团有限公司
- 18. 山东电工电气集团有限公司
- 19. 国家电网公司运行分公司
- 20. 国家电网公司直流建设分公司
- 21. 国家电网公司交流建设分公司
- 22. 国家电网公司信息通信分公司
- 23. 国家电网公司客户服务中心
- 24. 中国电力科学研究院有限公司
- 25. 国网经济技术研究院有限公司
- 26. 国网能源研究院有限公司
- 27. 全球能源互联网研究院有限公司
- 28. 国家电网管理学院（中共国家电网公司党校）
- 29. 国家电网公司高级培训中心
- 30. 国网技术学院（国家电网公司团校）
- 31. 国网英大国际控股集团有限公司
- 32. 中国电力财务有限公司
- 33. 英大泰和财产保险股份有限公司
- 34. 英大泰和人寿保险股份有限公司
- 35. 英大长安保险经纪集团有限公司
- 36. 英大国际信托有限责任公司
- 37. 英大证券有限责任公司
- 38. 国网国际融资租贸有限公司
- 39. 国家电网海外投资有限公司

分部
- 1. 国网华北分部
- 2. 国网华东分部
- 3. 国网华中分部
- 4. 国网东北分部
- 5. 国网西北分部
- 6. 国网西南分部

省公司
- 1. 国网北京市电力公司
- 2. 国网天津市电力公司
- 3. 国网河北省电力有限公司
- 4. 国网冀北电力有限公司
- 5. 国网山西省电力公司
- 6. 国网山东省电力公司
- 7. 国网上海市电力公司
- 8. 国网江苏省电力有限公司
- 9. 国网浙江省电力有限公司
- 10. 国网安徽省电力有限公司
- 11. 国网福建省电力有限公司
- 12. 国网湖北省电力有限公司
- 13. 国网湖南省电力有限公司
- 14. 国网河南省电力公司
- 15. 国网江西省电力有限公司
- 16. 国网四川省电力公司
- 17. 国网重庆市电力公司
- 18. 国网辽宁省电力有限公司
- 19. 国网吉林省电力有限公司
- 20. 国网黑龙江省电力有限公司
- 21. 国网内蒙古东部电力有限公司
- 22. 国网陕西省电力公司
- 23. 国网甘肃省电力公司
- 24. 国网青海省电力公司
- 25. 国网宁夏电力有限公司
- 26. 国网新疆电力有限公司
- 27. 国网西藏电力有限公司

图 1-1　公司组织结构

第二节　税务环境形势

一、外部环境

自 2016 年 5 月 1 日全面实施“营改增”以来，税制改革相关配套政策不断完善，个人所得税制改革力度加大，小微企业等税收优惠政策陆续出台，税收政策知识更新步伐不断加快；“金三”系统上线，税务机关对大数据实时监控、比对，税收征管要求不断提高；税务系统“放管服”改革进一步深化，信息管税力度进一步加强，形成对传统税务创新升级的“互联网+税务”的生态融合，税收严惩严管稽查的全新时代已经到来，对企业应对税务征管提出新的要求；外部审计监察、所得税汇算清缴等模式不断更新，国家电网公司税务监管模式发生改变。税制改革带来的外部税务监管环境日趋紧张，对公司税负压力变化产生了影响，财务人员管理水平和报表编制面临新的挑战。同时，电力行业作为国家经济发展的能源支柱型产业，受国资国企改革、电力体制改革持续推进的经济环境影响，面临新的发展机遇和挑战。

二、内部环境

目前公司正在奋力实现“三型两网、世界一流”的伟大战略目标。首先，随着电力交易市场、电商平台等一系列新业态产业兴起，电力行业面临能源转型挑战，公司内部不断出现吸收合并、重组改制、资产划转等特殊涉税事项，前端业务人员操作模式将直接影响后端税务处理，所以合理的税务筹划将对整个业务流的设计有十分重要的影响，税收筹划应与更加复杂的业务相适应，以便达到资源的最优配置。其次，企业税务管理是现代企业财务管理的重要内容，加强税务管理也是企业内部财务管理的客观要求，随着会计信息多维精益化工作的深入，财务管理体系的进一步完善统一，税务工作向多维精益化方向发展。税务工作有必要以企业全生命周期管理为脉络开展税收筹划，从业务流的事前、事中、事后全方位融合，为企业降税减负做好筹谋。

三、应对策略

（一）树立正确的税务管理观念

税务管理的目标是规范企业的纳税行为，科学降低税收支出，有效防范纳税风险。树立节税理念，要求各业务部门正确认识到“节税能为企业增加流动资金，提升经济效益”，通过对外积极争取政策和对内优化管理流程，降低企业税负成本。树立风险管控理念，要求公司建立顺畅的风险沟通反馈机制，采取主动型风险管控策略，从源头防控业务管理过程中的各类风险，并积极开展全面的税务自查以规避稽查风险。

（二）发挥财务部门的统筹管理作用

税务管理贯穿于企业决策的各个领域，成为财务决策不可或缺的重要内容。现代企业财务决策直接或间接地受税收因素的影响，不同的决策会产生不同的税负，决策不当会无意识地增加负担甚至带来纳税风险。只有通过对企业经营、投资、理财活动进行事先安排，做出科学的税收筹划，选择最佳的纳税方案来降低税收负担，才符合企业价值最大化的现代企业财务管理目标。因此，公司要迅速适应新的税收环境，全面考虑筹资、投资、运营等企业生命周期各阶段的涉税处理。作为税务管理核心部门，财务资产部应充分发挥统筹管理作用，积极联合公司各部门和各层级共同参与税务管理，宣贯普及税务基础知识，在具体业务管理中开展税收筹划，平衡各方利益，从价值管理角度指导、协助和监督业务管理工作，最终实现全公司合力提高税务管理成效的目标。

（三）加强人才队伍建设和技术支撑

随着税制改革不断引向深入，对公司财税人员专业素养尤其是职业判断能力提出了新的更高的要求，也对公司税务风险防范能力提出了新挑战。因此，在税务管理人才队伍的建设上，应当优选税务、业务管理精英，组建税务工作虚拟团队，加强公司财税人员的专业培训工作，提升财税人员的税务职业判断能力，为公司的降税减负保驾护航；在技术支撑上，结合税务管控要求及实际业务需求，优化和完善现有管理技术系统流程，建立和健全税务信息化管理体系，提高税务工作信息化和智能化水平。

（四）强化交流合作与沟通协调工作

为了更好地适应税务环境，公司应选用不同的合作策略与外部先进单位、试点单位加强沟通，互相学习，借鉴有益经验；充分发挥涉税专业机构的服务作用，聘请涉税专业服务机构的相关专家提供专业咨询服务；另外，公司内部也应加强沟通协调，增强业务与财务的融合度，提高业务、财务一体化管理的程度，在政策范围内合理降低公司的税负，防范和控制涉税风险。

第二部分

企业生命周期涉税实务

第二章 新 设 阶 段

第一节 直 接 投 资

业务描述

根据《中华人民共和国公司法》（中华人民共和国主席令第 42 号）第二十七条、《国家电网有限公司股权管理办法》［国网（财/2）198—2018］第三条，直接投资是指公司及各级企业用货币、实物资产、无形资产、权利（如股权、债券、土地使用权等）或法律法规允许作为出资的其他非货币资产投资新设，或通过股权收购、增资入股等方式新增对原来无投资关系企业的投资，取得被投资企业的股权，享有权益并承担相应责任的行为。

本节根据国家电网公司的具体业务实际，仅对公司以货币或非货币性资产直接投资设立 100% 全资子公司的情形进行涉税分析，有关子公司涉税分析参见本书第三章第一节“股权融资”。

根据《国家电网有限公司股权管理办法》［国网（财/2）198—2018］的规定，直接投资业务流程如图 2 - 1 所示。其中，对流程中存在的涉税风险进行了编号，将在本节的“涉税风险”中加以介绍。

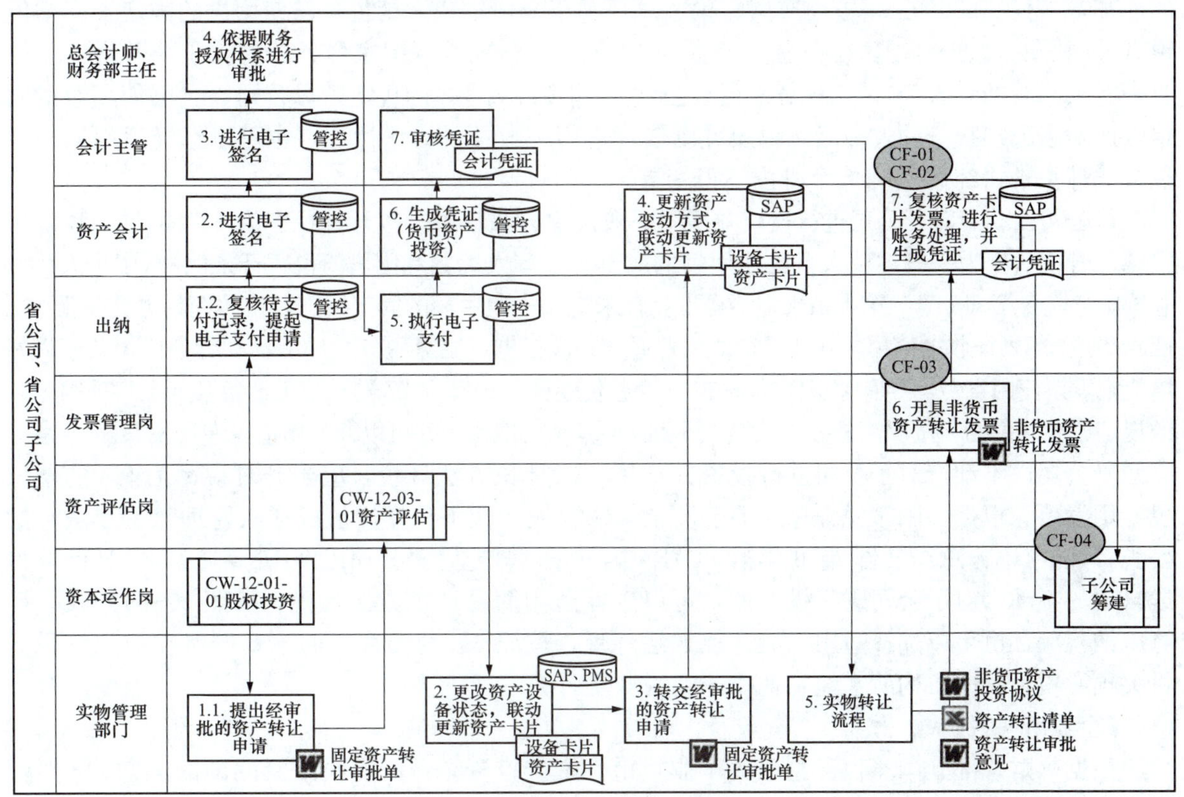

图 2 - 1　直接投资业务流程

涉及税种

直接投资业务主要涉及增值税及附加、企业所得税、印花税、房产税、土地使用税、土地增值税、车船税。

涉税处理

【增值税及附加】

（一）动产投资

根据《中华人民共和国增值税暂行条例实施细则》（财政部令第 65 号）第四条第六款的规定，母公司以动产对子公司进行投资，视同销售货物。

（二）不动产投资

根据《国家税务总局关于发布〈纳税人转让不动产增值税征收管理暂行办法〉的公告》（国家税务总局公告 2016 年第 14 号）第二条的规定，母公司以不动产对子公司进行投资，视同销售不动产。

（三）其他涉税处理

根据《财政部、国家税务总局关于全国实施增值税转型改革若干问题的通知》（财税〔2008〕170 号）、《财政部、国家税务总局关于部分货物适用增值税低税率和简易办法征收增值税政策的通知》（财税〔2009〕9 号）、《国家税务总局关于一般纳税人销售自己使用过的固定资产增值税有关问题的公告》（国家税务总局公告 2012 年第 1 号）及《国家税务总局关于简并增值税征收率有关问题的公告》（国家税务总局公告 2014 年第 36 号）的规定，母公司以自己使用过的固定资产对子公司投资的，一般纳税人可以选择适用一般计税方法计税，也可以选择适用简易计税方法计税，一经选择，36 个月内不得变更。

母公司以动产对子公司进行投资并适用一般计税方法计税，应开具税率为 13%的增值税专用发票；若该动产为一般纳税人自己使用过的属于《中华人民共和国增值税暂行条例》（中华人民共和国国务院令第 691 号）第十条规定不得抵扣且未抵扣进项税额的固定资产，按照简易办法依照 3%征收率减按 2%征收增值税，并开具增值税普通发票。根据《国家税务总局货物和劳务税司关于做好增值税发票使用宣传辅导有关工作的通知》（税总货便函〔2017〕127 号）第十一条第（三）项第 3 款的规定放弃减税的，按照简易办法依照 3%征收率缴纳增值税，并可以开具增值税专用发票。

母公司以不动产对子公司进行投资并适用一般计税方法计税，应当开具税率为 9%的增值税专用发票。根据《国家税务总局关于发布〈纳税人转让不动产增值税征收管理暂行办法〉的公告》（国家税务总局公告 2016 年第 14 号）第三条的规定，母公司以 2016 年 4 月 30 日前取得或自建的不动产对子公司进行投资的，可以选择适用简易计税方法计税，按照 5%的征收率计算应纳税额，也可以选择适用一般计税方法计税，按照 5%的预征率向不动产所在地主管税务机关预缴税款，向机构所在地主管税务机关申报纳税。

【企业所得税】

根据《财政部、国家税务总局关于非货币性资产投资企业所得税政策问题的通知》（财税〔2014〕116 号）第一、二条的规定，母公司以非货币性资产对外投资确认的非货币性资产转让所得，可在不超过5年期限内，分期均匀计入相应年度的应纳税所得额，按规定计算缴纳企业所得税。以非货币性资产对外投资的，应对非货币性资产进行评估并按评估后的公允价值扣除计税基础后的余额，计算确认非货币性资产转让所得。

根据《国家税务总局关于非货币性资产投资企业所得税有关征管问题的公告》（国家税务总局公告2015年第33号）的规定，符合相关规定的，可以适用递延纳税处理。

［例2-1］ 某电力公司于2019年9月直接投资新设立子公司M，其中货币资产投资金额6000万元，用作投资的非货币资产2019年9月账面价值3000万元，评估价值4000万元，全部适用一般计税法，按资产类别分类见表2-1。

表2-1　　某电力公司资产情况一览表

资　产　类　别	账面价值（万元）	评估价值（万元）	增值税税率（%）
有形动产	1000	1100	13
房屋及土地使用权	1900	2750	9
无形资产（除土地使用权以外）	100	150	6
合计	3000	4000	—

作为母公司的某电力公司选择按照《国家税务总局关于非货币性资产投资企业所得税有关征管问题的公告》（国家税务总局公告2015年第33号）的规定进行处理，按5年逐年调整确认的非货币资产转让所得以及对子公司长期股权投资的计税基础，则按照《企业会计准则第2号——长期股权投资》（财会〔2014〕14号）的规定。

2019年该电力公司会计处理时确认的与该直接投资相关的非货币资产转让损益

=4000－3000=1000（万元）

2019年该电力公司会计处理时确认的对M公司长期股权投资初始投资成本

=6000＋1100×(1＋13%)＋2750×(1＋9%)＋150×(1＋6%)=10399.5（万元）

其中：　　对应非货币投资部分初始投资成本=4399.5（万元）

某电力公司2019年的税务处理：

2019年度汇算清缴时该电力公司应确认的与该直接投资相关的非货币资产转让所得

=(4000－3000)/5=200（万元）

2019年该电力公司应确认对新设子公司M的长期股权投资计税基础

=6000＋3000＋(4399.5－4000)＋200=9599.5（万元）

其中：对应非货币投资部分计税基础=3000＋(4399.5－4000)＋200=3599.5（万元）

某电力公司2019年度汇算清缴时相关申报表填列见表2-2、表2-3。

表2-2　　A105100企业重组及递延纳税事项调整明细表（2019年）　　单位：万元

行次	项　目	一般性税务处理			特殊性税务处理			纳税调整金额
		账载金额	税收金额	纳税调整金额	账载金额	税收金额	纳税调整金额	
		1	2	3（2－1）	4	5	6（5－4）	7（3＋6）
12	六、非货币性资产对外投资	0	0	0	1000	200	－800	－800

表 2-3　　**非货币性资产投资递延纳税调整明细表（2019 年）**　　单位：万元

行次	被投资企业情况	非货币性资产情况			非货币性资产投资基本信息					本年税收金额	递延纳税差异调整额					结转以后年度递延确认所得税收金额
	…	公允价值	账面价值	计税基础	非货币性资产转让收入实现年度	本年账载金额	非货币性资产转让所得（税收金额）	分期确认税收所得年限	分期均匀确认税收所得额		前四年度	前三年度	前二年度	前一年度	本年	
	…	5	6	7	8	9	10=5-7	11	12	13	14	15	16	17	18=13-9	19
1		4000	3000	3000	2019	1000	1000	5	200	200					-800	800

某电力公司 2020 年的税务处理：

2020 年度汇算清缴时该电力公司应确认的与该直接投资相关的非货币资产转让所得＝(4000－3000)/5＝200（万元）

2020 年该电力公司应确认对新设子公司 M 的长期股权投资计税基础

＝6000＋3000＋(4399.5－4000)＋200×2＝9799.5（万元）

其中：对应非货币投资部分计税基础＝3000＋(4399.5－4000)＋200×2＝3799.5（万元）

某电力公司 2020 年度汇算清缴时相关申报表填列见表 2-4、表 2-5。

表 2-4　　**A105100 企业重组及递延纳税事项调整明细表（2020 年）**　　单位：万元

行次	项　目	一般性税务处理			特殊性税务处理			纳税调整金额
		账载金额	税收金额	纳税调整金额	账载金额	税收金额	纳税调整金额	
		1	2	3（2-1）	4	5	6（5-4）	7（3+6）
12	六、非货币性资产对外投资	0	0	0	0	200	200	200

表 2-5　　**非货币性资产投资递延纳税调整明细表（2020 年）**　　单位：万元

行次	被投资企业情况	非货币性资产情况			非货币性资产投资基本信息					本年税收金额	递延纳税差异调整额					结转以后年度递延确认所得税收金额
	…	公允价值	账面价值	计税基础	非货币性资产转让收入实现年度	本年账载金额	非货币性资产转让所得（税收金额）	分期确认税收所得年限	分期均匀确认税收所得额		前四年度	前三年度	前二年度	前一年度	本年	
	…	5	6	7	8	9	10=5-7	11	12	13	14	15	16	17	18=13-9	19
1		0	0	0	2019	0	0	5	200	200				-800	200	600

2021—2023 年该电力公司汇算清缴时，“A105100 企业重组及递延纳税事项调整明细表”与 2020 年填法一致；“非货币性资产投资递延纳税调整明细表”1—13 列与 2020 年填法一致，14—19 列填法见表 2-6。

表 2-6　　14—19 列填法示意　　单位：万元

年度	递延纳税调整					结转以后年度递延确认所得税收金额
	前四年度	前三年度	前二年度	前一年度	本午	
	14	15	16	17	18	19
2021			−800	200	200	400
2022		−800	200	200	200	200
2023	−800	200	200	200	200	0

【印花税】

按照《中华人民共和国印花税暂行条例》（中华人民共和国国务院令第 11 号）附件“印花税税目税率表”的规定，投资协议不属于应税凭证，母公司无须缴纳印花税。

【房产税、土地使用税】

根据《国家税务总局关于房产税、城镇土地使用税有关政策规定的通知》（国税发〔2003〕89 号）第二条的规定，购置存量房，自办理房屋权属转移、变更登记手续，房地产权属登记机关签发房屋权属证书之次月起计征房产税和城镇土地使用税。因此，母公司以房屋投资子公司的，母公司缴纳房产税应当截至子公司办理房屋权属转移，登记机关签发房屋权属证书的当月。

【土地增值税】

根据《财政部、国家税务总局关于继续实施企业改制重组有关土地增值税政策的通知》（财税〔2018〕57 号）第四条的规定，单位、个人在改制重组时以房地产对子公司进行投资，暂不征土地增值税。

【车船税】

（一）母公司以车辆投资

根据《中华人民共和国车船税法实施细则》（中华人民共和国国务院令第 611 号）第二十条的规定，母公司以车辆投资子公司的，当年母公司已缴纳车船税的，子公司不另纳税，子公司应从下一纳税年度起缴纳车船税；当年母公司未缴纳车船税的，子公司应缴纳该纳税年度的车船税。

（二）母公司以新能源的车辆投资

根据《中华人民共和国车船税法》（中华人民共和国主席令第 43 号）第四条的规定，母公司以新能源的车辆投资子公司的，可以减征或者免征车船税。具体减免标准参见《财政部、国家税务总局、工业和信息化部、交通运输部关于节能、新能源车船享受车船税优惠政策的通知》（财税〔2018〕74 号）。

（三）车船税的代收代缴

根据《中华人民共和国车船税法实施细则》（中华人民共和国国务院令第 611 号）第十二、十五条的规定，机动车车船税扣缴义务人在代收车船税时，应当在机动车交通事故责任强制保险的保险单以及保费发票上注明已收税款的信息，作为代收税款的凭证。扣缴义务人已代收代缴车船税的，纳税人不再向车辆登记地的主管税务机关申报缴纳车船税。没有扣缴义务人的，纳税人应当向主管税务机关自行申报缴纳车船税。

涉税风险

直接投资业务涉税风险见表 2-7。

表 2-7　　直接投资业务涉税风险

风险编号	风　险　描　述	责任部门
CF-01	母公司以非货币资产投资设立子公司，若不适用所得税递延纳税处理的，不能逐年调整非货币资产转让收入及对子公司长期股权投资的计税基础，而应在投资当年确认全部收入、按全额确认投资的计税基础	财务部门
CF-02	一般而言，非货币资产对外投资，于投资协议生效并办理股权登记手续时，确认非货币性资产转让收入的实现。但若母子公司（关联企业）投资协议生效后 12 个月内仍未完成股权登记手续的，应于投资协议生效时，确认非货币性资产转让收入的实现，导致纳税义务提前发生	
CF-03	母公司以非货币性资产投资设立子公司，未开具增值税专用发票，导致子公司进项税不能抵扣	
CF-04	母公司承担子公司筹建期间的费用，导致该项费用不能在所得税税前扣除	

政策依据

《中华人民共和国增值税暂行条例实施细则》（财政部令第 65 号）

《财政部、国家税务总局关于全国实施增值税转型改革若干问题的通知》（财税〔2008〕170 号）

《财政部、国家税务总局关于部分货物适用增值税低税率和简易办法征收增值税政策的通知》（财税〔2009〕9 号）

《国家税务总局关于一般纳税人销售自己使用过的固定资产增值税有关问题的公告》（国家税务总局公告 2012 年第 1 号）

《国家税务总局关于简并增值税征收率有关问题的公告》（国家税务总局公告 2014 年第 36 号）

《国家税务总局关于发布〈纳税人转让不动产增值税征收管理暂行办法〉的公告》（国家税务总局公告 2016 年第 14 号）

《国家税务总局货物和劳务税司关于做好增值税发票使用宣传辅导有关工作的通知》（税总货便函〔2017〕127 号）

《财政部、国家税务总局关于非货币性资产投资企业所得税政策问题的通知》（财税〔2014〕116 号）

《国家税务总局关于非货币性资产投资企业所得税有关征管问题的公告》（国家税务总局公告 2015 年第 33 号）

《中华人民共和国印花税暂行条例》（中华人民共和国国务院令第 11 号）

《国家税务总局关于房产税、城镇土地使用税有关政策规定的通知》（国税发〔2003〕89 号）

《财政部、国家税务总局关于继续实施企业改制重组有关土地增值税政策的通知》（财税〔2018〕57 号）

《中华人民共和国车船税法》（中华人民共和国主席令第 43 号）

《中华人民共和国车船税法实施细则》（中华人民共和国国务院令第 611 号）

《财政部、国家税务总局、工业和信息化部、交通运输部关于节能、新能源车船享受车船税优惠政策的通知》（财税〔2018〕74 号）

《企业会计准则第 2 号——长期股权投资》（财会〔2014〕14 号）

《中华人民共和国公司法》（中华人民共和国主席令第 42 号）

《国家电网有限公司股权管理办法》[国网（财/2）198—2018]

第二节 企 业 重 组

业务描述

根据《财政部、国家税务总局关于企业重组业务企业所得税处理若干问题的通知》（财税〔2009〕59 号）第一条的规定，企业重组是指企业在日常经营活动以外发生的法律结构或经济结构重大改变的交易，包括企业法律形式改变、债务重组、股权收购、资产收购、合并、分立等。结合国家电网公司的实际业务，本节仅对 100%直接控制的居民企业之间资产划转进行涉税分析。

根据《国家电网有限公司股权管理办法》[国网（财/2）198—2018]，国家电网公司总部层面内部资产划转业务流程如图 2－2 所示。

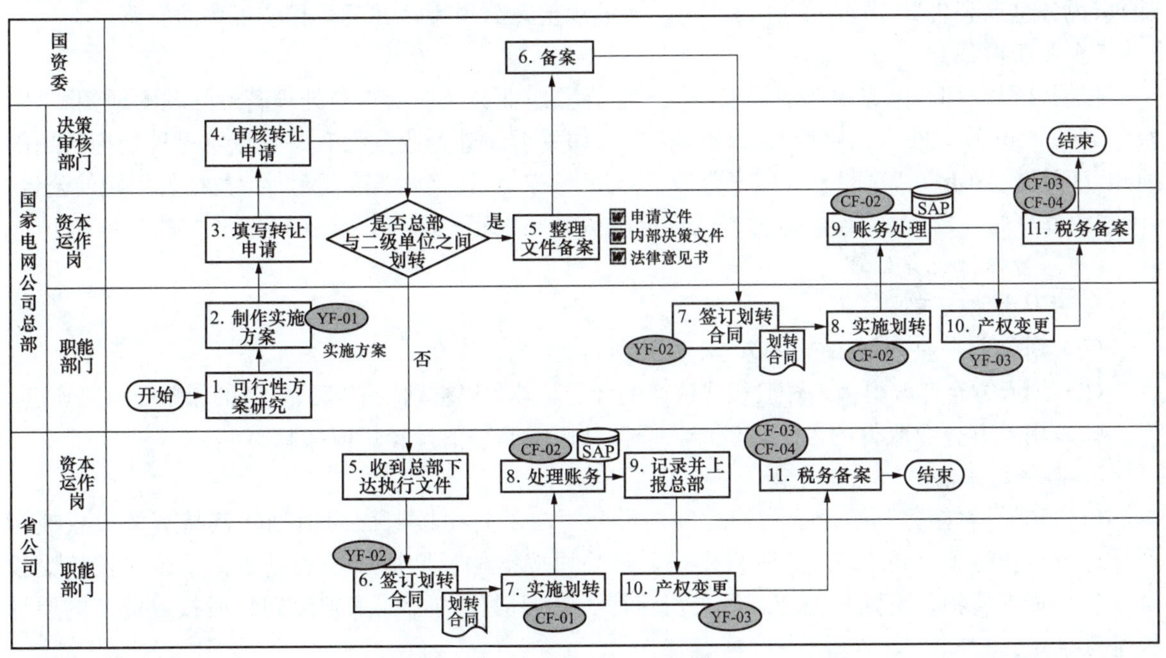

图 2－2 国家电网公司总部层面内部资产划转业务流程

涉及税种

资产划转业务主要涉及增值税及附加、企业所得税、印花税、土地增值税、契税等税种。

涉税处理

【增值税及附加】

（一）动产划转

根据《中华人民共和国增值税暂行条例实施细则》（财政部令第 65 号）第四条第八款的规

定，将自产、委托加工或者购进的货物无偿赠送其他单位或者个人，视同销售。

（二）无形资产、不动产划转

根据《营业税改征增值税试点实施办法》（财税〔2016〕36号附件1）第十四条第（二）项的规定，单位或者个人向其他单位或者个人无偿转让无形资产或者不动产，视同销售不动产，但用于公益事业或者以社会公众为对象的除外。因此，公司内部资产划转应视同销售。

（三）其他涉税处理

划出方应按照公允价值确认计税销售额，并应按照《财政部、国家税务总局关于全国实施增值税转型改革若干问题的通知》（财税〔2008〕170号）、《财政部、国家税务总局关于部分货物适用增值税低税率和简易办法征收增值税政策的通知》（财税〔2009〕9号）、《国家税务总局关于一般纳税人销售自己使用过的固定资产增值税有关问题的公告》（国家税务总局公告2012年第1号）及《国家税务总局关于简并增值税征收率有关问题的公告》（国家税务总局公告2014年第36号）、《国家税务总局关于发布〈纳税人转让不动产增值税征收管理暂行办法〉的公告》（国家税务总局公告2016年第14号）第三条的规定区分税率，并开具相应税率的发票。

【企业所得税】

根据《财政部、国家税务总局发布关于企业重组业务企业所得税处理若干问题的通知》（财税〔2009〕59号文件）、《财政部、国家税务总局关于促进企业重组有关企业所得税处理问题的通知》（财税〔2014〕109号）、《国家税务总局关于资产（股权）划转企业所得税征管问题的公告》（国家税务总局公告2015年第40号）的规定，不动产、无形资产等划转的企业所得税处理如下。

（一）特殊性税务处理

1. 总体税务处理

（1）划出方企业和划入方企业均不确认所得。

（2）划入方企业取得被划转股权或资产的计税基础，以被划转股权或资产的原账面净值确定。

（3）划入方企业取得的被划转资产，应按其原账面净值计算折旧扣除。

2. 四种具体情形的税务处理

（1）100％直接控制的母子公司之间，母公司向子公司按账面净值划转其持有的股权或资产，母公司获得子公司100％的股权支付。母公司按增加长期股权投资处理，子公司按接受投资（包括资本公积，下同）处理。母公司获得子公司股权的计税基础以划转股权或资产的原计税基础确定。

（2）100％直接控制的母子公司之间，母公司向子公司按账面净值划转其持有的股权或资产，母公司没有获得任何股权或非股权支付。母公司按冲减实收资本（包括资本公积，下同）处理，子公司按接受投资处理。

（3）100％直接控制的母子公司之间，子公司向母公司按账面净值划转其持有的股权或资产，子公司没有获得任何股权或非股权支付。母公司按收回投资处理，或按接受投资处理，子公司按冲减实收资本处理。母公司应按被划转股权或资产的原计税基础，相应调减持有子公司股权的计税基础。

（4）受同一或相同多家母公司100％直接控制的子公司之间，在母公司主导下，一家子公司向另一家子公司按账面净值划转其持有的股权或资产，划出方没有获得任何股权或非股权支付。划出方按冲减所有者权益处理，划入方按接受投资处理。

（二）一般性税务处理

（1）100%直接控制的母子公司之间，母公司向子公司按账面净值划转其持有的股权或资产，母公司获得子公司100%的股权支付。母公司应按原划转完成时股权或资产的公允价值视同销售处理，并按公允价值确认取得长期股权投资的计税基础；子公司按公允价值确认划入股权或资产的计税基础。

（2）100%直接控制的母子公司之间，母公司向子公司按账面净值划转其持有的股权或资产，母公司没有获得任何股权或非股权支付。母公司应按原划转完成时股权或资产的公允价值视同销售处理；子公司按公允价值确认划入股权或资产的计税基础。

（3）100%直接控制的母子公司之间，子公司向母公司按账面净值划转其持有的股权或资产，子公司没有获得任何股权或非股权支付。子公司应按原划转完成时股权或资产的公允价值视同销售处理；母公司应按撤回或减少投资进行处理。

（4）受同一或相同多家母公司100%直接控制的子公司之间，在母公司主导下，一家子公司向另一家子公司按账面净值划转其持有的股权或资产，划出方没有获得任何股权或非股权支付。划出方应按原划转完成时股权或资产的公允价值视同销售处理；母公司根据交易情形和会计处理对划出方按分回股息进行处理，或者按撤回或减少投资进行处理，对划入方按以股权或资产的公允价值进行投资处理；划入方按接受母公司投资处理，以公允价值确认划入股权或资产的计税基础。

（三）备案处理

交易双方应在企业所得税年度汇算清缴时，分别向各自主管税务机关报送“居民企业资产（股权）划转特殊性税务处理申报表”和相关资料（一式两份）。

相关资料包括以下内容：

（1）股权或资产划转总体情况说明，包括基本情况、划转方案等，并详细说明划转的商业目的。

（2）交易双方或多方签订的股权或资产划转合同（协议），需有权部门（包括内部和外部）批准的，应提供批准文件。

（3）被划转股权或资产账面净值和计税基础说明。

（4）交易双方按账面净值划转股权或资产的说明（需附会计处理资料）。

（5）交易双方均未在会计上确认损益的说明（需附会计处理资料）。

（6）12个月内不改变被划转股权或资产原来实质性经营活动的承诺书。

（四）其他事项

根据《国家税务总局关于资产（股权）划转企业所得税征管问题的公告》（国家税务总局公告2015年第40号）的规定，资产划转的财税处理需要注意以下几点：

（1）股权或资产划转完成日，是指股权或资产划转合同（协议）或批复生效，且交易双方已进行会计处理的日期。

（2）划入方企业取得被划转股权或资产的计税基础，以被划转股权或资产的原账面净值确定，是指划入方企业取得被划转股权或资产的计税基础，以被划转股权或资产的原计税基础确定。

（3）划入方企业取得的被划转资产，应按其原账面净值计算折旧扣除，是指划入方企业取得的被划转资产，应按被划转资产的原计税基础计算折旧扣除或摊销。

（4）进行特殊性税务处理的股权或资产划转，交易双方应在协商一致的基础上，采取一致处理原则统一进行特殊性税务处理。

【印花税】

根据《中华人民共和国印花税暂行条例》（中华人民共和国国务院令第 11 号）的规定，交易双方签订资产划转协议，由于该协议并非条例所附《印花税税目税率表》所载的合同范围，因此交易双方无须缴纳印花税。

【土地增值税】

《财政部、国家税务总局关于继续实施企业改制重组有关土地增值税政策的通知》（财税〔2018〕57 号）未明确资产划转土地增值税的涉税事宜，根据《中华人民共和国土地增值税暂行条例》（中华人民共和国国务院令第 138 号）的规定，原则上需要缴纳土地增值税，但是援引国务院支持企业改制重组的减税精神，最终以与主管税务机关沟通为准。

【契税】

根据《财政部、税务总局关于继续支持企业、事业单位改制重组有关契税政策的通知》（财税〔2018〕17 号）第六条的规定，同一投资主体内部所属企业之间土地、房屋权属的划转，免征契税。

涉税风险

企业重组业务涉税风险见表 2－8。

表 2－8　企业重组业务涉税风险

风险编号	风险描述	责任部门
YF－01	业务部门在制订划转方案时，未考虑税收文件说明合理商业目的或在资产划转完成日起连续 12 个月内改变被划转资产实质性经营活动，导致不满足特殊性税务处理条件	业务部门
YF－02	签订的划转合同中未附上划转的资产清单，导致划转双方资产转出转入依据不足，产生涉税风险	
YF－03	划转资产涉及产权的，资产管理责任部门未及时办理产权变更，导致未缴房产税、土地使用税的涉税风险	
CF－01	划出方未开具增值税专用发票，导致资产接收方无法抵扣进项税	财务部门
CF－02	会计处理出现损益导致不满足特殊性税务处理条件	
CF－03	资产划转交易双方在企业所得税年度汇算清缴结束前未向各自主管税务机关备案，或逾期备案的，导致不满足特殊性税务处理条件	
CF－04	涉及产权的划转业务，未办理契税等免税备案等相关手续，导致多交税款	

政策依据

《中华人民共和国增值税暂行条例实施细则》（财政部令第 65 号）

《财政部、国家税务总局关于全国实施增值税转型改革若干问题的通知》（财税〔2008〕170 号）

《财政部、国家税务总局关于部分货物适用增值税低税率和简易办法征收增值税政策的通知》（财税〔2009〕9 号）

《国家税务总局关于一般纳税人销售自己使用过的固定资产增值税有关问题的公告》（国家

税务总局公告 2012 年第 1 号）

《国家税务总局关于简并增值税征收率有关问题的公告》（国家税务总局公告 2014 年第 36 号）

《财政部、国家税务总局关于全面推开营业税改征增值税试点的通知》（财税〔2016〕36 号）

《国家税务总局关于发布〈纳税人转让不动产增值税征收管理暂行办法〉的公告》（国家税务总局公告 2016 年第 14 号）

《财政部、国家税务总局关于企业重组业务企业所得税处理若干问题的通知》（财税〔2009〕59 号）

《财政部、国家税务总局关于促进企业重组有关企业所得税处理问题的通知》（财税〔2014〕109 号）

《国家税务总局关于资产（股权）划转企业所得税征管问题的公告》（国家税务总局公告 2015 年第 40 号）

《中华人民共和国印花税暂行条例》（中华人民共和国国务院令第 11 号）

《中华人民共和国土地增值税暂行条例》（中华人民共和国国务院令第 138 号）

《财政部、国家税务总局关于继续实施企业改制重组有关土地增值税政策的通知》（财税〔2018〕57 号）

《财政部、税务总局关于继续支持企业、事业单位改制重组有关契税政策的通知》（财税〔2018〕17 号）

《国家电网有限公司股权管理办法》[国网（财/2）198—2018]

第三节 日 常 管 理

“营改增”对国家电网公司的增值税管理提出了新的要求，本节重点介绍电力企业增值税的日常管理规范。电力企业新设阶段日常税务管理包括税务登记、一般纳税人资格登记、发票领购、增值税会计科目设置、增值税征收方式、纳税信用评价等内容。

一、税务登记

（一）税务登记概述

税务登记是税务机关依据税法规定，对纳税人的生产、经营活动进行登记管理的一项法定制度，也是纳税人依法履行纳税义务的法定手续。对税务机关来说，税务登记有利于税务机关了解纳税人的基本情况，掌握税源，加强征收与管理，防止漏管和漏征；对纳税人来说，税务登记是税务工作的起点。根据《税务登记管理办法》（国家税务总局令第 36 号）第二条规定，企业在外地设立的分支机构和从事生产、经营的场所，个体工商户和从事生产、经营的事业单位均应办理税务登记。税务登记包括设立登记，变更登记，停业、复业登记，注销登记，外出经营报验登记［根据《国家税务总局关于创新跨区域涉税事项报验管理制度的通知》（税总发〔2017〕103 号）规定，“外出经营报验登记”已改为“跨区域涉税事项报验”］。可见，新设立企业进行税务登记是日常税务管理的起点，是税务管理中的法定环节。

（二）设立税务登记

根据《税务登记管理办法》（国家税务总局令第 36 号）第十条规定，从事生产、经营的纳税人领取工商营业执照的，应当自领取工商营业执照之日起30日内申报办理设立税务登记，如果未办理工商营业执照但经有关部门批准设立的，应当自有关门批准设立之日起30日内申报办理设立税务登记。

2016年6月30日，国务院办公厅发布了《关于加快推进“五证合一、一照一码”登记制度改革的通知》（国办发〔2016〕53号）。“五证合一”之后，营业执照、组织机构代码证、税务登记证、社会保险登记证和统计登记证这五个证件号都统一标注在营业执照上，营业执照一共18位代码，税务登记证代码是从第三位开始至倒数第二位。对于新设立的企业，新领取的营业执照必然就是“五证合一”的新证，因此税务机关不需要对企业信息重复采集，对于其他涉税信息，企业办理相关事务的时候可以补充采集，比如，房产证信息、车船等财务信息、公司银行基本账户、财务负责人信息及联系方式。

（三）税务登记证管理

税务机关应当加强税务登记证件的管理，采取实地调查、上门验证等方法，或者结合税务部门和工商部门之间，以及税务局（分局）之间的信息交换比对进行税务登记证件的管理。

遗失税务登记证件的，应当自遗失税务登记证件之日起15日内，书面报告主管税务机关，如实填写税务登记证件遗失报告表，并将纳税人的名称、税务登记证件名称、税务登记证件号码、税务登记证件有效期、发证机关名称在税务机关认可的报刊上作遗失声明，凭报刊上刊登的遗失声明到主管税务机关补办税务登记证件。

办理下列事项时，必须提供税务登记证件：

（1）开立银行账户；

（2）领购发票。

办理其他税务事项时，应当出示税务登记证件，经税务机关核准相关信息后办理手续。

二、资格登记

根据《增值税一般纳税人登记管理办法》（国家税务总局令第43号）和《国家税务总局关于增值税一般纳税人登记管理若干事项的公告》（国家税务总局公告2018年第6号）的规定，增值税一般纳税人登记管理要求如下。

（一）一般纳税人登记的四种情形

1. 应当登记

根据《增值税一般纳税人登记管理办法》（国家税务总局令第43号）第二条规定，增值税纳税人年应税销售额超过国家税务总局规定的小规模纳税人标准的，除另有规定的，应当向主管税务机关办理一般纳税人登记。增值税一般纳税人登记过程中需要注意以下事项：

（1）“应税销售额”的界定。根据《增值税一般纳税人登记管理办法》（国家税务总局令第43号）第二条规定，“应税销售额”是指纳税人在连续不超过12个月或四个季度的经营期内累计应征增值税销售额，包括纳税申报销售额、稽查查补销售额、纳税评估调整销售额。“纳税申报销售额”是指纳税人自行申报的全部应征增值税销售额，其中包括免税销售额和税务机关代开发票销售额。

因此，年应税销售额应包括纳税申报销售额、稽查查补销售额、纳税评估调整销售额、免税销售额和税务机关代开发票销售额等内容。

（2）“应税销售额”的特殊规定。根据《增值税一般纳税人登记管理办法》（国家税务总局令第 43 号）第二条规定，销售服务、无形资产或者不动产有扣除项目的纳税人，其应税行为年应税销售额按未扣除之前的销售额计算。纳税人偶然发生的销售无形资产、转让不动产的销售额，不计入应税行为年应税销售额。“稽查查补销售额”和“纳税评估调整销售额”计入查补税款申报当月（或当季）的销售额，不计入税款所属期销售额。“经营期”是指在纳税人存续期内的连续经营期间，含未取得销售收入的月份或季度。

（3）年应税销售额标准。根据《财政部、税务总局关于统一增值税小规模纳税人标准的通知》（财税〔2018〕33 号）和《国家税务总局关于统一小规模纳税人标准等若干增值税问题的公告》（国家税务总局公告 2018 年第 18 号）的规定，自 2018 年 5 月 1 日起，增值税小规模纳税人标准为年应征增值税销售额 500 万元人民币及以下。按照《中华人民共和国增值税暂行条例实施细则》（财政部令第 65 号）第二十八条规定，已登记为增值税一般纳税人的单位和个体工商户，在 2018 年 12 月 31 日前，满足条件的可转登记为小规模纳税人，其未抵扣的进项税额计入“应交税费—待抵扣进项税额”核算。根据这项规定，无论从事货物生产、提供加工修理修配劳务，还是销售服务、无形资产或者不动产，年应税销售额超过 500 万元的，除另有规定外，应当登记为增值税一般纳税人。

2. 申请登记

根据《增值税一般纳税人登记管理办法》（国家税务总局令第 43 号）第三条规定，年应税销售额未超过规定标准的纳税人，会计核算健全，能够提供准确税务资料的，可以向主管税务机关办理一般纳税人登记。“会计核算健全”是指能够按照国家统一的会计制度规定设置账簿，根据合法、有效凭证进行核算。

3. 选择登记

根据《营业税改征增值税试点实施办法》（财税〔2016〕36 号附件 1）第三条的规定，年应税销售额超过规定标准但不经常发生应税行为的单位和个体工商户可选择按照小规模纳税人纳税。

4. 不能登记

根据《增值税一般纳税人登记管理办法》（国家税务总局令第 43 号）第四条规定，下列纳税人不办理一般纳税人登记：按照政策规定选择按照小规模纳税人纳税的企业和非企业性单位；个体工商户以外的其他个人。即使这些纳税人的年应税销售额超过财政部、国家税务总局规定，也不能登记为一般纳税人。

（二）一般纳税人的登记程序与管理

纳税人应当向其机构所在地主管税务机关办理一般纳税人登记手续。根据《增值税一般纳税人登记管理办法》（国家税务总局令第 43 号）第六条规定，纳税人办理一般纳税人登记的程序如下：

（1）纳税人向主管税务机关填报“增值税一般纳税人登记表”，如实填写固定生产经营场所等信息，并提供税务登记证件。

（2）纳税人填报内容与税务登记信息一致的，主管税务机关当场登记。

（3）纳税人填报内容与税务登记信息不一致，或者不符合填列要求的，税务机关应当场告知纳税人需要补正的内容。

根据《国家税务总局关于在全国推广一般纳税人登记网上办理的通知》（税总函〔2018〕430 号）的规定，纳税人也可选择在网上办理“增值税一般纳税人登记表”填报、信息核对等登记事项，完成一般纳税人资格登记。

年应税销售额超过规定标准的，应当向主管税务机关提交书面说明。纳税人在年应税销售额超过规定标准的月份（或季度）的所属申报期结束后 15 日内按照规定办理相关手续；未按规定时限办理的，主管税务机关应当在规定时限结束后 5 日内制作《税务事项通知书》，告知纳税人应当在 5 日内向主管税务机关办理相关手续；逾期仍不办理的，次月起按销售额依照增值税税率计算应纳税额，不得抵扣进项税额，直至纳税人办理相关手续为止。

纳税人自一般纳税人生效之日起，按照增值税一般计税方法计算应纳税额，并可以按照规定领用增值税专用发票，财政部、国家税务总局另有规定的除外。生效之日，是指纳税人办理登记的当月 1 日或者次月 1 日，由纳税人在办理登记手续时自行选择。纳税人登记为一般纳税人后，不得转为小规模纳税人，国家税务总局另有规定的除外。

三、发票领购

本部分内容仅对发票领购的条件和程序做简单介绍，详细内容见本书第八章。

根据《中华人民共和国发票管理办法》（中华人民共和国国务院令第 587 号）第六条规定，需要领购发票的单位和个人，应当持税务登记证件、经办人身份证明、按照国务院税务主管部门规定式样制作的发票专用章的印模，向主管税务机关办理发票领购手续。主管税务机关根据领购单位和个人的经营范围和规模，确认领购发票的种类、数量以及领购方式，在 5 个工作日内发给发票领购簿。

根据《国家税务总局关于修订〈增值税专用发票使用规定〉的通知》（国税发〔2006〕156 号）第七条规定，增值税一般纳税人凭发票领购簿、税控系统 IC 卡及经办人身份证明领购专用发票。

对于普通发票而言，纳税人在办理了税务登记后，即具有领购普通发票的资格，不需办理行政审批。纳税人向主管税务机关提出领购普通发票申请后，税务机关应在接到申请后的 5 个工作日内确认完毕，通知纳税人办理发票领购事宜。

对于新设立的企业，第一次领购发票需要提供以下资料：发票领购簿；办税人员（一般为财务人员或企业法人、职员等）的身份证、证件照、办理发票准购证；公章、法人章、发票专用章、税务登记证原件；税控系统 IC 卡。

四、科目设置

全面实施“营改增”后，增值税会计科目发生了较大的变化。根据《财政部关于印发〈增值税会计处理规定〉的通知》（财会〔2016〕22 号）的规定，增值税一般纳税人应当在“应交税费”科目下设置“应交增值税”“未交增值税”“预交增值税”“待认证进项税额”“待转销项税额”“增值税留抵税额”“简易计税”“转让金融商品应交增值税”“代扣代交增值税”等明细科目。其中需注意事项有以下几点：

（1）企业发生相关成本费用允许扣减销售额的账务处理。按现行增值税制度规定企业发生相关成本费用允许扣减销售额的，发生成本费用时，按应付或实际支付的金额，借记“主营业务成本”“存货”“工程施工”等科目，贷记“应付账款”“应付票据”“银行存款”等科目。待取得合规增值税扣税凭证且纳税义务发生时，按照允许抵扣的税额，借记“应交税费——应交增值税（销项税额抵减）”或“应交税费——简易计税”科目（小规模纳税人应借记“应交税费——应交增值税”科目），贷记“主营业务成本”“存货”“工程施工”等科目。

（2）公司在取得农村电网维护收入时，应换算成不含税收入计入“主营业务收入——农村电网维护费收入”，税金计入“应交税费——减免税款”科目。

五、征收方式

根据《电力产品增值税征收管理办法》（国家税务总局令第 44 号）规定，电力产品增值税的征收，区分不同情况，分别采取以下征税办法。

（1）发电企业（电厂、电站、机组，下同）生产销售的电力产品，按照以下规定计算缴纳增值税：

1）独立核算的发电企业生产销售电力产品，按照现行增值税有关规定向其机构所在地主管税务机关申报纳税；具有一般纳税人资格或具备一般纳税人核算条件的非独立核算的发电企业生产销售电力产品，按照增值税一般纳税人的计算方法计算增值税，并向其机构所在地主管税务机关申报纳税。

2）不具有一般纳税人资格且不具有一般纳税人核算条件的非独立核算的发电企业生产销售的电力产品，由发电企业按上网电量，依核定的定额税率计算发电环节的预缴增值税，且不得抵扣进项税额，向发电企业所在地主管税务机关申报纳税。计算公式为

$$预征税额=上网电量\times 核定的定额税率$$

（2）供电企业销售电力产品，实行在供电环节预征、由独立核算的供电企业统一结算的办法缴纳增值税，具体办法如下：

1）独立核算的供电企业所属的区县级供电企业，凡能够核算销售额的，依核定的预征率计算供电环节的增值税，不得抵扣进项税额，向其所在地主管税务机关申报纳税；不能核算销售额的，由上一级供电企业预缴供电环节的增值税。计算公式为

$$预征税额=销售额\times 核定的预征率$$

2）供电企业随同电力产品销售取得的各种价外费用一律在预征环节依照电力产品适用的增值税税率征收增值税，不得抵扣进项税额。

（3）实行预缴方式缴纳增值税的发、供电企业按照隶属关系由独立核算的发、供电企业结算缴纳增值税，具体办法为：

1）独立核算的发、供电企业月末依据其全部销售额和进项税额，计算当期增值税应纳税额，并根据发电环节或供电环节预缴的增值税税额，计算应补（退）税额，向其所在地主管税务机关申报纳税。计算公式为

$$应纳税额=销项税额-进项税额$$

应补（退）税额=应纳税额－发（供）电环节预缴增值税税额

2）独立核算的发、供电企业当期销项税额小于进项税额不足抵扣，或应纳税额小于发、供电环节预缴增值税税额形成多交增值税时，其不足抵扣部分和多交增值税额可结转下期抵扣或抵减下期应纳税额。

3）不同投资、核算体制的机组，由于隶属于各自不同的独立核算企业，应按上述规定分别缴纳增值税。

增值税纳税申报的内容，详见本书第九章。

六、纳税信用

《国家税务总局关于纳税信用评价有关事项的公告》（国家税务总局公告2018年第8号）针对新设企业的纳税信用考评，增设了M级纳税信用级别，即纳税信用级别由A、B、C、D四级变更为A、B、M、C、D五级。

政策依据

《中华人民共和国增值税暂行条例实施细则》（财政部令第65号）

《增值税一般纳税人登记管理办法》（国家税务总局令第43号）

《电力产品增值税征收管理办法》（国家税务总局令第44号）

《财政部、国家税务总局关于全面推开营业税改征增值税试点的通知》（财税〔2016〕36号）

《财政部、税务总局关于统一增值税小规模纳税人标准的通知》（财税〔2018〕33号）

《国家税务总局关于增值税一般纳税人登记管理若干事项的公告》（国家税务总局公告2018年第6号）

《国家税务总局关于修订〈增值税专用发票使用规定〉的通知》（国税发〔2006〕156号）

《国家税务总局关于在全国推广一般纳税人登记网上办理的通知》（税总函〔2018〕430号）

《国家税务总局关于纳税信用评价有关事项的公告》（国家税务总局公告2018年第8号）

《中华人民共和国发票管理办法》（中华人民共和国国务院令第587号）

《税务登记管理办法》（国家税务总局令第36号）

《国务院办公厅关于加快推进"五证合一、一照一码"登记制度改革的通知》（国办发〔2016〕53号）

《国家税务总局关于创新跨区域涉税事项报验管理制度的通知》（税总发〔2017〕103号）

《财政部关于印发〈增值税会计处理规定〉的通知》（财会〔2016〕22号）

第三章　筹　资　阶　段

第一节　股　权　筹　资

业务描述

影响所有者权益变动的业务有股票发行、股权投资和资产划转等。本节不介绍股票发行、资产划转业务，只对接受投资业务进行介绍。接受投资业务流程如图3-1所示。

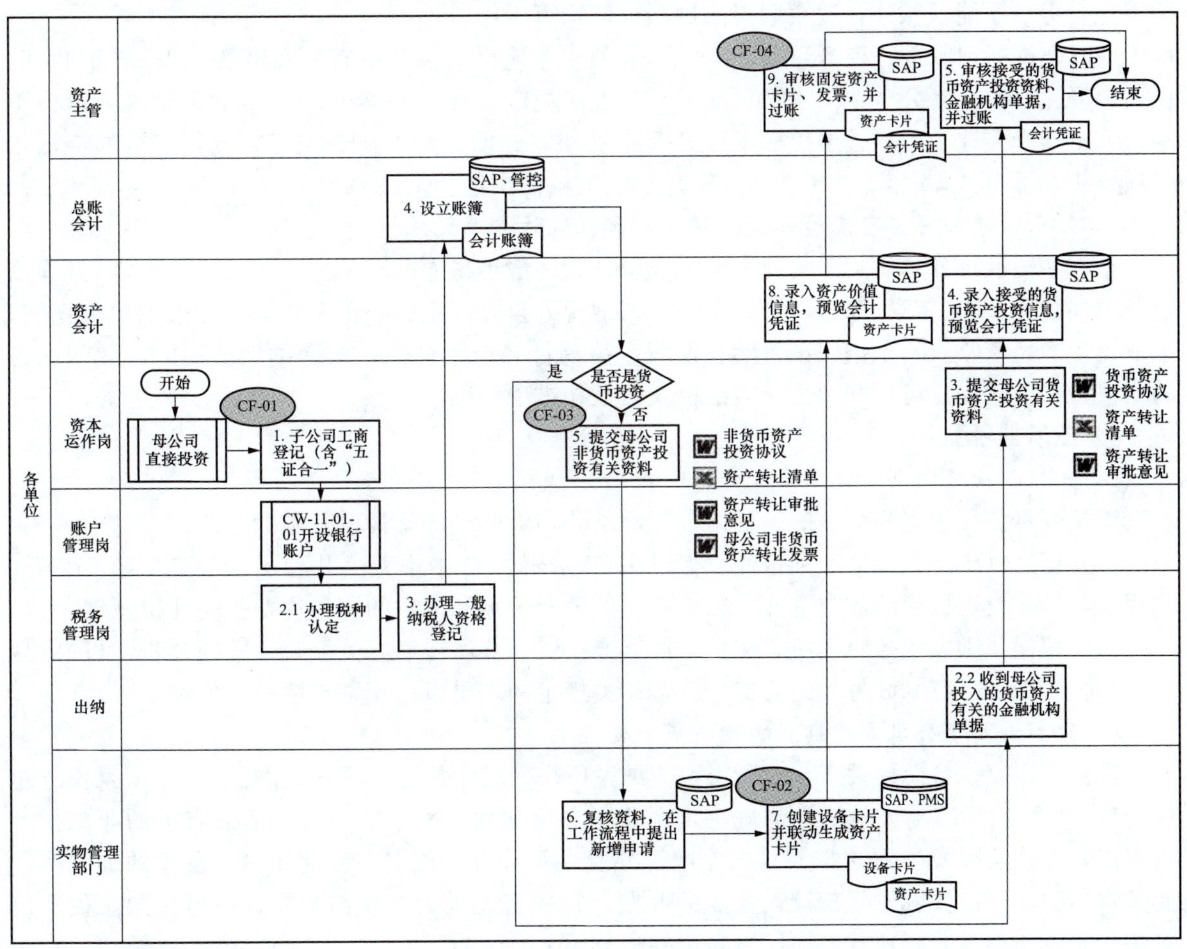

图3-1　接受投资业务流程

涉及税种

接受投资业务主要涉及增值税、企业所得税、印花税、房产税、城镇土地使用税、契税、车船税。

涉税处理

【增值税】

（一）子公司接受非货币资产投资的进项税抵扣

（1）根据《营业税改征增值税试点实施办法》（财税〔2016〕36号附件1）第二十七条第（一）项规定，子公司是一般纳税人的，其取得母公司的非货币资产投资，如果取得增值税专用发票的，除子公司将母公司投资的固定资产、无形资产（不包括其他权益性无形资产）、不动产专用于简易计税方法计税项目、免征增值税项目、集体福利或者个人消费（例如专用于食堂、职工健身房）不能抵扣外，其余取得的进项税额均可抵扣。

（2）根据《财政部、税务总局、海关总署关于深化增值税改革有关政策的公告》（财政部、税务总局、海关总署公告2019年第39号）第五条规定，自2019年4月1日起，纳税人取得不动产或不动产在建工程的进项税额不再分2年抵扣。此前按照上述规定尚未抵扣完毕的待抵扣进项税额，可自2019年4月税款所属期起从销项税额中抵扣。

（二）新设子公司在登记为一般纳税人之前取得的进项税抵扣

根据《国家税务总局关于纳税人认定或登记为一般纳税人前进项税抵扣问题的公告》（国家税务总局公告2015年第59号）第一条规定，纳税人自办理税务登记至登记为一般纳税人期间，未取得生产经营收入、未按照销售额和征收率简易计算应纳税额申报缴纳增值税的，此间取得的增值税扣税凭证，可在登记为一般纳税人后抵扣进项税额。

【企业所得税】

（一）接受投资取得的非货币资产计税基础

因接受母公司投资而取得的非货币资产，子公司有两种确认计税基础的方法：

（1）根据《中华人民共和国企业所得税法实施条例》（中华人民共和国国务院令第512号）的规定，接受投资取得的固定资产，以该资产的公允价值和支付的相关税费作为计税基础。

（2）根据《国家税务总局关于非货币性资产投资企业所得税有关征管问题的公告》（国家税务总局公告2015年第33号）的规定，符合相关规定的，可以适用特殊性税务处理。

（二）新设立子公司筹建期间的相关费用处理

根据《国家税务总局关于企业所得税应纳税所得额若干税务处理问题的公告》（国家税务总局公告2012年第15号）第五条的规定，企业在筹建期间，发生的与筹办活动有关的业务招待费支出，可按实际发生额的60%计入企业筹办费，并按有关规定在税前扣除；发生的广告费和业务宣传费，可按实际发生额计入企业筹办费，并按有关规定在税前扣除。根据《国家税务总局关于企业所得税若干税务事项衔接问题的通知》（国税函〔2009〕98号）第九条规定，对于开（筹）办费，企业可以在开始经营之日的当年一次性扣除，也可以按照长期待摊费用的处理规定处理，但一经选定，不得改变。

［例3－1］ 某省电力公司于2018年10月新设立子公司L，2018年10月至2019年12月收入费用情况见表3－1。

表3－1　L公司收入费用情况　单位：元

时间段	是否为筹建期	筹办费			生产经营损益		
		总额	其中：业务招待费	其中：广告宣传费	营业收入	业务招待费	广告宣传费
2018年10月—2018年12月	是	4000000	200000	300000			
2019年1月—2019年3月	是	2000000	175000	230000			
2019年3月—2019年12月	否				20000000	400000	600000

2018年度L公司企业所得税申报表填报见表3－2、表3－3。

表3－2　A104000期间费用明细表（2018年）　单位：元

行次	项目	销售费用	其中：境外支付	管理费用	其中：境外支付	财务费用	其中：境外支付
		1	2	3	4	5	6
25	二十五、其他			4000000			
26	合计（1＋2＋3＋…＋25）			4000000			

表3－3　A105000纳税调整项目明细表（2018年）　单位：元

行次	项目	账载金额	税收金额	调增金额	调减金额
		1	2	3	4
12	二、扣除类调整项目（13＋14＋15＋…＋30）	4000000	0	4000000	0
30	（十七）其他	4000000	0	4000000	0

2019年L公司企业所得税申报填报见表3－4、表3－5。

表3－4　A101010一般企业收入明细表（2019年）　单位：元

行次	项目	金额
1	一、营业收入（2＋9）	20000000
2	（一）主营业务收入（3＋5＋6＋7＋8）	20000000
3	1. 销售商品收入	20000000

表3－5　A105060广告费和业务宣传费跨年度纳税调整明细表（2019年）　单位：元

行次	项目	金额
1	一、本年广告费和业务宣传费支出	600000
2	减：不允许扣除的广告费和业务宣传费支出	
3	二、本年符合条件的广告费和业务宣传费支出（1－2）	600000
4	三、本年计算广告费和业务宣传费扣除限额的销售（营业）收入	20000000

续表

行次	项　　目	金额
5	乘：税收规定扣除率	15%
6	四、本企业计算的广告费和业务宣传费扣除限额（4×5）	3000000
7	五、本年结转以后年度扣除额（3>6，本行=3−6；3≤6，本行=0）	
8	加：以前年度累计结转扣除额	
9	减：本年扣除的以前年度结转额［3>6，本行=0；3≤6，本行=8与（6−3）孰小值］	
10	六、按照分摊协议归集至其他关联方的广告费和业务宣传费（10≤3与6孰小值）	
11	按照分摊协议从其他关联方归集至本企业的广告费和业务宣传费	
12	七、本年广告费和业务宣传费支出纳税调整金额（3>6，本行=2+3−6+10−11；3≤6，本行=2+10−11−9）	
13	八、累计结转以后年度扣除额（7+8−9）	

“A105000纳税调整项目明细表”有以下两种填法：

（1）第一种：L公司选择在会计和税务处理时均将筹办费在2019年度一次性扣除，则该表2019年的填列见表3-6。

表3-6　　A105000纳税调整项目明细表（2019年）　　单位：元

行次	项　　目	账载金额	税收金额	调增金额	调减金额
		1	2	3	4
12	二、扣除类调整项目（13+14+…+30）	—	—	—	—
15	（三）业务招待费支出	400000	100000	300000	
16	（四）广告费和业务宣传费支出（填写A105060）	600000	600000		
30	（十七）其他	2000000	5850000		3850000

其中，30行第1列是2019年1—3月计入“管理费用—筹办费”科目的金额；30行第2列的计算过程如下：

2018年计入税法筹办费金额=400−20×0.4=392（万元）

2019年1—3月计入税法筹办费金额=200−17.5×0.4=193（万元）

2019年一次性扣除的筹办费金额=392+193=585（万元）

（2）第二种：L公司选择将筹办费在会计和税务处理时按长期待摊费用处理，从2018年起均按3年摊销，则该表2019年的填列见表3-7。

表3-7　　A105000纳税调整项目明细表（2019年）　　单位：元

行次	项　　目	账载金额	税收金额	调增金额	调减金额
		1	2	3	4
12	二、扣除类调整项目（13+14+…+30）	—	—	—	—
15	（三）业务招待费支出	400000	100000	300000	
16	（四）广告费和业务宣传费支出（填写A105060）	600000	3000000		
30	（十七）其他	2000000	1462500	537500	

其中，30行第2列的计算过程如下：

筹办费按3年摊销，每年（12个月）摊销金额=585/3=195（万元）

2019年1—3月属于筹建期，不计算所得税损益。

2019年4—12月共9个月计算所得税损益，2019年摊销金额=195×9/12=146.25（万元）

第二种填法下，该表格2020年的填列见表3-8

表3-8　　A105000纳税调整项目明细表（2020年）　　单位：元

行次	项　目	账载金额	税收金额	调增金额	调减金额
		1	2	3	4
12	二、扣除类调整项（13+14+…+30）	—	—	—	—
30	（十七）其他	0	1950000		1950000

【印花税】

《中华人民共和国印花税暂行条例施行细则》（财税字〔1988〕第255号）规定，资金账簿按照"实收资本"和"资本公积"合计金额缴纳印花税，根据《财政部、税务总局关于对营业账簿减免印花税的通知》（财税〔2018〕50号）规定，自2018年5月1日起，对按万分之五税率贴花的资金账簿减半征收印花税，因此凡是企业接受投资增加实收资本或者资本公积的，应依照增加的金额及时缴纳印花税。

企业接受非货币投资，涉及新办理的房屋产权证、商标证、专利证、营业执照等按照"权利许可证照"科目贴花五元。

【房产税、城镇土地使用税】

（一）新设子公司经营场所房产税、城镇土地使用税的纳税义务发生时间

1. 自建或购置

根据《财政部、国家税务总局检发〈关于房产税若干具体问题的解释和暂行法规〉、〈关于车船使用税若干具体问题的解释和暂行法规〉的通知》（财税地字〔1986〕8号）第十九条及《国家税务总局关于房产税、城镇土地使用税有关政策规定的通知》（国税发〔2003〕89号）第二条的规定，纳税人自建的房屋，自建成之次月起征收房产税；纳税人委托施工企业建设的房屋，自办理验收手续之次月起征收房产税；纳税人在办理验收手续前已使用或出租、出借的新建房屋，应按规定征收房产税；购置新建商品房，自房屋交付使用之次月起计征房产税和城镇土地使用税；购置存量房，自办理房屋权属转移，登记机关签发房屋权属证书之次月起计征房产税和城镇土地使用税。

2. 母公司投资

根据《国家税务总局关于房产税、城镇土地使用税有关政策规定的通知》（国税发〔2003〕89号）第二条的规定，如果子公司的经营场所来自母公司的投资，应自办理房屋权属转移，登记机关签发房屋权属证书之次月起计征房产税和城镇土地使用税。

3. 无租使用

根据《财政部、国家税务总局关于房产税城镇土地使用税有关问题的通知》（财税〔2009〕128号）第一条的规定，子公司无租使用经营场所的，依照房产余值代缴纳房产税。

4. 免租期

根据《国家税务总局关于安置残疾人就业单位城镇土地使用税等政策的通知》（财税〔2010〕121号）第二条的规定，子公司承租经营场所的租赁合约约定有免收租金期限的，免收租金期间由产权所有人按照房产原值缴纳房产税。

（二）与电力企业相关的房产税、城镇土地使用税税收优惠

根据《国家税务局关于电力行业征免土地使用税问题的规定》（国税地字〔1989〕13号）的规定，对火电厂厂区围墙外的灰场、输灰管、输油（气）管道、铁路专用线用地，免征土地使用税；对水电站除发电厂房用地（包括坝内、坝外式厂房）和生产、办公、生活用地以外的其他用地给予免税照顾；对供电部门的输电线路用地、变电站用地，免征土地使用税。

【契税】

根据《财政部、国家税务总局关于继续支持企业事业单位改制重组有关契税政策的通知》（财税〔2018〕17号）的规定，母公司以土地、房屋权属向其全资子公司增资，视同划转，免征契税。

【车船税】

（一）母公司以车辆投资

根据《中华人民共和国车船税法实施条例》（中华人民共和国国务院令第611号）第二十条的规定，已缴纳车船税的车船在同一纳税年度内办理转让过户的，不另纳税，也不退税。母公司以车辆投资子公司的，当年母公司已缴纳车船税的，子公司不另纳税，子公司应从下一纳税年度起缴纳车船税；当年母公司未缴纳车船税的，子公司应缴纳该纳税年度的车船税。

根据《中华人民共和国车船税法》（中华人民共和国主席令第43号）第四条的规定，母公司以新能源的车辆投资子公司的，可以减征或者免征车船税。具体减免标准参见《财政部、国家税务总局、工业和信息化部、交通运输部、关于节能、新能源车船享受车船税优惠政策的通知》（财税〔2018〕74号）。

（二）车船税的代收代缴

根据《中华人民共和国车船税法实施条例》（中华人民共和国国务院令第611号）第十二、十五条的规定，机动车车船税扣缴义务人在代收车船税时，应当在机动车交通事故责任强制保险的保险单以及保费发票上注明已收税款的信息，作为代收税款的凭证。扣缴义务人已代收代缴车船税的，纳税人不再向车辆登记地的主管税务机关申报缴纳车船税。没有扣缴义务人的，纳税人应当向主管税务机关自行申报缴纳车船税。

涉税风险

接受投资业务涉税风险见表3－9。

表3－9　　接受投资业务涉税风险

风险编号	风险描述	责任部门
CF－01	新设立子公司办理税务登记（税种认定）后，未按规定办理纳税申报，影响企业信用等级评定	财务部门
CF－02	对于免征土地使用税的，账务处理时未单独核算和填列，导致无法享受免税	
CF－03	取得的保险机构代开的车船税增值税发票，未在发票备注栏注明代收车船税税款信息，导致原始凭证不合规，不能税前扣除	
CF－04	接受非货币性资产投资，未取得增值税专用发票，导致进项税不能抵扣	

政策依据

《国家税务总局关于纳税人认定或登记为一般纳税人前进项税抵扣问题的公告》(国家税务总局公告 2015 年第 59 号)

《财政部、国家税务总局关于全面推开营业税改征增值税试点的通知》(财税〔2016〕36 号)

《财政部、税务总局、海关总署关于深化增值税改革有关政策的公告》(财政部、税务总局、海关总署公告 2019 年第 39 号)

《中华人民共和国企业所得税法实施条例》(中华人民共和国国务院令第 512 号)

《国家税务总局关于企业所得税若干税务事项衔接问题的通知》(国税函〔2009〕98 号)

《国家税务总局关于企业所得税应纳税所得额若干税务处理问题的公告》(国家税务总局公告 2012 年第 15 号)

《国家税务总局关于非货币性资产投资企业所得税有关征管问题的公告》(国家税务总局公告 2015 年第 33 号)

《中华人民共和国印花税暂行条例施行细则》(财税字〔1988〕第 255 号)

《财政部、税务总局关于对营业账簿减免印花税的通知》(财税〔2018〕50 号)

《财政部、国家税务总局检发〈关于房产税若干具体问题的解释和暂行法规〉、〈关于车船使用税若干具体问题的解释和暂行法规〉的通知》(财税地字〔1986〕8 号)

《国家税务总局关于房产税、城镇土地使用税有关政策规定的通知》(国税发〔2003〕89 号)

《财政部、国家税务总局关于房产税城镇土地使用税有关问题的通知》(财税〔2009〕128 号)

《国家税务总局关于安置残疾人就业单位城镇土地使用税等政策的通知》(财税〔2010〕121 号)

《国家税务局关于电力行业征免土地使用税问题的规定》(国税地字〔1989〕13 号)

《财政部、国家税务总局关于继续支持企业事业单位改制重组有关契税政策的通知》(财税〔2018〕17 号)

《中华人民共和国车船税法实施条例》(中华人民共和国国务院令第 611 号)

《财政部、国家税务总局、工业和信息化部、交通运输部关于节能、新能源车船享受车船税优惠政策的通知》(财税〔2018〕74 号)

第二节 债 务 筹 资

一、银行贷款

业务描述

银行贷款，是指银行根据国家政策以一定的利率将资金贷放给有资金需要的企业或个人，并约定期限归还的一种经济行为。企业向银行借款过程中需要向银行支付一系列相关费用，如申办贷款证的工本费、信用等级评估费、抵押财产评估费、贷款项目评估费、项目可行性报告编制费、财产抵押登记费、财产保险费等。

根据《国家电网公司风险管理与内部控制操作指南(财务管理)》(财评〔2016〕10 号)，

银行贷款业务流程如图 3－2 所示。

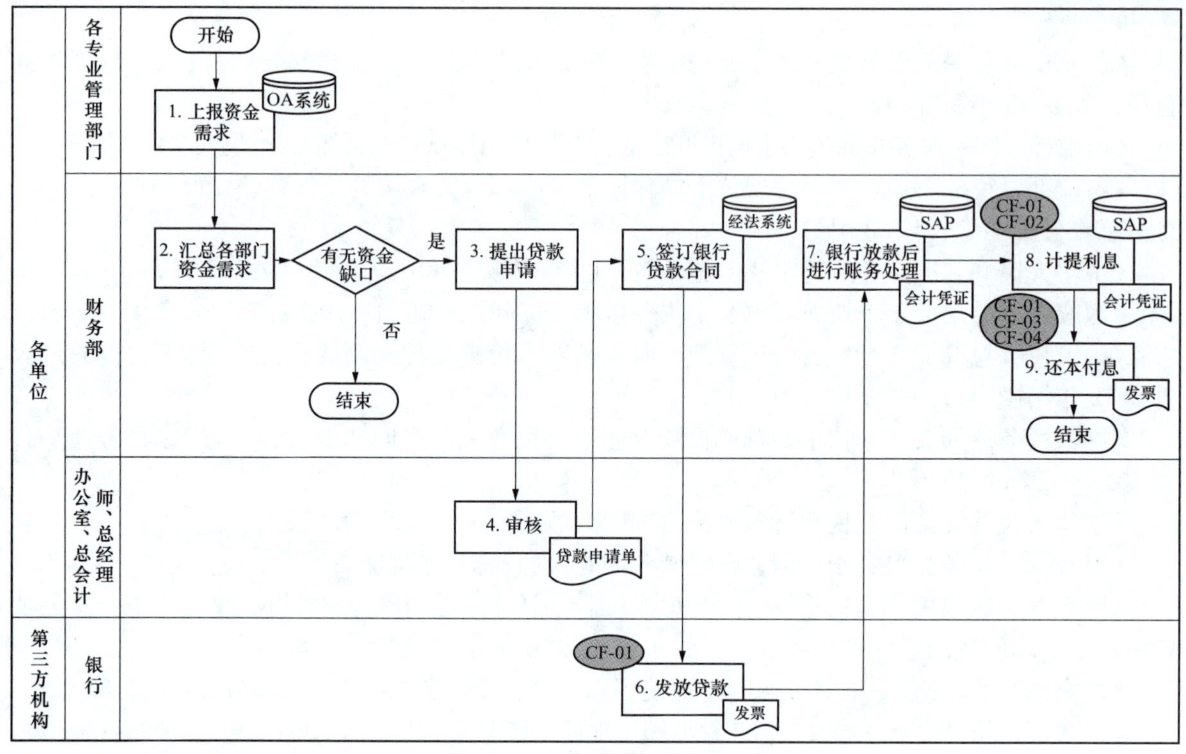

图 3－2　银行贷款业务流程

涉及税种

银行贷款主要涉及增值税、企业所得税、印花税等税种。

涉税处理

【增值税】

（一）贷款和贷款服务

根据《营业税改征增值税试点实施办法》（财税〔2016〕36 号附件 1）所附《销售服务、无形资产、不动产注释》第一条第（五）项规定，贷款是指将资金贷与他人使用而取得利息收入的业务活动。下列收入应按照贷款服务缴纳增值税：

（1）各种占用、拆借资金取得的收入，包括金融商品持有期间（含到期）利息（保本收益、报酬、资金占用费、补偿金等）收入、信用卡透支利息收入、买入返售金融商品利息收入、融资融券收取的利息收入。

（2）融资性售后回租、押汇、罚息、票据贴现、转贷等业务取得的利息及利息性质的收入。

（3）以货币资金投资收取的固定利润或者保底利润。

《营业税改征增值税试点有关事项的规定》（财税〔2016〕36 号附件 2）第一条第（三）项规定，贷款服务，以提供贷款服务取得的全部利息及利息性质的收入为销售额。

（二）与贷款相关的进项税额处理

《营业税改征增值税试点实施办法》（财税〔2016〕36 号附件 1）第二十七条第（六）项规

定，增值税一般纳税人购进的贷款服务，其进项税额不得从销项税额中抵扣。

《营业税改征增值税试点有关事项的规定》（财税〔2016〕36 号附件 2）第二条第（一）项规定，接受贷款服务向贷款方支付的与该笔贷款直接相关的投融资顾问费、手续费、咨询费等费用，其进项税额不得从销项税额中抵扣。

《国家税务总局关于全面推开营业税改征增值税试点有关税收征收管理事项的公告》（国家税务总局公告 2016 年第 23 号）第三条第（五）项规定，采取汇总纳税的金融机构，省、自治区所辖地市以下分支机构可以使用地市级机构统一领取的增值税专用发票、增值税普通发票、增值税电子普通发票；直辖市、计划单列市所辖区县及以下分支机构可以使用直辖市、计划单列市机构统一领取的增值税专用发票、增值税普通发票、增值税电子普通发票。

因此，利息及与贷款直接相关的投融资顾问费、手续费、咨询费等费用支出应当取得增值税专用发票、增值税普通发票或增值税电子普通发票，但不得进项抵扣。

【企业所得税】

（一）利息支出税前扣除的一般规定

《中华人民共和国企业所得税法实施条例》（中华人民共和国国务院令第 512 号）第三十八条规定，非金融企业在生产经营活动中向金融企业借款的利息支出，准予扣除。

根据《中华人民共和国发票管理办法》（中华人民共和国国务院令第 587 号）的规定，纳税人销售商品、提供服务以及从事其他经营活动的单位和个人，对外发生经营业务收取款项，收款方应当向付款方开具发票；特殊情况下，由付款方向收款方开具发票。《国家税务总局关于发布〈企业所得税税前扣除凭证管理办法〉的公告》（国家税务总局公告 2018 年第 28 号）第九条规定，企业在境内发生的支出项目属于增值税应税项目的，对方为已办理税务登记的增值税纳税人，其支出以发票（包括按照规定由税务机关代开的发票）作为税前扣除凭证；因此企业在支付利息时，应取得金融机构开具的增值税发票，否则不得税前扣除。

（二）相关费用的资本化与费用化

《中华人民共和国企业所得税法实施条例》（中华人民共和国国务院令第 512 号）第三十七条规定，企业在生产经营活动中发生的合理的不需要资本化的借款费用，准予扣除。企业为购置、建造固定资产、无形资产和经过 12 个月以上的建造才能达到预定可销售状态的存货发生借款的，在有关资产购置、建造期间发生的合理的借款费用，应当作为资本性支出计入有关资产的成本，并依照本条例的规定扣除。

《国家税务总局关于企业所得税应纳税所得额若干税务处理问题的公告》（国家税务总局公告 2012 年第 15 号）第二条规定，企业通过发行债券、取得贷款、吸收保户储金等方式融资而发生的合理的费用支出，符合资本化条件的，应计入相关资产成本；不符合资本化条件的，应作为财务费用，准予在企业所得税前据实扣除。

【印花税】

根据《中华人民共和国印花税暂行条例》（中华人民共和国国务院令第 11 号）所附税目税率表的规定，借款合同按借款金额万分之零点五贴花。

（一）借款合同贴花的具体规定

《国家税务局关于对借款合同贴花问题的具体规定》（国税地字〔1988〕30 号）对借款合同

做出如下规定：

1. 以填开借据方式取得银行借款

凡一项信贷业务既签订借款合同又一次或分次填开借据的，只就借款合同按所载借款金额计税贴花；凡只填开借据并作为合同使用的，应按照借据所载借款金额计税，在借据上贴花。

2. 流动资金周转性借款合同

借贷双方签订的流动资金周转性借款合同，一般按年（期）签订，规定最高限额，借款人在规定的期限和最高限额内随借随还。为此，在签订流动资金周转借款合同时，应按合同规定的最高借款限额计税贴花。以后，只要在限额内随借随还，不再签新合同的，就不另贴印花。

3. 抵押贷款合同

借款方以财产作抵押，与贷款方签订的抵押借款合同，属于资金信贷业务，借贷双方应按“借款合同”计税贴花。因借款方无力偿还借款而将抵押财产转移给贷款方，应就双方书立的产权转移书据，按“产权转移书据”计税贴花。

4. “混合”借款合同

有些借款合同，借款总额中既有应免税的金额，也有应纳税的金额。对这类“混合”借款合同，凡合同中能划分免税金额与应税金额的，只就应税金额计税贴花；不能划分清楚的，应按借款总金额计税贴花。

5. 银团贷款合同

在有的信贷业务中，贷方是由若干银行组成的银团，银团各方均承担一定的贷款数额，借款合同由借款方与银团各方共同书立，各执一份合同正本。对这类借款合同，借款方与贷款银团各方应分别在所执合同正本上按各自的借贷金额计税贴花。

6. 基建贷款合同

有些基本建设贷款，先按年度用款计划分年签订借款分合同，在最后一年按总概算签订借款总合同，总合同的借款金额中包括各分合同的借款金额。对这类基建借款合同，应按分合同分别贴花，最后签订的总合同，只就借款总额扣除分合同借款金额后的余额计税贴花。

（二）借款合同优惠政策

《中华人民共和国印花税暂行条例施行细则》（财税字〔1988〕第 255 号）第十三条规定，无息、贴息贷款合同免纳印花税。

无息、贴息贷款合同是指我国的各专业银行按照国家金融政策发放的无息贷款及由各专业银行发放并按有关规定由财政部门或中国人民银行给予贴息的贷款项目所签订的贷款合同。

涉税风险

银行贷款业务涉税风险见表 3－10。

表 3－10　　银行贷款业务涉税风险

风险编号	风险描述	责任部门
CF－01	利息支出、银行手续费未能取得合法有效的扣除凭证，导致所得税不能税前扣除；银行手续费未区分是否与贷款直接相关，导致无法抵扣进项税额	财务部门
CF－02	企业的借款利息支出未严格区分资本性支出和费用性支出，导致企业所得税税前扣除错误	

续表

风险编号	风 险 描 述	责任部门
CF-03	企业的借款利息支出在企业所得税汇算清缴结束时仍未实际支付，导致所得税不能税前扣除	财务部门
CF-04	银行罚息未按规定在税前扣除，导致多缴纳企业所得税	

政策依据

《财政部、国家税务总局关于全面推开营业税改征增值税试点的通知》（财税〔2016〕36号）

《国家税务总局关于全面推开营业税改征增值税试点有关税收征收管理事项的公告》（国家税务总局公告2016年第23号）

《中华人民共和国企业所得税法实施条例》（中华人民共和国国务院令第512号）

《国家税务总局关于企业所得税应纳税所得额若干税务处理问题的公告》（国家税务总局公告2012年第15号）

《国家税务总局关于发布〈企业所得税税前扣除凭证管理办法〉的公告》（国家税务总局公告2018年第28号）

《中华人民共和国印花税暂行条例》（中华人民共和国国务院令第11号）

《中华人民共和国印花税暂行条例施行细则》（财税字〔1988〕第255号）

《国家税务局关于对借款合同贴花问题的具体规定》（国税地字〔1988〕30号）

《中华人民共和国发票管理办法》（中华人民共和国国务院令第587号）

《国家电网公司风险管理与内部控制操作指南（财务管理）》（财评〔2016〕10号）

二、统借统还

业务描述

根据《营业税改征增值税试点过渡政策的规定》（财税〔2016〕36号附件3）第十九条规定，统借统还业务是指：

（1）企业集团或者企业集团中的核心企业向金融机构借款或对外发行债券取得资金后，将所借资金分拨给下属单位（包括独立核算单位和非独立核算单位），并向下属单位收取用于归还金融机构或债券购买方本息的业务。

（2）企业集团向金融机构借款或对外发行债券取得资金后，由集团所属财务公司与企业集团或者集团内下属单位签订统借统还贷款合同并分拨资金，并向企业集团或者集团内下属单位收取本息，再转付企业集团，由企业集团统一归还金融机构或债券购买方的业务。

根据《国家电网公司风险管理与内部控制操作指南（财务管理）》（财评〔2016〕10号）的规定，统借统还业务流程如图3-3所示。

涉及税种

统借统还业务主要涉及增值税、企业所得税、印花税等。

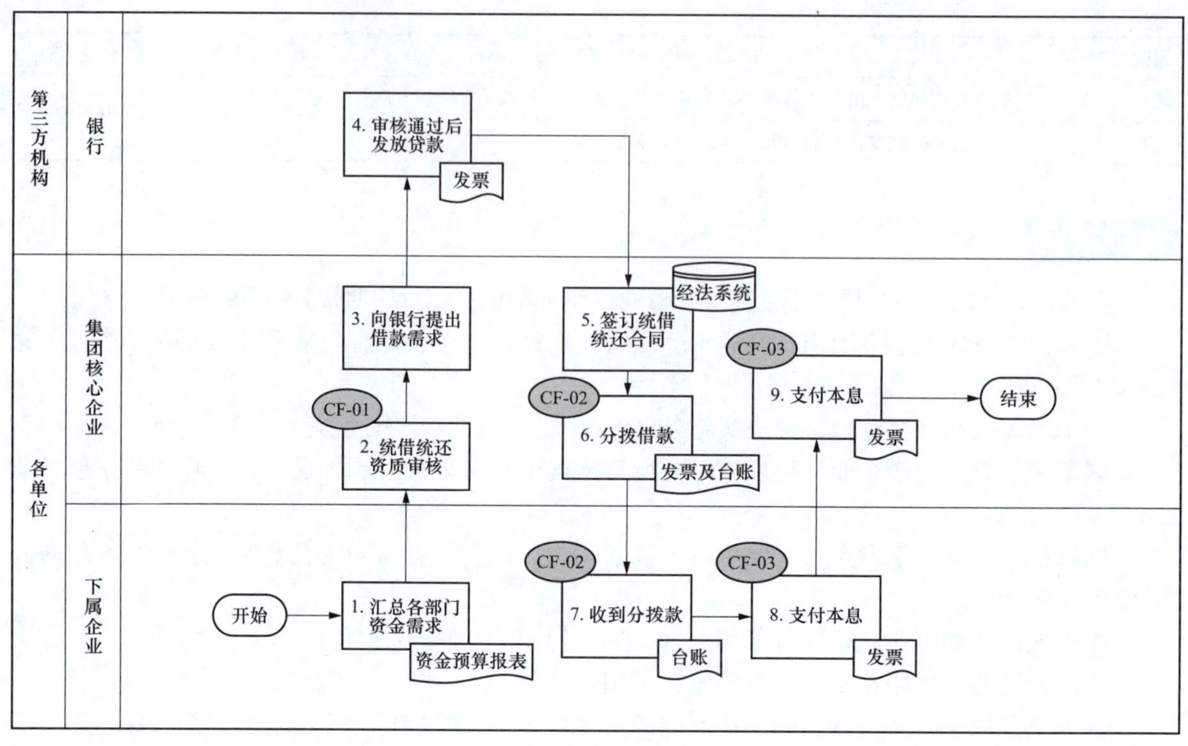

图 3 - 3　统借统还业务流程

涉税处理

【增值税】

（一）统借方

1. 销项税额处理

根据《营业税改征增值税试点过渡政策的规定》（财税〔2016〕36 号附件 3）第一条第（十九）项规定，统借统还业务中：

（1）企业集团或企业集团中的核心企业以及集团所属财务公司按不高于支付给金融机构的借款利率水平或者支付的债券票面利率水平，向企业集团或者集团内下属单位收取的利息，免征增值税。

在免征增值税的情况下，统借方只能开具增值税普通发票，不得开具专用发票。

（2）统借方向资金使用单位收取的利息，高于支付给金融机构借款利率水平或者支付的债券票面利率水平的，应全额缴纳增值税及相应附加。

在全额缴纳增值税的情况下，统借方为一般纳税人的，税率为 6%，实务中考虑到贷款服务的进项税额不得抵扣，一般也开具增值税普通发票。

2. 进项税额处理

统借方从金融机构处取得的贷款服务以及支付的与该笔贷款直接相关的投融资顾问费、手续费、咨询费等费用，其进项税额不得抵扣。

（二）下属企业

下属企业从统借方取得贷款，其对应的进项税额不得抵扣。

【企业所得税】

（一）统借方

统借方取得的贷款利息收入，应计入企业收入总额计缴企业所得税。根据《中华人民共和国企业所得税法实施条例》（中华人民共和国国务院令第 512 号）第十八条规定，利息收入按照合同约定的债务人应付利息的日期确认收入的实现。

统借方支付给金融机构的利息，取得合法有效凭证的，准予在企业所得税税前扣除。

（二）下属企业

对实行统借统还办法的企业集团，下属企业向统借方支付的利息支出，凭统借方开具的增值税发票准予在企业所得税税前扣除。

【印花税】

根据《中华人民共和国印花税暂行条例》（中华人民共和国国务院令第 11 号）所附税目税率表的规定，银行及其他金融组织和借款人（不包括银行同业拆借）所签订的借款合同按借款金额万分之零点五贴花。

因此，统借方和金融机构签订的借款合同应按照借款金额的万分之零点五贴花，而统借方和企业集团的下属企业签订的借款合同需分情况。如果统借方为取得金融机构资质的财务公司，则需按借款金额万分之零点五贴花；如统借方为未取得金融机构资质的财务公司或集团核心企业，则无需贴花。

涉税风险

统借统还业务涉税风险见表 3－11。

表 3－11　　统借统还业务涉税风险

风险编号	风 险 描 述	责任部门
CF－01	未同时满足以下前提条件，导致统借统还业务不能享受增值税免税政策： （1）有统借方与下属单位属于同一个企业集团的证明（由工商行政管理机关颁发“企业集团登记证”或由集团母公司将企业集团名称及集团成员信息通过国家企业信用信息公示系统向社会公示）； （2）统借方只能是企业集团或企业集团中的核心企业，不能是下属企业，如下属企业向银行借款拨给集团内其他企业使用，不属于统借统贷； （3）统借统还利率不高于支付给金融机构的借款利率水平或者支付的债券票面利率水平，否则应全额缴纳增值税； （4）统借统还资金应当从金融机构取得且不属于专款用途，不得使用集团和核心企业自有资金； （5）统借统还的资金要实际到位，不能拨付后又回流到集团或财务公司	财务部门
CF－02	未建立统借统还融资台账，导致无法判断是否符合免税政策，相关台账详见附录 1 附表 4	
CF－03	利息支出未取得增值税发票，导致不能税前扣除	

政策依据

《财政部、国家税务总局关于全面推开营业税改征增值税试点的通知》（财税〔2016〕36 号）

《中华人民共和国企业所得税法实施条例》（中华人民共和国国务院令第 512 号）

《中华人民共和国印花税暂行条例》（中华人民共和国国务院令第 11 号）

《国家电网公司风险管理与内部控制操作指南（财务管理）》（财评〔2016〕10 号）

三、委托贷款

业务描述

根据《中国银监会关于印发商业银行委托贷款管理办法的通知》（银监发〔2018〕2 号）的规定，委托贷款是指委托人提供资金，由商业银行（受托人）根据委托人确定的借款人、用途、金额、币种、期限、利率等代为发放、协助监督使用、协助收回的贷款，不包括现金管理项下委托贷款和住房公积金项下委托贷款。委托人是指提供委托贷款资金的法人、非法人组织、个体工商户和具有完全民事行为能力的自然人。

根据《国家电网公司风险管理与内部控制操作指南（财务管理）》（财评〔2016〕10 号），委托贷款业务流程如图 3－4 所示。

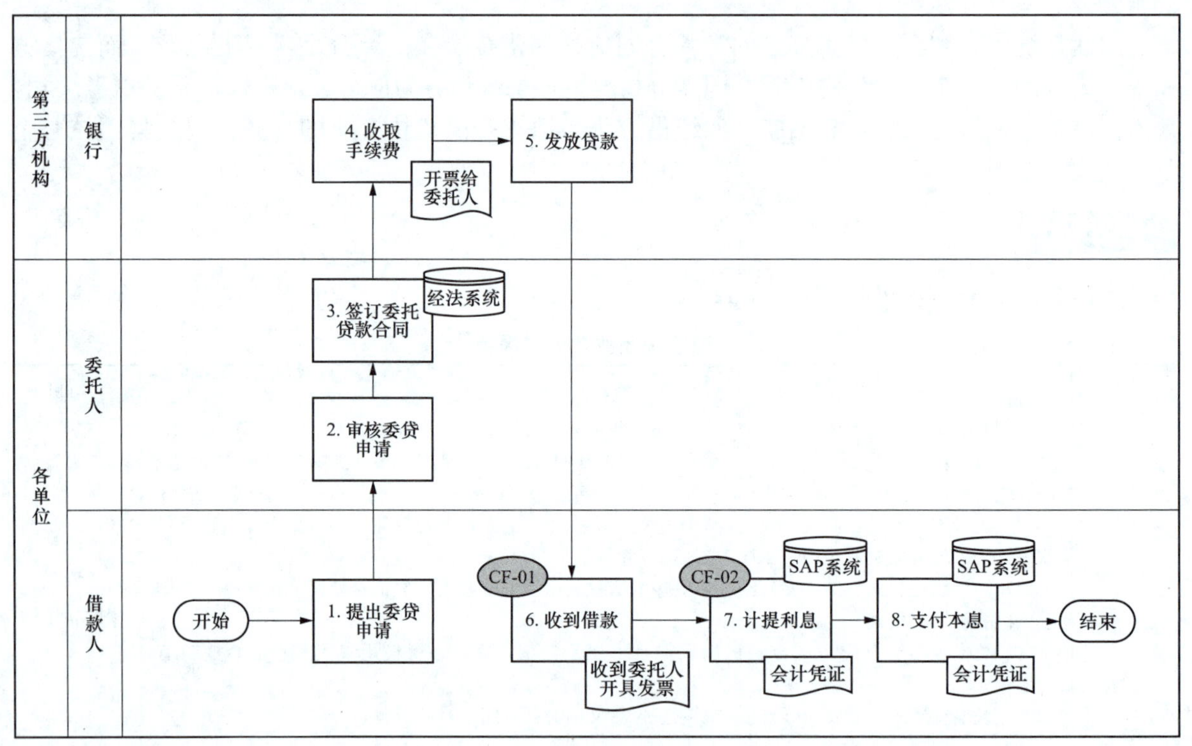

图 3－4　委托贷款业务流程

涉及税种

在委托贷款业务中，委托人主要涉及增值税及附加、企业所得税、印花税等；借款人主要涉及增值税、企业所得税、印花税等。

涉税处理

【增值税及附加】

（一）委托人

《营业税改征增值税试点实施办法》（财税〔2016〕36号附件1）所附《销售服务、无形资产、不动产注释》第一条第（五）项规定，贷款是指将资金贷与他人使用而取得利息收入的业务活动。对委托人而言，将资金通过银行提供给借款人使用取得的利息收入，属于销售贷款服务，应缴纳增值税以及相应的附加税。

如果委托人为小规模纳税人，应按提供贷款服务取得的全部利息及利息性质的收入为销售额，依3%的征收率计缴增值税。如果委托人为一般纳税人，应按提供贷款服务取得的全部利息及利息性质的收入为销售额，依6%的税率计算销项税额。

商业银行向委托人收取委托贷款手续费，委托人取得商业银行开具手续费增值税专用发票，准予抵扣进项。

（二）借款人

借款人属于接受贷款服务。《营业税改征增值税试点实施办法》（财税〔2016〕36号附件1）第二十七条第（六）项规定，增值税一般纳税人购进的贷款服务，其进项税额不得从销项税额中抵扣。

《营业税改征增值税试点有关事项的规定》（财税〔2016〕36号附件2）第二条第（一）项规定，接受贷款服务向贷款方支付的与该笔贷款直接相关的投融资顾问费、手续费、咨询费等费用，其进项税额不得从销项税额中抵扣。

【企业所得税】

（一）委托人

委托人取得的委托贷款利息收入，应计入企业收入总额计缴企业所得税。根据《中华人民共和国企业所得税法实施条例》（中华人民共和国国务院令第512号）第十八条规定，利息收入按照合同约定的债务人应付利息的日期确认收入的实现。

委托人发生的相关支出，如委托贷款手续费支出，取得合法有效凭证的，准予在税前扣除。

（二）借款人

1. 利息支出扣除一般规定

《中华人民共和国企业所得税法实施条例》（中华人民共和国国务院令第512号）第三十八条规定，非金融企业向非金融企业借款的利息支出，不超过按照金融企业同期同类贷款利率计算的数额的部分，准予扣除。

根据《国家税务总局关于企业所得税若干问题的公告》（国家税务总局公告2011年第34号）规定，借款人在按照合同要求首次支付利息并进行税前扣除时，应提供《金融企业的同期同类贷款利率情况说明》，以证明其利息支出的合理性，同时索取增值税发票。《金融企业的同期同类贷款利率情况说明》应包括在签订该借款合同当时，本省任何一家金融企业提供同期同类贷款利率情况。该金融企业应为经政府有关部门批准成立的可以从事贷款业务的企业，包括银行、财务公司、信托公司等金融机构。同期同类贷款利率，是指在贷款期限、贷款金额、贷款担保以及企业信誉等条件基本相同下，金融企业提供贷款的利率，既可以是金融企业公布的同期同类平均利率，也可以是金融企业对某些企业提供的实际贷款利率。

2. 关联企业借款利息支出扣除

根据《财政部、国家税务总局关于企业关联方利息支出税前扣除标准有关税收政策问题的通知》（财税〔2008〕121号）的规定，在计算应纳税所得额时，企业实际支付给关联方的利息支出，在不超过按照金融企业同期同类贷款利率计算的数额的部分可据实扣除，超过部分不得扣除；且其接受关联方债权性投资与其权益性投资比例应当符合规定（金融企业为5∶1，其他企业为2∶1），除非企业能够按照税法及其实施条例的有关规定提供相关资料，并证明相关交易活动符合独立交易原则，或者该企业的实际税负不高于境内关联方。

债权性投资，是指企业直接或者间接从关联方获得的，需要偿还本金和支付利息或者需要以其他具有支付利息性质的方式予以补偿的融资。

权益性投资，是指企业接受的不需要偿还本金和支付利息，投资人对企业净资产拥有所有权的投资。

3. 投资者投资未到位而发生的利息支出扣除

《国家税务总局关于企业投资者投资未到位而发生的利息支出企业所得税前扣除问题的批复》（国税函〔2009〕312号）规定，凡企业投资者在规定期限内未缴足其应缴资本额的，该企业对外借款所发生的利息，相当于投资者实缴资本额与在规定期限内应缴资本额的差额应计付的利息，其不属于企业合理的支出，应由企业投资者负担，不得在计算企业应纳税所得额时扣除。

【印花税】

（一）委托人

《中国银监会关于印发商业银行委托贷款管理办法的通知》（银监发〔2018〕2号）第十三条规定，商业银行与委托人、借款人就委托贷款事项达成一致后，三方应签订委托贷款借款合同。合同中应载明贷款用途、金额、币种、期限、利率、还款计划等内容，并明确委托人、受托人、借款人三方的权利和义务。所以，该三方委托借款合同实际上约定了两个事项：委托事项和贷款事项。《国家税务总局关于印花税若干具体问题的解释和规定的通知》（国税发〔1991〕155号）第十四条规定，在代理业务中，代理单位与委托单位之间签订的委托代理合同，凡仅明确代理事项、权限和责任的，不属于应税凭证，不贴印花。因此，委托人不需要缴纳印花税。

（二）借款人

根据《中华人民共和国印花税暂行条例》（中华人民共和国国务院令第11号）所附税目税率表的规定，银行及其他金融组织和借款人（不包括银行同业拆借）所签订的借款合同按借款金额万分之零点五贴花。委托贷款借款合同中提供借款方为委托人，并非银行及其他金融组织，因此借款人无需按借款合同贴花。

涉税风险

委托贷款业务涉税风险见表3-12。

表 3-12　　委托贷款业务涉税风险

风险编号	风 险 描 述	责任部门
CF-01	借款人未取得委托人开具的增值税发票，导致企业所得税前无法扣除的风险	财务部门
CF-02	不符合独立交易原则，且未按同期同类贷款利率和债资比等条件的限制进行调整，导致企业所得税风险	

政策依据

《财政部、国家税务总局关于全面推开营业税改征增值税试点的通知》（财税〔2016〕36号）

《中华人民共和国企业所得税法实施条例》（中华人民共和国国务院令第512号）

《财政部、国家税务总局关于企业关联方利息支出税前扣除标准有关税收政策问题的通知》（财税〔2008〕121号）

《国家税务总局关于企业投资者投资未到位而发生的利息支出企业所得税前扣除问题的批复》（国税函〔2009〕312号）

《国家税务总局关于企业所得税若干问题的公告》（国家税务总局公告2011年第34号）

《中华人民共和国印花税暂行条例》（中华人民共和国国务院令第11号）

《国家税务总局关于印花税若干具体问题的解释和规定的通知》（国税发〔1991〕155号）

《中国银监会关于印发商业银行委托贷款管理办法的通知》（银监发〔2018〕2号）

《国家电网公司风险管理与内部控制操作指南（财务管理）》（财评〔2016〕10号）

四、售后回租

业务描述

根据《金融租赁公司管理办法》（中国银行业监督管理委员会令2007年第1号）第四条的规定，售后回租是指承租人将自有物件出卖给出租人，同时与出租人签订融资租赁合同，再将该物件从出租人处租回的融资租赁形式。

售后回租业务是承租人和供货人为同一人的融资租赁方式。售后回租业务流程如图3-5所示。

涉及税种

售后回租业务主要涉及增值税、企业所得税、印花税、契税等。

涉税处理

【增值税】

（一）销售资产环节

《国家税务总局关于融资性售后回租业务中承租方出售资产行为有关税收问题的公告》（国家税务总局公告2010年第13号）第一条规定，融资性售后回租业务中承租方出售资产的行为，不属于增值税征收范围，不征收增值税。

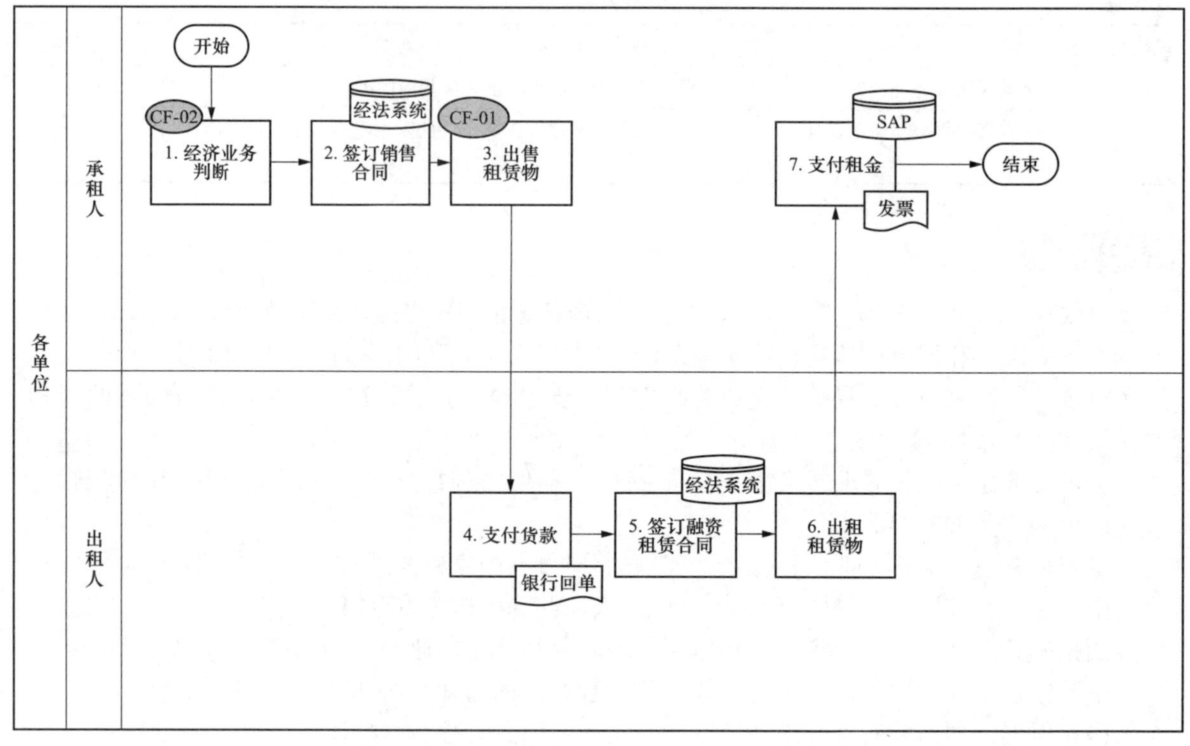

图 3-5　售后回租业务流程

（二）租赁环节

《营业税改征增值税试点有关事项的规定》（财税〔2016〕36 号附件 2）第一条第（三）项对融资性售后回租业务相关增值税规定如下：

（1）经人民银行、银监会或者商务部批准从事融资租赁业务的试点纳税人，提供融资性售后回租服务，以取得的全部价款和价外费用（不含本金），扣除对外支付的借款利息（包括外汇借款和人民币借款利息）、发行债券利息后的余额作为销售额，按照贷款服务缴纳增值税及附加。

（2）试点纳税人根据 2016 年 4 月 30 日前签订的有形动产融资性售后回租合同，在合同到期前提供的有形动产融资性售后回租服务，可继续按照有形动产融资租赁服务缴纳增值税，并选择以下方法之一计算销售额：

1）以向承租方收取的全部价款和价外费用，扣除向承租方收取的价款本金，以及对外支付的借款利息（包括外汇借款和人民币借款利息）、发行债券利息后的余额为销售额。

试点纳税人提供有形动产融资性售后回租服务，向承租方收取的有形动产价款本金，不得开具增值税专用发票，可以开具普通发票。

2）以向承租方收取的全部价款和价外费用，扣除支付的借款利息（包括外汇借款和人民币借款利息）、发行债券利息后的余额为销售额。

【企业所得税】

《国家税务总局关于融资性售后回租业务中承租方出售资产行为有关税收问题的公告》（国

家税务总局公告 2010 年第 13 号）第二条规定，融资性售后回租业务中，承租人出售资产的行为，不确认为销售收入，对融资性租赁的资产，仍按承租人出售前原账面价值作为计税基础计提折旧。租赁期间，承租人支付的属于融资利息的部分，作为企业财务费用在税前扣除。

根据企业会计准则规定，售后租回交易认定为融资租赁的，售价与资产账面价值之间的差额应当予以递延，并按照该项租赁资产的折旧进度进行分摊，作为折旧费用的调整。而税法不确认其分摊的折旧，其差额应当进行纳税调整。

【印花税】

《财政部、国家税务总局关于融资租赁合同有关印花税政策的通知》（财税〔2015〕144 号）规定，对开展融资租赁业务签订的融资租赁合同（含融资性售后回租），统一按照其所载明的租金总额依照“借款合同”税目，按万分之零点五的税率计税贴花。在融资性售后回租业务中，对承租人、出租人因出售租赁资产及购回租赁资产所签订的合同不征收印花税。

【契税】

《财政部、国家税务总局关于企业以售后回租方式进行融资等有关契税政策的通知》（财税〔2012〕82 号）规定，对金融租赁公司开展售后回租业务，承受承租人房屋、土地权属的，照章征税。对售后回租合同期满，承租人回购原房屋、土地权属的，免征契税。

涉税风险

售后回租业务涉税风险见表 3-13。

表 3-13　售后回租业务涉税风险

风险编号	风险描述	责任部门
CF-01	承租人将出售资产的行为确认为销售收入，导致多交税款的风险	财务部门
CF-02	混淆融资租赁、售后回租经济业务，导致增值税税率选择错误、印花税税目选择错误	

政策依据

《国家税务总局关于融资性售后回租业务中承租方出售资产行为有关税收问题的公告》（国家税务总局公告 2010 年第 13 号）

《财政部、国家税务总局关于全面推开营业税改征增值税试点的通知》（财税〔2016〕36 号）

《财政部、国家税务总局关于融资租赁合同有关印花税政策的通知》（财税〔2015〕144 号）

《财政部、国家税务总局关于企业以售后回租方式进行融资等有关契税政策的通知》（财税〔2012〕82 号）

《金融租赁公司管理办法》（中国银行业监督管理委员会令 2007 年第 1 号）

五、融资租赁

业务描述

根据《金融租赁公司管理办法》（中国银行业监督管理委员会令 2007 年第 1 号）第三条的

规定，融资租赁是指出租人根据承租人对租赁物和供货人的选择或认可，将其从供货人处取得的租赁物按合同约定出租给承租人占有、使用，向承租人收取租金的交易活动。

《营业税改征增值税试点实施办法》（财税〔2016〕36号附件1）所附《销售服务、无形资产、不动产注释》规定，融资租赁服务是指具有融资性质和所有权转移特点的租赁活动，即出租人根据承租人所要求的规格、型号、性能等条件购入有形动产或者不动产租赁给承租人，合同期内租赁物所有权属于出租人，承租人只拥有使用权，合同期满付清租金后，承租人有权按照残值购入租赁物，以拥有其所有权。不论出租人是否将租赁物销售给承租人，均属于融资租赁。

融资租赁业务流程如图3-6所示。

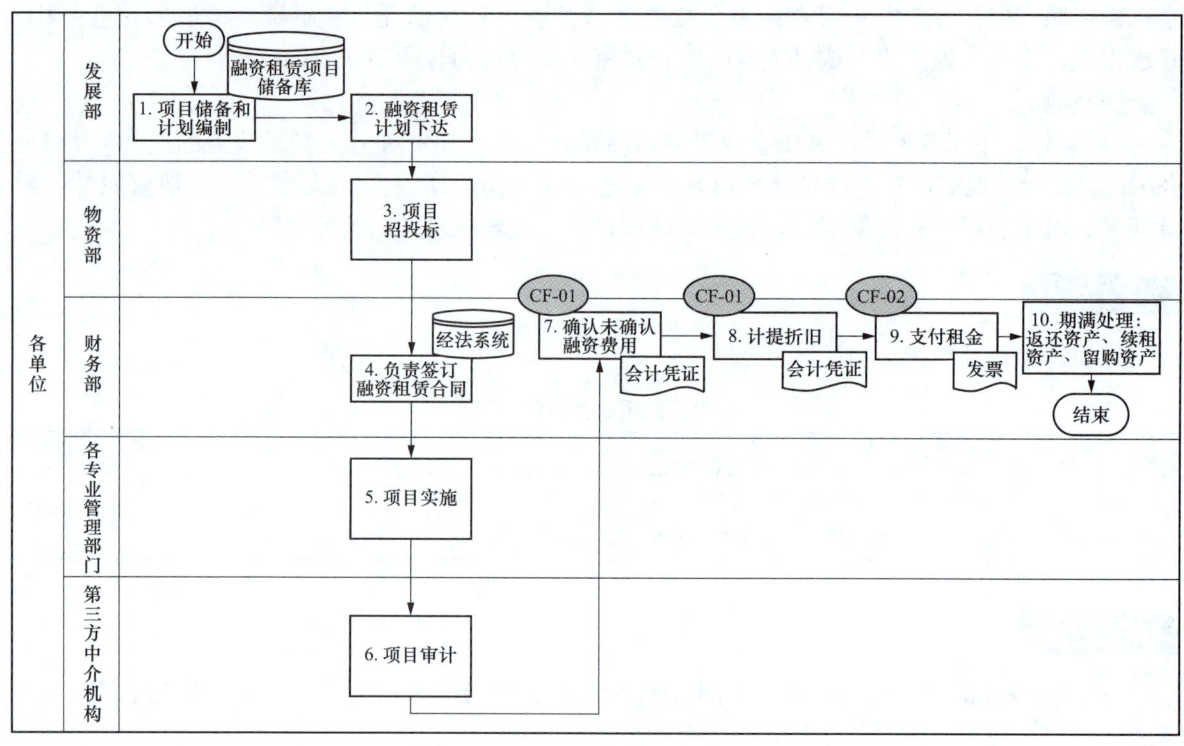

图3-6 融资租赁业务流程

涉及税种

融资租赁业务主要涉及增值税及附加、企业所得税、印花税等。

涉税处理

【增值税及附加】

《营业税改征增值税试点有关事项的规定》（财税〔2016〕36号附件2）第一条第（三）项规定，经人民银行、银监会或者商务部批准从事融资租赁业务的试点纳税人提供融资租赁服务，以取得的全部价款和价外费用，扣除支付的借款利息（包括外汇借款和人民币借款利息）、发行债券利息和车辆购置税后的余额为销售额。

根据《财政部、国家税务总局关于明确金融、房地产开发、教育辅助服务等增值税政策的通知》（财税〔2016〕140号）的规定，上述文件所称“人民银行、银监会或者商务部批准”“商务部授权的省级商务主管部门和国家经济技术开发区批准”从事融资租赁业务（含融资性售后回租业务）的试点纳税人（含试点纳税人中的一般纳税人），包括经上述部门备案从事融资租赁业务的试点纳税人。

按照标的物的不同，融资租赁服务可分为有形动产融资租赁和不动产融资租赁服务。

（一）有形动产融资租赁

一般纳税人提供有形动产融资租赁服务，按照销售额和13%的税率计算增值税及附加。

《营业税改征增值税试点有关事项的规定》（财税〔2016〕36号附件2）第一条第（六）项规定，一般纳税人在纳入营改增试点之日前签订的尚未执行完毕的有形动产租赁合同（包括融资租赁和经营租赁），可以选择简易计税方法，按照3%的征收率计算缴纳增值税。

（二）不动产融资租赁

一般纳税人提供不动产融资租赁服务，按照销售额和9%的税率计算增值税及附加。

《财政部、国家税务总局关于进一步明确全面推开营改增试点有关劳务派遣服务、收费公路通行费抵扣等政策的通知》（财税〔2016〕47号）第三条第（三）项规定，一般纳税人2016年4月30日前签订的不动产融资租赁合同，或以2016年4月30日前取得的不动产提供的融资租赁服务，可以选择简易计税办法，按照5%的征收率计算缴纳增值税及附加。

【企业所得税】

企业融资租入的固定资产的会计处理和税务处理不一致导致了税会差异，从而导致纳税调整，具体表现如下。

（一）租赁期开始日的税务处理与会计的差异

《中华人民共和国企业所得税法实施条例》（中华人民共和国国务院令第512号）第五十八条第三款规定，融资租入的固定资产，以租赁合同约定的付款总额和承租人在签订租赁合同过程中发生的相关费用为计税基础，租赁合同未约定总额的，以该资产的公允价值和承租人在签订租赁合同过程中发生的相关费用为计税基础。企业会计准则规定在租赁期开始日，承租人应当将租赁开始日租赁资产公允价值与最低租赁付款额现值两者中较低者作为租入资产的入账价值，将最低租赁付款额作为长期应付款的入账价值，其差额作为未确认融资费用。从会计准则和税法对融资租赁资产的初始计量规定可以看出，计税基础和账面价值二者是不同的。计税基础体现了历史成本及实际发生的原则，固定资产的计税基础包含应支付的租金及实际发生的费用。会计计量则体现了公允性原则，将公允价值与最低租赁付款额现值两者中较低者作为固定资产的入账价值，其差额计入“未确认融资费用”进行摊销。因此，会计准则与税法对初始计量的差异体现在“未确认融资费用”的摊销中。

（二）融资租赁方式下固定资产折旧摊销税务处理与会计的差异

《中华人民共和国企业所得税法实施条例》（中华人民共和国国务院令第512号）第四十七条第二款规定，以融资租赁方式租入固定资产发生的租赁费支出，按照规定构成融资租入固定资产价值的部分应当提取折旧费用，分期扣除。折旧年限税法依据规定的最低年限来确定，而会计是以租赁期或者使用寿命期孰短的原则确定折旧年限，与税法规定的最低年限可能形成时间性差异。在会计处理中，应按照会计准则确认的账面价值与税法允许确认的计税基础之差确认递延所得税资产、递延所得税负债或者冲减以前年度确认的递延所得税资产或递延所得税负债。

（三）融资租赁下的未确认融资费用的税务处理与会计的差异

在会计上未计入资产成本的未确认融资费用，税法上已经包含在计税基础中，因此应当以折旧的方式在固定资产的使用期限里分期扣除，不得在税前直接扣除，应调增应纳税所得额。

（四）在租赁期满时的税务处理

（1）返还资产视同销售处理的，由于对融资租赁的固定资产已作固定资产管理，到期返还应视作视同销售处理，按照销售使用过的固定资产的公允价值计算缴纳增值税，企业所得税按照公允价值确认收入，同时按照计税成本确定扣除额。

（2）到期优惠续租租赁资产的，按照租赁合同确定的应付租金增加固定资产的计税基础，在不短于税法规定的剩余折旧年限内调整折旧额。

（3）到期留购租赁资产的，将融资租赁的固定资产视同自有固定资产管理，到期后留购无须增加固定资产的计税基础，同时也不影响固定资产的折旧，按照以往的处理延续即可。

【印花税】

以融资租赁交易的“直租”业务为例，交易涉及三方主体两个合同：

（1）供货商与出租人签订的租赁物销售合同，依照“购销合同”税目，按万分之三的税率计税贴花。

（2）出租人与承租人签订的融资租赁合同，根据《财政部、国家税务总局关于融资租赁合同有关印花税政策的通知》（财税〔2015〕144 号）的规定，对开展融资租赁业务签订的融资租赁合同（含融资性售后回租），统一按照其所载明的租金总额依照“借款合同”税目，按万分之零点五的税率计税贴花。

涉税风险

融资租赁业务涉税风险见表 3 - 14。

表 3 - 14　融资租赁业务涉税风险

风险编号	风　险　描　述	责任部门
CF - 01	混淆融资租赁、售后回租经济业务，导致增值税税率选择错误、印花税税目选择错误	财务部门
CF - 02	纳税人提供租赁服务采取预收款方式的，在收到预收款的当天未确认增值税纳税义务的发生，导致税收风险	

政策依据

《财政部、国家税务总局关于全面推开营业税改征增值税试点的通知》（财税〔2016〕36 号）

《财政部、国家税务总局关于进一步明确全面推开营改增试点有关劳务派遣服务、收费公路通行费抵扣等政策的通知》（财税〔2016〕47 号）

《财政部、国家税务总局关于明确金融、房地产开发、教育辅助服务等增值税政策的通知》（财税〔2016〕140号）

《财政部、税务总局、海关总署关于深化增值税改革有关政策的公告》（财政部、税务总局、海关总署公告2019年第39号）

《中华人民共和国企业所得税法实施条例》（中华人民共和国国务院令第512号）

《财政部、国家税务总局关于融资租赁合同有关印花税政策的通知》（财税〔2015〕144号）

《企业会计准则第21号——租赁》（财会〔2018〕35号）

《金融租赁公司管理办法》（中国银行业监督管理委员会令2007年第1号）

六、资金拆借

业务描述

资金拆借包括银行之间和企业之间的资金拆借，本书只介绍企业之间资金拆借。根据《最高人民法院关于审理民间借贷案件适用法律若干问题的规定》（法释2015年18号）第一条规定，民间借贷是指自然人、法人、其他组织之间及其相互之间进行资金融通的行为。

（一）按照资金来源分类

按照资金来源不同，内部资金拆借可以分为自有资金拆借和借款资金拆借。自有资金拆借，是指企业集团内部资金充裕的企业将自己通过经营形成的资金拆借给有资金缺口的企业。借款资金拆借，是指由于企业集团内部资金都较为紧张，但是由于资信和融资能力有较大差别，一部分企业（如企业集团总部和其他核心企业）能够从外部通过借款的方式融入资金，而另一部分企业没有对外融资能力，具有较强融资能力的企业从外部融入资金后，将资金再拆借给企业集团内部没有融资能力的企业，以保证整个企业集团资金链的安全。

（二）按照资金性质分类

按照资金性质不同，内部资金拆借可以分为专项资金拆借和普通流动资金拆借。专项资金拆借，是指将具有专项使用用途的资金拆借给其他企业；普通流动资金拆借，是指将不具有专项使用用途的资金进行拆借。

（三）按照资金拆借的方式分类

按照资金拆借的方式不同，内部资金拆借一般分为企业之间直接拆借、通过财务公司以委托贷款方式进行拆借、通过商业银行以委托贷款方式进行拆借三种类型。企业之间直接拆借，是指资金拆出方与资金拆入方直接签订资金拆借合同，资金拆入方按期还本付息给资金拆出方；通过财务公司或商业银行以委托贷款方式进行拆借，是指财务公司或商业银行作为中介机构为企业资金拆借行为提供中介服务，贷款风险由贷款双方承担，利息收入归资金拆出方所有，财务公司仅收取管理费用。

资金拆借业务流程如图3-7所示。

涉及税种

资金拆借业务主要涉及增值税及附加、企业所得税等。

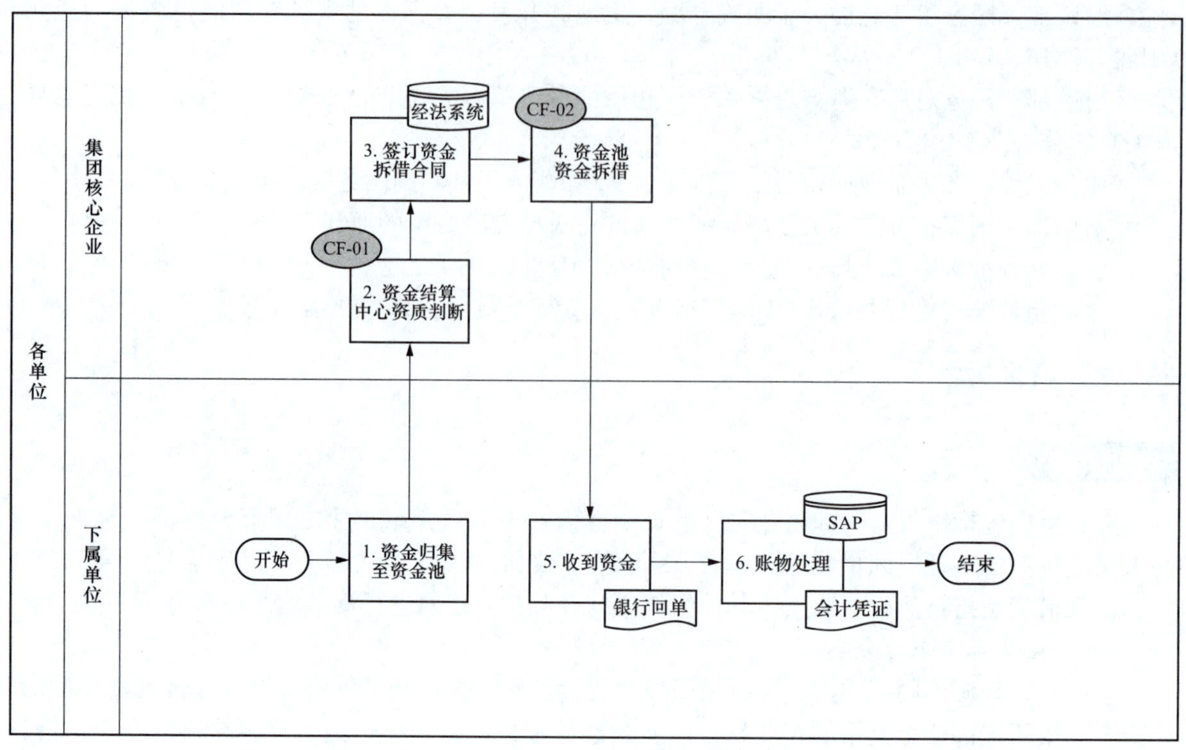

图 3-7 资金拆借业务流程

涉税处理

【增值税及附加】

（一）借出方

企业将自有资金拆借给关联企业和非关联企业使用，从实践中看，可分为有偿拆借和无偿拆借两类。

1. 有偿拆借

《营业税改征增值税试点实施办法》（财税〔2016〕36 号附件 1）所附《销售服务、无形资产、不动产注释》第一条第（五）项规定，各种占用、拆借资金取得的收入都按照贷款服务缴纳增值税。即企业将自有资金拆借给关联企业和非关联企业使用并收取利息，属于贷款业务，所收取的利息应按 6%缴纳增值税。

2. 无偿拆借

根据《营业税改征增值税试点实施办法》（财税〔2016〕36 号附件 1）第十四条规定，单位或者个体工商户向其他单位或者个人无偿提供服务，视同销售服务，但用于公益事业或者以社会公众为对象的除外。《财政部、税务总局关于明确养老机构免征增值税等政策的通知》（财税〔2019〕20 号）第三条规定，自 2019 年 2 月 1 日至 2020 年 12 月 31 日，对企业集团内单位（含企业集团）之间的资金无偿借贷行为，免征增值税。

因此，在上述期间，企业之间的无偿资金拆借应当区分企业集团内单位（含企业集团）之间和非企业集团内单位之间的资金无偿借贷行为，其中，企业集团内单位（含企业集团）之间的资金无偿借贷行为，免征增值税；非企业集团内单位之间的资金无偿借贷行为属于视同销售行为，根据《营业税改征增值税试点实施办法》（财税〔2016〕36 号附件 1）第四十四条规定，纳税人发生视同销售行为而无销售额的，主管税务机关有权按照下列顺序确定销售额：

（1）按照纳税人最近时期销售同类服务、无形资产或者不动产的平均价格确定。

（2）按照其他纳税人最近时期销售同类服务、无形资产或者不动产的平均价格确定。

（3）按照组成计税价格确定。

《国家工商行政管理局关于印发〈企业集团登记管理暂行规定〉的通知》（工商企字〔1998〕59 号）第三条规定，企业集团是指以资本为主要联结纽带的母子公司为主体，以集团章程为共同行为规范的母公司、子公司、参股公司及其成员企业或机构共同组成的具有一定规模的企业法人联合体。企业集团不具有企业法人资格。根据《国家税务总局关于完善关联申报和同期资料管理有关事项的公告》（国家税务总局公告 2016 年第 42 号）对关联关系的定义，企业集团内各单位间属于关联方关系，因此，只有企业集团内单位（含企业集团）之间的资金无偿借贷行为可以适用免税规定，具体包括集团母公司借给下属公司、下属公司借给集团母公司以及下属公司间相互借贷（下属公司包括分、子公司）；而与不属于企业集团内单位的其他关联方之间的资金无偿借贷行为仍应按视同销售缴纳增值税。

另外，根据《国家市场监督管理总局关于做好取消企业集团核准登记等 4 项行政许可等事项衔接工作的通知》（国市监企注〔2018〕139 号）的规定，不再单独登记企业集团，不再核发“企业集团登记证”，取消企业集团核准登记后，集团母公司应当将企业集团名称及集团成员信息通过国家企业信用信息公示系统向社会公示。

（二）借入方

借入方取得资金拆借，不得抵扣对应的进项税额。

【企业所得税】

（一）借出方

有偿出借的，根据《中华人民共和国企业所得税法实施条例》（中华人民共和国国务院令第 512 号）第十八条规定，利息收入按照合同约定的债务人应付利息的日期确认收入的实现，计算缴纳企业所得税。

无偿出借的，根据《国家税务总局关于发布〈特别纳税调查调整及相互协商程序管理办法〉的公告》（国家税务总局公告 2017 年第 6 号）第三十八条的规定，实际税负相同的境内关联方之间的交易，只要该交易没有直接或者间接导致国家总体税收收入的减少，原则上不作特别纳税调整。因此，关联方之间免收利息的交易，境内实际税负相同的地区，可以不作调整，但对于实际税负不相同的关联方（如西部大开发地区，或者一方亏损严重），需要按公允交易价格进行调整。

（二）借入方

借入方从关联企业借入资金，涉及利息支出在税前列支的问题，上文中已介绍了《财政部、国家税务总局关于企业关联方利息支出税前扣除标准有关税收政策问题的通知》（财税〔2008〕121 号）的相关规定。另外，《国家税务总局关于发布〈特别纳税调查调整及相互协商程序管理办法〉的公告》(国家税务总局公告 2017 年第 6 号)第三十八条规定,实际税负相同的境内关联方之间的交易,只要该交易没有直接或者间接导致国家总体税收收入的减少,原则上不作特别纳税调整。因此,关联方之间免收利息的交易,境内实际税负相同的地区,可以不作调整,但对于实际税负不相同的关联方(如西部大开发地区,或者一方亏损严重),需要按公允交易价格进行调整。

涉税风险

资金拆借业务涉税风险见表 3-15。

表 3-15　　资金拆借业务涉税风险

风险编号	风　险　描　述	责任部门
CF-01	将资金结算中心(未取得金融资质)视为企业新设阶段纳税信用评价管理金融机构,导致存款利息收入未交增值税,产生涉税风险	财务部门
CF-02	非企业集团内单位之间的资金无偿借贷行为(除用于公益事业或者以社会公众为对象外)未按规定视同销售缴纳增值税,导致涉税风险	

政策依据

《财政部、国家税务总局关于全面推开营业税改征增值税试点的通知》(财税〔2016〕36 号)

《财政部、税务总局关于明确养老机构免征增值税等政策的通知》(财税〔2019〕20 号)

《中华人民共和国企业所得税法实施条例》(中华人民共和国国务院令第 512 号)

《财政部、国家税务总局关于企业关联方利息支出税前扣除标准有关税收政策问题的通知》(财税〔2008〕121 号)

《国家税务总局关于完善关联申报和同期资料管理有关事项的公告》(国家税务总局公告 2016 年第 42 号)

《国家税务总局关于发布〈特别纳税调查调整及相互协商程序管理办法〉的公告》(国家税务总局公告 2017 年第 6 号)

《国家工商行政管理局关于印发〈企业集团登记管理暂行规定〉的通知》(工商企字〔1998〕59 号)

《最高人民法院关于审理民间借贷案件适用法律若干问题的规定》(法释〔2015〕18 号)

《国家市场监督管理总局关于做好取消企业集团核准登记等 4 项行政许可等事项衔接工作的通知》(国市监企注〔2018〕139 号)

七、债券发行

业务描述

根据《公司债券发行与交易管理办法》(中国证券监督管理委员会令第 113 号)第二条的规定,公司债券是指公司依照法定程序发行、约定在一定期限还本付息的有价证券。

公司债券应当以实际发生额入账,并于资产负债表日按照实际利率计算确定债券利息费用。

溢价或折价发行债券，其债券发行价格总额与债券面值总额的差额，应当在债券存续期间分期摊销，作为对利息费用的调整。

根据《国家电网有限公司风险管理与内部控制操作指南（财务管理）》（财评〔2016〕10号），公司债券发行业务流程如图3-8所示。

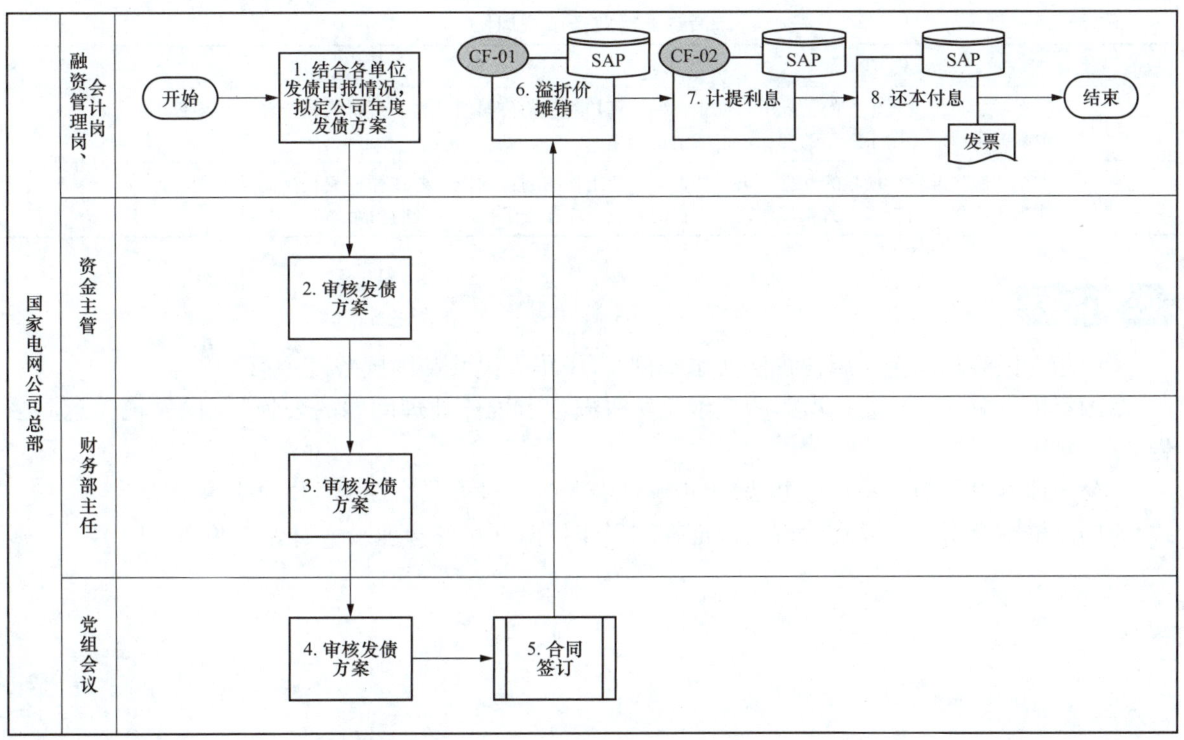

图3-8　公司债券发行业务流程

涉及税种

债券发行业务主要涉及企业所得税等。

涉税处理

【企业所得税】

（一）利息支出据实扣除

《中华人民共和国企业所得税法实施条例》（中华人民共和国国务院令第512号）第三十八条规定，企业经批准发行债券的利息支出，准予扣除。

（二）相关费用的资本化与费用化

《国家税务总局关于企业所得税应纳税所得额若干税务处理问题的公告》（国家税务总局公告2012年第15号）第二条规定，企业通过发行债券而发生的合理的费用支出，符合资本化条件的，应计入相关资产成本；不符合资本化条件的，应作为财务费用，准予在企业所得税前据实扣除。相关费用包括债券利息，折价或溢价的摊销，发行债券过程中发生的手续费、佣金、印刷费等交易费用。

涉税风险

债券发行业务涉税风险见表 3 - 16。

表 3 - 16　　债券发行业务涉税风险

风险编号	风 险 描 述	责任部门
CF - 01	在溢、折价发行债券的情况下，如未正确计算扣除每期公司债券溢、折价摊销金额，将导致出现多摊销或应摊销未摊销的费用，造成纳税调整	财务部门
CF - 02	企业经批准发行债券的利息支出，如果属于费用化的利息支出，要遵循权责发生制的原则，即使当年应付（由于资金紧张等原因）未付的利息，应在发生年度的当期扣除	

政策依据

《中华人民共和国企业所得税法实施条例》（中华人民共和国国务院令第 512 号）

《国家税务总局关于企业所得税应纳税所得额若干税务处理问题的公告》（国家税务总局公告 2012 年第 15 号）

《公司债券发行与交易管理办法》（中国证券监督管理委员会令第 113 号）

《国家电网有限公司风险管理与内部控制操作指南（财务管理）》（财评〔2016〕10 号）

第四章　投　资　阶　段

第一节　项　目　前　期

项目前期主要包括电网工程建设前期过程中所涉及的项目规划选址选线，取得路条，可行性研究编制，评审及批复，环境，水土，地质等评估协调，政府核准，投资计划上报及下达等方面工作。只有完成前期每个程序步骤，项目才可正式进入实施阶段。

电网项目前期管理是电网项目取得政府投资主管部门核准之前所开展的工作，包括电网项目前期计划的编制，同意电网项目开展前期工作意见的落实，电网项目可行性研究报告的编制及评审，电网项目用地、水保、环评、稳评等专题评估报告的编制及各项支持性文件的落实，核准申请报告的编制及报送等工作。

根据《国家电网公司工程财务管理办法》［国网（财/2）351—2018］、《国家电网公司项目可研经济性与财务合规性评价指导意见》（国家电网财〔2014〕1008 号）、《国家电网公司内控流程手册》，项目前期相关业务流程如图 4 - 1 所示。

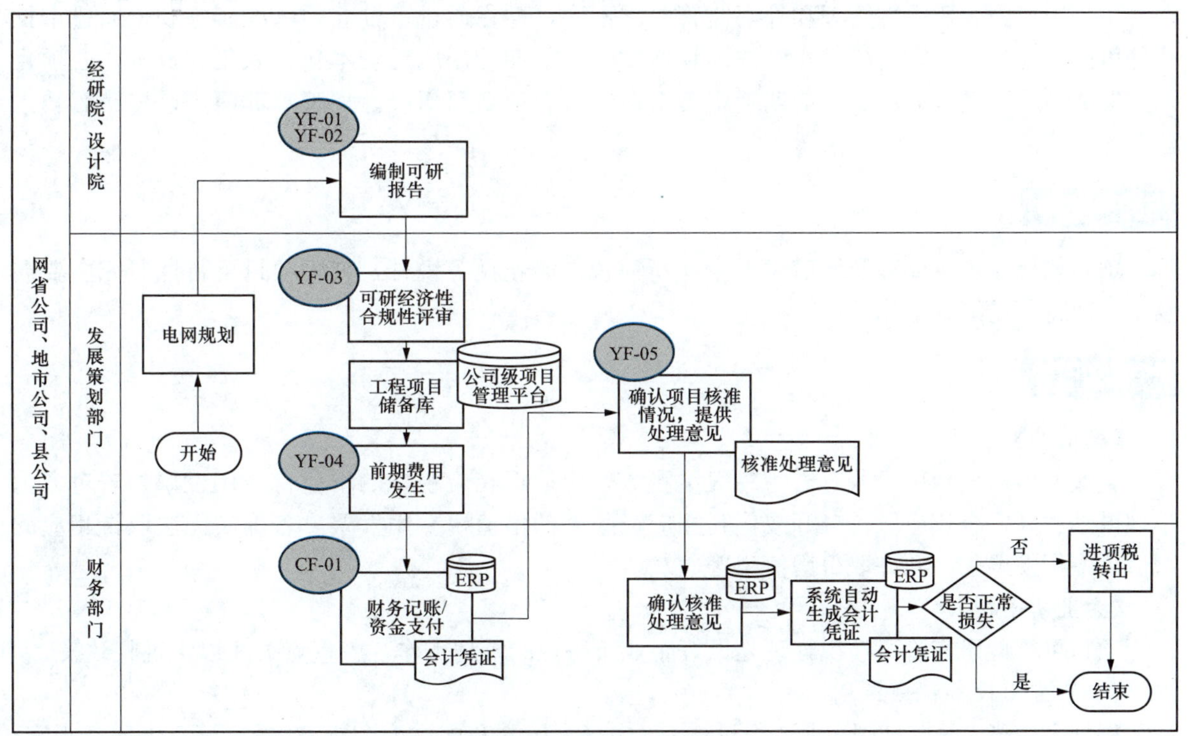

图 4 - 1　项目前期业务流程

项目前期阶段，税务管理应主要关注：①可研编制内容是否满足后续税收优惠政策享受要求；②前期相关合同签订和费用列支是否符合税收规定；③涉税业务处理是否规范。

业务描述

以公司电网规划为基础，财务部门配合发展策划部门建立工程项目储备库，协助将满足条件的规划项目纳入工程项目储备库。

财务部门配合发展策划部门对项目开展可行性研究并对其合规性和经济性进行评价。可行性研究是对项目建设的社会、经济、技术等进行调研、分析和比较，综合论证项目实施的必要性、经济合理性、技术先进性与适应性等，从而为项目决策提供科学依据。项目可研是项目建设前期工作的重要内容和成果，是项目立项、评审、批复、调整和实施的重要基础，也是后续享受各项税收优惠政策的重要依据。

项目可行性研究环节不涉及具体涉税处理，但项目可行性研究中对项目的定性描述、拟使用设备选型等将会影响后续企业所得税优惠政策的享受，因此，在项目可行性研究阶段，应重视项目的税收筹划工作。

前期费用主要是指在开展项目前期工作中所发生的相关费用，主要包括勘察费，设计费，研究试验费，可行性研究费，前期工作的标的编制及招标管理费，概算审查费，咨询评审费，技术图书资料费、差旅交通费、业务招待费等管理费用，以及前期工作相关的前期政策处理、各类评估费用等。

工程项目因企业内部管理和外部监管要求不同，存在通过审批立项核准实施和未通过审批两种可能。通过立项审批核准实施的项目，发生的前期费用应予资本化计入工程成本。若项目未核准或核准后又被取消，该前期费用支出在经发展策划部门或计划管理部门确认核销后转入营业外支出。

涉及税种

项目前期业务主要涉及增值税、企业所得税、印花税等税种，其中项目可行性研究主要涉及企业所得税的筹划工作。

涉税处理

【增值税】

企业发生前期费用，若对方为一般纳税人，应取得相应税率的增值税专用发票；若对方为小规模纳税人，企业应取得自开或代开相应征收率的增值税专用发票。若确实无法取得相应的增值税专用发票的，允许取得增值税普通发票。

【企业所得税】

项目可行性研究阶段涉税处理是做好企业所得税的筹划工作，应重点关注以下税收政策。

（一）专用设备税额抵免优惠

根据《中华人民共和国企业所得税法》（中华人民共和国主席令第 63 号）第三十四条规定，企业购置用于环境保护、节能节水、安全生产等专用设备的投资额，可按一定比例实行税额抵免。

根据《中华人民共和国企业所得税法实施条例》（中华人民共和国国务院令第 512 号）第一百条规定，企业购置并实际使用《环境保护专用设备企业所得税优惠目录》《节能节水专用设备企业所得税优惠目录》和《安全生产专用设备企业所得税优惠目录》规定的环境保护、节能节水、安全生产等专用设备的，该专用设备的投资额的 10%可以从企业当年的应纳税额中抵免；当年不足抵免的，可在以后 5 个纳税年度结转抵免。

根据《财政部、国家税务总局关于执行企业所得税优惠政策若干问题的通知》（财税〔2009〕69 号）第十条，《中华人民共和国企业所得税法实施条例》（中华人民共和国国务院令第 512 号）第一百条的规定，购置并使用的环境保护、节能节水和安全生产专用设备，包括承租方企业以融资租赁方式租入的、并在融资租赁合同中约定租赁期届满时租赁设备所有权转移给承租方企业，且符合规定条件的专用设备。

因此，企业在可研中应当统筹考虑环境保护、节能节水和安全生产专用设备税收抵免优惠和项目投入产出效益，尽可能使用优惠目录规定的专用设备，从而享受税收优惠政策。

（二）电网（输变电设施）新建项目“三免三减半”优惠

根据《中华人民共和国企业所得税法实施条例》（中华人民共和国国务院令第 512 号）第八十七条规定，企业从事《公共基础设施项目企业所得税优惠目录》规定的港口码头、机场、铁路、公路、城市公共交通、电力、水利等国家重点扶持的公共基础设施项目的投资经营所得，自项目取得第一笔生产经营收入所属纳税年度起，第一年至第三年免征企业所得税，第四年至第六年减半征收企业所得税。即“三免三减半”优惠。

根据《财政部、国家税务总局、国家发展改革委关于公布公共基础设施项目企业所得税优惠目录（2008 年版）的通知》（财税〔2008〕116 号）的附件《公共基础设施项目企业所得税优惠目录（2008 年版）》第 9 项规定，电网（输变电设施）新建项目包括：由国务院投资主管部门核准的 330kV 及以上跨省及长度超过 200km 的交流输变电新建项目，500kV 及以上直流输变电新建项目；由省级以上政府投资主管部门核准的革命老区、老少边穷地区电网新建工程项目；农网输变电新建项目。

根据《国家发展改革委办公厅关于印发〈新一轮农村电网改造升级项目管理办法〉的通知》（发改办能源〔2016〕671 号）的规定，农村电网是指县级行政区域内，为农村生产生活提供电力服务的 110kV 及以下电网设施（含用户电能表）。农村电网改造升级是指变电站、线路（原则上不含入地电缆）等农村电网设施的新建，以及对已运行农网设施局部或整体就地或异地建设、增容、更换设备等。

因此，企业在可研编制中应统筹考虑项目是否可纳入享受政策范围，并在可研文本中进行针对性描述，为后续享受税收政策优惠提供依据。

（三）税前扣除凭证

根据《国家税务总局关于发布〈企业所得税税前扣除凭证管理办法〉的公告》（国家税务总局公告 2018 年第 28 号）第五条规定，企业发生支出，应取得税前扣除凭证，作为计算企业所得税应纳税所得额时扣除相关支出的依据；第四条规定，税前扣除凭证在管理中遵循真实性、合法性、关联性原则。因此，企业发生各项前期费用应取得符合真实性、合法性和关联性的税前扣除凭证。

【印花税】

根据《中华人民共和国印花税暂行条例》（中华人民共和国国务院令第 11 号）所附税目税率表的规定，企业发生前期费用可能涉及以下合同：加工承揽合同，按加工或承揽收入万分之五贴花；建设工程勘察设计合同，按收取费用万分之五贴花；技术合同，按所载金额万分之三贴花。

根据《国家税务总局关于发布〈印花税管理规程（试行）〉的公告》（国家税务总局公告 2016 年第 77 号）第五条规定，企业应当如实提供、妥善保存应税合同等有关纳税资料，统一设置、登记和保管《印花税应纳税凭证登记簿》，及时、准确、完整记录相关合同的书立、领受情况。《印花税应纳税凭证登记簿》的内容包括应纳税凭证种类、应纳税凭证编号、凭证书立各方（或领受人）名称、书立（领受）时间、应纳税凭证金额、件数等。

涉税风险

项目前期业务涉税风险见表 4－1。

表 4－1　　项目前期业务涉税风险

风险编号	风　险　描　述	责任部门
YF－01	经研院（设计院）在编制可研报告时，未及时更新《节能节水专用设备企业所得税优惠目录（2017 年版）》《环境保护专用设备企业所得税优惠目录（2017 年版）》《安全生产专用设备企业所得税优惠目录（2018 年版）》而选择旧目录中设备，无法享受专用设备税额抵免优惠	业务部门
YF－02	经研院（设计院）在编制可研报告中缺少对项目性质、服务地区等直观描述，难以直观判断是否纳入优惠政策范围，在申报企业所得税“三免三减半”优惠时混入技改项目，导致多享受企业所得税税收优惠政策	
YF－03	发展策划部门未准确把握农网输变电新建项目口径，导致后续申报中不可享受企业所得税“三免三减半”优惠	
YF－04	发展策划部门应取得但未取得增值税专用发票，导致企业少抵扣进项税额；未取得合法票据，如委托政府进行政策处理取得的是行政事业单位（社会团体）资金往来结算票据，导致企业所得税前不得扣除	
YF－05	项目因管理不善或违反法律法规未获核准，导致进项税转出	
CF－01	在签订相关合同时，未区分价税金额，导致多缴印花税；对不属于应税范围的合同如法律、法规、会计、审计等方面的咨询合同进行贴花，导致多缴印花税；企业签订后未兑现合同，未按规定贴花，导致少缴纳印花税	财务部门

政策依据

《中华人民共和国企业所得税法》（中华人民共和国主席令第 63 号）

《中华人民共和国企业所得税法实施条例》（中华人民共和国国务院令第 512 号）

《财政部、国家税务总局、国家发展改革委关于公布公共基础设施项目企业所得税优惠目录（2008 年版）的通知》（财税〔2008〕116 号）

《财政部、国家税务总局关于执行企业所得税优惠政策若干问题的通知》（财税〔2009〕69 号）

《国家税务总局关于发布〈企业所得税税前扣除凭证管理办法〉的公告》（国家税务总局公

告 2018 年第 28 号）

《中华人民共和国印花税暂行条例》（中华人民共和国国务院令第 11 号）

《国家税务总局关于发布〈印花税管理规程（试行）〉的公告》（国家税务总局公告 2016 年第 77 号）

《国家发展改革委办公厅关于印发〈新一轮农村电网改造升级项目管理办法〉的通知》（发改办能源〔2016〕671 号）

《国家电网公司项目可研经济性与财务合规性评价指导意见》（国家电网财〔2014〕1008 号）

《国家电网公司工程财务管理办法》[国网（财/2）351—2018]

第二节 项 目 建 设

业务描述

根据《中华人民共和国建筑法》（中华人民共和国主席令第 46 号）的规定，建筑活动是指各类房屋建筑及其附属设施的建造和与其配套的线路、管道、设备的安装活动。

项目建设管理主要由项目建设策划管理、项目建设前期管理、项目建设过程管理、项目监理/施工供应商管理等过程组成。根据《国家电网有限公司内控流程手册》，项目建设业务流程如图 4-2 所示。

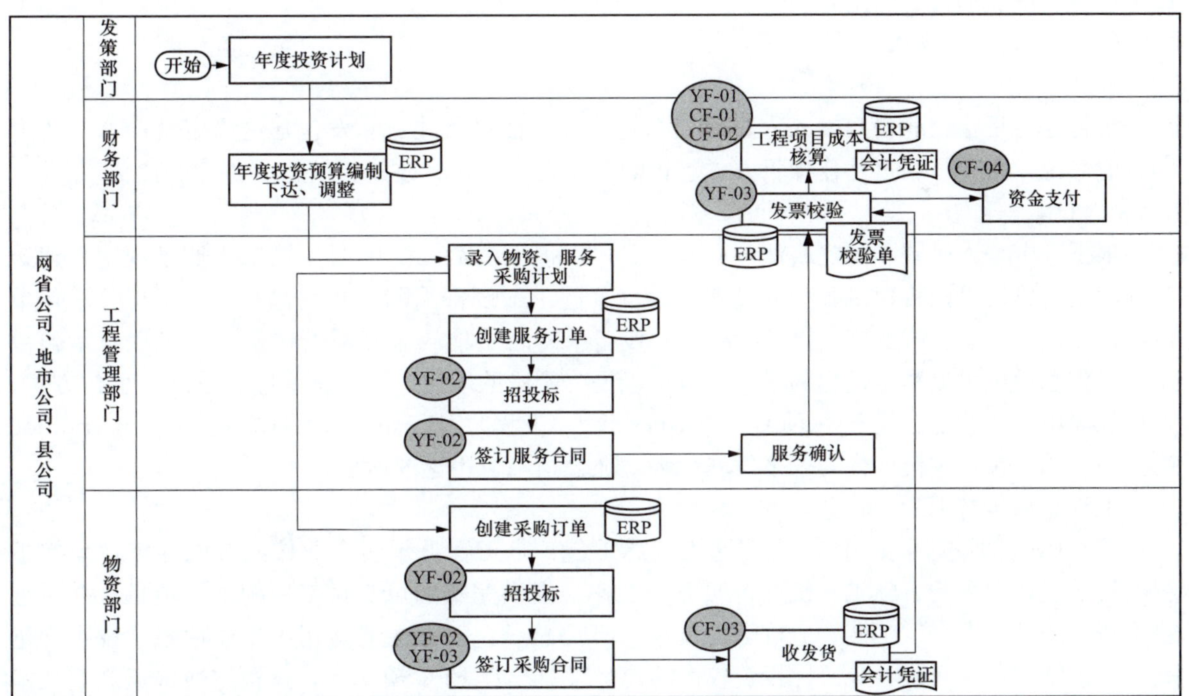

图 4-2 项目建设业务流程

（一）项目建设管理过程

1. 项目建设策划管理

（1）主网项目：主要描述的内容是建设单位、施工单位、监理单位在项目正式开工前所需准备的文件，如项目建设管理纲要、项目建设安全文明施工总体策划等。

（2）配网项目：主要描述的内容是施工单位、监理单位、业主单位在项目正式开工之前所需准备的文件，如项目施工方案，主要内容为安全措施、技术措施、组织措施和施工进度等。

2. 项目建设前期管理

（1）主网项目：主要描述的内容是施工（监理）、物资单位的招标采购需求上报，施工（监理）合同签订和项目开工准备等流程。

（2）配网项目：主要描述的内容是施工（监理）、物资单位的招标采购需求上报，施工（监理）单位合同签订和项目开工准备等流程。

3. 项目建设过程管理

主要从安全、质量、进度、造价、物资等方面对项目的过程管理进行描述，其中质量管理包括中间验收和隐蔽工程验收。造价管理包括业主项目部、建设部门、财务资产部对进度款的支付管理和工程的变更管理等。

4. 项目监理、施工供应商管理

主要描述的内容是建设部门、运维检修部在主网项目和配网项目完工后按照合同条款，对监理、施工单位进行监督检查，根据检查结果对施工、监理等参建单位合同履约情况进行综合评价，并对最后的付款产生影响。

（二）项目建设方式

1. 自行建造

自行建造是指企业自身投入人、财、物建造，包括自营建造和发包建造固定资产，对于电网企业来说，主要是通过基建项目方式进行的固定资产新建、改建、扩建活动。

2. 工程总承包

根据《中华人民共和国建筑法》（中华人民共和国主席令第 46 号）第二十四条规定，建筑工程的发包单位可以将建筑工程的勘察、设计、施工、设备采购一并发包给一个工程总承包单位，也可以将建筑工程勘察、设计、施工、设备采购的一项或者多项发包给一个工程总承包单位。工程总承包可以是全过程的承包，也可以是分阶段的承包。工程总承包的范围、承包方式、责权利等由合同约定。实务中 EPC［Engineering（工程）、Procurement（采购）、Construction（施工）］总承包管理模式作为未来发展趋势，在公司中应用逐渐增多。

工程总承包有下列方式：

（1）EPC 即设计采购施工/交钥匙工程总承包，是工程总承包企业按照合同约定，承担工程项目的设计、采购、施工、试运行服务等工作，提供完整的可交付使用的工程项目，并对承包工程的质量、安全、工期、造价全面负责。EPC 总承包工程主要适用于专业性强、技术含量高、工艺结构较为复杂、一次性投资较大的建设项目。在 EPC 模式下，投资方通常仅规定技术标准规范、技术要求和其他基本要求，以使总承包商的设计、采购、施工等分包商共同寻求最经济、最有效的方法实施工程项目。模式一：EPC 总承包方（单一法人单位）与业主签订 EPC

合同。模式二：由设计、施工或设备单位组成联合体模式（见表 4－2）与业主签订 EPC 合同。

表 4－2　　EPC 联合体模式

EPC 联合体构成	业务内容	发票适用税率
设计单位	设计合同、支付设计款	增值税发票 6%
设备供应商	采购合同、支付货款	增值税发票 13%
施工单位	施工合同、支付工程款	增值税发票 9%

（2）设计—施工总承包（Design－Build，D－B），即工程总承包企业依据合同约定，承担工程项目的设计和施工，并对承包工程的质量、安全、费用、进度、职业健康和环境保护等全面负责。

（3）根据工程项目的不同规模、类型和项目发包人要求，工程总承包还可采用设计—采购总承包（Engineering－Procurement，E－P）和采购—施工总承包（Procurement－Construction，P－C）等方式。

涉及税种

项目建设业务主要涉及增值税、企业所得税、印花税、房产税等税种。

涉税处理

【增值税】

（一）进项税额抵扣

根据《营业税改征增值税试点实施办法》（财税〔2016〕36 号附件 1）第二十五条规定，增值税一般纳税人为自行建造基建项目而购进各类货物，取得增值税专用发票、海关进口增值税专用缴款书的，其注明的税额准予从销项税额中抵扣。

（二）进项税额不得抵扣情形

根据《营业税改征增值税试点实施办法》（财税〔2016〕36 号附件 1）第二十七条规定，增值税一般纳税人自行建造基建项目涉及的下列进项税额不得从销项税额中抵扣：

（1）用于简易计税方法计税项目、免征增值税项目、集体福利或者个人消费（含交际应酬消费）的购进货物、加工修理修配劳务、服务、无形资产和不动产。其中涉及的固定资产、无形资产、不动产，仅指专用于上述项目的固定资产、无形资产（不包括其他权益性无形资产）、不动产。

固定资产，是指使用期限超过 12 个月的机器、机械、运输工具以及其他与生产经营有关的设备、工具、器具等有形动产。

（2）非正常损失的购进货物，以及相关的加工修理修配劳务和交通运输服务。

非正常损失，是指因管理不善造成货物被盗、丢失、霉烂变质，以及因违反法律法规造成货物或者不动产被依法没收、销毁、拆除的情形。

（3）非正常损失的不动产在建工程所耗用的购进货物、设计服务和建筑服务。

纳税人新建、改建、扩建、修缮、装饰不动产，均属于不动产在建工程。

不动产在建工程所耗用的购进货物是指构成不动产实体的材料和设备，包括建筑装饰材料和给排水、采暖、卫生、通风、照明、通信、煤气、消防、中央空调、电梯、电气、智能化楼宇设备及配套设施。

【企业所得税】

（一）自行建造固定资产的计税基础

根据《中华人民共和国企业所得税法实施条例》（中华人民共和国国务院令第 512 号）第五十八条第（二）项规定，自行建造的固定资产，以竣工结算前发生的支出为计税基础。

根据《国家税务总局关于贯彻落实企业所得税法若干税收问题的通知》（国税函〔2010〕79 号）第五条规定，企业固定资产投入使用后，由于工程款项尚未结清未取得全额发票的，可暂按合同规定的金额计入固定资产计税基础计提折旧，待发票取得后进行调整。但该项调整应在固定资产投入使用后 12 个月内进行。

根据《中华人民共和国企业所得税法实施条例》（中华人民共和国国务院令第 512 号）第三十七条规定，企业为购置、建造固定资产、无形资产和经过 12 个月以上的建造才能达到预定可销售状态的存货发生借款的，在有关资产购置、建造期间发生的合理的借款费用，应当作为资本性支出计入有关资产的成本。

（二）电网企业电网新建项目

根据《国家税务总局关于电网企业电网新建项目享受所得税优惠政策问题的公告》（国家税务总局公告 2013 年第 26 号）规定，居民企业从事符合《公共基础设施项目企业所得税优惠目录（2008 年版）》规定条件和标准的电网（输变电设施）的新建项目，可依法享受“三免三减半”的企业所得税优惠政策。基于企业电网新建项目的核算特点，暂以资产比例法，即以企业新增输变电固定资产原值占企业总输变电固定资产原值的比例，合理计算电网新建项目的应纳税所得额，并据此享受“三免三减半”的企业所得税优惠政策。电网企业新建项目享受优惠的具体计算方法如下：

（1）对于企业能独立核算收入的 330kV 以上跨省及长度超过 200km 的交流输变电新建项目和 500kV 以上直流输变电新建项目，应在项目投运后，按该项目营业收入、营业成本等单独计算其应纳税所得额；该项目应分摊的期间费用，可按照企业期间费用与分摊比例计算确定，计算公式为

应分摊的期间费用＝企业期间费用×分摊比例

第一年分摊比例＝该项目输变电资产原值/[(当年企业期初总输变电资产原值＋当年企业期末总输变电资产原值)/2]×(当年取得第一笔生产经营收入至当年底的月份数/12)

第二年及以后年度分摊比例＝该项目输变电资产原值/[(当年企业期初总输变电资产原值＋当年企业期末总输变电资产原值)/2]

[例 4－1]　某省电力公司甲供电公司于 2017 年 1 月新建 550kV 直流输变电项目，固定资产原值 5 亿元，2017 年 6 月 1 日投入运营，并取得第一笔生产经营收入。公司单独计算 2017 年该项目营业收入 3000 万元、营业成本 2000 万元、税金及附加 12 万元，2018 年该项目营业收入 8000 万元、营业成本 5000 万元、税金及附加 26 万元。假定 2017 年该企业共实现营业收入 30000 万元、营业成本 15000 万元、税金及附加 108 万元、期间费用 3000 万元；2018 年共实现营业收入 45000 万元、营业成本 22000 万元、税金及附加 172 万元、期间费用 4000 万元；2017 年期初总输变电资产原值 20 亿元，企业所得税率 25％。甲公司 2017 年和 2018 年缴纳的企业所

得税按如下方法计算。

根据以上资料，甲公司 2017 年应缴纳的企业所得税，按如下方法计算

应税项目营业收入＝30000－3000＝27000（万元）

应税项目营业成本＝15000－2000＝13000（万元）

应税项目税金及附加＝108－12＝96（万元）

期间费用分摊比例＝该项目输变电资产原值/[(当年企业期初总输变电资产原值＋当年企业期末总输变电资产原值)/2]×(当年取得第一笔生产经营收入至当年底的月份数/12)

＝5/[(20＋25)/2]×7/12＝0.1296

免税项目分摊的期间费用＝0.1296×3000＝388.8（万元）

应税项目分摊的期间费用＝3000－388.8＝2611.2（万元）

应税项目应纳税所得＝27000－13000－96－2611.2＝11292.8（万元）

2017 年应缴纳企业所得税＝11292.8×25％＝2823.2（万元）

甲公司 2018 年应缴纳企业所得税，按以下方法计算

应税项目营业收入＝45000－8000＝37000（万元）

应税项目营业成本＝22000－5000＝17000（万元）

应税项目税金及附加＝172－26＝146（万元）

期间费用分摊比例＝该项目输变电资产原值/[(当年企业期初总输变电资产原值＋当年企业期末总输变电资产原值)/2]＝5/[(25＋25)/2]＝0.2

免税项目分摊的期间费用＝0.2×4000＝800（万元）

应税项目分摊的期间费用＝4000－800＝3200（万元）

应税项目应纳税所得＝37000－17000－146－3200＝16654（万元）

2018 年应缴纳企业所得税＝16654×25％＝4163.5（万元）

(2) 对于企业符合优惠条件但不能独立核算收入的其他新建输变电项目（主要为农网输变电新建项目），可先依照企业所得税法及相关规定计算出企业的应纳税所得额，再按照项目投运后的新增输变电固定资产原值占企业总输变电固定资产原值的比例，计算得出该新建项目减免的应纳税所得额。享受减免的应纳税所得额计算公式为

当年减免的应纳税所得额＝当年企业应纳税所得额×减免比例

减免比例＝[当年新增输变电资产原值/(当年企业期初总输变电资产原值＋当年企业期末总输变电资产原值)/2]×1/2＋(符合税法规定、享受到第二年和第三年输变电资产原值之和)/[(当年企业期初总输变电资产原值＋当年企业期末总输变电资产原值)/2]＋[(符合税法规定、享受到第四年至第六年输变电资产原值之和)/(当年企业期初总输变电资产原值＋当年企业期末总输变电资产原值)/2]×1/2

[例 4－2] 某省电力公司甲供电公司于 2014 年 1 月新建 350kV、600km 跨省的交流输变电项目和 550kV 直流输变电项目，2014 年 6 月 1 日投入运营，并取得第一笔生产经营收入。甲公司 2014 年期初总输变电资产原值 18 亿元，2014 年新建项目输变电固定资产原值 6 亿元，假定

2014—2017年应纳税所得额分别为134792万、145360万、153898万、165324万元，企业所得税税率为25%，不考虑其他纳税调整因素，那么甲公司2014—2017年分别缴纳的企业所得税按如下方法计算。

根据以上资料，甲公司2014—2017年应缴纳企业所得税计算方法如下

2014年减免比例＝6/[(18+24)/2]×1/2+0/[(18+24)/2]+0/[(18+24)/2]×1/2
＝14.29%

则，2014年应缴纳企业所得税＝134792×(1−14.29%)×25%＝28882.56（万元）

2015年减免比例＝0/[(24+24)/2]×1/2+6/[(24+24)/2]+0/[(24+24)/2]×1/2＝25%

则，2015年应缴纳企业所得税＝145360×(1−25%)×25%＝27255（万元）

2016年减免比例＝0/[(24+24)/2]×1/2+6/[(24+24)/2]+0/[(24+24)/2]×1/2＝25%

则，2016年应缴纳企业所得税＝153898×(1−25%)×25%＝28855.88（万元）

2017年减免比例＝0/[(24+24)/2]×1/2+0/[(24+24)/2]+6/[(24+24)/2]×1/2
＝12.5%

则，2017年应缴纳企业所得税＝165324×(1−12.5%)×25%＝36164.63（万元）

（3）根据《国家税务总局关于发布修订后的〈企业所得税优惠政策事项办理办法〉的公告》（国家税务总局公告2018年第23号）第四条的规定，企业享受优惠事项采取“自行判别，申报享受、相关资料留存备查”的办理方式，企业应对其符合税法规定的电网新增输变电资产按年建立台账；应当自行判断是否符合电网（输变电设施）新建项目“三免三减半”优惠事项规定的条件，如符合条件可自行计算减免税额，并通过填报企业所得税纳税申报表享受税收优惠，同时归集和留存相关资料备查。主要留存备查资料如下：

1）有关部门批准该项目文件。

2）公共基础设施项目建成并投入运行后取得的第一笔生产经营收入凭证（原始凭证及账务处理凭证）。

3）公共基础设施项目完工验收报告。

4）项目权属变动情况及转让方已享受优惠情况的说明及证明资料（优惠期间项目权属发生变动的）。

5）公共基础设施项目所得分项目核算资料，以及合理分摊期间共同费用的核算资料。

6）符合《公共基础设施项目企业所得税优惠目录》规定范围、条件和标准的情况说明及证据资料。

（三）采购节能节水、环境保护、安全生产专用设备

（1）根据《财政部、税务总局、国家发展改革委、工业和信息化部环境保护部关于印发节能节水和环境保护专用设备企业所得税优惠目录（2017年版）的通知》（财税〔2017〕71号）相关规定，自2017年1月1日起，对企业购置并实际使用节能节水和环境保护专用设备享受企业所得税抵免优惠政策的适用目录进行适当调整，统一按《节能节水专用设备企业所得税优惠目录（2017年版）》和《环境保护专用设备企业所得税优惠目录（2017年版）》执行。《节能节水专用设备企业所得税优惠目录（2008年版）》和《环境保护专用设备企业所得税优惠目录（2008年版）》自2017年10月1日起废止，企业在2017年1月1日至2017年9月30日购置的

专用设备符合2008年版优惠目录规定的，也可享受税收优惠。

（2）根据《财政部、国家税务总局、应急管理部关于印发安全生产专用设备企业所得税优惠目录（2018年版）的通知》（财税〔2018〕84号）的规定，自2018年1月1日起，对企业购置并实际使用安全生产专用设备享受企业所得税抵免优惠政策的适用目录进行适当调整，统一按《安全生产专用设备企业所得税优惠目录（2018年版）》执行。《安全生产专用设备企业所得税优惠目录（2008年版）》同时废止。企业在2018年1月1日至2018年8月31日期间购置的安全生产专用设备，符合2008年版优惠目录规定的，仍可享受税收优惠。

（3）根据《国家税务总局关于环境保护节能节水安全生产等专用设备投资抵免企业所得税有关问题的通知》（国税函〔2010〕256号）规定，企业购置符合规定的专用设备进行税额抵免时，如取得增值税专用发票且进项税额允许抵扣的，其专用设备投资额不包括增值税进项税额；进项税额不允许抵扣的，其专用设备投资额应为增值税专用发票上注明的价税合计金额；如取得增值税普通发票的，其专用设备投资额为普通发票上注明的金额。

（4）根据《财政部、国家税务总局关于执行环境保护专用设备企业所得税优惠目录、节能节水专用设备企业所得税优惠目录和安全生产专用设备企业所得税优惠目录有关问题的通知》（财税〔2008〕48号）第五条规定，企业购置并实际投入、已开始享受符合税收优惠的专用设备，如从购置之日起5个纳税年度内转让、出租的，应在该专用设备停止使用当月停止享受企业所得税优惠，并补缴已经抵免的企业所得税税款。

（5）根据《国家税务总局关于发布修订后的〈企业所得税优惠政策事项办理办法〉的公告》（国家税务总局公告2018年第23号）第四条，企业享受优惠事项采取“自行判别，申报享受、相关资料留存备查”的办理方式，企业应当自行判断是否符合专用设备税额抵免优惠事项规定条件，如符合条件可自行计算减免税额，并通过填报企业所得税纳税申报表享受税收优惠，同时归集和留存相关资料备查，主要留存备查资料如下：

1）购买并自身投入使用的专用设备清单及发票。

2）以融资租赁方式取得的专用设备的合同或协议。

3）专用设备属于《环境保护专用设备企业所得税优惠目录》《节能节水专用设备企业所得税优惠目录》或《安全生产专用设备企业所得税优惠目录》中的具体项目的说明。

4）专用设备实际投入使用时间的说明。

（6）根据《企业所得税优惠事项管理目录》（2017年版）规定，专用设备税额抵免优惠事项在企业所得税季度预缴时不得享受，只有年度申报汇算清缴时才能享受。

【印花税】

根据《中华人民共和国印花税暂行条例》（中华人民共和国国务院令第11号）所附税目税率表的规定，项目建设期间可能涉及以下合同：购销合同，按购销金额万分之三贴花；建设工程勘察设计合同，按收取费用万分之五贴花；建筑安装工程承包合同，按承包金额万分之三贴花；货物运输合同，按收取运输费用万分之五贴花；仓储保管合同，按仓储保管费用千分之一贴花；财产保险合同，按收取保险费收入千分之一贴花。

【房产税】

根据《财政部、税务总局关于房产税若干具体问题的解释和暂行规定》（财税地字〔1986〕

第8号）第二十一条规定，凡是在基建工地为基建工地服务的各种工棚、材料棚、休息棚和办公室、食堂、茶炉房、汽车房等临时性房屋，不论是施工企业自行建造还是由基建单位出资建造交施工企业使用的，在施工期间，一律免征房产税。但是，如果在基建工程结束以后，施工企业将这种临时性房屋交还或者估价转让给基建单位的，应当从基建单位接收的次月起，依照规定征收房产税。

涉税风险

项目建设业务涉税风险见表4-3。

表4-3　项目建设业务涉税风险

风险编号	风险描述	责任部门
YF-01	项目建设期间发生的各项支出，项目实施部门未取得合法开具的增值税专用发票，将无法抵扣进项税额。以建筑服务增值税发票为例，未在发票备注栏注明建筑服务发生地县（市、区）名称及项目名称的，不得抵扣增值税进项税	业务部门
YF-02	招投标中心未在中标通知书上明确不含税金额及适用税率，后续合同签订时也未明确合同适用税率随国家政策调整执行，导致在国家税率政策调整时出现合同纠纷	
YF-03	业务部门从供应商取得的发票未注明节能节水、环境保护、安全生产专用设备的设备类别、设备名称、性能参数、应用领域和执行标准，导致企业无法享受优惠政策	
CF-01	对不属于应税范围的工程监理合同进行贴花，导致多缴印花税	财务部门
CF-02	非正常损失的不动产在建工程所耗用的购进货物、设计服务和建筑服务发生的进项税额未作进项税转出	
CF-03	在次年汇算清缴时，暂估物资款未能补充提供有效凭证，导致该部分暂估款无法税前扣除	
CF-04	逾期未支付或者确实无法支付的工程质保金，未在当年并入应纳税所得额，导致少缴纳所得税	

政策依据

《财政部、国家税务总局关于全面推开营业税改征增值税试点的通知》（财税〔2016〕36号）

《中华人民共和国企业所得税法实施条例》（中华人民共和国国务院令第512号）

《财政部、国家税务总局关于执行环境保护专用设备企业所得税优惠目录、节能节水专用设备企业所得税优惠目录和安全生产专用设备企业所得税优惠目录有关问题的通知》（财税〔2008〕48号）

《国家税务总局关于贯彻落实企业所得税法若干税收问题的通知》（国税函〔2010〕79号）

《国家税务总局关于环境保护节能节水安全生产等专用设备投资抵免企业所得税有关问题的通知》（国税函〔2010〕256号）

《国家税务总局关于电网企业电网新建项目享受所得税优惠政策问题的公告》（国家税务总局公告2013年第26号）

《财政部、税务总局、国家发展改革委、工业和信息化部环境保护部关于印发节能节水和环境保护专用设备企业所得税优惠目录（2017年版）的通知》（财税〔2017〕71号）

《财政部、国家税务总局、应急管理部关于印发安全生产专用设备企业所得税优惠目录

(2018 年版）的通知》(财税〔2018〕84 号）

《国家税务总局关于发布修订后的〈企业所得税优惠政策事项办理办法〉的公告》(国家税务总局公告 2018 年第 23 号）

《中华人民共和国印花税暂行条例》(中华人民共和国国务院令第 11 号）

《财政部、税务总局关于房产税若干具体问题的解释和暂行规定》(财税地字〔1986〕第 8 号）

《中华人民共和国建筑法》(中华人民共和国主席令第 46 号）

第三节　竣　工　决　算

业务描述

项目竣工决算主要包括验收投产、暂估转资、结算、决算编制、质保金支付等业务环节。根据《国家电网公司工程财务管理办法》[国网（财/2）351—2018] 规定，各业务环节要求如下。

(1) 项目投产：工程项目管理部门及时向财务部门提交工程启动验收证书（投产通知书)，负责组织现场竣工验收，验收合格后投产运行。

(2) 暂估转资：竣工投运后财务部门对尚未确认的工程成本暂估入账，按照暂估后的在建工程账面金额估价转增资产。

(3) 结算、决算编制：220kV 及以上电网基建工程在出具启动验收证书（投产通知书）后 100 日内将批复结算移交财务部门，财务部门在收到批复结算报告后 80 日内完成竣工决算报告编制；110kV 及以下电网基建工程在出具启动验收证书（投产通知书）后 60 日内将批复结算移交财务部门，财务部门在收到批复结算报告后 30 日内完成竣工决算报告编制；电网小型基建、电力营销投入、电网信息化等其他工程在工程竣工验收合格后 45 日内将结算报告移交财务部门，财务部门在收到结算报告后 45 日内完成竣工决算报告编制。

(4) 质保金支付：财务资产部以经确认的竣工结算报告为结算依据，按照合同约定扣除工程质量保证金。工程、设备质量保证期到期后，由业务负责部门会同运行部门出具质量保证金返还意见书并据此办理质量保证金支付手续。

根据《国家电网公司内控流程手册》，项目竣工决算业务流程如图 4 - 3 所示。

涉及税种

项目竣工决算业务主要涉及增值税、企业所得税、房产税、城镇土地使用税等税种。

涉税处理

【增值税】

项目竣工决算正式转资后形成的资产，其进项税按照《中华人民共和国增值税暂行条例》(中华人民共和国国务院令第 691 号）相关规定进行抵扣。

【企业所得税】

根据《中华人民共和国企业所得税法实施条例》(中华人民共和国国务院令第 512 号）第五

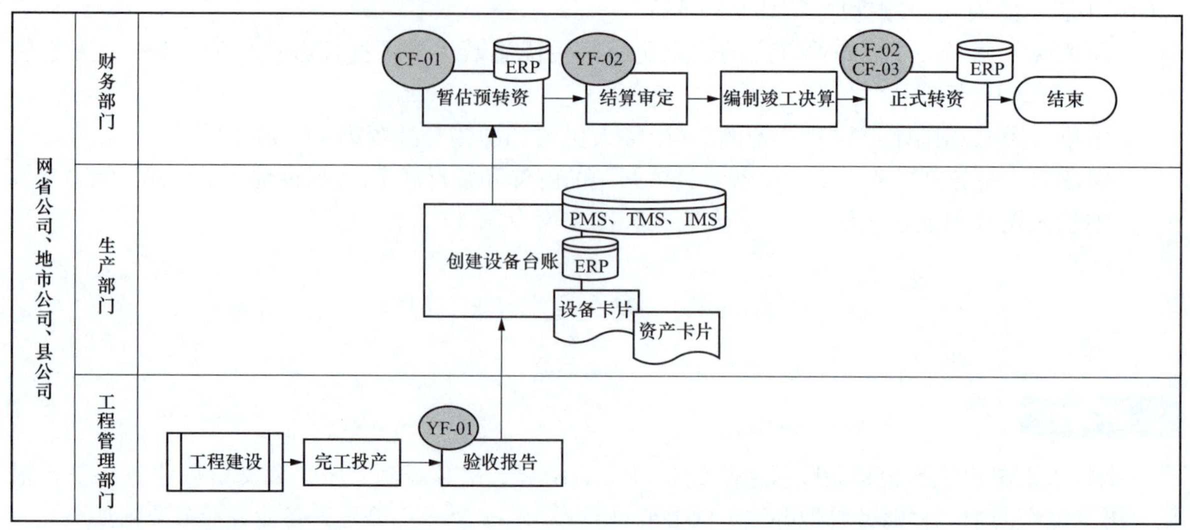

图 4－3　项目竣工决算业务流程

十八条规定，自行建造的固定资产，以竣工结算前发生的支出为计税基础。

《国家税务总局关于贯彻落实企业所得税法若干税收问题的通知》（国税函〔2010〕79 号）第五条规定，企业固定资产投入使用后，由于工程款项尚未结清未取得全额发票的，可暂按合同规定的金额计入固定资产计税基础计提折旧，待发票取得后进行调整，但该项调整应在固定资产投入使用后 12 个月内进行。因此，项目投产后应及时暂估转资，暂估转资后应及时取得发票，12 个月内未取得发票的应进行纳税调增，补交企业所得税。

【房产税】

（一）房产税征税行为

根据《中华人民共和国房产税暂行条例》（国发〔1986〕90 号发布，中华人民共和国国务院令第 588 号修订）的规定，在城市、县城、建制镇和工矿区范围内的房产产权所有人为房产税纳税义务人，应当缴纳房产税。

对于经营自用的房屋，依照房产原值一次减除 10%～30%后的余值计算缴纳，税率为 1.2%；对于出租的房屋，以房产租金收入为房产税的计税依据，税率为 12%。本节只介绍经营自用房屋的房产税，关于出租房屋的房产税介绍详见第五章第二节“收入业务”。

（二）房产原值

1. 房屋

《财政部、国家税务总局关于房产税城镇土地使用税有关问题的通知》（财税〔2008〕152 号）第一条规定，对依照房产原值计税的房产，不论是否记载在会计账簿固定资产科目中，均应按照房屋原价计算缴纳房产税。房屋原价应根据国家有关会计制度规定进行核算。对纳税人未按国家会计制度规定核算并记载的，应按规定予以调整或重新评估。

2. 附属设备和配套设施

《财政部、国家税务总局关于房产税和车船使用税几个业务问题的解释与法规》（财税地字〔1987〕3 号）第二条规定，房产原值应包括与房屋不可分割的各种附属设备或一般不单独计算价值的配套设施，主要有暖气、卫生、通风、照明、煤气等设备；各种管线，如蒸气、压缩空气、石油、给水排水等管道及电力、通信、电缆导线；电梯、升降机、过道、晒台等。

3. 土地

《财政部、国家税务总局关于安置残疾人就业单位城镇土地使用税等政策的通知》（财税〔2010〕121号）第三条规定，对按照房产原值计税的房产，无论会计上如何核算，房产原值均应包含地价，包括为取得土地使用权支付的价款、开发土地发生的成本费用等。宗地容积率低于0.5的，按房产建筑面积的2倍计算土地面积并据此确定计入房产原值的地价。

［例4-3］ 甲企业2017年初支付8000万元取得20万m^2的土地使用权，新建厂房建筑面积9万m^2，工程成本4500万元，2017年年底竣工验收，由于该房产宗地容积率＝9/20＝0.45，应按房产建筑面积的2倍计算土地面积，则

征收房产税的房产原值＝9×2×(8000/20)＋4500＝11700（万元）

（三）地下建筑房产税问题

《财政部、国家税务总局关于具备房屋功能的地下建筑征收房产税的通知》（财税〔2005〕181号）规定，在房产税征收范围内的具备房屋功能的地下建筑，包括与地上房屋相连的地下建筑以及完全建在地面以下的建筑、地下人防设施等，均应当依照有关规定征收房产税。

1. 自用的独立地下建筑

工业用途房产，以房屋原价的50%～60%作为应税房产原值，

则应纳房产税＝应税房产原值×[1－扣除比例]×1.2%

商业和其他用途房产，以房屋原价的70%～80%作为应税房产原值，

则应纳房产税＝应税房产原值×[1－扣除比例]×1.2%

2. 与地上房屋相连的地下建筑

房屋的地下室、地下停车场、商场的地下部分等与地上房屋相连的地下建筑，应与地上房屋视为一个整体按照地上房屋建筑的有关规定计算征收房产税。

3. 出租的地下建筑

按照出租地上房屋建筑的有关规定计算征收房产税。

【城镇土地使用税】

（一）城镇土地使用税征税行为

《中华人民共和国城镇土地使用税暂行条例》（中华人民共和国国务院令第483号）第二条规定，在城市、县城、建制镇、工矿区范围内使用土地的单位和个人，为城镇土地使用税的纳税人，应当依照本条例的规定缴纳土地使用税；第三条规定，土地使用税以实际占用的土地面积为计税依据，依照规定税额计算征收。

（二）电力行业土地使用税规定

《国家税务局关于电力行业征免土地使用税问题的规定》（国税地字〔1989〕13号）对电力行业土地使用税的征免规定如下。

1. 火电厂

对火电厂厂区围墙内的用地，均应照章征收土地使用税。对厂区围墙外的灰场、输灰管、输油（气）管道、铁路专用线用地，免征土地使用税；厂区围墙外的其他用地，应照章征税。

2. 水电站

对水电站的发电厂房用地（包括坝内、坝外式厂房），生产、办公生活用地，照章征收土地使用税；对其他用地给予免税照顾。

3. 供电部门

对供电部门的输电线路用地、变电站用地，免征土地使用税。

（三）地下建筑用地土地使用税规定

《财政部、国家税务总局关于房产税城镇土地使用税有关问题的通知》（财税〔2009〕128号）第四条规定，对在城镇土地使用税征税范围内单独建造的地下建筑用地，按规定征收城镇土地使用税，其中：

（1）已取得地下土地使用权证的，按土地使用权证确认的土地面积计算应征税款。

（2）未取得地下土地使用权证或地下土地使用权证上未标明土地面积的，按地下建筑垂直投影面积计算应征税款。

对上述地下建筑用地暂按应征税款的50%征收城镇土地使用税。

涉税风险

项目竣工决算业务涉税风险见表4-4。

表4-4　　项目竣工决算业务涉税风险

风险编号	风险描述	责任部门
YF-01	业务部门滞后提供启动验收证书（投产通知书），影响折旧计提，导致税收风险	业务部门
YF-02	项目竣工实际投运后，暂估入账12月后未全额取得发票，也未对已计提折旧进行调整，导致税收风险	
CF-01	投产验收后未按明细资产卡片进行暂估转资，导致折旧计提不准确影响当期损益	财务部门
CF-02	企业未将中央空调、消防、电气及智能化楼宇设备等附属设备或配套设施计入房产原值，导致少缴纳房产税；会计处理上误将上述设备设施计入“固定资产—房屋建筑物”，导致使用年限不同的固定资产计提折旧错误。企业未将地价计入房产原值，导致少缴纳房产税	
CF-03	企业属于外地的房产，未向不动产所在地税务机关缴纳房产税，导致涉税风险。企业将独立于房屋之外的建筑物原值在会计处理上计入房屋原值，导致多缴纳房产税	

政策依据

《中华人民共和国增值税暂行条例》（中华人民共和国国务院令第691号）

《中华人民共和国企业所得税法实施条例》（中华人民共和国国务院令第512号）

《国家税务总局关于贯彻落实企业所得税法若干税收问题的通知》（国税函〔2010〕79号）

《中华人民共和国房产税暂行条例》（国发〔1986〕90号发布，中华人民共和国国务院令第588号修订）

《财政部、国家税务总局关于房产税和车船使用税几个业务问题的解释与法规》（财税地字〔1987〕3号）

《财政部、国家税务总局关于具备房屋功能的地下建筑征收房产税的通知》（财税〔2005〕

181 号）

《财政部、国家税务总局关于房产税城镇土地使用税有关问题的通知》（财税〔2008〕152 号）

《财政部、国家税务总局关于安置残疾人就业单位城镇土地使用税等政策的通知》（财税〔2010〕121 号）

《中华人民共和国城镇土地使用税暂行条例》（中华人民共和国国务院令第 483 号）

《国家税务局关于电力行业征免土地使用税问题的规定》（国税地字〔1989〕13 号）

《财政部、国家税务总局关于房产税城镇土地使用税有关问题的通知》（财税〔2009〕128 号）

《国家电网公司工程财务管理办法》[国网（财/2）351—2018]

第四节　其　他　新　增

一、零星购置

业务描述

零星购置是指企业以支付现金方式购买须安装的机器、机械，以及其他与生产经营活动有关的设备、器具、工具等动产。根据《国家电网公司内控流程手册》，零星购置业务流程如图 4-4 所示。

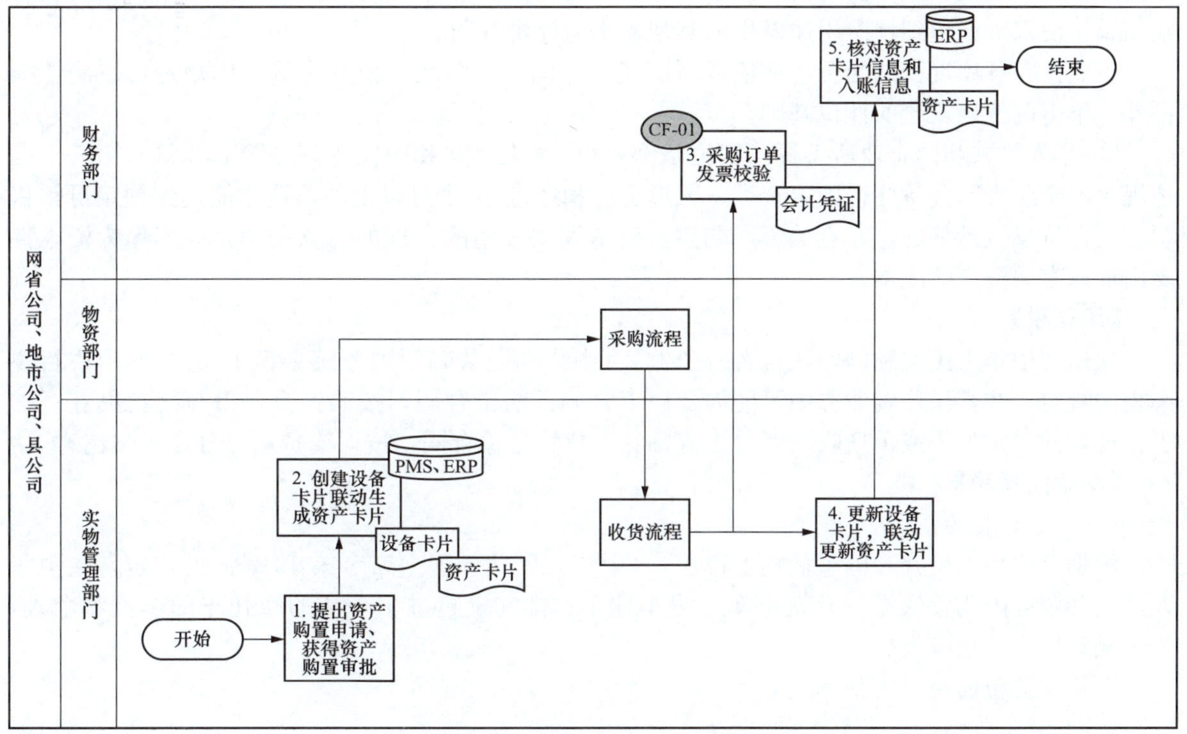

图 4-4　零星购置业务流程

涉及税种

零星购置业务主要涉及增值税、企业所得税、印花税、车辆购置税、车船税等税种。

涉税处理

【增值税】

增值税进项税额的抵扣规定如下。

根据《营业税改征增值税试点实施办法》（财税〔2016〕36号附件1）第二十五条规定，增值税一般纳税人购进固定资产，可按照增值税专用发票、税控机动车销售统一发票、海关进口增值税专用缴款书上注明的增值税额从销项税额中抵扣。

根据《营业税改征增值税试点实施办法》（财税〔2016〕36号附件1）第二十七条规定，零星购置货物涉及的下列进项税额不得从销项税额中抵扣：

（1）用于简易计税方法计税项目、免征增值税项目、集体福利或者个人消费（含交际应酬消费）的购进货物。

（2）非正常损失的购进货物，以及相关的加工修理修配劳务和交通运输服务。

【企业所得税】

《中华人民共和国企业所得税法实施条例》（中华人民共和国国务院令第512号）第五十六条规定，企业的各项资产，包括固定资产、生物资产、无形资产、长期待摊费用、投资资产、存货等，以历史成本为计税基础。其中，外购的固定资产，以购买价款和支付的相关税费及直接归属于使该资产达到预定用途发生的其他支出为计税基础。

企业持有各项资产期间资产增值或者减值，除国务院财政、税务主管部门规定可以确认损益外，不得调整该资产的计税基础。

《中华人民共和国企业所得税法实施条例》（中华人民共和国国务院令第512号）第三十七条规定，企业为购置、建造固定资产、无形资产和经过12个月以上的建造才能达到预定可销售状态的存货发生借款的，在有关资产购置、建造期间发生的合理的借款费用，应当作为资本性支出计入有关资产的成本。

【印花税】

根据《中华人民共和国印花税暂行条例》（中华人民共和国国务院令第11号）所附税目税率表的规定，在零星购置业务中可能涉及以下合同：购销合同，按购销金额万分之三贴花；加工承揽合同，按加工或承揽收入万分之五贴花；货物运输合同，按运输费用万分之五贴花。

【车辆购置税】

（一）应税行为

根据《中华人民共和国车辆购置税法》（中华人民共和国主席令第19号）的规定，在中华人民共和国境内购置汽车、有轨电车、汽车挂车、排气量超过150ml的摩托车的单位和个人，为车辆购置税的纳税人。

车辆购置税的税率为10%。

（二）计税价格

车辆购置税计税价格按照以下情形确定：

（1）纳税人购买自用应税车辆的计税价格，为纳税人实际支付给销售者的全部价款，不包括增值税税款。

（2）纳税人进口自用应税车辆的计税价格，为关税完税价格加上关税和消费税。

（3）纳税人自产自用应税车辆的计税价格，按照纳税人生产的同类应税车辆的销售价格确定，不包括增值税税款。

（4）纳税人以受赠、获奖或者其他方式取得自用应税车辆的计税价格，按照购置应税车辆时相关凭证载明的价格确定，不包括增值税税款。

纳税人申报的应税车辆计税价格明显偏低，又无正当理由的，由税务机关依照《中华人民共和国税收征收管理法》（中华人民共和国主席令第 49 号）的规定核定其应纳税额。

纳税人以外汇结算应税车辆价款的，按照申报纳税之日的人民币汇率中间价折合成人民币计算缴纳税款。

（三）税收优惠

（1）根据《中华人民共和国车辆购置税法》（中华人民共和国主席令第 19 号）第九条第四款规定，设有固定装置的非运输专用作业车辆免征车辆购置税。

（2）根据《财政部、国家税务总局、工业和信息化部、科学技术部关于免征新能源汽车车辆购置税的公告》（财政部、国家税务总局、工业和信息化部、科学技术部公告 2017 年第 172 号）第一条规定，自 2018 年 1 月 1 日至 2020 年 12 月 31 日，对购置的新能源汽车免征车辆购置税。免征车辆购置税的新能源汽车，应当列入《免征车辆购置税的新能源汽车车型目录》。

【车船税】

根据《国家税务总局关于保险机构代收车船税开具增值税发票问题的公告》（国家税务总局公告 2016 年第 51 号），自 2016 年 5 月 1 日起，保险机构作为车船税扣缴义务人，在代收车船税并开具增值税发票时，应在增值税发票备注栏中注明代收车船税税款信息，具体包括保险单号、税款所属期（详细至月）、代收车船税金额、滞纳金金额、金额合计等。该增值税发票可作为纳税人缴纳车船税及滞纳金的会计核算原始凭证。

涉税风险

零星购置业务涉税风险见表 4-5。

表 4-5　　零星购置业务涉税风险

风险编号	风 险 描 述	责任部门
CF-01	未将向销售方支付的基金、集资费、违约金（延期付款利息）和手续费、包装费、储存费、优质费、运输装卸费、保管费以及其他各种性质的价外收费并入计税依据，导致少计车辆购置税	财务部门

政策依据

《财政部、国家税务总局关于全面推开营业税改征增值税试点的通知》（财税〔2016〕36 号）

《中华人民共和国企业所得税法实施条例》（中华人民共和国国务院令第 512 号）

《中华人民共和国印花税暂行条例》（中华人民共和国国务院令第 11 号）

《中华人民共和国车辆购置税法》（中华人民共和国主席令第 19 号）

《中华人民共和国税收征收管理办法》（中华人民共和国主席令第 49 号）

《财政部、国家税务总局、工业和信息化部、科学技术部关于免征新能源汽车车辆购置税的公告》（财政部、国家税务总局、工业和信息化部、科学技术部公告 2017 年第 172 号）

《国家税务总局关于保险机构代收车船税开具增值税发票问题的公告》（国家税务总局公告 2016 年第 51 号）

二、非货币性资产交换

业务描述

非货币资产交换是指交易双方主要以固定资产、无形资产等非货币性资产进行的交换，该交换不涉及或只涉及少量的货币性资产（即补价）。根据《国家电网公司内控流程手册》，非货币性资产交换业务流程如图 4-5 所示。

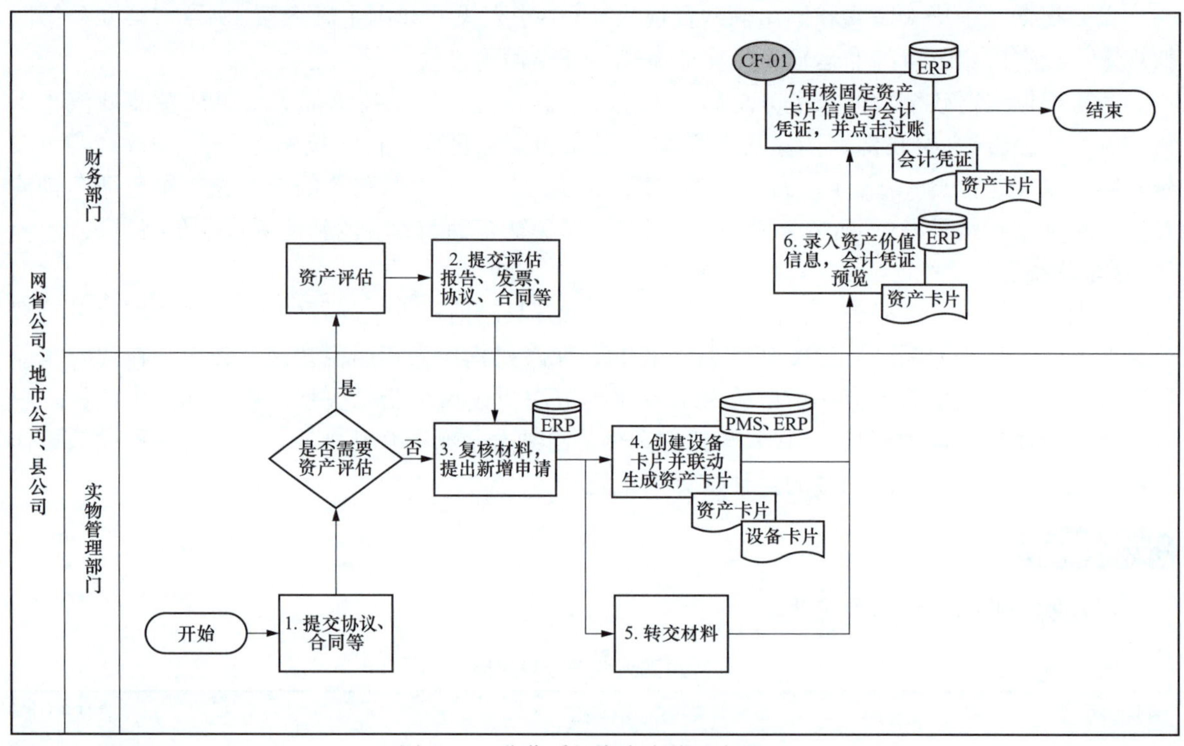

图 4-5　非货币性资产交换业务流程

涉及税种

非货币资产交换业务主要涉及增值税及附加、企业所得税、土地增值税、契税等税种。

涉税处理

【增值税及附加】

税法上采用以物易物方式的，双方均作购销处理，以各自发出的货物核算销售额并计算销项税，以各自收到的货物按规定核算购货额并计算进项税额。

双方交换的资产主要包括原材料、库存商品等存货，机器、设备等动产，无形资产，不动产，股权等，应区分不同情形开具相应的增值税发票。

根据《国家税务总局关于纳税人资产重组有关增值税问题的公告》（国家税务总局公告2011年第13号），纳税人在资产重组过程中，通过合并、分立、出售、置换等方式，将全部或者部分实物资产以及与其相关联的债权、负债和劳动力一并转让给其他单位和个人，不属于增值税的征税范围，其中涉及的货物转让，不征收增值税。根据《营业税改征增值税试点有关事项的规定》（财税〔2016〕36号附件2）第一条第（二）项第5点的规定，纳税人在资产重组过程中，通过合并、分立、出售、置换等方式，将全部或者部分实物资产以及与其相关联的债权、负债和劳动力一并转让给其他单位和个人，其中涉及的不动产、土地使用权转让行为不征收增值税。

【企业所得税】

根据《中华人民共和国企业所得税法实施条例》（中华人民共和国国务院令第512号）的规定，企业发生非货币性资产交换，应当视同销售货物、转让财产。通过非货币性资产交换方式取得的固定资产、生产性生物资产、无形资产、存货、投资资产，以该资产的公允价值和支付的相关税费为计税基础。

根据《企业会计准则第7号——非货币性资产交换》（财会〔2019〕8号）的规定，非货币性资产交换按照核算模式不同可以区分为公允价值模式计量和成本模式计量。公允价值模式计量的非货币性资产交换在会计上确认当期损益，与税法规定一致；成本模式计量的非货币性资产交换，无论是否涉及补价，会计上均不确认损益，而税法上需要确认非货币性资产转让所得，因此存在税会差异，应进行纳税调整。

【土地增值税】

单位之间交换房产，换出方应当缴纳土地增值税，相关规定详见本书第五章第二节“收入业务”。

【契税】

《中华人民共和国契税暂行条例细则》（财法字〔1997〕52号）第十条规定，土地使用权交换、房屋交换，交换价格不相等的，由多交付货币、实物、无形资产或者其他经济利益的一方缴纳税款；交换价格相等的，免征契税。

涉税风险

非货币性资产交换业务涉税风险见表4-6。

表4-6　非货币性资产交换业务涉税风险

风险编号	风　险　描　述	责任部门
CF-01	不动产交换不能取得相应增值税专用发票的，不能抵扣进项税；未取得其他合法票据的，企业所得税不得税前扣除。发出的货物未按规定缴纳增值税，导致存在涉税风险	财务部门

政策依据

《财政部、国家税务总局关于全面推开营业税改征增值税试点的通知》（财税〔2016〕36 号）

《中华人民共和国企业所得税法实施条例》（中华人民共和国国务院令第 512 号）

《中华人民共和国契税暂行条例细则》（财法字〔1997〕52 号）

《企业会计准则第 7 号——非货币性资产交换》（财会〔2019〕8 号）

三、资产盘盈

业务描述

资产盘盈是指企业进行存货、工程物资和固定资产清查盘点，将经过盘点的实存数与账面记录核对，若账面数小于实际盘存数，即存货和固定资产盘盈。

涉及税种

资产盘盈业务主要涉及企业所得税。

涉税处理

【企业所得税】

（一）盘盈企业所得税规定

根据《中华人民共和国企业所得税法实施条例》（中华人民共和国国务院令第 512 号）第二十二条的规定，企业所得税法所称其他收入包括企业资产溢余收入。因此，存货与固定资产的盘盈收入属于企业所得税的应税收入。

（二）盘盈会计处理与税法规定差异

1. 存货盘盈

根据《国家电网公司会计核算办法》［国网（财/2）469—2014］相关规定，存货期末盘点实存数量多于账面数量的，应查清原因，属于以前年度差错产生的部分，按会计差错调整进行处理，其他部分按重置成本计量，并通过“待处理财产损溢”科目进行会计处理，按管理权限报备批准后，冲销管理费用。

税法规定存货盘盈收入属于企业所得税的应税收入。

2. 工程物资盘盈

根据《国家电网公司会计核算办法》［国网（财/2）469—2014］相关规定，建设期间发生的工程物资盘盈，盘盈的工程物资或处置净收益，冲减所建工程项目的成本。工程完工后发生的工程物资盘盈计入当期营业外收入。

税法规定工程物资盘盈收入属于企业所得税的应税收入。

3. 固定资产盘盈

根据《国家电网公司会计核算办法》［国网（财/2）469—2014］相关规定，根据固定资产盘点结果，实物资产大于账面资产的，如形成原因为前期差错，应按照会计调整相关要求进行账务处理；确属固定资产盘盈的，报经批准后，按照重置成本，计入当期营业外收入。

税法规定固定资产盘盈收入属于企业所得税的应税收入。

因此，各级单位应当在盘盈年度调增应纳税所得额。因为盘盈固定资产的会计成本（追溯调整后的成本）与计税成本（重置完全价值）很可能存在差异，所以还需在以后提取折旧或者处置出售时，继续进行纳税调整。

涉税风险

资产盘盈业务涉税风险见表4-7。

表4-7　　资产盘盈业务涉税风险

风险编号	风 险 描 述	责任部门
CF-01	将固定资产盘盈与盘亏互抵，造成盘盈少计收入，盘亏少计损失，且盘亏固定资产未进行专项申报，导致相关损失不能在所得税前扣除	财务部门

政策依据

《中华人民共和国企业所得税法实施条例》（中华人民共和国国务院令第512号）

《国家电网公司会计核算办法》[国网（财/2）469—2014]

四、不动产购置

业务描述

不动产购置指企业以支付货币资金方式取得房屋建筑物、土地，并取得不动产登记证。

涉及税种

不动产购置业务主要涉及增值税、企业所得税、印花税、房产税、城镇土地使用税、契税等税种。

涉税处理

【增值税】

不动产用途改变进项税额的处理包括以下两种情况。

（1）已抵扣进项税额的不动产，发生非正常损失，或者改变用途，专用于简易计税方法计税项目、免征增值税项目、集体福利或者个人消费的，应当计算不得抵扣的进项税额。

不得抵扣的进项税额=(已抵扣进项税额+待抵扣进项税额)×不动产净值率

不动产净值率=(不动产净值/不动产原值)×100%

1）不得抵扣的进项税额小于或等于该不动产已抵扣进项税额的，应于该不动产改变用途的当期，将不得抵扣的进项税额从进项税额中扣减。

2）不得抵扣的进项税额大于该不动产已抵扣进项税额的，应于该不动产改变用途的当期，将已抵扣进项税额从进项税额中扣减，并从该不动产待抵扣进项税额中扣减不得抵扣进项税额与已抵扣进项税额的差额。

（2）按照规定不得抵扣进项税额的不动产，发生用途改变，用于允许抵扣进项税额项目的，应当在改变用途的次月计算可抵扣进项税额。

可抵扣进项税额＝增值税扣税凭证注明或计算的进项税额×不动产净值率

【企业所得税】

（一）购置不动产的计税基础

根据《中华人民共和国企业所得税法实施条例》（中华人民共和国国务院令第512号）第五十六条规定，企业购置不动产，以购买价款和支付的相关税费以及直接归属于使该资产达到预定用途发生的其他支出为计税基础。

《国家税务总局关于贯彻落实企业所得税法若干税收问题的通知》（国税函〔2010〕79号）第五条规定，企业固定资产投入使用后，由于工程款项尚未结清未取得全额发票的，可暂按合同规定的金额计入固定资产计税基础计提折旧，待发票取得后进行调整。但该项调整应在固定资产投入使用后12个月内进行。

（二）税法规定和会计处理的差异

税法对于外购固定资产的计税成本的确定并无特殊规定，在一般情况下，外购固定资产的会计成本与计税成本是一致的。但是购买固定资产的价款超过正常信用条件延期支付，实质上具有融资性质时，对于会计确认为当期损益的部分应调增应纳税所得额。此时企业应当记载固定资产会计成本与计税成本之间的差异，然后在提取固定资产折旧，或者处置出售固定资产时，相应调减应纳税所得额。

【印花税】

根据《中华人民共和国印花税暂行条例》（中华人民共和国国务院令第11号）所附税目税率表的规定，产权转移书据的征税范围包括财产所有权和版权、商标专用权、专利权、专有技术使用权等转移书据。不动产购置实际上是一种财产所有权转让，应当按产权转移书据计征印花税。根据《财政部、国家税务总局关于印花税若干政策的通知》（财税〔2006〕162号）的规定，对土地使用权出让合同、土地使用权转让合同、商品房销售合同按产权转移书据征收印花税，税率为交易额的万分之五。

另外，房屋产权证、土地使用证按权利、许可证照税目征收，税额为每件5元。

【房产税】

房产税相关规定详见本书第四章第三节“竣工决算”。

【城镇土地使用税】

城镇土地使用税相关规定详见本书第四章第三节“竣工决算”。

【契税】

（一）契税征税行为

根据《中华人民共和国契税暂行条例》（中华人民共和国国务院令第224号）的规定，境内承受土地、房屋权属的单位和个人为契税的纳税人，应当缴纳契税。

国有土地使用权出让、土地使用权出售、房屋买卖的契税计税依据为成交价格。

成交价格，是指土地、房屋权属转移合同确定的价格，包括承受者应交付的货币、实物、无形资产或者其他经济利益。

（二）房屋附属设施契税规定

《财政部、国家税务总局关于房屋附属设施有关契税政策的批复》（财税〔2004〕126号）规定，承受与房屋相关的附属设施（包括停车位、汽车库、自行车库、顶层阁楼以及储藏室）所有权或土地使用权的行为，按照契税法律、法规的规定征收契税；对于不涉及土地使用权和房屋所有权转移变动的，不征收契税。

承受的房屋附属设施权属如为单独计价的，按照当地确定的适用税率征收契税；如与房屋统一计价的，适用与房屋相同的契税税率。

采取分期付款方式购买房屋附属设施土地使用权、房屋所有权的，应按合同规定的总价款计征契税。

涉税风险

不动产购置业务涉税风险见表4-8。

表4-8　不动产购置业务涉税风险

风险编号	风　险　描　述	责任部门
CF-01	购置不动产缴纳的契税在当期成本直接扣除，未计入资产计税基础，造成所得税纳税调整，同时少缴纳房产税	财务部门
CF-02	承受国有土地使用权减免土地出让金的，未计缴契税导致涉税风险	

政策依据

《财政部、税务总局、海关总署关于深化增值税改革有关政策的公告》（财政部、税务总局、海关总署公告2019年第39号）

《中华人民共和国企业所得税法实施条例》（中华人民共和国国务院令第512号）

《国家税务总局关于贯彻落实企业所得税法若干税收问题的通知》（国税函〔2010〕79号）

《中华人民共和国印花税暂行条例》（中华人民共和国国务院令第11号）

《财政部、国家税务总局关于印花税若干政策的通知》（财税〔2006〕162号）

《中华人民共和国契税暂行条例》（中华人民共和国国务院令第224号）

《财政部、国家税务总局关于房屋附属设施有关契税政策的批复》（财税〔2004〕126号）

五、接受捐赠

业务描述

根据公司的实际业务，公司各级单位接受捐赠的情形主要为接收用户资产，因此本节仅对用户资产接收进行涉税分析。

根据《财政部、国家税务总局关于电网企业接受用户资产有关企业所得税政策问题的通知》

（财税〔2011〕35号）的规定，用户资产是指由用户出资建设的、专门用于电力接入服务的专用网架及其附属设备、设施等供电配套资产，包括由用户出资建设的城市电缆下地等工程形成的资产；由用户出资建设的小区配电设施形成的资产；用户为满足自身用电需要，出资建设的专用输变电、配电及计量资产等。用户包括政府、机关、军队、企业事业单位、社会团体、居民等电力用户。

目前国家电网公司尚未出台有关用户资产接收的通用制度，根据实际业务操作，接收用户资产业务流程如图4-6所示。

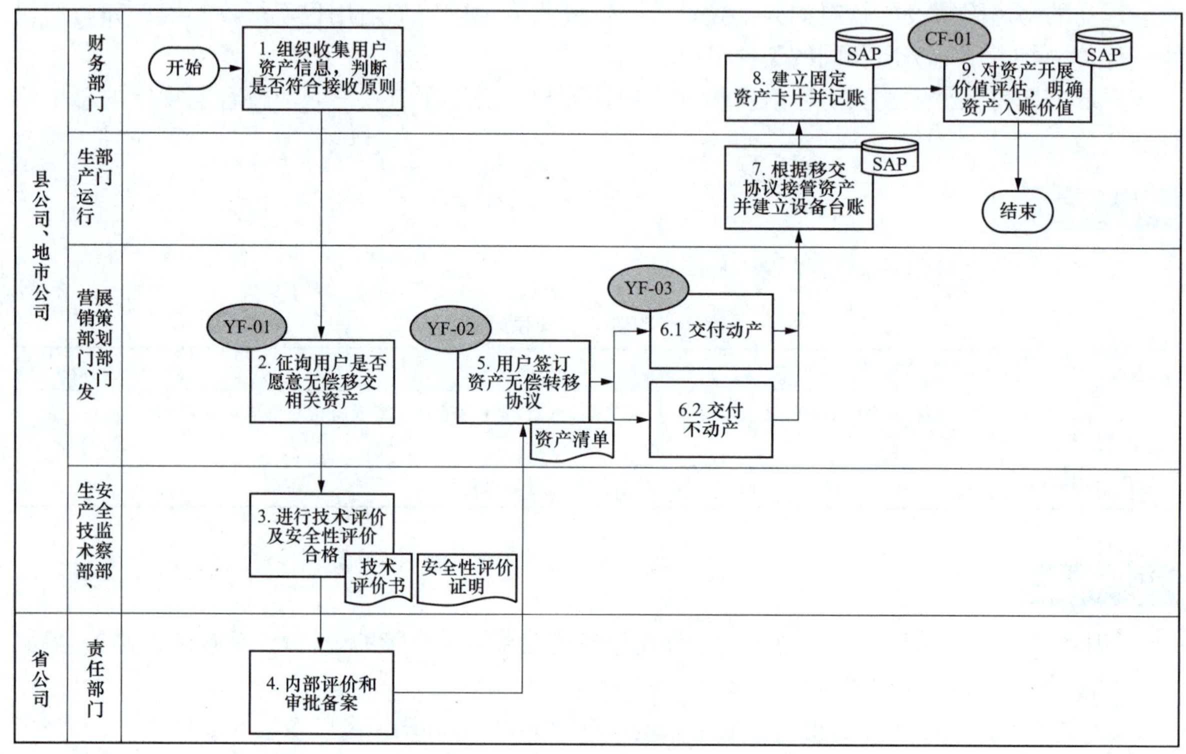

图4-6　接收用户资产业务流程

涉及税种

接收用户资产业务主要涉及增值税及附加、企业所得税、印花税、契税等税种。

涉税处理

【增值税及附加】

电力企业接收用户资产，主要分为动产和不动产两种类型。

（一）动产

根据《中华人民共和国增值税暂行条例实施细则》（财政部令第65号）第四条第八款的规定，电力企业接收用户资产（动产）过程中，资产移交方应视同销售，应当开具税率为13%的增值税专用发票。

根据《财政部、国家税务总局关于全国实施增值税转型改革若干问题的通知》（财税〔2008〕170号）第一条规定，自2009年1月1日起，增值税一般纳税人购进（包括接受捐赠、实物投资）固定资产发生的进项税额，可凭增值税专用发票、海关进口增值税专用缴款书从销项税额中抵扣，因此电力企业可依据取得的用户资产（动产）的增值税专用发票抵扣当期销项税额。

（二）不动产

根据《国家税务总局关于发布〈纳税人转让不动产增值税征收管理暂行办法〉的公告》（国家税务总局公告2016年第14号）第二条的规定，电力企业接收用户资产（不动产）过程中，资产移交方应视同销售，应当开具税率为9%的增值税专用发票。

【企业所得税】

根据《国家税务总局关于企业取得财产转让等所得企业所得税处理问题的公告》（国家税务总局公告2010年第19号）第一条的规定，企业取得财产（包括各类资产、股权、债权等）转让收入、债务重组收入、接受捐赠收入、无法偿付的应付款收入等，除另有规定外，均应一次性计入确认收入的年度计算缴纳企业所得税。因此，电力企业接收的用户资产属于应税收入。

根据《财政部、国家税务总局关于电网企业接受用户资产有关企业所得税政策问题的通知》（财税〔2011〕35号）的第一、二条的规定，电网企业接收用户资产应缴纳的企业所得税不征收入库，直接转增国家资本金。同时，对接收的用户资产，可按接收价值计提折旧，并在企业所得税税前扣除。

【印花税】

电力企业接收用户资产过程中涉及产权转移的，根据《中华人民共和国印花税暂行条例》（中华人民共和国国务院令第11号）第二条及《国家税务局关于印花税若干具体问题的解释和规定的通知》（国税发〔1991〕155号）第十条的规定，应该按“产权转移书据”税目并按所载金额万分之五贴花纳税。

电力企业接收用户资产应缴纳的企业所得税不征收入库，直接转增国家资本金的，根据《财政部、税务总局关于对营业账簿减免印花税的通知》（财税〔2018〕50号）的规定，自2018年5月1日起，对按万分之五税率贴花的资金账簿减半征收印花税。

【契税】

根据《中华人民共和国契税暂行条例》（中华人民共和国国务院令第224号）第一、四条的规定，电力企业接收用户资产（土地、房屋）涉及资产权属转移的，应按资产的公允价值缴纳契税。

根据《财政部、税务总局关于继续支持企业事业单位改制重组有关契税政策的通知》（财税〔2018〕17号）第六条的规定，对承受县级以上人民政府或国有资产管理部门按规定进行行政性调整、划转国有土地、房屋权属的单位，免征契税。当用户资产的移交方为县级以上人民政府或国有资产管理部门时，电力企业在办理资产权属转移过程中免征契税。

涉税风险

接收用户资产业务涉税风险见表4-9。

表 4-9　　接收用户资产业务涉税风险

风险编号	风险描述	责任部门
YF-01	营销部门混淆用户资产，将不属于用户资产范围的捐赠也纳入用户资产范围，享受企业所得税不征入库待遇	业务部门
YF-02	营销部门在签订协议时，未在附件中包含具体的资产清单，或未区分动产和不动产，导致影响财务部门后续的折旧计提等工作	
YF-03	营销部门接收用户资产时未取得合法票据，导致无法抵扣进项税，多缴增值税，也导致该资产的折旧无法税前扣除，多缴企业所得税	
CF-01	财务部门未采用合理准确的方法对用户资产的价值进行评估	财务部门

政策依据

《中华人民共和国增值税暂行条例实施细则》（财政部令第 65 号）

《财政部、国家税务总局关于全国实施增值税转型改革若干问题的通知》（财税〔2008〕170 号）

《国家税务总局关于发布〈纳税人转让不动产增值税征收管理暂行办法〉的公告》（国家税务总局公告 2016 年第 14 号）

《中华人民共和国企业所得税法实施条例》（中华人民共和国国务院令第 512 号）

《财政部、国家税务总局关于电网企业接受用户资产有关企业所得税政策问题的通知》（财税〔2011〕35 号）

《中华人民共和国印花税暂行条例》（中华人民共和国国务院令第 11 号）

《国家税务局关于印花税若干具体问题的解释和规定的通知》（国税发〔1991〕155 号）

《财政部、税务总局关于对营业账簿减免印花税的通知》（财税〔2018〕50 号）

《中华人民共和国契税暂行条例》（中华人民共和国国务院令第 224 号）

《财政部、税务总局关于继续支持企业事业单位改制重组有关契税政策的通知》（财税〔2018〕17 号）

第五节　研　发　投　入

业务描述

根据《财政部、国家税务总局、科技部关于完善研究开发费用税前加计扣除政策的通知》（财税〔2015〕119 号）及《财政部、税务总局、科技部关于提高研究开发费用税前加计扣除比例的通知》（财税〔2018〕99 号）的规定，研发费用加计扣除是指企业开展研发活动中实际发生的研发费用，未形成无形资产计入当期损益的，在按规定据实扣除的基础上，在 2018 年 1 月 1 日至 2020 年 12 月 31 日期间，再按照实际发生额的 75％在税前加计扣除；形成无形资产的，在上述期间按照无形资产成本的 175％在税前摊销。

根据《财政部、国家税务总局、科技部关于完善研究开发费用税前加计扣除政策的通知》（财税〔2015〕119 号）的规定，研发活动是指企业为获得科学与技术新知识，创造性运用科学技术新知识，或实质性改进技术、产品（服务）、工艺而持续进行的具有明确目标的系统性活动。

研发费用，是指企业开展研发活动中实际发生的相关费用，主要包括人员人工费用、直接投入费用、折旧费用、无形资产摊销、新产品设计费、新工艺规程制定费、新药研制的临床试验费、勘探开发技术的现场试验费、其他相关费用等。

根据国家税务总局《研发费用加计扣除政策执行指引 1.0 版》和《国家电网公司研究开发费财务管理办法》[国网（财/2）348—2014] 相关规定，研发费用加计扣除业务流程如图 4－7 所示。

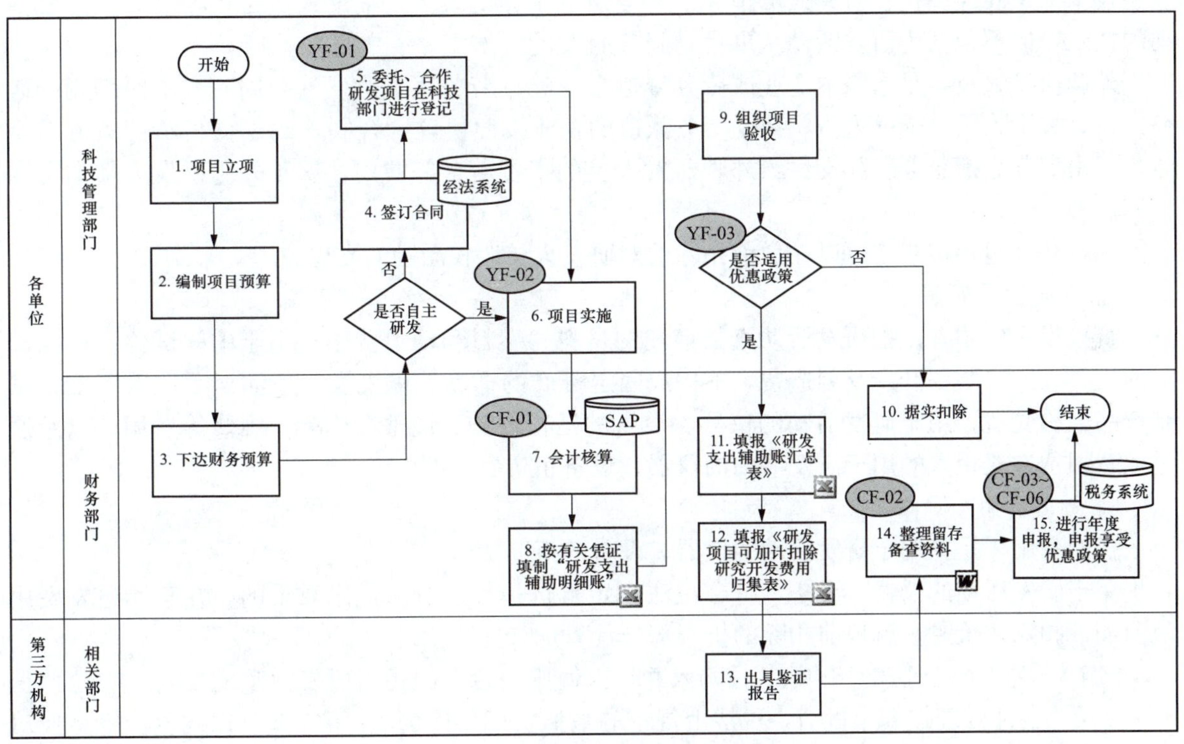

图 4－7　研发费用加计扣除业务流程

涉及税种

研发费用加计扣除业务主要涉及企业所得税。

涉税处理

【企业所得税】

（一）研发费用税前加计扣除归集范围

根据《财政部、国家税务总局、科技部关于完善研究开发费用税前加计扣除政策的通知》（财税〔2015〕119 号）、《国家税务总局关于企业研究开发费用税前加计扣除政策有关问题的公告》(国家税务总局公告2015年第97号)、《国家税务总局关于研发费用税前加计扣除归集范围有关问题的公告》(国家税务总局公告2017年第40号)的规定，研发费用税前加计扣除归集范围如下。

1. 人员人工费用

人员人工费用是指直接从事研发活动人员的工资薪金、基本养老保险费、基本医疗保险费、失业保险费、工伤保险费、生育保险费和住房公积金，以及外聘研发人员的劳务费用。

直接从事研发活动人员包括研究人员、技术人员、辅助人员。研究人员是指主要从事研究开发项目的专业人员；技术人员是指具有工程技术、自然科学和生命科学中一个或一个以上领域的技术知识和经验，在研究人员指导下参与研发工作的人员；辅助人员是指参与研究开发活动的技工，但不包括为研发活动从事后勤服务的人员。

外聘研发人员，是指与本企业或劳务派遣企业签订劳务用工协议(合同)和临时聘用的研究人员、技术人员、辅助人员。接受劳务派遣的企业按照协议(合同)约定支付给劳务派遣企业，且由劳务派遣企业实际支付给外聘研发人员的工资薪金等费用，属于外聘研发人员的劳务费用。

工资薪金包括按规定可以在税前扣除的对研发人员股权激励的支出。

2. 直接投入费用

直接投入费用，是指研发活动直接消耗的材料、燃料和动力费用；用于中间试验和产品试制的模具、工艺装备开发及制造费，不构成固定资产的样品、样机及一般测试手段购置费，试制产品的检验费；用于研发活动的仪器、设备的运行维护、调整、检验、维修等费用，以及通过经营租赁方式租入的用于研发活动的仪器、设备租赁费。

3. 折旧费用

折旧费用，是指用于研发活动的仪器、设备的折旧费。

用于研发活动的仪器、设备，符合税法规定且选择加速折旧优惠政策的，在享受研发费用税前加计扣除政策时，就税前扣除的折旧部分计算加计扣除。

[例4-4]　甲企业2018年12月购入并投入使用一台专门用于研发活动的设备，单位价值600万元，会计处理按8年折旧，税法上规定的最低折旧年限为10年，不考虑残值。甲企业对该项设备选择缩短折旧年限的加速折旧方式，折旧年限缩短为6年，即

$$10\times60\%=6\text{(年)}$$

若该设备6年内用途未发生变化，每年均符合加计扣除政策规定，则甲企业在6年内每年直接就其税前扣除“仪器、设备折旧费”100万元进行加计扣除75万元，即

$$100\times75\%=75\text{(万元)}$$

4. 无形资产摊销

无形资产摊销，是指用于研发活动的软件、专利权、非专利技术(包括许可证、专有技术、设计和计算方法等)的摊销费用。

用于研发活动的无形资产，符合税法规定且选择缩短摊销年限的(如企业外购的软件作为无形资产管理的可以适当缩短摊销年限)，在享受研发费用税前加计扣除政策时，就税前扣除的摊销部分计算加计扣除。

5. 新产品设计费、新工艺规程制定费、新药研制的临床试验费、勘探开发技术的现场试验费

新产品设计费、新工艺规程制定费、新药研制的临床试验费、勘探开发技术的现场试验费，是指企业在新产品设计、新工艺规程制定、新药研制的临床试验、勘探开发技术的现场试验过程中发生的与开展该项活动有关的各类费用。

6. 其他相关费用

其他相关费用，是指与研发活动直接相关的其他费用，如技术图书资料费、资料翻译费、专家咨询费、高新科技研发保险费，研发成果的检索、分析、评议、论证、鉴定、评审、评估、验收费用，知识产权的申请费、注册费、代理费，差旅费、会议费，职工福利费、补充养老保险费、补充医疗保险费等。此项费用总额不得超过可加计扣除研发费用总额的10%。

《国家税务总局关于企业研究开发费用税前加计扣除政策有关问题的公告》（国家税务总局公告2015年第97号）第二条第（三）项规定，其他相关费用限额＝前5项费用之和×10%/(1－10%)。当其他相关费用实际发生数小于限额时，按实际发生数计算税前加计扣除数额；当其他相关费用实际发生数大于限额时，按限额计算税前加计扣除数额。

［例4－5］ 甲企业2018年发生一项研发活动，发生研发费用110万元，其中与研发活动直接相关的其他费用20万元，假设研发活动均符合加计扣除相关规定，其他相关费用限额＝(110－20)×10%/(1－10%)＝10万元，小于实际发生数20万元，则

甲企业允许加计扣除的研发费用＝110－20＋10＝100（万元）

甲企业2018年度可以享受的研发费用加计扣除额＝100×75%＝75（万元）

乙企业2018年进行了两项研发活动，项目一发生研发费用100万元，其中与研发活动直接相关的其他费用12万元；项目二发生研发费用100万元，其中与研发活动直接相关的其他费用8万元。假设研发活动均符合加计扣除相关规定。

项目一其他相关费用限额＝(100－12)×10%/(1－10%)＝9.78（万元）

小于实际发生数12万元，则

项目一允许加计扣除的研发费用＝100－12＋9.78＝97.78（万元）

项目二其他相关费用限额＝(100－8)×10%/(1－10%)＝10.22（万元）

大于实际发生数8万元，则

项目二允许加计扣除的研发费用＝100（万元）

乙企业2018年度可以享受的研发费用加计扣除额＝(97.78＋100)×75%＝148.34（万元）

（二）不同形式研发活动研发费用加计扣除的规定

《财政部、国家税务总局、科技部关于完善研究开发费用税前加计扣除政策的通知》（财税〔2015〕119号）第二条、《国家税务总局关于企业研究开发费用税前加计扣除政策有关问题的公告》（国家税务总局公告2015年第97号）第三条对不同形式研发活动中研发费用加计扣除做出了规定。

1. 自主研发

自主研发是指企业主要依靠自己的资源，独立进行研发，并在研发项目的主要方面拥有完全独立的知识产权。

企业自主研发所发生的费用，可自行归集并计算加计扣除。

2. 委托研发

委托研发是指被委托单位或机构基于企业委托而开发的项目，企业以支付报酬的形式获得被委托单位或机构的成果。

（1）委托境内机构或个人研发。企业委托外部机构或个人进行研发活动实际支付给受托方的费用，按照费用实际发生额的80%计入委托方研发费用并计算加计扣除，无论委托方是否享受研发费用税前加计扣除政策，受托方不得再进行加计扣除。委托个人研发的，应凭个人出具的发票等合法有效凭证在税前加计扣除。

委托外部研究开发费用实际发生额应按照独立交易原则确定，委托方委托关联方开展研发活动的，受托方需向委托方提供研发过程中实际发生的研发项目费用支出明细情况。

［例4-6］ 甲企业2018年委托其境内关联企业乙企业研发，假设该研发符合研发费用加计扣除的相关条件。甲企业支付给乙企业100万元。乙企业实际发生费用90万元（其中按可加计扣除口径归集的费用为85万元），利润10万元。2018年，甲企业按照实际支付给乙企业的费用计算可加计扣除的金额为100×80%×75%=60万元，乙企业应向甲企业提供实际发生研发项目费用支出90万元的明细情况。

（2）委托境外机构或个人研发。根据《财政部、税务总局、科技部关于企业委托境外研究开发费用税前加计扣除政策问题的通知》（财税〔2018〕64号）的规定，委托境外进行研发活动所发生的费用，按照费用实际发生额的80%计入委托方的委托境外研发费用。委托境外研发费用不超过境内符合条件的研发费用2/3的部分，可以按规定在企业所得税前加计扣除。委托境外进行研发活动不包括境外个人进行的研发活动。

3. 合作研发

合作研发是指立项企业通过契约的形式与其他企业共同对同一项目的不同领域分别投入资金、技术、人力等，共同完成研发项目。

企业共同合作研发的项目，由合作各方按照《企业（合作）研究开发项目计划书》和经登记的《技术开发（合作）合同》分项目设置《合作研发“研发支出”辅助账》，就自身实际承担的研发费用按照会计核算要求分项目核算，并按照研发费用归集范围分别计算加计扣除。

4. 集中研发

集中研发是指企业集团根据生产经营和科技开发的实际情况，对技术要求高、投资数额大、单个企业难以独立承担，或者研发力量集中在企业集团，由企业集团统筹管理研发的项目进行集中开发。

企业集团对需要集中研发的项目，其实际发生的研发费用，可以按照权利和义务相一致、费用支出和收益分享相配比的原则，合理确定研发费用的分摊方法，在受益成员企业间进行分摊，由相关成员企业分别计算加计扣除。

企业集团应将集中研发项目的协议或合同、集中研发项目研发费用决算表、集中研发项目费用分摊明细情况表和实际分享收益比例等资料提供给相关成员企业。协议或合同应明确参与各方在该研发项目中的权利和义务、费用分摊方法等内容。

（三）其他事项

（1）《财政部、国家税务总局、科技部关于完善研究开发费用税前加计扣除政策的通知》

（财税〔2015〕119号）第二条第4项规定，企业为获得创新性、创意性、突破性的产品进行创意设计活动而发生的相关费用，可按照规定进行税前加计扣除。

创意设计活动，是指多媒体软件、动漫游戏软件开发，数字动漫、游戏设计制作；房屋建筑工程设计（绿色建筑评价标准为三星）、风景园林工程专项设计；工业设计、多媒体设计、动漫及衍生产品设计、模型设计等。

（2）《国家税务总局关于研发费用税前加计扣除归集范围有关问题的公告》（国家税务总局公告2017年第40号）第七条第（一）项规定，企业取得的政府补助，会计处理时采用直接冲减研发费用方法且税务处理时未将其确认为应税收入的，应按冲减后的余额计算加计扣除金额。

［例4-7］ 甲企业执行《企业会计准则》，将政府补助作为相关成本费用扣减。2018年收到政府补助50万元，当年用于研究开发某项目，研究阶段发生支出200万元，并结转管理费用，扣减后研发支出150万元。

若甲企业在企业所得税年度纳税申报时将政府补助确认为应税收入，同时调增研发费用支出，则当年加计扣除的基数为200万元，加计扣除额为150万元。

若甲企业在企业所得税年度纳税申报时将收到的政府补助50万元作为不征税收入，则当年加计扣除的基数为150万元，加计扣除额为112.5万元。

（3）《国家税务总局关于研发费用税前加计扣除归集范围有关问题的公告》（国家税务总局公告2017年第40号）第七条第（三）项规定，企业开展研发活动中实际发生的研发费用形成无形资产的，其资本化的时点与会计处理保持一致。

（4）《财政部、国家税务总局、科技部关于完善研究开发费用税前加计扣除政策的通知》（财税〔2015〕119号）第五条第4项规定，企业符合规定的研发费用加计扣除条件而在2016年1月1日以后未及时享受该项税收优惠的，可以追溯享受，追溯期限最长为3年。

（四）纳税申报

享受研发费用加计扣除优惠（含结转）的纳税人在进行企业所得税年度汇算清缴时应填报A107012研发费用加计扣除优惠明细表（见表4-10）。填报时应当注意以下事项：

（1）《国家税务总局关于研发费用税前加计扣除归集范围有关问题的公告》（国家税务总局公告2017年第40号）第二条第（二）项规定，企业研发活动直接形成产品或作为组成部分形成的产品对外销售的，研发费用中对应的材料费用不得加计扣除。产品销售与对应的材料费用发生在不同纳税年度且材料费用已计入研发费用的，可在销售当年以对应的材料费用发生额直接冲减当年的研发费用，不足冲减的，结转以后年度继续冲减，相关项目填列在表4-10第47、48行。

（2）《国家税务总局关于研发费用税前加计扣除归集范围有关问题的公告》（国家税务总局公告2017年第40号）第七条第（二）项规定，企业取得研发过程中形成的下脚料、残次品、中间试制品等特殊收入，在计算确认收入当年的加计扣除研发费用时，应从已归集研发费用中扣减该特殊收入，不足扣减的，加计扣除研发费用按零计算，相关项目填列在表4-10第45行。

（3）企业为获得创新性、创意性、突破性的产品进行创意设计活动而发生的相关费用加计扣除，不在A107012研发费用加计扣除优惠明细表中反映，而是独立于研发项目之外，在免税、减计收入及加计扣除优惠明细表中单独计算加计扣除。

表 4-10　　　　A107012 研发费用加计扣除优惠明细表

序号	基本信息		
1	□一般企业□科技型中小企业	科技型中小企业登记编号	
2	本年可享受研发费用加计扣除项目数量		
	研发活动费用明细		
3	一、自主研发、合作研发、集中研发（4+8+17+20+24+35）		
4	（一）人员人工费用（5+6+7）		
5	1. 直接从事研发活动人员工资薪金		
6	2. 直接从事研发活动人员“五险一金”		
7	3. 外聘研发人员的劳务费用		
8	（二）直接投入费用（9+10+…+16）		
9	1. 研发活动直接消耗材料		
10	2. 研发活动直接消耗燃料		
11	3. 研发活动直接消耗动力费用		
12	4. 用于中间试验和产品试制的模具、工艺装备开发及制造费		
13	5. 用于不构成固定资产的样品、样机及一般测试手段购置费		
14	6. 用于试制产品的检验费		
15	7. 用于研发活动的仪器、设备的运行维护、调整、检验、维修等费用		
16	8. 通过经营租赁方式租入的用于研发活动的仪器、设备租赁费		
17	（三）折旧费用（18+19）		
18	1. 用于研发活动的仪器的折旧费		
19	2. 用于研发活动的设备的折旧费		
20	（四）无形资产摊销（21+22+23）		
21	1. 用于研发活动的软件的摊销费用		
22	2. 用于研发活动的专利权的摊销费用		
23	3. 用于研发活动的非专利技术（包括许可证、专有技术、设计和计算方法等）的摊销费用		
24	（五）新产品设计费等（25+26+27+28）		
25	1. 新产品设计费		
26	2. 新工艺规程制定费		
27	3. 新药研制的临床试验费		
28	4. 勘探开发技术的现场试验费		
29	（六）其他相关费用（30+31+32+33+34）		
30	1. 技术图书资料费、资料翻译费、专家咨询费、高新科技研发保险费		

续表

序号	研发活动费用明细	
31	2. 研发成果的检索、分析、评议、论证、鉴定、评审、评估、验收费用	
32	3. 知识产权的申请费、注册费、代理费	
33	4. 职工福利费、补充养老保险费、补充医疗保险费	
34	5. 差旅费、会议费	
35	（七）经限额调整后的其他相关费用	
36	二、委托研发［（37－38）×80％］	
37	委托外部机构或个人进行研发活动所发生的费用	
38	其中：委托境外进行研发活动所发生的费用	
39	三、年度研发费用小计（3＋36）	
40	（一）本年费用化金额	
41	（二）本年资本化金额	
42	四、本年形成无形资产摊销额	
43	五、以前年度形成无形资产本年摊销额	
44	六、允许扣除的研发费用合计（40＋42＋43）	
45	减：特殊收入部分	
46	七、允许扣除的研发费用抵减特殊收入后的金额（44－45）	
47	减：当年销售研发活动直接形成产品（包括组成部分）对应的材料部分	
48	减：以前年度销售研发活动直接形成产品（包括组成部分）对应材料部分结转金额	
49	八、加计扣除比例	
50	九、本年研发费用加计扣除总额（46－47－48）×49	
51	十、销售研发活动直接形成产品（包括组成部分）对应材料部分结转以后年度扣减金额（当46－47－48≥0，本行＝0；当46－47－48＜0，本行＝46－47－48的绝对值）	

（五）优惠事项留存备查资料

《国家税务总局关于发布修订后的〈企业所得税优惠政策事项办理办法〉的公告》（国家税务总局公告2018年第23号）规定，企业享受研发费用加计扣除优惠政策，自2017年企业所得税汇算清缴年度起，无须进行备案，但应留存下列资料备查并对其真实性、合法性承担法律责任。

（1）自主、委托、合作研究开发项目计划书和企业有权部门关于自主、委托、合作研究开发项目立项的决议文件。

（2）自主、委托、合作研究开发专门机构或项目组的编制情况和研发人员名单。

（3）经科技行政主管部门登记的委托、合作研究开发项目的合同。

（4）从事研发活动的人员（包括外聘人员）和用于研发活动的仪器、设备、无形资产的费用分配说明（包括工作使用情况记录及费用分配计算证据材料）。

（5）集中研发项目研发费决算表、集中研发项目费用分摊明细情况表和实际分享收益比例等资料。

（6）“研发支出”辅助账及汇总表。

（7）企业已取得的地市级（含）以上科技行政主管部门出具的鉴定意见。

涉税风险

研发费用加计扣除业务涉税风险见表 4－11。

表 4－11　　研发费用加计扣除业务涉税风险

风险编号	风　险　描　述	责任部门
YF－01	企业进行委托研发或合作研发并对相关研发费用加计扣除的，其合同未经科技主管部门登记导致不能享受研发费用加计扣除优惠政策的风险	业务部门
YF－02	研发领用材料未经研发人员签字确认导致无法证明其属于研发领用的风险	
YF－03	科技管理部门未在所得税汇算清缴前对研发项目进行梳理判断，直接将下列活动的费用进行加计扣除导致税前多扣除的风险： ①企业产品（服务）的常规性升级；②对某项科研成果的直接应用，如直接采用公开的新工艺、材料、装置、产品、服务或知识等；③企业在商品化后为顾客提供的技术支持活动；④对现存产品、服务、技术、材料或工艺流程进行的重复或简单改变；⑤市场调查研究、效率调查或管理研究；⑥作为工业（服务）流程环节或常规的质量控制、测试分析、维修维护；⑦社会科学、艺术或人文学方面的研究	
CF－01	企业未对研发费用和生产经营费用分别核算或划分不清导致不能实行加计扣除的风险	财务部门
CF－02	企业未妥善保管留存备查资料导致被税务机关后续检查和处罚的风险	
CF－03	失败的研发活动所发生的研发费用未享受税前加计扣除政策导致产生税前少扣除的风险	
CF－04	企业既符合享受研发费用加计扣除政策条件，又符合享受其他优惠政策条件的，未同时享受有关优惠政策的，导致企业少享受税收优惠风险	
CF－05	企业对当期不得税前扣除的股权激励支出进行加计扣除导致税前多扣除被追缴税款和滞纳金的风险	
CF－06	研究开发费用在企业所得税季度预缴时进行加计扣除导致少预缴税款的风险	

政策依据

《中华人民共和国企业所得税法》（中华人民共和国主席令第 63 号）

《财政部、国家税务总局、科技部关于完善研究开发费用税前加计扣除政策的通知》（财税〔2015〕119 号）

《国家税务总局关于企业研究开发费用税前加计扣除政策有关问题的公告》（国家税务总局公告 2015 年 97 号）

《国家税务总局关于研发费用税前加计扣除归集范围有关问题的公告》（国家税务总局公告 2017 年第 40 号）

《科技部、财政部、国家税务总局关于进一步做好企业研发费用加计扣除政策落实工作的通

知》（国科发政〔2017〕211 号）

《财政部、税务总局、科技部关于企业委托境外研究开发费用税前加计扣除政策问题的通知》（财税〔2018〕64 号）

《财政部、税务总局、科技部关于提高研究开发费用税前加计扣除比例的通知》（财税〔2018〕99 号）

《国家税务总局关于发布修订后的〈企业所得税优惠政策事项办理办法〉的公告》（国家税务总局公告 2018 年第 23 号）

《国家电网公司研究开发费财务管理办法》[国网（财/2）348—2014]

第五章　运　营　阶　段

第一节　购　电　业　务

业务描述

购电是指电力企业向发电企业、其他电网企业或者光伏发电项目发电户购入电量，根据交易双方认可的结算电量以及价格主管部门文件规定价格或协商确定的合同价格计算确认成本，并据以支付款项的行为。

根据《国家电网公司会计核算办法》[国网（财/2）469—2014] 和《财务流程标准化手册》规定，各级供电企业购电业务流程如图 5－1、图 5－2 所示。

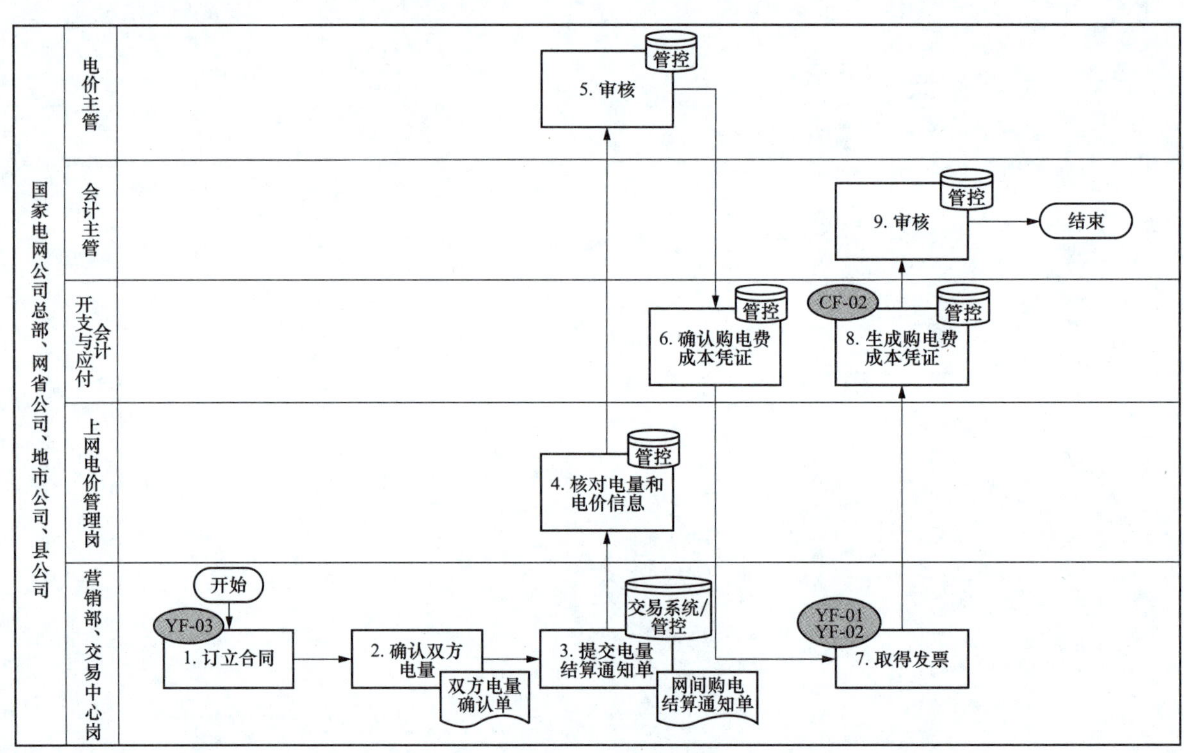

图 5－1　购电业务流程（电厂）

涉及税种

购电业务主要涉及增值税、企业所得税、个人所得税、印花税等税种。

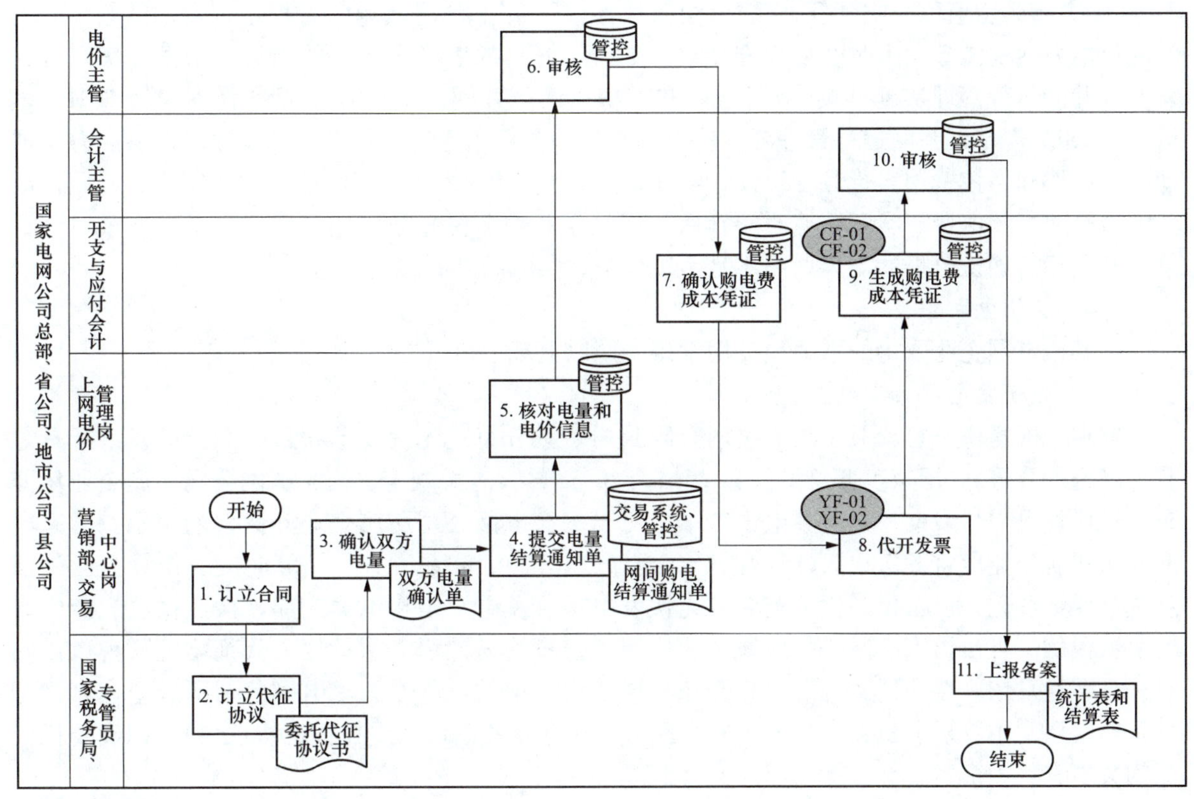

图 5－2 购电业务流程（光伏）

涉税处理

【增值税】

根据《中华人民共和国增值税暂行条例实施细则》（财政部令第 65 号）第二条规定，电力属于增值税“货物”应税项目。根据企业购电对象不同，可以分为发电企业、其他电网企业和光伏发电自然人。下面按不同购电对象进行涉税分析。

（一）发电企业

根据《中华人民共和国增值税暂行条例》（中华人民共和国国务院令第 691 号）第八条相关规定，纳税人购进货物支付或者负担的增值税额，为进项税额。从销售方取得的增值税专用发票上注明的增值税额，准予从销项税额中抵扣。

根据《财政部、国家税务总局关于部分货物适用增值税低税率和简易办法征收增值税政策的通知》（财税〔2009〕9 号）第二条和《财政部、国家税务总局关于简并增值税征收率政策的通知》（财税〔2014〕57 号）第二条规定，属于一般纳税人的县级及县级以下小型水力发电单位销售自产的电力，可选择按照简易办法依照 3%征收率计算缴纳增值税。该发电单位可根据《国家税务总局关于增值税简易征收政策有关管理问题的通知》（国税函〔2009〕90 号）第三条的规定自行开具增值税专用发票。因此，在与小型水力发电单位签订购电合同时，应当约定计税方法和发票种类，如果取得增值税专用发票，其进项税额准予抵扣。

《电力产品增值税征收管理办法》(国家税务总局令第44号)第六条规定，发、供电企业之间互供电力纳税义务发生时间为双方核对计数量，开具抄表确认单据的当天。根据《华东区域发电厂并网运行管理实施细则(试行)》和《华东区域并网发电厂辅助服务管理实施细则(试行)》的相关规定，并网运行管理考核的电费与下一个月电费结算同步完成；并网发电厂有偿辅助服务补偿和考核费用实行月度统计、年度结算，与当年12月份电费结算同步完成。因此，虽然电力企业考核电费、实际结算时间延后，但是企业的纳税义务发生时间仍应是双方核对计数量、开具抄表确认单据的当天，而不是考核电费、实际结算的当天。

(二)其他电网企业

从其他电网企业取得的增值税专用发票参照以上规定执行。

(三)光伏发电项目发电户

根据《国家税务总局关于国家电网有限公司购买分布式光伏发电项目电力产品发票开具等有关问题的公告》(国家税务总局公告2014年第32号)有关规定，国家电网公司所属企业从分布式光伏发电项目发电户处购买电力产品，可由国家电网公司所属企业开具普通发票。国家电网公司所属企业应将发电户名称(姓名)、地址(住址)、联系方式、结算时间、结算金额等信息进行详细登记，以备税务机关查验。光伏发电项目发电户销售电力产品，按照税法规定应缴纳增值税的，可由国家电网公司所属企业按照增值税简易计税办法计算并代征增值税税款，同时开具普通发票；按照税法规定可享受免征增值税政策的，可由国家电网公司所属企业直接开具普通发票。主管税务机关应当与国家电网公司所属企业签订《委托代征协议书》，明确委托代征相关事宜。

《财政部、税务总局关于实施小微企业普惠性税收减免政策的通知》(财税〔2019〕13号)规定，自2019年1月1日至2021年12月31日，对月销售额10万元以下(含本数)的增值税小规模纳税人，免征增值税。

因此，电力企业如果与光伏发电项目发电户购销金额超过规定标准，且与税务机关签订增值税《委托代征协议书》，电力企业不仅要开具普通发票，还要全额代征增值税。

根据《财政部、国家税务总局关于全面推开营业税改征增值税试点的通知》(财税〔2016〕36号)第二十七条规定，用于简易计税方法计税项目、免征增值税项目、集体福利或者个人消费的购进货物、加工修理修配劳务、服务、无形资产和不动产，进项税不得从销项税额中抵扣。因此，电力企业集体宿舍无偿用电取得自己开具的发票，应做进项税转出，电力企业办公用电无须进项转出。

【企业所得税】

电力企业合理的购电成本应在企业所得税汇算清缴前取得合法有效的凭证才能税前扣除，相关政策如下。

《中华人民共和国企业所得税法》(中华人民共和国主席令第63号)第八条规定，企业实际发生的与取得收入有关的、合理的支出，包括成本、费用、税金、损失和其他支出，准予在计算应纳税所得额时扣除。

《国家税务总局关于企业所得税若干问题的公告》(国家税务总局公告2011年第34号)第六条规定，企业当年度实际发生的相关成本、费用，由于各种原因未能及时取得该成本、费用的有效凭证，企业在预缴季度所得税时，可暂按账面发生金额进行核算；但在汇算清缴时，应补充提供该成本、费用的有效凭证。

【个人所得税】

根据《中华人民共和国个人所得税法实施条例》（中华人民共和国国务院令第707号）第六条规定，个体工商户从事生产、经营活动取得的所得，个人从事其他生产、经营活动的所得，属于经营所得。根据《中华人民共和国个人所得税法》（中华人民共和国主席令第9号）第十二条规定，纳税人取得经营所得，按年计算个人所得税，由纳税人在月度或者季度终了后15日内向税务机关报送纳税申报表，并预缴税款；在取得所得的次年3月31日前办理汇算清缴。因此，电力企业从个体工商户、个人处购电，无须履行代扣代缴义务。

【印花税】

根据《国家税务总局关于印花税若干具体问题的规定》（国税地字〔1988〕25号）第四条相关规定，签订的购售电合同在签订时无法确定计税金额，可在签订时先按定额5元贴花，以后结算时再按实际金额计税，补贴印花。

《财政部、国家税务总局关于印花税若干政策的通知》（财税〔2006〕162号）第二条规定，对发电厂与电网之间、电网与电网之间（国家电网公司系统、南方电网公司系统内部各级电网互供电量除外）签订的购售电合同按购销合同征收印花税。

根据《中华人民共和国印花税暂行条例》（中华人民共和国国务院令第11号）有关规定，电力企业与光伏发电项目发电户签订的购电合同，应按购销合同缴纳印花税，税率为万分之三。

涉税风险

购电业务涉税风险见表5-1。

表5-1　购电业务涉税风险

风险编号	风险描述	责任部门
YF-01	年底暂估的购电成本未在企业所得税汇算清缴前及时取得合规发票，导致购电成本不能税前扣除	业务部门
YF-02	纳税义务发生时间在国家税率调整前，未按规定取得对应税率的发票，导致涉税风险	
YF-03	与小型水力发电单位签订购电合同时，未约定计税方法和发票种类，导致进项税不能抵扣	
CF-01	与税务机关签订《委托代征协议书》后，未及时代征相关税款，导致涉税风险	财务部门
CF-02	购电合同未按最终结算金额补缴印花税，导致少缴税款	

政策依据

《中华人民共和国增值税暂行条例》（中华人民共和国国务院令第691号）

《中华人民共和国增值税暂行条例实施细则》（财政部令第65号）

《电力产品增值税征收管理办法》（国家税务总局令第44号）

《财政部、国家税务总局关于部分货物适用增值税低税率和简易办法征收增值税政策的通知》（财税〔2009〕9号）

《国家税务总局关于增值税简易征收政策有关管理问题的通知》（国税函〔2009〕90号）

《财政部、国家税务总局关于简并增值税征收率政策的通知》（财税〔2014〕57 号）

《国家税务总局关于国家电网有限公司购买分布式光伏发电项目电力产品发票开具等有关问题的公告》（国家税务总局公告 2014 年第 32 号）

《财政部、国家税务总局关于全面推开营业税改征增值税试点的通知》（财税〔2016〕36 号）

《财政部、税务总局关于实施小微企业普惠性税收减免政策的通知》（财税〔2019〕13 号）

《中华人民共和国企业所得税法》（中华人民共和国主席令第 63 号）

《国家税务总局关于企业所得税若干问题的公告》（国家税务总局公告 2011 年第 34 号）

《中华人民共和国个人所得税法》（中华人民共和国主席令第 9 号）

《中华人民共和国个人所得税法实施条例》（中华人民共和国国务院令第 707 号）

《中华人民共和国印花税暂行条例》（中华人民共和国国务院令第 11 号）

《国家税务总局关于印花税若干具体问题的规定》（国税地字〔1988〕25 号）

《财政部、国家税务总局关于印花税若干政策的通知》（财税〔2006〕162 号）

《国家电网有限公司会计核算办法》[国网（财/2）469—2014]

《华东区域发电厂并网运行管理实施细则（试行）》

《华东区域并网发电厂辅助服务管理实施细则（试行）》

第二节　收　入　业　务

一、售电业务

业务描述

售电业务是指按照国家价格主管部门规定的电价或收费标准，以及其他价格政策实现收入的行为。售电收入包括电费收入、农村电网维护费收入、代征基金收入、电费违约金收入等。

根据《国家电网公司电费抄核收工作规范》（国家电网营销〔2009〕475 号）的相关规定，售电业务流程如图 5-3、图 5-4 所示。

（一）目录电费收入

目录电费收入是电力企业根据电价中目录电价部分确认的收入。电力企业的电价按组成结构可分为目录电价部分和其他部分。

（二）农村电网维护费收入

根据国家计划委员会《关于加快实施城乡用电同价工作的通知》（计价格〔2002〕65 号）规定，农村电网维护费是指用于保证农村电网正常运行所必需的合理费用，包括农村电能损耗、电工合理报酬和农网运行费用。根据《财政部关于印发〈增值税会计处理规定〉的通知》（财会〔2016〕22 号）的规定，农维费减免的增值税通过“应交税费—应交增值税（减免税款）”科目核算。

（三）代征基金收入

代征基金收入包括国家重大水利工程建设基金、水库移民后期扶持基金、差别电价、农网还贷资金以及可再生能源附加收入。

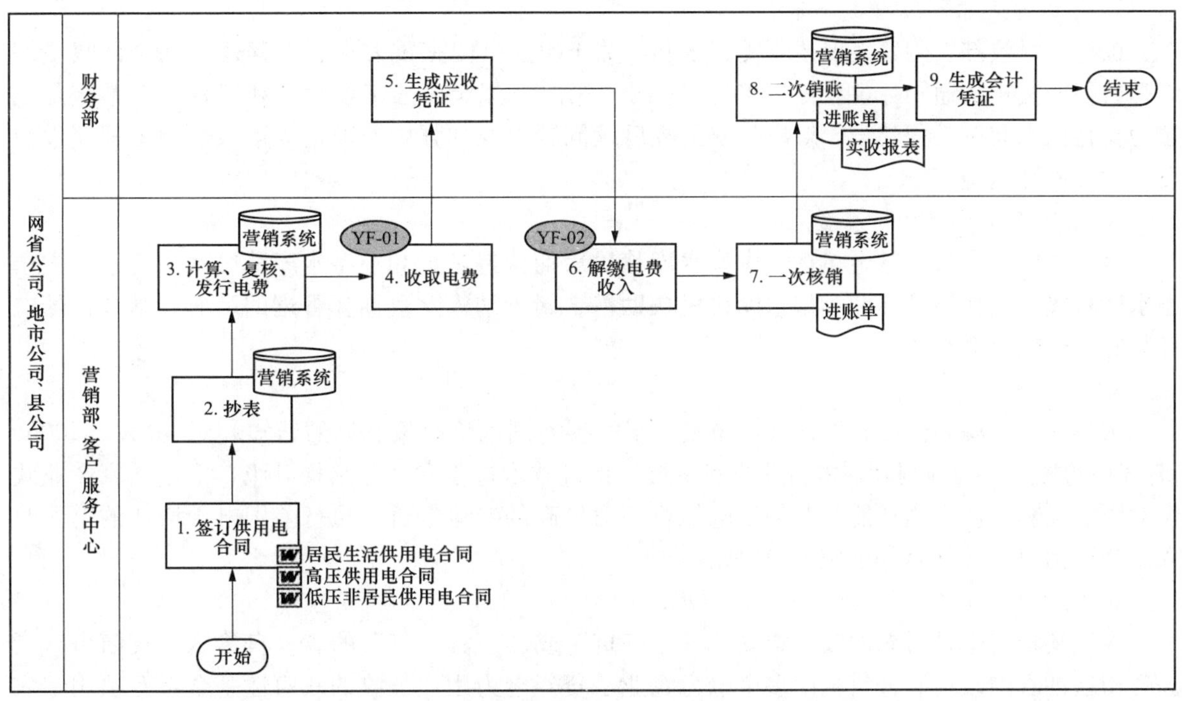

图 5-3 直供电收入业务流程

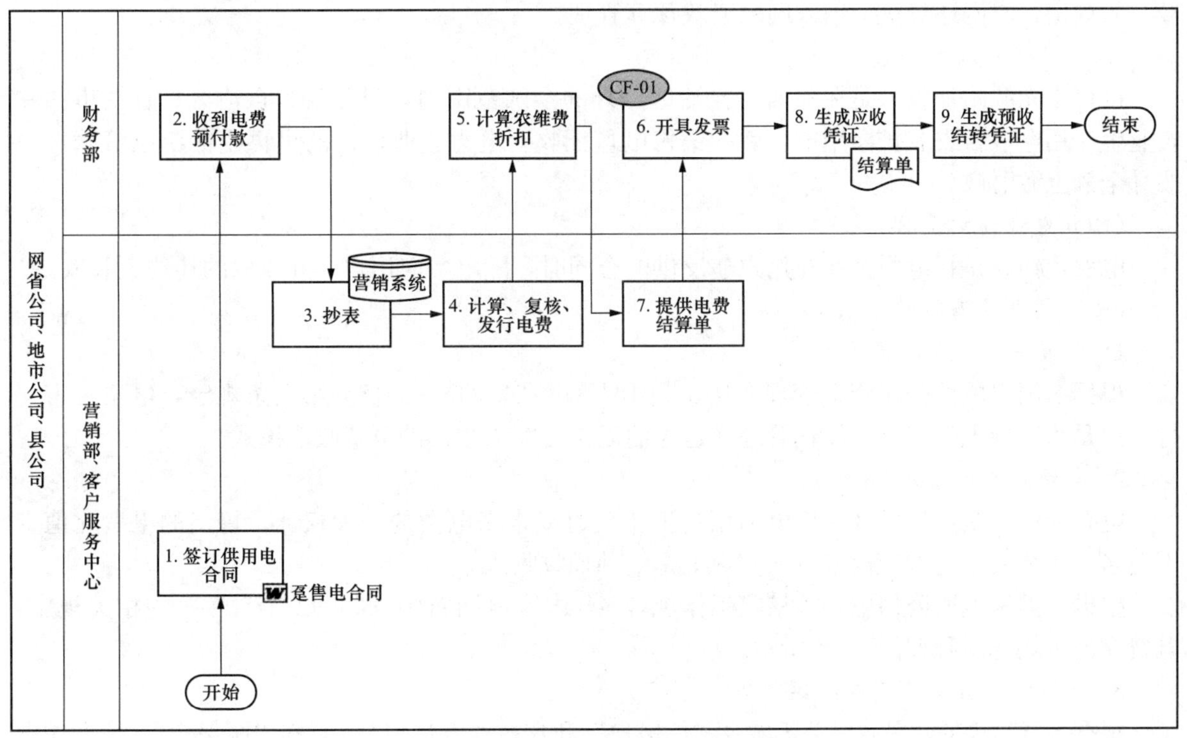

图 5-4 趸售收入业务流程

1. 国家重大水利工程建设基金

根据《财政部、国家发展改革委、水利部关于印发〈国家重大水利工程建设基金征收使用管理暂行办法〉的通知》(财综〔2009〕90号)第二条规定，国家重大水利工程建设基金是国家为支持南水北调工程建设、解决三峡工程后续问题以及加强中西部地区重大水利工程建设而设立的政府性基金。

2. 水库移民后期扶持基金

水库移民后期扶持基金包括大中型水库移民后期扶持基金和小型水库移民扶助基金。大中型水库移民后期扶持基金和小型水库移民扶助基金属于纳入财政预算管理的政府性基金，随电费征收，全额上缴财政。

3. 差别电价

根据《国务院办公厅转发发展改革委关于完善差别电价政策意见的通知》(国办发〔2006〕77号)的规定，为抑制高耗能行业盲目发展，促进技术进步和产业结构升级，依据国家产业政策对限制类和淘汰类高耗能行业的用电执行相对较高的销售电价。执行差别电价增加的电费收入，应作为政府性基金并全额上缴财政。

4. 农网还贷资金

农网还贷资金是对农网改造贷款“一省一贷”或“一省多贷”的省、自治区、直辖市(指该省市区的农网改造工程贷款由多个电力企业承贷)电力用户征收的政府性基金，专项用于农村电网改造贷款还本付息。根据《国务院关于加强预算外资金管理的决定》(国发〔1996〕29号)的规定，农网还贷资金纳入国家财政预算管理。

5. 可再生能源附加收入

可再生能源附加收入是在除西藏自治区以外的全国范围内，对各省、自治区、直辖市扣除农业生产用电(含农业排灌用电)后的销售电量征收。电力企业代征的可再生能源电价附加应按月全额上缴财政。

(四) 电费违约金收入

电费违约金是指电力企业在用户违反供电合同时，随电费向用户一并收取的违约金收入。

(五) 售电收入特殊事项

1. 一市一行一户电费收入

根据《国家电网公司资金管理办法》[国网(财/2) 345—2018]第七条规定，电费一市一行一户是为实现电费市县一体化管理而建立的以市公司为主体的电费收取模式。

2. 电费充值卡收入

电费充值卡是用于城乡居民电力用户抵缴现时或未来电费的一种权证。售出的电费充值卡不记名，不挂失。电费充值卡收入实际上是一种预收收入。

根据《国家电网公司电费抄核收工作规范》(国家电网营销〔2009〕475号)的相关规定，电费充值卡业务流程如图5-5所示。

3. 低保户、五保户用电补贴收入

根据各省物价局、民政厅关于城乡“低保户”和农村“五保户”(简称“两保户”)免费用电有关事项的联合发文，对“两保户”以家庭(户)为单位享受每户每月固定度数的免费用电额度。

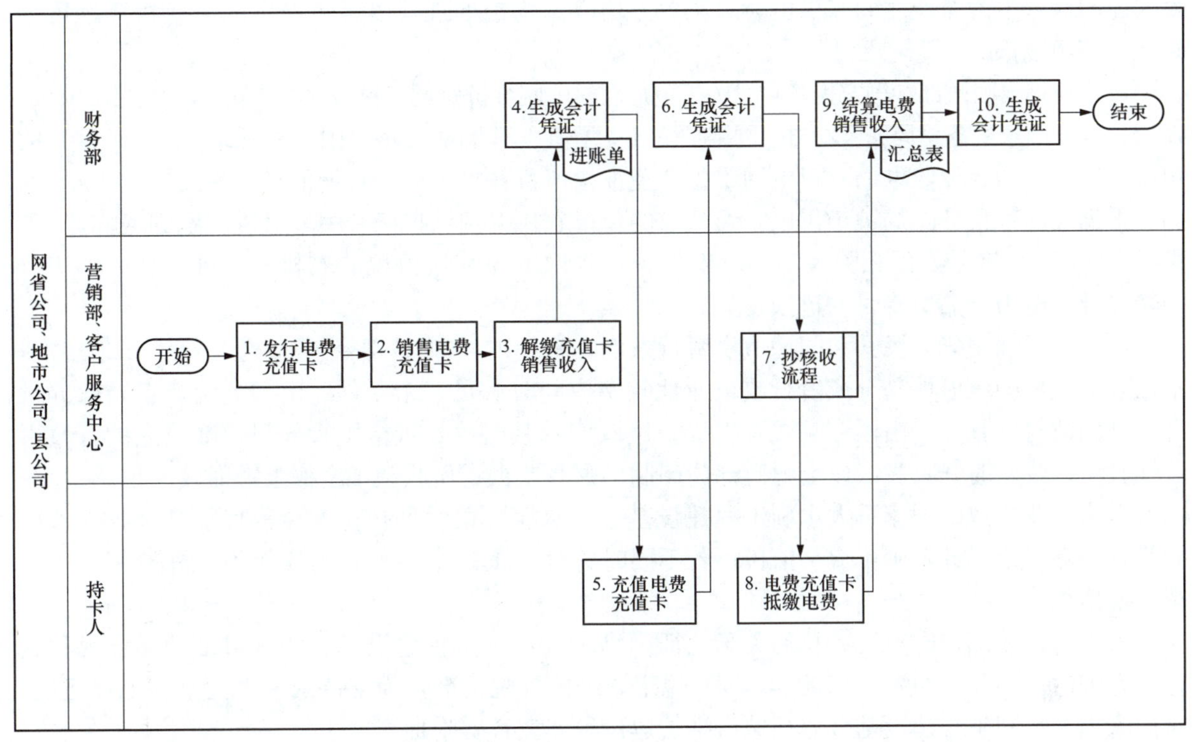

图 5－5　电费充值卡业务流程

4．互供电收入

互供电收入是指电力企业与发电企业之间、电力企业与电力企业之间互相提供电力所取得的收入。

涉及税种

售电收入业务主要涉及增值税及附加、企业所得税、印花税等税种。

涉税处理

【增值税及附加】

（1）根据《电力产品增值税征收管理办法》（国家税务总局令第 44 号）第六条规定，供电企业销售电力产品的增值税纳税义务发生时间如下：

1）供电企业采取直接收取电费结算方式的，销售对象属于企事业单位，为开具发票的当天；属于居民个人，为开具电费缴纳凭证的当天。

2）供电企业采取预收电费结算方式的，为发行电量的当天。

3）供电企业之间互供电力，为双方核对计数量，开具抄表确认单据的当天。

因此，电力企业应准确判断不同情况下销售电力产品的纳税义务发生时间。

根据《国家税务总局关于增值税若干问题规定的通知》（国税发〔1993〕23 号）的规定，纳税人采取“以物易物”方式销售的产品，按纳税人销售同类材料、产品的市场价格计算销售收入。因此，电力企业之间互供电力时，双方均应做购销处理，以各自发出的电量核算销售额并计算销项税额。

（2）根据《财政部、国家税务总局关于免征农村电网维护费增值税问题的通知》（财税字〔1998〕47号）及《国家税务总局关于农村电网维护费征免增值税问题的通知》（国税函〔2009〕591号）的相关规定，电力企业收取的农村电网维护费免征增值税并且不得开具增值税专用发票。

根据《国家税务总局关于供电企业收取的免税农村电网维护费有关增值税问题的通知》（国税函〔2005〕778号）的相关规定，对供电企业收取的免征增值税的农村电网维护费，不应分摊转出外购电力产品所支付的进项税额。

（3）根据《中华人民共和国增值税暂行条例实施细则》（财政部令第65号）第十二条规定，不征收增值税的政府性基金或者行政事业性收费应同时满足三个条件：由国务院或者财政部批准设立的政府性基金，由国务院或者省级人民政府及其财政、价格主管部门批准设立的行政事业性收费；收取时开具省级以上财政部门印制的财政票据；所收款项全额上缴财政。

电力企业收取的国家重大水利工程建设基金、水库移民后期扶持基金等代征基金收入若同时符合以上三个条件，则不交增值税；若不同时符合以上三个条件，则应作为价外费用，照章征收增值税。

根据《财政部、国家税务总局关于免征国家重大水利工程建设基金的城市维护建设税和教育费附加的通知》（财税〔2010〕44号）规定，经国务院批准，为支持国家重大水利工程建设，对国家重大水利工程建设基金免征城市维护建设税和教育费附加。

根据《国家电网公司会计核算办法》[国网（财/2）469—2014]的规定，由于农网还贷资金（一省多贷）已经并入电价，在向用户收取电费时已经确认并缴纳了增值税，因此，其对应的财政返还收入不再计算缴纳增值税。

（4）根据《中华人民共和国增值税暂行条例实施细则》（财政部令第65号）第十二条规定，价外费用，包括价外向购买方收取的手续费、补贴、基金、集资费、返还利润、奖励费、违约金、滞纳金、延期付款利息、赔偿金、代收款项、代垫款项、包装费、包装物租金、储备费、优质费、运输装卸费以及其他各种性质的价外收费。电费违约金应按上述规定缴纳增值税。但在实务中，违约金应区分不同情形进行处理，对符合上述规定的违约金收入，应按价外费用缴纳增值税并开具增值税发票。

（5）根据《国家税务总局关于加强增值税征收管理若干问题的通知》（国税发〔1995〕192号）的相关规定，“一市一行一户”的电费收取模式会导致资金流、实物流以及发票流（简称“三流”）不一致问题。根据《国家税务总局关于纳税人对外开具增值税专用发票有关问题的公告》（国家税务总局公告2014年第39号）第二条规定，纳税人按规定向受票方纳税人收取了所销售货物、所提供应税劳务或者应税服务的款项，或者取得了销售款项的凭据则不属于对外虚开增值税专用发票。各地市供电公司必须与县供电公司签订电费代收协议，作为县供电公司收取电费收入的依据。

（6）根据《国家电网公司会计核算办法》[国网（财/2）469—2014]相关规定，各省电力公司对“两保户”每月免费电量按“零”电价处理，不向“两保户”收取电费，不确认售电收入和价外基金、税金。对未取得政府免征免费电量基金和附加政策及税务部门增值税免税许可的，应将上交的免费电量基金及附加和缴纳的增值税，借记“营业外支出—其他”，贷记“应交税费—应交增值税—销项税额”及“其他应交款”等科目。

（7）根据《国家税务总局关于折扣额抵减增值税应税销售额问题通知》（国税函〔2010〕56号）的规定，纳税人采取折扣方式销售货物，销售额和折扣额在同一张发票上分别注明是指销售额和折扣额在同一张发票上的“金额”栏分别注明的，可按折扣后的销售额征收增值税。因此，对电力企业取得的农村电网维护费折扣应与趸售电费在同一张发票的金额栏中分别注明，才可按扣除农村电网维护费后的销售额征收增值税。

【企业所得税】

（1）根据《中华人民共和国企业所得税法实施条例》（中华人民共和国国务院令第512号）第十四条规定，电费收入属于销售货物收入，应计入应纳税所得额、依法纳入年度企业汇算清缴，缴纳企业所得税。

（2）电力企业随电价向用户收取的农村电网维护费，并未纳入财政预算内或预算外财政资金专户实行收支两条线管理。因此，农村电网维护费收入应纳入电力企业统一核算，并依法缴纳企业所得税。

（3）根据《财政部、国家税务总局关于财政性资金行政事业性收费政府性基金有关企业所得税政策问题的通知》（财税〔2008〕151号）第二条规定，企业按照规定缴纳的、由国务院或财政部批准设立的政府性基金，以及由国务院和省、自治区、直辖市人民政府及其财政、价格主管部门批准设立的行政事业性收费，准予在计算应纳税所得额时扣除。对企业依照法律、法规及国务院有关规定收取并上缴财政的政府性基金和行政事业性收费，准予作为不征税收入，于上缴财政的当年在计算应纳税所得额时从收入总额中减除；未上缴财政的部分，不得从收入总额中减除。

电力企业收取的国家重大水利工程建设基金、水库移民后期扶持基金等代征基金收入，以及“一省多贷”农网还贷资金返还收入，若属于按规定收取并上缴财政的政府性基金，则应作为不征税收入于上缴财政的当年在计算应纳税所得额时从收入总额中减除，否则应作为应税收入缴纳企业所得税。

（4）根据《中华人民共和国企业所得税法实施条例》（中华人民共和国国务院令第512号）第九条规定，企业应纳税所得额的计算，以权责发生制为原则。而电费充值卡收入属于预收收入，应在发出商品时确认收入实现并依法缴纳企业所得税。

【印花税】

《财政部、国家税务总局关于印花税若干政策的通知》（财税〔2006〕162号）第二条规定，对发电厂与电网之间、电网与电网之间（国家电网公司系统、南方电网公司系统内部各级电网互供电量除外）签订的购售电合同按购销合同征收印花税。电网与用户之间签订的供用电合同不属于印花税列举征税的凭证，不征收印花税。对于与非系统内单位签订的趸售供电合同应按“购销合同”缴纳印花税。

涉税风险

售电业务涉税风险见表5-2。

表 5-2 售电业务涉税风险

风险编号	风险描述	责任部门
YF-01	电力企业互供电力时按互相抵减后的电量计算销售收入，导致涉税风险	业务部门
YF-02	在执行“一市一行一户”电费收取的模式下，各地市供电公司未与县供电公司签订电费代收协议，导致“三流”不一致引起的税务风险	
CF-01	财务部门在开具趸售电费增值税发票时，未将农村电网维护费与电费在同一张发票金额栏注明而仅在发票的备注栏中注明或者另行开具发票的，导致趸售电费全额缴纳增值税	财务部门

政策依据

《中华人民共和国增值税暂行条例实施细则》（财政部令第 65 号）

《电力产品增值税征收管理办法》（国家税务总局令第 44 号）

《国家税务总局关于增值税若干问题规定的通知》（国税发〔1993〕23 号）

《国家税务总局关于加强增值税征收管理若干问题的通知》（国税发〔1995〕192 号）

《财政部、国家税务总局关于免征农村电网维护费增值税问题的通知》（财税字〔1998〕47 号）

《国家税务总局关于供电企业收取的免税农村电网维护费有关增值税问题的通知》（国税函〔2005〕778 号）

《国家税务总局关于农村电网维护费征免增值税问题的通知》（国税函〔2009〕591 号）

《国家税务总局关于折扣额抵减增值税应税销售额问题通知》（国税函〔2010〕56 号）

《财政部、国家税务总局关于免征国家重大水利工程建设基金的城市维护建设税和教育费附加的通知》（财税〔2010〕44 号）

《国家税务总局关于纳税人对外开具增值税专用发票有关问题的公告》（国家税务总局公告 2014 年第 39 号）

《国家税务总局关于营改增试点若干征管问题的公告》（国家税务总局公告 2016 年第 53 号）

《国家税务总局货物和劳务税司关于做好增值税发票使用宣传辅导有关工作的通知》（税总货便函〔2017〕127 号）

《财政部、国家发展改革委、水利部关于印发〈国家重大水利工程建设基金征收使用管理暂行办法〉的通知》（财综〔2009〕90 号）

《中华人民共和国企业所得税法实施条例》（中华人民共和国国务院令第 512 号）

《财政部、国家税务总局关于财政性资金行政事业性收费政府性基金有关企业所得税政策问题的通知》（财税〔2008〕151 号）

《财政部、国家税务总局关于印花税若干政策的通知》（财税〔2006〕162 号）

《财政部关于印发〈增值税会计处理规定〉的通知》（财会〔2016〕22 号）

《国务院关于加强预算外资金管理的决定》（国发〔1996〕29 号）

《关于加快实施城乡用电同价工作的通知》（计价格〔2002〕65 号）

《国务院办公厅转发发展改革委关于完善差别电价政策意见的通知》（国办发〔2006〕77 号）

《国家电网公司电费抄核收工作规范》（国家电网营销〔2009〕475 号）

《国家电网公司会计核算办法》[国网（财/2）469—2014]

《国家电网公司资金管理办法》[国网（财/2）345—2018]

二、输电业务

业务描述

输电收入是指电力企业利用自身电网为发电企业或用户输送电力过程中，需要利用输变电设备或线路进行调压或运输，而向发电企业或用户收取的过网费。

根据《国家发展改革委关于印发〈区域电网输电价格定价办法（试行）〉〈跨省跨区专项工程输电价格定价办法（试行）〉和〈关于制定地方电网和增量配电网配电价格的指导意见〉的通知》（发改价格规〔2017〕2269 号）以及《国家发展改革委关于印发〈省级电网输配电价定价办法（试行）〉的通知》（发改价格〔2016〕2711 号）的规定，华北、华东、华中、东北、西北区域电网首个监管周期（2018 年 1 月 1 日—2019 年 12 月 31 日）采取两部制输电价格，其中，电量电价随区域电网实际交易结算电量收取，由购电方承担；容量电价随各省级电网终端销售电量（含市场化交易电量）收取。

根据《国家发展改革委关于核定区域电网 2018—2019 年输电价格的通知》（发改价格〔2018〕224 号），《国家电网有限公司关于做好 2018—2019 年华东区域电网输电价格执行工作的通知》（国家电网财〔2018〕273 号）规定，华东区域电网输电价格采用两部制电价形式，其中，电量电价随区域电网实际交易结算电量收取，由购电方承担；容量电价随上海、江苏、浙江、安徽和福建省级电网终端售电量（含市场化交易电量）收取。华东区域电网容量电费与电量电费按月结算，每月 25 日，相关省公司向国网财务部提供本月预估省级电网终端售电量，经国网财务部审核后下发分部作为正式结算依据。

华东分部租赁经营国家电网公司总部和相关省公司的区域共用网络资产，并支付租赁费，租赁方案履行公司决策程序后签订合同，相关税务处理参见本书第五章第二节的“五、经营租赁”部分。

输电收入业务流程如图 5 - 6 所示。

涉及税种

输电收入业务主要涉及增值税及附加、企业所得税、印花税等税种。

涉税处理

【增值税及附加】

根据《国家税务总局关于电力公司过网费收入征收增值税问题的批复》（国税函〔2004〕607 号）规定，鉴于电力公司利用自身电网为发电企业输送电力过程中，需要利用输变电设备进行调压，属于提供加工劳务。

因此，电力公司向发电企业收取的过网费，应当按 13%的税率征收增值税，相关附加税按照缴纳的增值税和当地对应的税率计算。

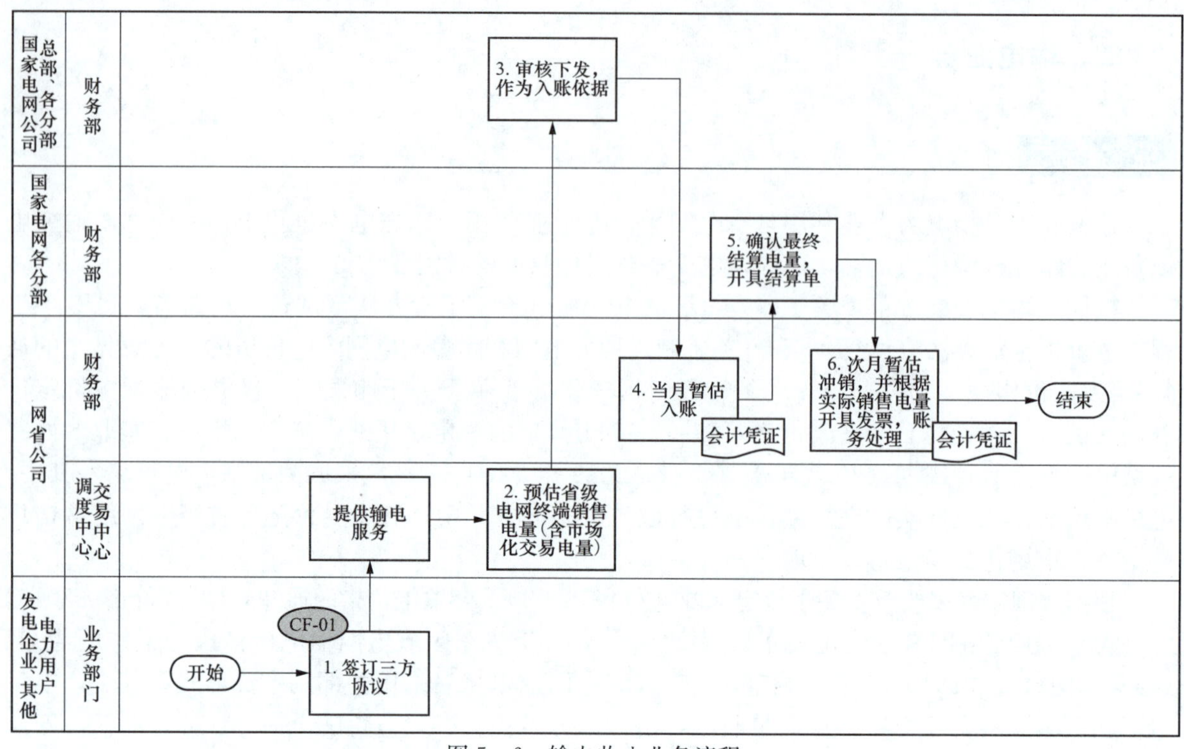

图 5-6 输电收入业务流程

【企业所得税】

根据《中华人民共和国企业所得税法实施条例》（中华人民共和国国务院令第 512 号）第十五条规定，企业所得税法第六条第（二）项所称提供劳务收入，是指企业从事建筑安装、修理修配、交通运输、仓储租赁、金融保险、邮电通信、咨询经纪、文化体育、科学研究、技术服务、教育培训、餐饮住宿、中介代理、卫生保健、社区服务、旅游、娱乐、加工以及其他劳务服务活动取得的收入。因此，输电收入属于提供劳务收入，应计入应纳税所得额。

【印花税】

根据《中华人民共和国印花税暂行条例》（中华人民共和国国务院令第 11 号）附件“印花税税目税率表”的规定，输电收入应根据加工承揽合同征收印花税，税率为万分之五。

涉税风险

输电收入业务涉税风险见表 5-3。

表 5-3　　输电收入业务涉税风险

风险编号	风险描述	责任部门
CF-01	将输电收入合同当成购销合同，导致少缴纳印花税	财务部门

政策依据

《国家税务总局关于电力公司过网费收入征收增值税问题的批复》（国税函〔2004〕607 号）

《中华人民共和国企业所得税法实施条例》（中华人民共和国国务院令第512号）

《中华人民共和国印花税暂行条例》（中华人民共和国国务院令第11号）

《国家发展改革委关于印发〈省级电网输配电价定价办法（试行）〉的通知》（发改价格〔2016〕2711号）

《国家发展改革委关于印发〈区域电网输电价格定价办法（试行）〉〈跨省跨区专项工程输电价格定价办法（试行）〉和〈关于制定地方电网和增量配电网配电价格的指导意见〉的通知》（发改价格规〔2017〕2269号）

《国家发展改革委关于核定区域电网2018—2019年输电价格的通知》（发改价格〔2018〕224号）

《国家电网有限公司关于做好2018—2019年华东区域电网输电价格执行工作的通知》（国家电网财〔2018〕273号）

三、受托运维

业务描述

受托运行维护收入，是指电力企业利用自身优势为用户、其他电力企业运行维护资产而取得的提供服务或劳务收入。受托运行维护收入应纳税种应根据受托运行维护合同的性质进行区分，合同中是否明确约定了收取受托管理服务费、提供修理修配劳务或者二者兼有。

受托运行维护收入业务流程如图5-7所示。

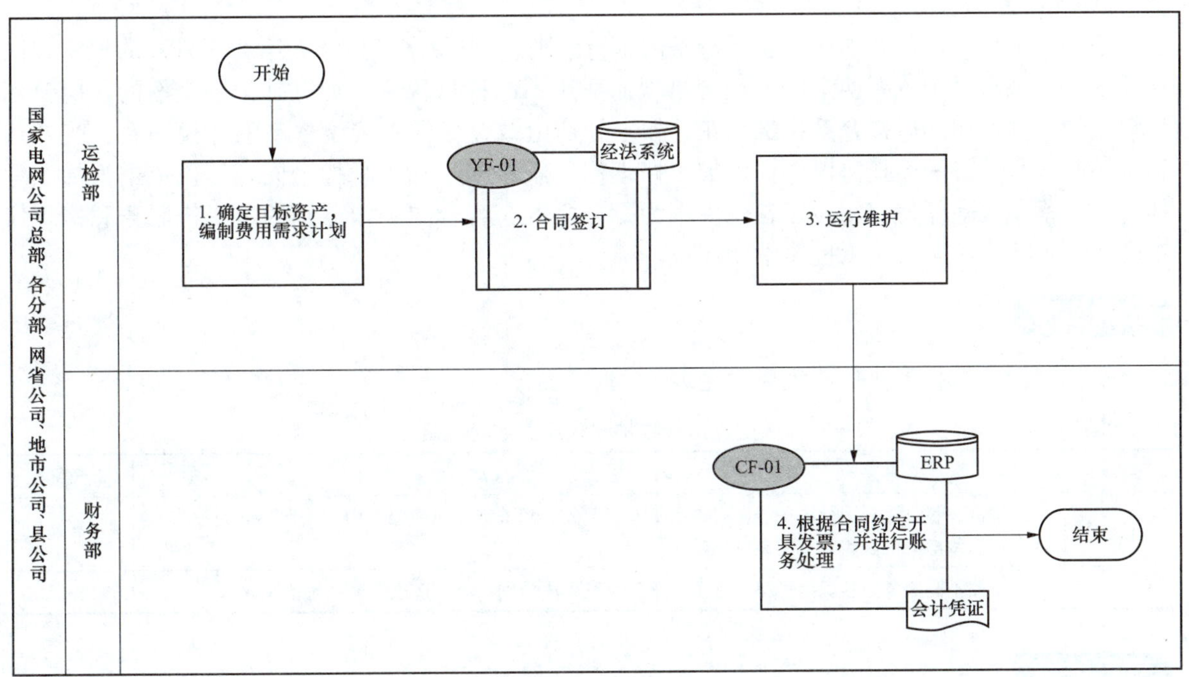

图5-7 受托运行维护收入业务流程

涉及税种

受托运行维护收入业务主要涉及增值税及附加、企业所得税、印花税等税种。

涉税处理

【增值税及附加】

根据《营业税改征增值税试点实施办法》（财税〔2016〕36号附件1）第三十九条规定，纳税人兼营销售货物、劳务、服务、无形资产或者不动产，适用不同税率或者征收率的，应当分别核算适用不同税率或者征收率的销售额；未分别核算的，从高适用税率。

因此，受托运行维护合同规定仅收取受托管理服务费的，按照现代服务6%的税率缴纳增值税，并开具增值税专用发票；如果合同内容包括了其他项目，如提供修理修配劳务等，合同中分别约定，则分别按照现代服务6%的税率和其他适用税率开具增值税专用发票；若未明确约定，则全额从高计算缴纳增值税。相关附加税按照实际缴纳的增值税和当地对应的税率计算。

【企业所得税】

根据《中华人民共和国企业所得税法实施条例》（中华人民共和国国务院令第512号）第十五条规定，企业所得税法第六条第（二）项所称提供劳务收入，是指企业从事建筑安装、修理修配、交通运输、仓储租赁、金融保险、邮电通信、咨询经纪、文化体育、科学研究、技术服务、教育培训、餐饮住宿、中介代理、卫生保健、社区服务、旅游、娱乐、加工以及其他劳务服务活动取得的收入。因此，受托运行维护收入属于提供劳务收入，应计入应纳税所得额。

【印花税】

根据《中华人民共和国印花税暂行条例施行细则》（财税字〔1988〕第255号）的规定，同一凭证，因载有两个或者两个以上经济事项而适用不同税目税率，如分别记载金额的，应分别计算应纳税额，相加后按合计税额贴花；如未分别记载金额的，按税率高的计税贴花。受托运行维护收入所签订的委托协议中提供加工修理修配服务属于加工承揽合同，计税依据为加工承揽金额，不得剔除任何费用，印花税税率为万分之五。若合同中未分别约定提供服务和修理修配劳务，则从高按照加工承揽缴纳印花税。

涉税风险

受托运行维护收入业务涉税风险见表5-4。

表5-4　受托运行维护收入业务涉税风险

风险编号	风险描述	责任部门
YF-01	运检部在签订受托运行维护合同时，属于兼营业务，却未将合同中服务内容按照不同税率进行区分，导致增值税、印花税的涉税风险	业务部门
CF-01	未按照不同服务内容识别税率，分项开票，导致无法分别核算，造成多缴纳增值税	财务部门

政策依据

《财政部、国家税务总局关于全面推开营业税改征增值税试点的通知》（财税〔2016〕36号）

《中华人民共和国企业所得税法实施条例》（中华人民共和国国务院令第 512 号）

《中华人民共和国印花税暂行条例施行细则》（财税字〔1988〕第 255 号）

四、临时接电费

业务描述

根据《供电营业规则》（电力工业部令第 8 号）第十二条规定，临时接电费是电力企业对基建工地、农田水利、市政建设等非永久性用电，供给临时电源而收取的电费保证金。

根据《国家发展改革委办公厅关于取消临时接电费和明确自备电厂有关收费政策的通知》（发改办价格〔2017〕1895 号）第一条规定：

（1）自 2017 年 12 月 1 日起，临时用电的电力用户不再缴纳临时接电费。《国家发展改革委关于停止收取供配电贴费有关问题的补充通知》（发改价格〔2003〕2279 号）中关于临时接电费的规定停止执行。

（2）已向电力用户收取的临时接电费，电网企业应按照合同约定及时组织清退。

电力企业目前业务是存量临时接电费转收入及退还。临时接电费转收入是指由于超过临时供用电合同约定的期限，用户没有申请延期或退款，电力企业将其结转收入。临时接电费退还具体分两种情况：①超过合同期限、电力企业已经结转收入的临时用电，用户申请退款，经电力企业审批同意后的退还；②没有超过合同期限的用户申请退款。

临时接电费业务流程，如图 5－8 所示。

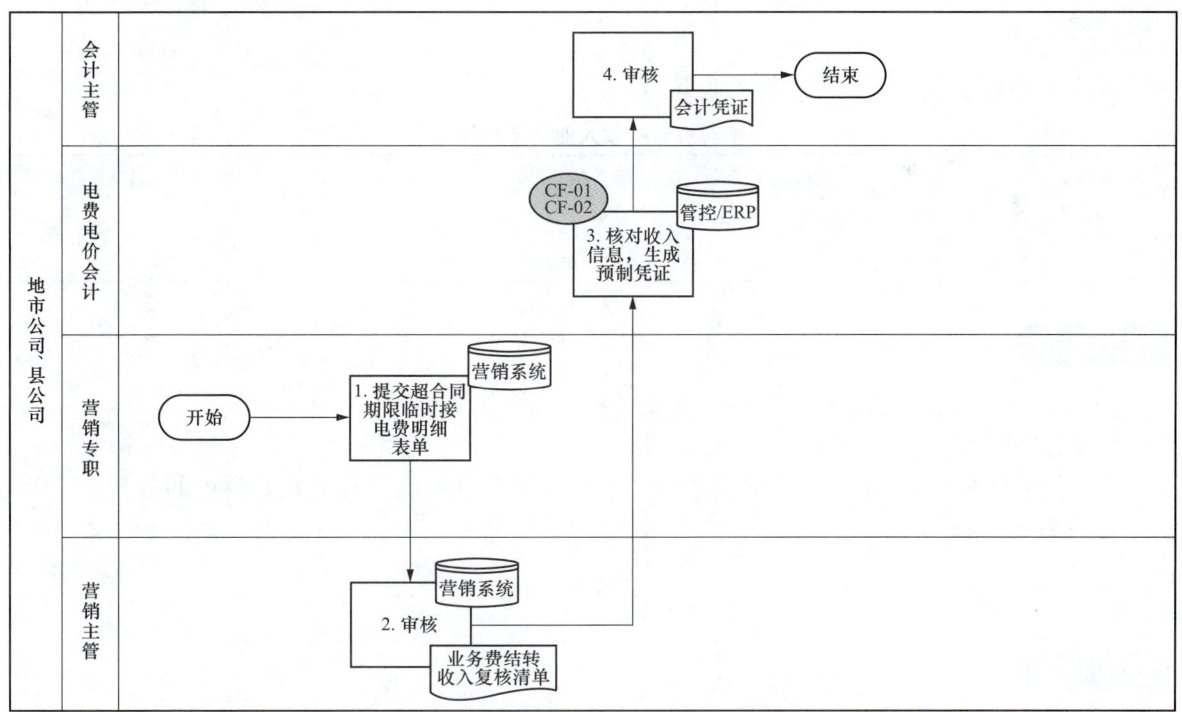

图 5－8　临时接电费收入业务流程

涉及税种

临时接电费转收入和转收入后的再退还业务涉及增值税及附加、企业所得税。合同期内挂往来的临时接电费退还业务不涉及税收。

涉税处理

（一）临时接电费转收入

【增值税及附加】

《电力产品增值税征收管理办法》（国家税务总局令第44号）第三条规定，电力产品增值税的计税销售额为纳税人销售电力产品向购买方收取的全部价款和价外费用，但不包括收取的销项税额。价外费用是指纳税人销售电力产品在目录电价或上网电价之外向购买方收取的各种性质的费用。

供电企业收取的电费保证金，凡逾期（超过合同约定时间）未退还的，一律并入价外费用缴纳增值税。

【企业所得税】

收取的临时接电费凡逾期（超过合同约定时间）未退还的，应作为企业所得税的应税所得，其数值等于增值税的销售额，按规定的税率计算应该缴纳的企业所得税。

（二）前期转收入的临时接电费的退还

退还前期转收入的临时接电费涉及的增值税、附加税、企业所得税处理正好与上述临时接电费转收入业务完全相反。

（三）合同期内挂往来的临时接电费退还

合同期内挂往来的临时接电费退还不涉及税务处理。

涉税风险

临时接电费收入业务涉税风险见表5-5。

表5-5　临时接电费收入业务涉税风险

风险编号	风险描述	责任部门
CF-01	确认收入时未计算增值税	财务部门
CF-02	将未逾期的临时接电费结转收入，导致多缴纳企业所得税	

政策依据

《电力产品增值税征收管理办法》（国家税务总局令第44号）

《供电营业规则》（电力工业部令第8号）

《国家发展改革委办公厅关于取消临时接电费和明确自备电厂有关收费政策的通知》（发改办价格〔2017〕1895号）

五、资产租赁

业务描述

《企业会计准则第21号——租赁》（财会〔2018〕35号）第二条规定，租赁是指在一定期间内，出租人将资产的使用权让与承租人以获取对价的合同。租赁收入分为融资租赁收入和经营租赁收入。本节仅涉及经营租赁收入的涉税分析，融资租赁收入部分详见第三章第二节“融资租赁”部分。

根据《国网财务部关于印发〈国家电网公司风险管理与内部控制操作指南（财务管理）〉的通知》（财评〔2016〕10 号）的规定，企业资产经营租赁的业务流程如图 5－9 所示。

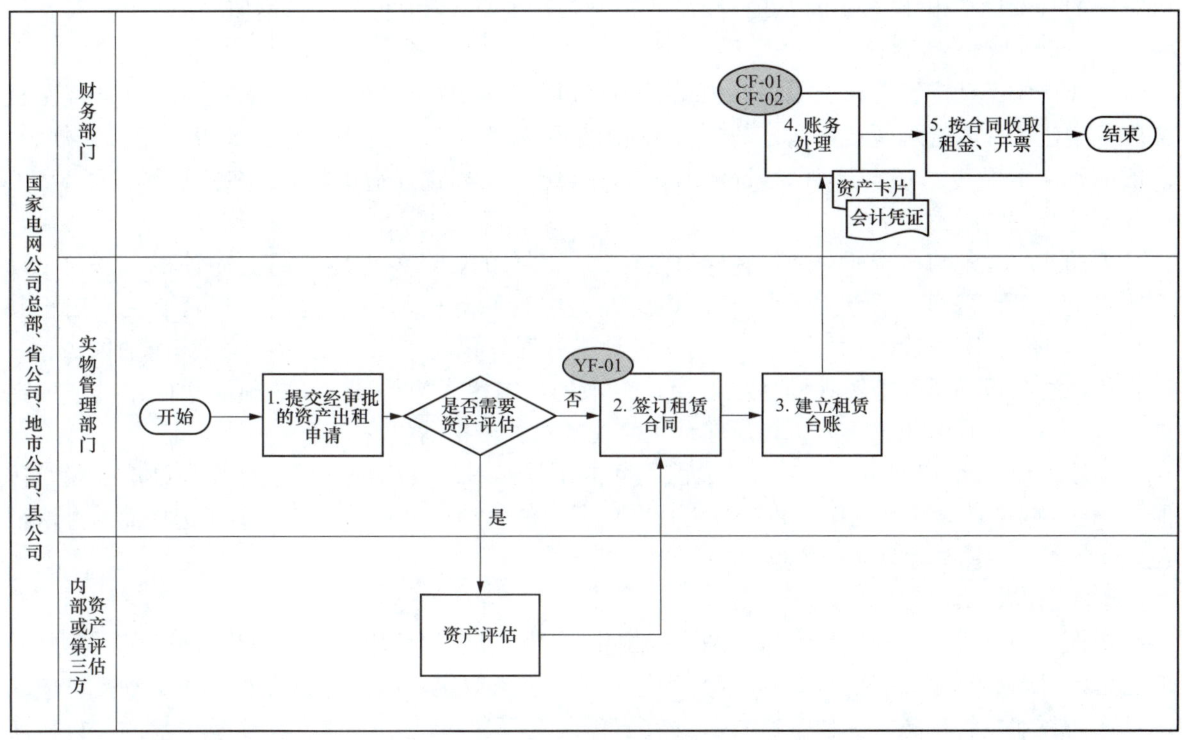

图 5－9　经营租赁业务流程

涉及税种

经营租赁业务主要涉及增值税及附加、企业所得税、印花税、房产税等税种。

涉税处理

【增值税及附加】

《营业税改征增值税试点实施办法》（财税〔2016〕36 号附件 1）所附《销售服务、无形资产、不动产注释》第一条第（六）项规定，租赁收入属于增值税“现代服务”中“租赁服务”的征税范围。

（一）纳税义务发生时间

根据《财政部、国家税务总局关于建筑服务等营改增试点政策的通知》（财税〔2017〕58 号）第二条规定，纳税人提供租赁服务采取预收款方式的，其纳税义务发生时间为收到预收款的当天。

（二）税率或征收率选择

按照标的物的不同，经营租赁服务可分为有形动产经营租赁服务和不动产经营租赁服务。

1. 有形动产经营租赁

企业提供有形动产经营租赁服务，按照13%的税率计算缴纳增值税，《营业税改征增值税试点有关事项的规定》（财税〔2016〕36号附件2）第一条第（六）项规定，以纳入营改增试点之日前取得的有形动产为标的物提供的经营租赁服务和在纳入营改增试点之日前签订的尚未执行完毕的有形动产租赁合同可以选择简易计税方法，按照3%的税率计算增值税。

2. 不动产经营租赁

企业提供不动产经营租赁服务，根据《国家税务总局关于发布〈纳税人提供不动产经营租赁服务增值税征收管理暂行办法〉的公告》（国家税务总局公告2016年第16号）第二条规定，一般纳税人出租其2016年4月30日前取得的不动产，可以选择适用简易计税方法，按照5%的征收率计算应纳税额。

不动产所在地与机构所在地不在同一县（市、区）的，纳税人应按照上述计税方法向不动产所在地主管税务机关预缴税款，向机构所在地主管税务机关申报纳税。一般纳税人出租其2016年5月1日后取得的不动产，适用一般计税方法计税，按照9%的税率计算应纳税额。不动产所在地与机构所在地不在同一县（市、区）的，纳税人应按照3%的预征率向不动产所在地主管税务机关预缴税款，向机构所在地主管税务机关申报纳税。

一般纳税人将2016年4月30日之前租入的不动产对外转租的，可选择简易办法征税，按照5%的征收率计算应纳税额；将5月1日之后租入的不动产对外转租的，不能选择简易办法征税，按照9%的税率计算应纳税额。

（三）预缴税款

根据《国家税务总局关于发布〈纳税人提供不动产经营租赁服务增值税征收管理暂行办法〉的公告》（国家税务总局公告2016年第16号）第十三条规定，纳税人跨市县出租不动产，应向不动产所在地主管税务机关预缴税款而自应当预缴之月起超过6个月没有预缴税款的，机构所在地主管税务机关按照《中华人民共和国税收征收管理法》及相关规定进行处理。

（四）发票开具

根据《国家税务总局关于全面推开营业税改征增值税试点有关税收征收管理事项的公告》（国家税务总局公告2016年第23号）第四条规定，出租不动产，纳税人自行开具或者税务机关代开增值税发票时，应在备注栏注明不动产的详细地址。税务机关为跨县（市、区）提供不动产经营租赁服务的小规模纳税人（不包括其他个人），代开增值税发票时，在发票备注栏中自动打印“YD”字样。

【企业所得税】

企业所得税的涉税处理分为租赁期不跨年度与租赁期跨年度两种情况。

（一）租赁期不跨年度

根据《中华人民共和国企业所得税法实施条例》（中华人民共和国国务院令第512号）第十九条规定，企业取得的租赁收入属于企业所得税法所规范的“租金收入”，应计入应纳税所得额。

（二）租赁期跨年度

根据《国家税务总局关于贯彻落实企业所得税法若干税收问题的通知》（国税函〔2010〕79号）第一条规定，如果交易合同或协议中规定租赁期限跨年度，且租金提前一次性支付的，出租人可对上述已确认的收入，在租赁期内，分期均匀计入相关年度收入。

【印花税】

根据《中华人民共和国印花税暂行条例》(中华人民共和国国务院令第 11 号)规定，租赁收入所签订的租赁合同属于印花税所规范的“财产租赁合同”，按千分之一的税率计算缴纳印花税。财产租赁合同的应纳税额超过一角但不足一元的，按一元贴花。

【房产税】

根据《中华人民共和国房产税暂行条例》(国发〔1986〕90 号发布，中华人民共和国国务院令第 588 号修订)第四条规定，出租房屋以租金收入为计税依据，按 12%的税率计算缴纳房产税。《财政部、国家税务总局关于营改增后契税、房产税、土地增值税、个人所得税计税依据问题的通知》(财税〔2016〕43 号)第二条规定，房产出租的，计征房产税的租金收入不含增值税。《财政部、国家税务总局关于安置残疾人就业单位城镇土地使用税等政策的通知》(财税〔2010〕121 号)第二条规定，对出租房产，租赁双方签订的租赁合同约定有免收租金期限的，免收租金期间由产权所有人按照房产原值缴纳房产税。

涉税风险

经营租赁业务涉税风险见表 5 - 6。

表 5 - 6 经营租赁业务涉税风险

风险编号	风险描述	责任部门
YF - 01	签订的租赁合同期限超过 20 年，导致超过部分无效	业务部门
CF - 01	将租赁期限跨年度且提前一次性收到的租金收入，一次性计入当年收入，导致当年多缴税款	财务部门
CF - 02	同一房屋部分自用部分出租的情况下，计缴房产税时未准确划分从价和从租部分，导致房产税计算错误	

政策依据

《财政部、国家税务总局关于全面推开营业税改征增值税试点的通知》(财税〔2016〕36 号)

《国家税务总局关于发布〈纳税人提供不动产经营租赁服务增值税征收管理暂行办法〉的公告》(国家税务总局公告 2016 年第 16 号)

《国家税务总局关于全面推开营业税改征增值税试点有关税收征收管理事项的公告》(国家税务总局公告 2016 年第 23 号)

《国家税务总局纳税服务司关于下发营改增热点问题答复口径和营改增培训参考材料的函》(税总纳便函〔2016〕71 号)

《财政部、国家税务总局关于建筑服务等营改增试点政策的通知》(财税〔2017〕58 号)

《中华人民共和国企业所得税法实施条例》(中华人民共和国国务院令第 512 号)

《国家税务总局关于贯彻落实企业所得税法若干税收问题的通知》(国税函〔2010〕79 号)

《中华人民共和国印花税暂行条例》(中华人民共和国国务院令第 11 号)

《中华人民共和国房产税暂行条例》(国发〔1986〕90 号发布，中华人民共和国国务院令第 588 号修订)

《财政部、国家税务总局关于安置残疾人就业单位城镇土地使用税等政策的通知》(财税〔2010〕121号)

《财政部、国家税务总局关于营改增后契税、房产税、土地增值税、个人所得税计税依据问题的通知》(财税〔2016〕43号)

《企业会计准则第21号——租赁》(财会〔2018〕35号)

《国网财务部关于印发〈国家电网公司风险管理与内部控制操作指南(财务管理)〉的通知》(财评〔2016〕10号)

六、建筑服务

业务描述

根据《营业税改征增值税试点实施办法》(财税〔2016〕36号附件1)所附《销售服务、无形资产、不动产注释》规定,建筑服务是指各类建筑物、构筑物及其附属设施的建造、修缮、装饰,线路、管道、设备、设施等的安装以及其他工程作业的业务活动,包括工程服务、安装服务、修缮服务、装饰服务和其他建筑服务。

电力企业建筑安装工程主要包括新建住宅供配电设施建设工程、代建用户工程、户表改造工程等。根据《国家电网公司基建项目管理规定》[国网(基建/2)111—2015]规定,建筑安装工程收入业务流程如图5-10所示。

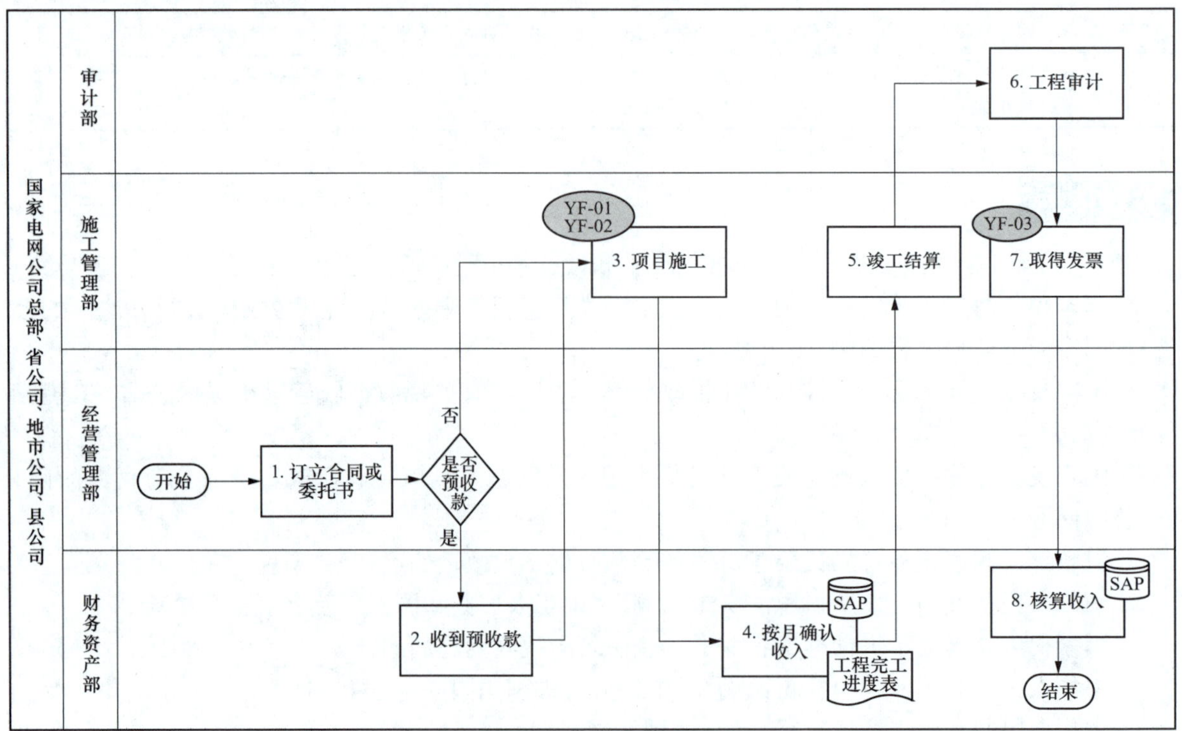

图5-10 建筑安装工程收入业务流程

涉及税种

建筑安装工程收入业务主要涉及增值税及附加、企业所得税、印花税等税种。

涉税处理

【增值税及附加】

（一）纳税义务发生时间

根据《营业税改征增值税试点实施办法》（财税〔2016〕36号附件1）第四十五条规定，纳税人发生应税行为并收讫销售款项或者取得索取销售款项凭据的当天；先开具发票的，为开具发票的当天。收讫销售款项，是指纳税人销售服务、无形资产、不动产过程中或者完成后收到款项。取得索取销售款项凭据的当天，是指书面合同确定的付款日期；未签订书面合同或者书面合同未确定付款日期的，为服务、无形资产转让完成的当天或者不动产权属变更的当天。

根据《财政部、国家税务总局关于建筑服务等营改增试点政策的通知》（财税〔2017〕58号）第二条规定，《营业税改征增值税试点实施办法》（财税〔2016〕36号印发）第四十五条第（二）项修改为“纳税人提供租赁服务采取预收款方式的，其纳税义务发生时间为收到预收款的当天”。

（二）税率或征收率选择

1. 适用简易计税方法，征收率为3%

（1）根据《财政部、税务总局关于建筑服务等营改增试点政策的通知》（财税〔2017〕58号）第一条规定，建筑工程总承包单位为房屋建筑的地基与基础、主体结构提供工程服务，建设单位自行采购全部或部分钢材、混凝土、砌体材料、预制构件的，适用简易计税方法计税。地基与基础、主体结构的范围，按照《建筑工程施工质量验收统一标准》（GB 50300—2013）附录B《建筑工程的分部工程、分项工程划分》中的“地基与基础”“主体结构”分部工程的范围执行。

（2）小规模纳税人提供建筑服务。

2. 可以选择简易计税方法，适用3%征收率

根据《营业税改征增值税试点有关事项的规定》（财税〔2016〕36号附件2）规定：

（1）一般纳税人以清包工方式提供的建筑服务，可以选择适用简易计税方法计税。以清包工方式提供建筑服务，是指施工方不采购建筑工程所需的材料或只采购辅助材料，并收取人工费、管理费或者其他费用的建筑服务。

（2）一般纳税人为甲供工程提供的建筑服务，可以选择适用简易计税方法计税。甲供工程，是指全部或部分设备、材料、动力由工程发包方自行采购的建筑工程。

（3）一般纳税人为建筑工程老项目提供的建筑服务，可以选择适用简易计税方法计税。建筑工程老项目指：①建筑工程施工许可证注明的合同开工日期在2016年4月30日前的建筑工程项目；②未取得建筑工程施工许可证的，建筑工程承包合同注明的开工日期在2016年4月30日前的建筑工程项目。

3. 一般计税方法，适用9%税率

一般纳税人提供建筑服务适用9%税率。

（三）预缴税款

根据《国家税务总局关于发布〈纳税人跨县（市、区）提供建筑服务增值税征收管理暂行办法〉的公告》（国家税务总局公告 2016 年第 17 号）规定，纳税人跨县（市、区）提供建筑服务的，按照以下规定预缴税款：

(1) 一般纳税人跨县（市、区）提供建筑服务，适用一般计税方法计税的，以取得的全部价款和价外费用扣除支付的分包款后的余额，按照 2%的预征率计算应预缴税款。

(2) 一般纳税人跨县（市、区）提供建筑服务，选择适用简易计税方法计税的，以取得的全部价款和价外费用扣除支付的分包款后的余额，按照 3%的征收率计算应预缴税款。

(3) 小规模纳税人跨县（市、区）提供建筑服务，以取得的全部价款和价外费用扣除支付的分包款后的余额，按照 3%的征收率计算应预缴税款。

根据《国家税务总局关于发布纳税人跨县（市、区）提供建筑服务增值税征收管理暂行办法的公告》（国家税务总局公告 2016 年第 17 号）的规定，纳税人跨县（市、区）提供建筑服务，按照本办法应向建筑服务发生地主管税务机关预缴税款而自应当预缴之月起超过 6 个月没有预缴税款的，由机构所在地主管税务机关按照《中华人民共和国税收征收管理法》及相关规定进行处理。

根据《国家税务总局关于进一步明确营改增有关征管问题的公告》（国家税务总局公告 2017 年第 11 号）规定在同一地级行政区范围内跨县（市、区）提供建筑服务，不适用《纳税人跨县（市、区）提供建筑服务增值税征收管理暂行办法》（国家税务总局公告 2016 年第 17 号）。

根据《国家税务总局关于明确跨区域涉税事项报验管理相关问题的公告》（国家税务总局公告 2018 年第 38 号）第五条的规定，纳税人跨区域经营活动结束后，应当结清经营地税务机关的应纳税款以及其他涉税事项，向经营地的税务机关填报“经营地涉税事项反馈表”。

（四）发票开具

根据《国家税务总局关于全面推开营业税改征增值税试点有关税收征收管理事项的公告》（国家税务总局公告 2016 年第 23 号）的规定，提供建筑服务开具发票时应在发票的备注栏注明建筑服务发生地县（市、区）名称及项目名称。

（五）其他事项

对跨县（市、区）提供的建筑服务，纳税人应自行建立预缴税款台账，区分不同县（市、区）和项目逐笔登记全部收入、支付的分包款、已扣除的分包款、扣除分包款的发票号码、已预缴税款以及预缴税款的完税凭证号码等相关内容，留存备查，增值税预缴台账见附录 1 附表 2。

根据《国家税务总局关于进一步明确营改增有关征管问题的公告》（国家税务总局公告 2017 年第 11 号）第二条规定，建筑企业与发包方签订建筑合同后，以内部授权或者三方协议等方式，授权集团内其他纳税人（以下称“第三方”）为发包方提供建筑服务，并由第三方直接与发包方结算工程款的，由第三方缴纳增值税并向发包方开具增值税发票，与发包方签订建筑合同的建筑企业不缴纳增值税。发包方可凭实际提供建筑服务的纳税人开具的增值税专用发票抵扣进项税额。

【企业所得税】

根据《国家税务总局关于确认企业所得税收入若干问题的通知》（国税函〔2008〕875 号）

的规定，电力企业提供建筑安装服务应按完工进度确认收入，计算缴纳企业所得税。

【印花税】

根据《中华人民共和国印花税暂行条例》（中华人民共和国国务院令第 11 号）规定，建筑安装工程所签订的建筑安装工程承包合同属于印花税征税范围所规定的建筑安装工程承包合同，适用税率万分之三。

涉税风险

建筑安装工程收入业务涉税风险见表 5－7。

表 5－7　　建筑安装工程收入业务涉税风险

风险编号	风　险　描　述	责任部门
YF－01	未提供完工进度表，导致收入与成本不匹配、毛利率异常，引发税务风险	业务部门
YF－02	违反《建筑工程施工转包违法分包等违法行为认定查处管理办法（试行）》（建市〔2014〕118 号）规定的分包或转包，导致税务风险	
YF－03	分包款结算时取得的增值税发票备注栏未注明建筑服务发生地和项目名称，导致不得抵扣增值税进项税以及不能在企业所得税前扣除的风险	

政策依据

《财政部、国家税务总局关于全面推开营业税改征增值税试点的通知》（财税〔2016〕36 号）

《国家税务总局关于发布〈纳税人跨县（市、区）提供建筑服务增值税征收管理暂行办法〉的公告》（国家税务总局公告 2016 年第 17 号）

《国家税务总局关于全面推开营业税改征增值税试点有关税收征收管理事项的公告》（国家税务总局公告 2016 年第 23 号）

《财政部、国家税务总局关于建筑服务等营改增试点政策的通知》（财税〔2017〕58 号）

《国家税务总局关于进一步明确营改增有关征管问题的公告》（国家税务总局公告 2017 年第 11 号）

《国家税务总局关于确认企业所得税收入若干问题的通知》（国税函〔2008〕875 号）

《中华人民共和国印花税暂行条例》（中华人民共和国国务院令第 11 号）

《国家税务总局关于明确跨区域涉税事项报验管理相关问题的公告》（国家税务总局公告 2018 年第 38 号）

《国家电网公司基建项目管理规定》[国网（基建/2）111—2015]

七、债务核销

业务描述

本节中债务核销指的是企业对确实无法偿付的应付款项经核实确认后进行注销处理，主要包括对债权人没有追索且已超过诉讼时效的逾期应付款项，以及长期挂账超过三年且有确凿证据证明无法支付的应付款项。

根据《国家电网有限公司会计基础管理办法》[国网（财/2）350—2018] 及《国网财务部

关于印发〈国家电网公司风险管理与内部控制操作指南（财务管理）〉的通知》（财评〔2016〕10号）的规定，债务核销业务流程如图5-11所示。

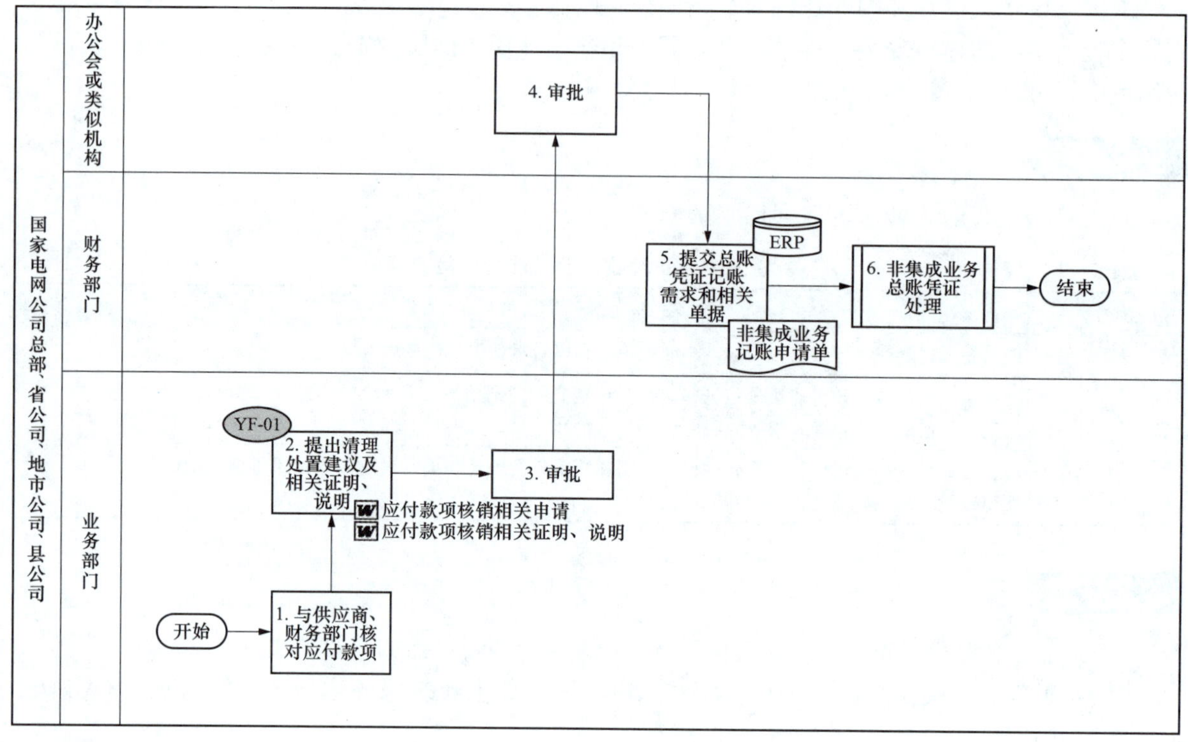

图5-11 债务核销业务流程

涉及税种

债务核销业务中主要涉及企业所得税。

涉税处理

【企业所得税】

《中华人民共和国企业所得税法实施条例》（中华人民共和国国务院令第512号）第二十二条规定，其他收入包括企业资产溢余收入、逾期未退包装物押金收入、确实无法偿付的应付款项、已作坏账损失处理后又收回的应收款项、债务重组收入、补贴收入、违约金收入、汇兑收益等。

《国家税务总局关于企业取得财产转让等所得企业所得税处理问题的公告》（国家税务总局公告2010年第19号）规定，企业取得财产（包括各类资产、股权、债权等）转让收入、债务重组收入、接受捐赠收入、无法偿付的应付款收入等，不论是以货币形式，还是非货币形式体现，除另有规定外，均应一次性计入确认收入的年度计算缴纳企业所得税。

涉税风险

债务核销业务涉税风险见表5-8。

表 5-8 债务核销业务涉税风险

风险编号	风 险 描 述	责任部门
YF-01	企业因超过民法诉讼期限或其他无法支付的原因形成的应付款项，业务部门若没有及时提供确凿的证据，将导致应结转收入的未结转，企业少缴税款	业务部门

政策依据

《中华人民共和国企业所得税法》（中华人民共和国主席令第 63 号）

《国家税务总局关于企业取得财产转让等所得企业所得税处理问题的公告》（国家税务总局公告 2010 年第 19 号）

《国家电网有限公司会计基础管理办法》［国网（财/2）350—2018］

《国网财务部关于印发〈国家电网公司风险管理与内部控制操作指南（财务管理）〉的通知》（财评〔2016〕10 号）

第三节 薪 酬 业 务

《企业会计准则第 9 号——职工薪酬》（财会〔2014〕8 号）规定，职工薪酬是指企业为获得职工提供的服务或解除劳动关系而给予的各种形式的报酬或补偿。职工薪酬包括短期薪酬、离职后福利、辞退福利和其他长期职工福利。企业提供给职工配偶、子女、受赡养人、已故职工遗属及其他受益人等的福利，也属于职工薪酬。

短期薪酬，是指企业在职工提供相关服务的年度报告期间结束后 12 个月内需要全部予以支付的职工薪酬，因解除与职工的劳动关系给予的补偿除外。短期薪酬具体包括：职工工资、奖金、津贴和补贴，职工福利费，医疗保险费、工伤保险费和生育保险费等社会保险费，住房公积金，工会经费和职工教育经费，短期带薪缺勤，短期利润分享计划，非货币性福利以及其他短期薪酬。

带薪缺勤，是指企业支付工资或提供补偿的职工缺勤，包括年休假、病假、短期伤残、婚假、产假、丧假、探亲假等。利润分享计划，是指因职工提供服务而与职工达成的基于利润或其他经营成果提供薪酬的协议。

离职后福利，是指企业为获得职工提供的服务而在职工退休或与企业解除劳动关系后，提供的各种形式的报酬和福利，短期薪酬和辞退福利除外。

辞退福利，是指企业在职工劳动合同到期之前解除与职工的劳动关系，或者为鼓励职工自愿接受裁减而给予职工的补偿。

其他长期职工福利，是指除短期薪酬、离职后福利、辞退福利之外所有的职工薪酬，包括长期带薪缺勤、长期残疾福利、长期利润分享计划等。

一、工资薪金

业务描述

《中华人民共和国企业所得税法实施条例》（中华人民共和国国务院令第 512 号）第三十四

条规定，工资薪金是指一个纳税年度内直接支付给在本企业任职或者受雇的员工的所有现金形式或者非现金形式的劳动报酬，包括基本工资、奖金、津贴、补贴、年终加薪、加班工资，以及与员工任职或者受雇有关的其他支出。

工资薪金管理业务流程如图 5-12 所示。

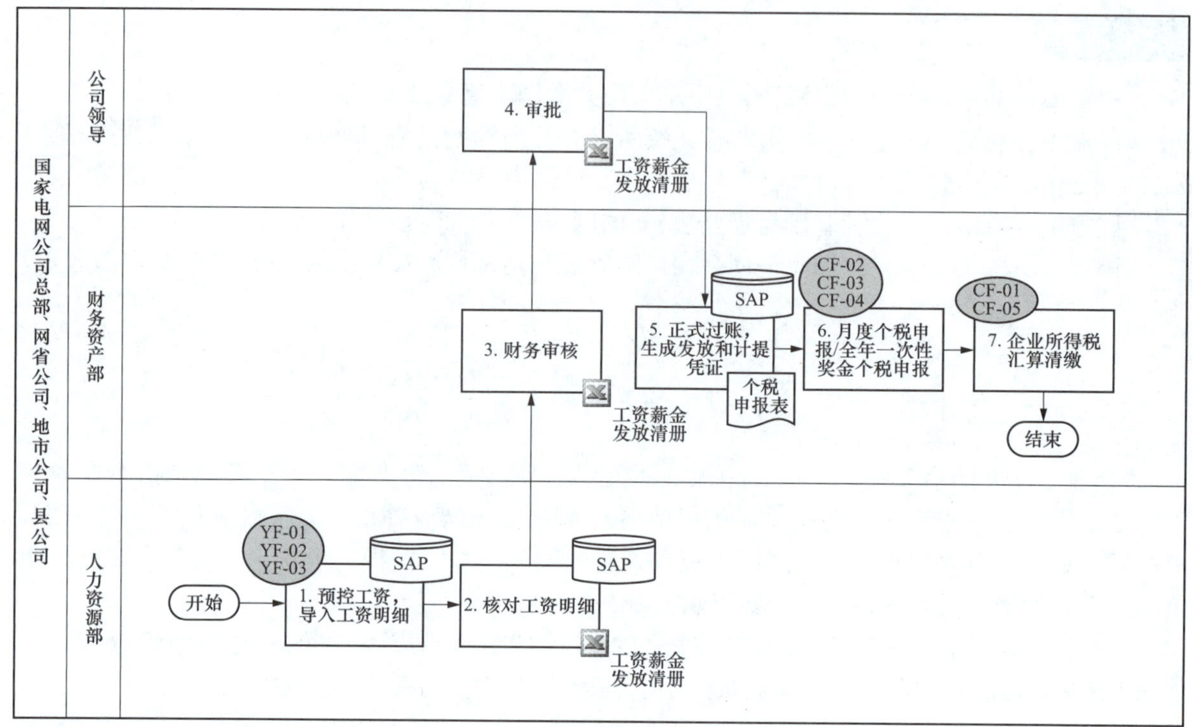

图 5-12 工资薪金管理业务流程

涉及税种

工资薪金管理业务主要涉及企业所得税、个人所得税等税种。

涉税处理

【增值税】

《营业税改征增值税试点实施办法》（财税〔2016〕36 号附件 1）第十条规定，销售服务、无形资产或者不动产，是指有偿提供服务、有偿转让无形资产或者不动产，但属于下列非经营活动的情形除外：单位或者个体工商户聘用的员工为本单位或者雇主提供取得工资的服务。因此，员工为单位提供取得工资的服务不属于增值税应税项目。

【企业所得税】

（一）工资薪金的构成

《国家税务总局关于企业工资薪金及职工福利费扣除问题的通知》（国税函〔2009〕3 号）第二条规定，工资薪金总额是指企业实际发放的工资薪金总和，不包括企业的职工福利费、职工教育经费、工会经费，以及养老保险费、医疗保险费、失业保险费、工伤保险费、生育保险费等社会保险费和住房公积金。

《国家税务总局关于企业工资薪金和职工福利费等支出税前扣除问题的公告》（国家税务总局公告 2015 年第 34 号）第一条规定，列入企业员工工资薪金制度、固定与工资薪金一起发放的福利性补贴，符合《国家税务总局关于企业工资薪金及职工福利费扣除问题的通知》（国税函〔2009〕3 号）第一条规定的，可作为企业发生的工资薪金支出，按规定在税前扣除。

（二）工资薪金的扣除

《中华人民共和国企业所得税法实施条例》（中华人民共和国国务院令第 512 号）第三十四条规定，企业发生的合理的工资薪金支出，准予扣除。

合理的工资薪金，是指企业按照股东大会、董事会、薪酬委员会或相关管理机构制定的工资薪金制度规定实际发放给员工的工资薪金，企业发放的工资薪金应当符合以下原则：

（1）企业制定了较为规范的员工工资薪金制度。

（2）企业所制定的工资薪金制度符合行业及地区水平。

（3）企业在一定时期所发放的工资薪金是相对固定的，工资薪金的调整是有序进行的。

（4）企业对实际发放的工资薪金，已依法履行了代扣代缴个人所得税义务。

（5）有关工资薪金的安排，不以减少或逃避税款为目的。

《国家税务总局关于企业工资薪金及职工福利费扣除问题的通知》（国税函〔2009〕3 号）文规定，属于国有性质的企业，其工资薪金不得超过政府有关部门给予的限定数额；超过部分不得计入企业工资薪金总额，也不得在计算企业应纳税所得额时扣除。

《国家税务总局关于企业所得税应纳税所得额若干税务处理问题的公告》（国家税务总局公告 2012 年第 15 号）规定，企业因雇用季节工、临时工、实习生、返聘离退休人员所实际发生的费用，应区分为工资薪金支出和职工福利费支出，并按《中华人民共和国企业所得税法》（中华人民共和国主席令第 63 号）规定在企业所得税前扣除。根据《国家税务总局关于企业工资薪金和职工福利费等支出税前扣除问题的公告》（国家税务总局公告 2015 年第 34 号）第三条规定，企业接受外部劳务派遣用工所实际发生的费用，应分两种情况按规定在税前扣除：按照协议（合同）约定直接支付给劳务派遣公司的费用，应作为劳务费支出；直接支付给员工个人的费用，应作为工资薪金支出和职工福利费支出。其中属于工资薪金支出的，准予计入企业工资薪金总额的基数，作为计算其他各项相关费用扣除的依据。

《国家税务总局关于发布〈企业所得税税前扣除凭证管理办法〉的公告》（国家税务总局公告 2018 年第 28 号）第十条规定，企业在境内发生的支出项目不属于应税项目的，对方为单位的，以对方开具的发票以外的其他外部凭证作为税前扣除凭证；对方为个人的，以内部凭证作为税前扣除凭证。因此，企业可以将支付职工薪酬的工资表作为税前扣除凭证。

《国家税务总局关于企业工资薪金和职工福利费等支出税前扣除问题的公告》（国家税务总局公告 2015 年第 34 号）第二条规定，企业在年度汇算清缴结束前向员工实际支付的已预提汇缴年度工资薪金，准予在汇缴年度企业所得税前扣除。

（三）残疾人工资加计扣除

《财政部、国家税务总局关于安置残疾人员就业有关企业所得税优惠政策问题的通知》（财税〔2009〕70号）规定，企业安置残疾人员的，在按照支付给残疾职工工资据实扣除的基础上，可以在计算应纳税所得额时按照支付给残疾职工工资的100%加计扣除。

（1）企业享受安置残疾职工工资100%加计扣除应同时具备如下条件：

1）依法与安置的每位残疾人签订了1年以上（含1年）的劳动合同或服务协议，并且安置的每位残疾人在企业实际上岗工作。

2）为安置的每位残疾人按月足额缴纳了企业所在区县人民政府根据国家政策规定的基本养老保险、基本医疗保险、失业保险和工伤保险等社会保险。

3）定期通过银行等金融机构向安置的每位残疾人实际支付了不低于企业所在区县适用的经省级人民政府批准的最低工资标准的工资。

4）具备安置残疾人上岗工作的基本设施。

（2）企业支付给残疾职工的工资，在进行企业所得税预缴申报时，允许据实计算扣除；在年度终了进行企业所得税年度申报和汇算清缴时，再按照规定计算加计扣除。

（3）《国家税务总局关于发布修订后的〈企业所得税优惠政策事项办理办法〉的公告》（国家税务总局公告2018年第23号）规定，企业安置残疾人员所支付的工资加计扣除优惠政策，自2017年企业所得税汇算清缴年度起，无须进行备案，但应留存下列资料备查并对其真实性、合法性承担法律责任：

1）为安置的每位残疾人按月足额缴纳了企业所在区县人民政府根据国家政策规定的基本养老保险、基本医疗保险、失业保险和工伤保险等社会保险证明资料。

2）通过非现金方式支付工资薪酬的证明。

3）安置残疾职工名单及其残疾人证或残疾军人证。

4）与残疾人员签订的劳动合同或服务协议。

【个人所得税】

（一）月度工资、薪金发放

1. 工资、薪金的计算

《中华人民共和国个人所得税法》（中华人民共和国主席令第9号）第二条规定，居民个人取得工资、薪金所得、劳务报酬所得、稿酬所得、特许权使用费所得，统称为综合所得，按纳税年度合并计算个人所得税。第三条规定，综合所得，适用百分之三至百分之四十五的超额累进税率。第六条规定，居民个人的综合所得，以每一纳税年度的收入额减除费用六万元以及专项扣除、专项附加扣除和依法确定的其他扣除后的余额，为应纳税所得额。第十一条规定，居民个人取得综合所得，按年计算个人所得税；有扣缴义务人的，由扣缴义务人按月或者按次预扣预缴税款；需要办理汇算清缴的，应当在取得所得的次年三月一日至六月三十日内办理汇算清缴。

《国家税务总局关于全面实施新个人所得税法若干征管衔接问题的公告》（国家税务总局公告2018年第56号）第一条规定，扣缴义务人向居民个人支付工资、薪金所得时，应当按照累计预扣法计算预扣税款，并按月办理全员全额扣缴申报。具体计算公式如下：

本期应预扣预缴税额＝（累计预扣预缴应纳税所得额×预扣率－速算扣除数）－累计减免税额－累计已预扣预缴税额

累计预扣预缴应纳税所得额＝累计收入－累计免税收入－累计减除费用－累计专项扣除－累计专项附加扣除－累计依法确定的其他扣除

上述公式中，计算居民个人工资、薪金所得预扣预缴税额的预扣率、速算扣除数，按表5－9个人所得税预扣率执行。

表5－9　　个人所得税预扣率

级数	综合所得全年应纳税所得额	税率	速算扣除数
1	不超过36000元的	3%	0
2	超过36000元至144000元的部分	10%	2520
3	超过144000元至300000元的部分	20%	16920
4	超过300000元至420000元的部分	25%	31920
5	超过420000元至660000元的部分	30%	52920
6	超过660000元至960000元的部分	35%	85920
7	超过960000元的部分	45%	181920

其中：

(1) 减除费用，按照5000元/月乘以纳税人当年截至本月在本单位的任职受雇月份数计算。

(2) 专项扣除，包括居民个人按照国家规定的范围和标准缴纳的基本养老保险、基本医疗保险、失业保险等社会保险费和住房公积金等。

(3) 专项附加扣除，包括子女教育、继续教育、大病医疗、住房贷款利息或者住房租金、赡养老人等支出。

根据《国务院关于印发个人所得税专项附加扣除暂行办法的通知》（国发〔2018〕41号）、《个人所得税专项附加扣除操作办法（试行）》（国家税务总局公告2018年第60号），总结纳税人享受子女教育、继续教育、大病医疗、住房贷款利息或者住房租金、赡养老人专项附加扣除的相关规定，参见表5－10。

表5－10　　专项附加扣除相关规定

专项附加扣除项目	扣除起止时间	是否预缴享受	扣除标准	分摊规定	备查资料
子女教育	子女年满3周岁当月（录取通知书注明的入学时间当月）至学历教育结束当月	是	按照每个子女每月1000元的标准定额扣除	父母分别扣除50%或约定选择由一方扣除100%，一经约定，一个纳税年度内不得变更	境外接受学历教育的，留存境外学校录取通知书，留学签证等相关接受教育的资料
继续教育	学历（学位）继续教育期间或接受职业资格继续教育并取得相关证书的当年	是	在学历（学位）继续教育期间按照每月400元定额扣除。 在取得技能人员职业资格、专业技术人员职业资格相关证书的当年，按照3600元定额扣除	父母按子女教育扣除或本人按继续教育扣除，但不得同时扣除	接受职业资格继续教育的，应当留存职业资格证书等资料

续表

专项附加扣除项目	扣除起止时间	是否预缴享受	扣除标准	分摊规定	备查资料
赡养老人	被赡养人年满60周岁的当月	是	纳税人为独生子女的，按照每月2000元的标准定额扣除；纳税人为非独生子女的，由其与兄弟姐妹分摊每月2000元的扣除额度，每人分摊的额度不能超过每月1000元	非独生子女可采取平均分摊、指定分摊、约定分摊方式，但每一纳税人分摊的扣除额最高不得超过每年12000元	约定或指定分摊的书面分摊协议等资料
住房贷款利息	贷款合同约定开始还款当月至还款的第240个月	是	按照每月1000元的标准定额扣除，扣除期限最长不超过240个月。纳税人只能享受一次首套住房贷款的利息扣除	夫妻双方经约定可选择由其中一方扣除。一经约定，一个纳税年度内不得变更	住房贷款合同、贷款还款支出凭证等资料
住房租金	租赁合同约定起租的当月至解除的当月	是	直辖市、省会城市、计划单列市等按照1500元/月定额扣除； 市辖区户籍人口超一百万的城市按照1100元/月定额扣除； 市辖区户籍人口不超过一百万的城市按照800元/月定额扣除	夫妻双方主要工作城市相同的，只能由一方扣除；夫妻双方主要工作城市不在一个城市的，且各自在主要工作城市都没有住房的，可以各自扣除	住房租赁合同或协议等资料
大病医疗	取得大病医疗服务收费票据年度的次年3月1日至6月30日汇算清缴期间进行扣除	否	一个纳税年度内，纳税人发生的与基本医保相关的医药费用支出，扣除医保报销后个人负担（指医保目录范围内的自付部分）累计超过15000元的部分，在80000元限额内据实扣除	在纳税人发生的医药费用支出可以选择由本人或者其配偶扣除；未成年子女发生的医药费用支出可以选择由其父母一方扣除	大病患者实际发生的大病医疗服务收费相关票据或者医疗保障部门出具的年度医药费用清单等资料

专项附加扣除操作程序如下：

1）专项附加扣除方式选择。根据《个人所得税专项附加扣除操作办法（试行）》（国家税务总局公告2018年第60号）第四条规定，享受子女教育、继续教育、住房贷款利息或者住房租金、赡养老人专项附加扣除的纳税人，自符合条件开始，可以向支付工资、薪金所得的扣缴义务人提供上述专项附加扣除有关信息，由扣缴义务人在预扣预缴税款时，按其在本单位本年可享受的累计扣除额办理扣除。扣缴义务人办理工资、薪金所得预扣预缴税款时，应当根据纳税人报送的“个人所得税专项附加扣除信息表”为纳税人办理专项附加扣除。享受大病医疗专项附加扣除的纳税人，由其在次年3月1日至6月30日内，自行向汇缴地主管税务机关办理汇算清缴申报时扣除。

纳税人也可以在次年3月1日至6月30日内，自行向汇缴地主管税务机关报送“个人所得税专项附加扣除信息表”，并在办理汇算清缴申报时扣除。

2）专项附加扣除信息报送。《国务院关于印发个人所得税专项附加扣除暂行办法的通知》（国发〔2018〕41号）第二十五条规定，纳税人首次享受专项附加扣除，应当将专项附加扣除相关信息提交扣缴义务人或者税务机关，扣缴义务人应当及时将相关信息报送税务机关，纳税人对所提交信息的真实性、准确性、完整性负责。专项附加扣除信息发生变化的，纳税人应当及时向扣缴义务人或者税务机关提供相关信息。第二十七条规定，扣缴义务人发现纳税人提供的信息与实际情况不符的，可以要求纳税人修改。纳税人拒绝修改的，扣缴义务人应当报告税务机关，税务机关应当及时处理。

根据《个人所得税专项附加扣除操作办法（试行）》（国家税务总局公告2018年第60号）第十九、二十、二十一条规定，纳税人可以通过远程办税端、电子或者纸质报表等方式，向扣缴义务人或者主管税务机关报送个人专项附加扣除信息。

纳税人选择纳税年度内由扣缴义务人办理专项附加扣除的，按下列规定办理：纳税人通过远程办税端选择扣缴义务人并报送专项附加扣除信息的，扣缴义务人根据接收的扣除信息办理扣除。纳税人通过填写电子或者纸质"扣除信息表"直接报送扣缴义务人的，扣缴义务人将相关信息导入或者录入扣缴端软件，并在次月办理扣缴申报时提交给主管税务机关。"扣除信息表"应当一式两份，纳税人和扣缴义务人签字（章）后分别留存备查。

纳税人选择年度终了后办理汇算清缴申报时享受专项附加扣除的，既可以通过远程办税端报送专项附加扣除信息，也可以将电子或者纸质"扣除信息表"（一式两份）报送给汇缴地主管税务机关。报送电子"扣除信息表"的，主管税务机关受理打印，交由纳税人签字后，一份由纳税人留存备查，一份由税务机关留存；报送纸质"扣除信息表"的，纳税人签字确认、主管税务机关受理签章后，一份退还纳税人留存备查，一份由税务机关留存。

3）专项附加扣除留存备查资料。《个人所得税专项附加扣除操作办法（试行）》（国家税务总局公告2018年第60号）第二十三条规定，纳税人应当将"扣除信息表"及相关留存备查资料，自法定汇算清缴期结束后保存五年。

（4）依法确定的其他扣除，包括个人缴付符合国家规定的企业年金、职业年金，个人购买符合国家规定的商业健康保险、税收递延型商业养老保险的支出，以及国务院规定可以扣除的其他项目。

2. 津贴、补贴个税规定

（1）《中华人民共和国个人所得税法》（中华人民共和国主席令第9号）第四条规定，按照国家统一规定发给的补贴、津贴免征个人所得税。《中华人民共和国个人所得税法实施条例》（中华人民共和国国务院令第707号）第十条规定，按照国家统一规定发放的补贴、津贴是指按照国务院规定发给的政府津贴、院士津贴，以及国务院规定免于缴纳个人所得税的其他补贴、津贴。

（2）《国家税务总局关于印发〈征收个人所得税若干问题的规定〉的通知》（国税发〔1994〕89号）第二条规定，不属于工资、薪金性质的补贴、津贴如独生子女补贴；执行公务员工资制度未纳入基本工资总额的补贴、津贴差额和家属成员的副食品补贴；托儿补助费；差旅费津贴、误餐补助不征个人所得税。

《财政部、国家税务总局关于误餐补助范围确定问题的通知》（财税字〔1995〕82号）规定，误餐补助是指按财政部门规定，个人因公在城区、郊区工作，不能在工作单位或返回就餐，确实需要在外就餐的，根据实际误餐顿数，按规定的标准领取的误餐费。一些单位以误餐补助名义发给职工的补贴、津贴，应当并入当月工资、薪金所得计征个人所得税。

(3)《国家税务总局关于个人所得税有关政策问题的通知》(国税发〔1999〕58号)第二条规定，个人因公务用车和通信制度改革而取得的公务用车、通信补贴收入，扣除一定标准的公务费用后，按照“工资、薪金”所得项目计征个人所得税。按月发放的，并入当月“工资、薪金”所得项目计征个人所得税；不按月发放的，分解到所属月份并于该月“工资、薪金”所得合并后计征个人所得税。

公务费用的扣除标准由省级人民政府确定。

3. 商业健康保险个税政策

《财政部、国家税务总局、保监会关于将商业健康保险个人所得税试点政策推广到全国范围实施的通知》(财税〔2017〕39号)第一条规定，对个人购买符合规定的商业健康保险产品的支出，允许在当年(月)计算应纳税所得额时予以税前扣除，扣除限额为2400元/年(200元/月)。

(1) 单位统一组织为员工购买或者单位和个人共同负担购买符合规定的商业健康保险产品，单位负担部分应当实名计入个人工资薪金明细清单，视同个人购买，并自购买产品次月起，在不超过200元/月的标准内按月扣除。一年内保费金额超过2400元的部分，不得税前扣除。

(2) 个人自行购买符合规定的商业健康保险产品的，应当及时向代扣代缴单位提供保单凭证，扣缴义务人应当依法为其税前扣除，不得拒绝。扣缴单位自个人提交保单凭证的次月起，在不超过200元/月的标准内按月扣除。一年内保费金额超过2400元的部分，不得税前扣除。

(3)《国家税务总局关于推广实施商业健康保险个人所得税政策有关征管问题的公告》(国家税务总局公告2017年第17号)规定个人从中国境内两处或者两处以上取得工资薪金所得，且自行购买商业健康保险的，只能选择在其中一处扣除。

4. 个人税收递延型商业养老保险个税政策

《财政部、税务总局、人力资源社会保障部、中国银行保险监督管理委员会证监会关于开展个人税收递延型商业养老保险试点的通知》(财税〔2018〕22号)规定，自2018年5月1日起，在上海市、福建省(含厦门市)和苏州工业园区实施个人税收递延型商业养老保险试点，具体规定如下：

(1) 对取得工资薪金、连续性劳务报酬所得的个人，其缴纳的保费准予在申报扣除当月计算应纳税所得额时予以限额据实扣除，扣除限额按照当月工资薪金、连续性劳务报酬收入的6%和1000元孰低办法确定。

(2) 计入个人商业养老资金账户的投资收益，在缴费期间暂不征收个人所得税。

(3) 个人达到国家规定的退休年龄时，可按月或按年领取商业养老金，领取期限原则上为终身或不少于15年。个人身故、发生保险合同约定的全残或罹患重大疾病的，可以一次性领取商业养老金。

(4)《财政部、税务总局关于个人取得有关收入适用个人所得税应税所得项目的公告》(财政部、税务总局公告2019年第74号)第四条规定，领取的税收递延型商业养老保险的养老金收入，其中25%部分予以免税，其余75%部分按照10%的比例税率计算缴纳个人所得税，税款计入“工资、薪金所得”项目，由保险机构代扣代缴后，在个人购买递延养老保险的机构所在地办理全员全额扣缴申报。

[例 5-1] 小刚任职于某企业财务部，其妻小芬任职于某企业，夫妻俩都是独生子女，双方父母都已年过 60 岁；共同育有一女，正在上初中；在台州老家有一套首套房贷款的住房，每月还贷 3000 元；在工作地杭州租住房屋居住，每月租金 5000 元。2019 年 1 月份小刚税前工资收入 20000 元整，取得差旅补贴 1850 元，根据国家标准缴纳社会保险、公积金共计 2500 元，另外，小刚每月取得伙食补贴 300 元、通信补贴 500 元。夫妻双方约定，子女教育支出由丈夫小刚单方扣除，住房贷款和住房租金选择扣除住房租金由小刚单方扣除，小刚适用的当地通信补贴税前扣除标准为 300 元/月。

则，2019 年 1 月份小刚的应纳税所得额＝(20000－5000－2500＋500－300＋300－1000－1500－2000)＝8500（元）

2019 年 1 月份小刚应纳税额＝8500×3%＝255（元）

假设小刚 2019 年 2 月份的税前工资收入为 18000 元，其他扣除项目金额均不变。

小刚 2019 年 2 月份累计应纳税所得额＝(20000＋18000－5000×2－2500×2＋200×2＋300×2－1000×2－1500×2－2000×2)＝15000（元）

2019 年 2 月份小刚累计应纳税额＝15000×3%＝450（元）

2019 年 2 月份小刚当月应纳税额＝450－255＝195（元）

5. 其他个人所得税优惠政策

(1)《中华人民共和国个人所得税法》（中华人民共和国主席令第 9 号）第四条规定，省级人民政府、国务院部委和中国人民解放军军以上单位，以及外国组织、国际组织颁发的科学、教育、技术、卫生、文化、体育、环境保护等方面的奖金免征个人所得税。

(2)《中华人民共和国个人所得税法》（中华人民共和国主席令第 9 号）第四条规定，按照国家统一规定发给干部、职工的安家费、退职费、基本养老金或者退休费、离休费、离休生活补助费免征个人所得税。

(3)《财政部、国家税务总局关于高级专家延长离休退休期间取得工资薪金所得有关个人所得税问题的通知》（财税〔2008〕7 号）规定，高级专家延长离休退休期间从其劳动人事关系所在单位取得的，单位按照国家有关规定向职工统一发放的工资、薪金、奖金、津贴、补贴的等收入，视同离休、退休工资，免征个人所得税。延长离休退休年龄的高级专家是指享受国家发放的政府特殊津贴的专家、学者；中国科学院、中国工程院院士。

(4)《中华人民共和国个人所得税法》（中华人民共和国主席令第 9 号）第六条规定，个人将其所得对教育、扶贫、济困等公益慈善事业进行捐赠，捐赠额未超过纳税人申报的应纳税所得额百分之三十的部分，可以从其应纳税所得额中扣除；国务院规定对公益慈善事业捐赠全额税前扣除的，从其规定。

(5)《财政部、国家税务总局关于认真落实抗震救灾及灾后重建税收政策问题的通知》（财税〔2008〕62 号）第二条规定，因地震灾害造成重大损失的个人，可减征个人所得税，具体减征幅度和期限由受灾地区省、自治区、直辖市人民政府确定。

(二) 全年一次性奖金发放

1. 全年一次性奖金范围

《国家税务总局关于调整个人取得全年一次性奖金等计算征收个人所得税方法问题的通知》

（国税发〔2005〕9号）第一条规定，全年一次性奖金是指行政机关、企事业单位等扣缴义务人根据其全年经济效益和对员工全年工作业绩的综合考核情况，向员工发放的一次性奖金，包括年终加薪、实行年薪制和绩效工资办法的单位根据考核情况兑现的年薪和绩效工资。

雇员取得除全年一次性奖金以外的其他各种名目奖金，如半年奖、季度奖、加班奖、先进奖、考勤奖等，一律与当月工资、薪金收入合并，按税法规定缴纳个人所得税。

2. 全年一次性奖金个税计算

《财政部、税务总局关于个人所得税法修改后有关优惠政策衔接问题的通知》（财税〔2018〕164号）第一条规定，居民个人取得全年一次性奖金，符合《国家税务总局关于调整个人取得全年一次性奖金等计算征收个人所得税方法问题的通知》（国税发〔2005〕9号）规定的，在2021年12月31日前，不并入当年综合所得，以全年一次性奖金收入除以12个月得到的数额，按照按月换算后的综合所得税率表（见表5-11），确定适用税率和速算扣除数，单独计算纳税。

表5-11　　按月换算后的综合所得税率

级数	综合所得月应纳税所得额	税率	速算扣除数
1	不超过3000元的	3%	0
2	超过3000元至12000元的部分	10%	210
3	超过12000元至25000元的部分	20%	1410
4	超过25000元至35000元的部分	25%	2660
5	超过35000元至55000元的部分	30%	4410
6	超过55000元至80000元的部分	35%	7160
7	超过80000元的部分	45%	15160

居民个人取得全年一次性奖金，也可以选择并入当年综合所得计算纳税。

自2022年1月1日起，居民个人取得全年一次性奖金，应并入当年综合所得计算缴纳个人所得税。

中央企业负责人取得年度绩效薪金延期兑现收入和任期奖励，符合《国家税务总局关于中央企业负责人年度绩效薪金延期兑现收入和任期奖励征收个人所得税问题的通知》（国税发〔2007〕118号）规定的，在2021年12月31日前，参照该通知第一条第（一）项执行；2022年1月1日之后的政策另行明确。

纳税人取得全年一次性奖金，计算过程如下：

（1）以全年一次性奖金收入除以12个月得到的数额，按照月度税率表，确定适用税率和速算扣除数。

（2）将员工个人当月内取得的全年一次性奖金，按上述确定的适用税率和速算扣除数计算征税，计算公式如下：

应纳税额＝全年一次性奖金收入×适用税率－速算扣除数

（3）在一个纳税年度内，对每一个纳税人，该计税办法只允许采用一次。

［例5-2］　某企业职工李某，2019年12月取得全年一次性奖金50000元，该月李某工资薪金收入为5000元，李某对全年一次性奖金选择不并入当年综合所得，单独计算，则李某全年

一次性奖金应交个人所得税为多少？

计算分析如下：

首先，查找税率和速算扣除数，由 50000÷12＝4166.67，可知税率为 10%、速算扣除数 210。

再计算应纳税额，即 50000×10%－210＝4790 元。

（三）个人所得税申报

《国家税务总局关于印发〈个人所得税扣缴申报管理办法（试行）〉的通知》（国家税务总局公告 2018 年第 61 号）第二条规定，扣缴义务人应当依法办理全员全额扣缴申报。全员全额扣缴申报，是指扣缴义务人应当在代扣税款的次月十五日内，向主管税务机关报送其支付所得的所有个人的有关信息、支付所得数额、扣除事项和数额、扣缴税款的具体数额和总额以及其他相关涉税信息资料。第三条规定，扣缴义务人每月或者每次预扣、代扣的税款，应当在次月十五日内缴入国库，并向税务机关报送“个人所得税扣缴申报表”。

《国家税务总局关于个人所得税自行纳税申报有关问题的公告》（国家税务总局公告 2018 年第 62 号）第一条规定，取得综合所得且符合下列情形之一的纳税人，应当依法办理汇算清缴：

（1）从两处以上取得综合所得，且综合所得年收入额减除专项扣除后的余额超过 6 万元。

（2）取得劳务报酬所得、稿酬所得、特许权使用费所得中一项或者多项所得，且综合所得年收入额减除专项扣除的余额超过 6 万元。

（3）纳税年度内预缴税额低于应纳税额。

（4）纳税人申请退税。

需要办理汇算清缴的纳税人，应当在取得所得的次年 3 月 1 日至 6 月 30 日内，向任职、受雇单位所在地主管税务机关办理纳税申报，并报送“个人所得税年度自行纳税申报表”。纳税人有两处以上任职、受雇单位的，选择向其中一处任职、受雇单位所在地主管税务机关办理纳税申报；纳税人没有任职、受雇单位的，向户籍所在地或经常居住地主管税务机关办理纳税申报。

纳税人办理综合所得汇算清缴，应当准备与收入、专项扣除、专项附加扣除、依法确定的其他扣除、捐赠、享受税收优惠等相关的资料，并按规定留存备查或报送。

涉税风险

工资薪金管理业务涉税风险见表 5－12。

表 5－12　　工资薪金管理业务涉税风险

风险编号	风险描述	责任部门
YF－01	由于税法和会计核算口径的不一致，企业对于会计核算上未列入工资总额、但是税法要求计入“工资、薪金所得”项目征收个人所得税的，未足额扣缴申报个人所得税，带来涉税风险	业务部门
YF－02	业务部门制订的工资发放计划不合理，计提的年终奖未在当年发放	
YF－03	未根据年度工资总额统筹安排工资薪金发放，导致全年一次性奖金优惠政策利用不充分	
CF－01	企业未在年度汇算清缴结束前向职工支付已预提汇缴年度的工资薪金，导致无法税前扣除	财务部门
CF－02	企业未及时在年度终了后（次年 1 月）进行全年一次性奖金个人所得税申报，导致当年未能享受全年一次性奖金计税政策	

续表

风险编号	风 险 描 述	责任部门
CF－03	符合办理汇算清缴条件的纳税人，未向任职、受雇单位所在地主管税务机关办理纳税申报	财务部门
CF－04	年终一次性奖金分次向职工发放，但按全年一次年终奖汇总申报个人所得税，未按规定计算足额代扣代缴个人所得税	
CF－05	企业在享受安置残疾职工工资加计100%扣除优惠政策时，相关备查资料保存不完整，导致涉税风险	

政策依据

《财政部、国家税务总局关于全面推开营业税改征增值税试点的通知》（财税〔2016〕36号）

《中华人民共和国企业所得税法》（中华人民共和国主席令第63号）

《中华人民共和国企业所得税法实施条例》（中华人民共和国国务院令第512号）

《财政部、国家税务总局关于安置残疾人员就业有关企业所得税优惠政策问题的通知》（财税〔2009〕70号）

《国家税务总局关于企业工资薪金及职工福利费扣除问题的通知》（国税函〔2009〕3号）

《国家税务总局关于企业工资薪金和职工福利费等支出税前扣除问题的公告》（国家税务总局公告2015年第34号）

《国家税务总局关于发布修订后的〈企业所得税优惠政策事项办理办法〉的公告》（国家税务总局公告2018年第23号）

《国家税务总局关于发布〈企业所得税税前扣除凭证管理办法〉的公告》（国家税务总局公告2018年第28号）

《中华人民共和国个人所得税法》（中华人民共和国主席令第9号）

《国家税务总局关于印发〈征收个人所得税若干问题的规定〉的通知》（国税发〔1994〕89号）

《国家税务总局关于个人所得税有关政策问题的通知》（国税发〔1999〕58号）

《国家税务总局关于调整个人取得全年一次性奖金等计算征收个人所得税方法问题的通知》（国税发〔2005〕9号）

《国家税务总局关于印发〈个人所得税自行纳税申报办法（试行）〉的通知》（国税发〔2006〕162号）

《财政部、国家税务总局关于高级专家延长离休退休期间取得工资薪金所得有关个人所得税问题的通知》（财税〔2008〕7号）

《财政部、国家税务总局关于认真落实抗震救灾及灾后重建税收政策问题的通知》（财税〔2008〕62号）

《国家税务总局关于推广实施商业健康保险个人所得税政策有关征管问题的公告》（国家税务总局公告2017年第17号）

《财政部、国家税务总局、保监会关于将商业健康保险个人所得税试点政策推广到全国范围实施的通知》（财税〔2017〕39号）

《国务院关于印发个人所得税专项附加扣除暂行办法的通知》（国发〔2018〕41号）

《财政部、税务总局、人力资源社会保障部、中国银行保险监督管理委员会、证监会关于开展个人税收递延型商业养老保险试点的通知》（财税〔2018〕22号）

《国家税务总局关于全面实施新个人所得税法若干征管衔接问题的公告》（国家税务总局公告2018年第56号）

《个人所得税专项附加扣除操作办法（试行）》（国家税务总局公告2018年第60号）

《国家税务总局关于印发〈个人所得税扣缴申报管理办法（试行）〉的通知》（国家税务总局公告2018年第61号）

《国家税务总局关于个人所得税自行纳税申报有关问题的公告》（国家税务总局公告2018年第62号）

《财政部、税务总局关于个人取得有关收入适用个人所得税应税所得项目的公告》（财政部、税务总局公告2019年第74号）

《企业会计准则第9号——职工薪酬》（财会〔2014〕8号）

二、职工福利费

业务描述

《国家税务总局关于企业工资薪金及职工福利费扣除问题的通知》（国税函〔2009〕3号）第三条规定，企业职工福利费包括以下内容：

（1）尚未实行分离办社会职能的企业，其内设的福利部门发生的设备、设施和人员费用，包括职工食堂、浴室、理发师、医务室、疗养院等集体福利部门的设备、设施及维修保养费用和福利部门工作人员的工资薪金、社会保险费、住房公积金、劳务费等。

（2）为职工卫生保健、生活、住房、交通灯所发放的各项补贴和非货币性福利，包括企业向职工发放的因公外地就医费用、尚未实行医疗统筹企业职工医疗费用、职工供养直系亲属医疗补贴、供暖补贴、职工防暑降温费、职工困难补助、救济费、职工食堂经费补贴、职工交通补贴等。

（3）按照其他规定发生的其他职工福利费，包括丧葬补助费、抚恤费、安家费、探亲假路费等。

职工福利费管理业务流程如图5-13所示。

涉及税种

职工福利费管理业务主要涉及增值税、企业所得税、个人所得税等税种。

涉税处理

【增值税】

根据《中华人民共和国增值税暂行条例》（中华人民共和国国务院令第691号）第十条、《营业税改征增值税试点实施办法》（财税〔2016〕36号附件1）第二十七条规定，用于集体福利的购进货物、加工修理修配劳务、服务、无形资产和不动产进项税不得从销项税中抵扣。其

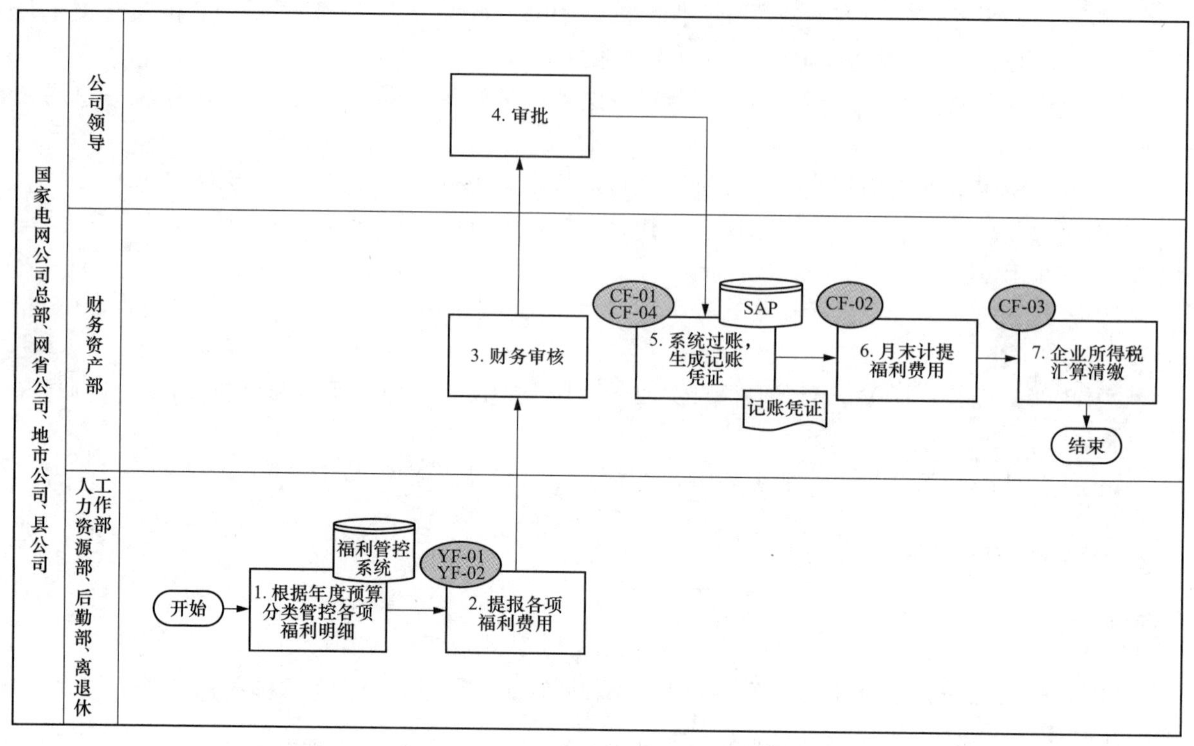

图 5－13　职工福利费管理业务流程

中涉及的固定资产、无形资产、不动产，仅指专用于上述项目的固定资产、无形资产（不包括其他权益性无形资产）、不动产。

根据《财政部、国家税务总局关于租入固定资产进项税额抵扣等增值税政策的通知》（财税〔2017〕90 号）规定，自 2018 年 1 月 1 日起，纳税人租入固定资产、不动产，既用于一般计税方法计税项目，又用于简易计税方法计税项目、免征增值税项目、集体福利或者个人消费的，其进项税额准予从销项税额中全额抵扣。

已抵扣进项税额的购进货物（不含固定资产）、劳务、服务用于集体福利的，应当将该进项税额从当期进项税额中扣减；无法确定该进项税额的，按照当期实际成本计算应扣减的进项税额。

已抵扣进项税额的固定资产、无形资产或者不动产用于集体福利的［仅指专用于上述项目的固定资产、无形资产（不包括其他权益性无形资产）、不动产］，按照下列公式计算不得抵扣的进项税额：

不得抵扣的进项税额＝固定资产、无形资产或者不动产净值×适用税率

固定资产、无形资产或者不动产净值，是指纳税人根据财务会计制度计提折旧或摊销后的余额。

【企业所得税】

《中华人民共和国企业所得税法实施条例》（中华人民共和国国务院令第 512 号）第四十条规定，企业发生的职工福利费支出，不超过工资薪金总额 14％的部分，准予扣除，超过部分不

得税前扣除，也不得结转以后年度扣除。

《国家税务总局关于企业工资薪金及职工福利费扣除问题的通知》（国税函〔2009〕3 号）第四条规定，企业发生的职工福利费，应该单独设置账册，进行准确核算。没有单独设置账册准确核算的，税务机关应责令企业在规定的期限内进行改正。逾期仍未改正的，税务机关可对企业发生的职工福利费进行合理的核定。

【个人所得税】

《中华人民共和国个人所得税法》（中华人民共和国主席令第 9 号）第四条规定，福利费、抚恤金、救济金免征个人所得税。《中华人民共和国个人所得税法实施条例》（中华人民共和国国务院令第 707 号）第十一条规定，福利费是指根据国家有关规定，从企业、事业单位、国家机关、社会团体提留的福利费或者工会经费中支付给个人的生活补助费。

同时，《国家税务总局关于生活补助费范围确定问题的通知》（国税发〔1998〕155 号）第二条规定，下列收入不属于免税的福利费范围，应当并入纳税人的工资、薪金收入计征个人所得税：①从超出国家规定的比例或基数计提的福利费、工会经费中支付给个人的各种补贴、补助；②从福利费和工会经费中支付给本单位职工的人人有份的补贴、补助；③单位为个人购买汽车、住房、电子计算机等不属于临时性生活困难补助性质的支出。

因此，免征个人所得税的福利费主要是指单位从未超出国家规定的比例或基数计提的福利费、工会经费中支付给生活困难职工的临时性生活困难补助或支付给本单位职工的不属于人人有份的补贴、补助。此外，国家税务总局 2018 年第三季度政策解读也明确了对于任职受雇单位发给个人的福利，不论是现金还是实物，依法均应缴纳个人所得税，但对于集体享受的、不可分割的、未向个人量化的非现金方式的福利，原则上不征收个人所得税。

根据以上文件的规定，对于职工福利，为避免被征收个税，可进行如下操作：

（1）在福利费或工会经费中核算且未超出国家规定的比例或基数。

（2）在相关制度、凭证、附件中避免出现人人有份的表述。

而人人有份的福利应当并入职工当月的工资薪金一并计征个人所得税，其中，非货币性福利应该按公允价值折合成等额的货币额。

根据《财政部、国家税务总局关于企业以免费旅游方式提供对营销人员个人奖励有关个人所得税政策的通知》（财税〔2004〕11 号）规定，对企业雇员享受的免费取得的疗养、旅游福利，应与当期的工资薪金合并，按照“工资、薪金”所得征收个人所得税。

涉税风险

职工福利费管理业务涉税风险见表 5 - 13。

表 5 - 13　职工福利费管理业务涉税风险

风险编号	风险描述	责任部门
YF - 01	企业内设福利机构，如食堂、集体宿舍等同时为其他单位或者个人提供服务未合理区分的，导致未按规定缴纳增值税和少缴纳企业所得税	业务部门
YF - 02	职工集体福利设施耗用电（水）由于表计未单独计量，导致耗用的电（水）增值税进项税未转出	

续表

风险编号	风险描述	责任部门
CF-01	购进专用于职工福利的货物、劳务、服务、无形资产及不动产等发生的增值税进项税额未转出	财务部门
CF-02	企业集体宿舍出租给本单位职工的收入并计缴纳增值税，导致多缴增值税	
CF-03	职工集体福利设施发生的折旧费、低值易耗品摊销、修理费、物业管理费、上下班接送班车费、食堂等本单位职工工资及社保费用、劳务人员费用未计入职工福利费，导致所得税汇算清缴时进行调整	
CF-04	企业发生的职工福利费，未按税法规定单独设置账册进行核算，如核算不清，存在被税务部门核定征收的风险	

政策依据

《财政部、国家税务总局关于全面推开营业税改征增值税试点的通知》（财税〔2016〕36号）

《中华人民共和国企业所得税法实施条例》（中华人民共和国国务院令第512号）

《国家税务总局关于企业工资薪金及职工福利费扣除问题的通知》（国税函〔2009〕3号）

《国家税务总局关于企业工资薪金和职工福利费等支出税前扣除问题的公告》（国家税务总局公告2015年第34号）

《中华人民共和国个人所得税法》（中华人民共和国主席令第9号）

《中华人民共和国个人所得税法实施条例》（中华人民共和国国务院令第707号）

《国家税务总局关于生活补助费范围确定问题的通知》（国税发〔1998〕155号）

《财政部、国家税务总局关于企业以免费旅游方式提供对营销人员个人奖励有关个人所得税政策的通知》（财税〔2004〕11号）

三、“五险一金”

（一）基本社会保险

业务描述

基本社会保险，是指企业按国家规定给职工参保的养老保险、医疗保险、失业保险、工伤保险、生育保险。

基本养老保险，是国家和社会根据一定的法律和法规，为解决劳动者在达到国家规定的解除劳动义务的劳动年龄界限，或因年老丧失劳动能力退出劳动岗位后的基本生活而建立的一种社会保险制度。

基本医疗保险，是为补偿劳动者因疾病风险造成的经济损失而建立的一项社会保险制度。

失业保险，是指国家通过立法强制实行的，由用人单位、职工个人缴费及国家财政补贴等渠道筹集资金建立失业保险基金，对因失业而暂时中断生活来源的劳动者提供物质帮助以保障其基本生活，并通过专业训练、职业介绍等手段为其再就业创造条件的制度。

工伤保险，是指劳动者在工作中或在规定的特殊情况下，遭受意外伤害或患职业病导致暂时或永久丧失劳动能力以及死亡时，劳动者或其遗属从国家和社会获得物质帮助的一种社会保险制度。

生育保险，是国家通过立法，在怀孕和分娩的妇女劳动者暂时中断劳动时，由国家和社会提供医疗服务、生育津贴和产假的一种社会保险制度，国家或社会对生育的职工给予必要的经济补偿和医疗保健的社会保险制度。

基本社会保险管理业务流程如图 5－14 所示。

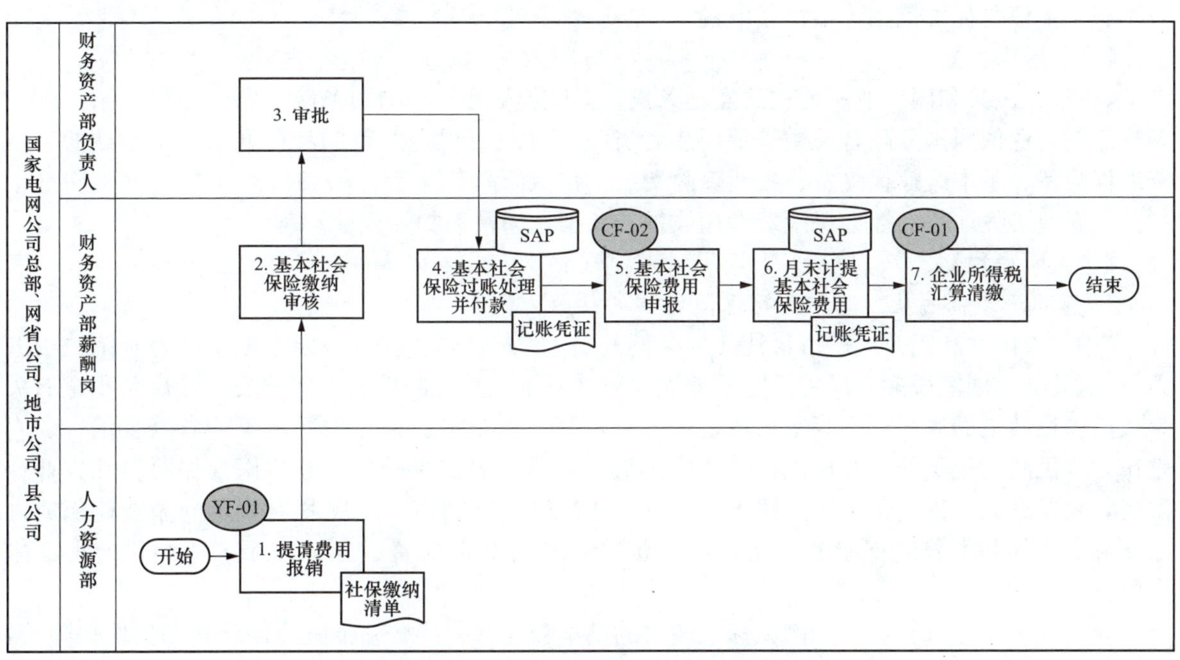

图 5－14　基本社会保险管理业务流程

涉及税种

基本社会保险管理业务主要涉及企业所得税、个人所得税等税种。

涉税处理

【增值税】

《中华人民共和国社会保险法》（中华人民共和国主席令第 35 号）第二条规定，国家建立基本养老保险、基本医疗保险、工伤保险、失业保险、生育保险等社会保险制度，保障公民在年老、疾病、工伤、失业、生育等情况下依法从国家和社会获得物质帮助的权利。

《中华人民共和国保险法》（中华人民共和国主席令第 51 号）第二条规定，本法所称保险，是指投保人根据合同约定，向保险人支付保险费，保险人对于合同约定的可能发生的事故因其发生所造成的财产损失承担赔偿保险金责任，或者当被保险人死亡、伤残、疾病或者达到合同约定的年龄、期限等条件时承担给付保险金责任的商业保险行为。

《营业税改征增值税试点实施办法》（财税〔2016〕36 号附件 1）所附《销售服务、无形资产、不动产注释》第一条第（五）项规定，保险服务是指投保人根据合同约定，向保险人支付保险费，保险人对于合同约定的可能发生的事故因其发生所造成的财产损失承担赔偿保险金责任，或者当被保险人死亡、伤残、疾病或者达到合同约定的年龄、期限等条件时承担给付保险金责任的商业保险行为。包括人身保险服务和财产保险服务。

因此，《中华人民共和国保险法》（中华人民共和国主席令第51号）调整的商业保险属于增值税征税范围，《中华人民共和国社会保险法》（中华人民共和国主席令第35号）调整的社会保险不属于增值税征税范围，不征增值税。

【企业所得税】

《中华人民共和国企业所得税法实施条例》（中华人民共和国国务院令第512号）第三十五条规定，企业依照国务院有关主管部门或者省级人民政府规定的范围和标准为职工缴纳的基本养老保险费、基本医疗保险费、失业保险费、工伤保险费、生育保险费等基本社会保险费准予扣除。企业可凭取得的社会保险费专用收据或票据作为税前扣除凭证。

【个人所得税】

1. 基本养老保险费、基本医疗保险费和失业保险费

《中华人民共和国个人所得税法实施条例》（中华人民共和国国务院令第707号）第二十五条、《财政部、国家税务总局关于基本养老保险费基本医疗保险费失业保险费、住房公积金有关个人所得税政策的通知》（财税〔2006〕10号）第一条规定，企业按照国家或省（自治区、直辖市）人民政府规定的缴费比例或办法实际缴付的基本养老保险费、基本医疗保险费和失业保险费，免征个人所得税；个人按照国家或省（自治区、直辖市）人民政府规定的缴费比例或办法实际缴付的基本养老保险费、基本医疗保险费和失业保险费，允许在个人应纳税所得额中扣除。

企业和个人超过规定的比例和标准缴付的基本养老保险费、基本医疗保险费和失业保险费，应将超过部分并入个人当期的工资、薪金收入，计征个人所得税。

个人实际领取原提存的基本养老保险金、基本医疗保险金、失业保险金和住房公积金时，免征个人所得税。

《财政部、国家税务总局关于住房公积金、医疗保险金、基本养老保险金、失业保险基金个人账户存款利息所得免征个人所得税的通知》（财税字〔1999〕267号）规定，住房公积金、医疗保险金、基本养老保险金、失业保险基金个人账户存款利息所得免征个人所得税。

2. 生育保险

《财政部、国家税务总局关于生育津贴和生育医疗费有关个人所得税政策的通知》（财税〔2008〕8号）第一条规定，生育妇女按照县级以上人民政府根据国家有关规定制定的生育保险办法，取得的生育津贴、生育医疗费或其他属于生育保险性质的津贴、补贴，免征个人所得税。

3. 工伤保险

《财政部、国家税务总局关于工伤职工取得的工伤保险待遇有关个人所得税政策的通知》（财税〔2012〕40号）第一条规定，对工伤职工及其近亲属按照《工伤保险条例》规定取得的工伤保险待遇，免征个人所得税。

涉税风险

基本社会保险管理业务涉税风险见表5-14。

表 5-14 基本社会保险管理业务涉税风险

风险编号	风险描述	责任部门
YF-01	未关注本地每年社保基数的变化，导致社保缴纳基数调整不及时；缴纳的养老保险、医疗保险、失业保险、工伤保险、生育保险未全员申报，带来涉税风险	业务部门
CF-01	企业为职工缴纳的基本养老保险费、基本医疗保险费、失业保险费、工伤保险费、生育保险费等基本社会保险费超出国务院有关主管部门或者省级人民政府规定的范围和标准而在企业所得税汇算清缴时未作纳税调整	财务部门
CF-02	个人缴纳的基本养老保险费、基本医疗保险费和失业保险费实际未缴付，但在个人所得税税前扣除，存在涉税风险	财务部门

政策依据

《财政部、国家税务总局关于全面推开营业税改征增值税试点的通知》（财税〔2016〕36 号）

《中华人民共和国企业所得税法实施条例》（中华人民共和国国务院令第 512 号）

《中华人民共和国个人所得税法实施条例》（中华人民共和国国务院令第 707 号）

《财政部、国家税务总局关于住房公积金、医疗保险金、基本养老保险金、失业保险基金个人账户存款利息所得免征个人所得税的通知》（财税字〔1999〕267 号）

《财政部、国家税务总局关于基本养老保险费基本医疗保险费失业保险费、住房公积金有关个人所得税政策的通知》（财税〔2006〕10 号）

《财政部、国家税务总局关于生育津贴和生育医疗费有关个人所得税政策的通知》（财税〔2008〕8 号）

《财政部、国家税务总局关于工伤职工取得的工伤保险待遇有关个人所得税政策的通知》（财税〔2012〕40 号）

《中华人民共和国保险法》（中华人民共和国主席令第 51 号）

《中华人民共和国社会保险法》（中华人民共和国主席令第 35 号）

（二）企业年金与补充医疗保险

业务描述

企业年金是指企业及其职工按照《企业年金办法》（人力资源社会保障部、财政部令第 36 号）第二条规定，在依法参加基本养老保险的基础上，自愿建立的补充养老保险。

企业补充医疗保险是城镇职工基本医疗保险制度的重要补充，是医疗保障体系的组成部分之一，是保证企业职工队伍稳定和增强企业凝聚力和竞争力的有效途径，是建立多层次医疗保障制度，保障职工基本医疗的重要手段。企业补充医疗保险主要用于补助本企业医疗费用个人负担较重的在职职工和退休（职）人员。

企业年金与补充医疗保险管理业务流程如图 5-15 所示。

涉及税种

企业年金和补充医疗保险管理业务主要涉及企业所得税、个人所得税等税种。

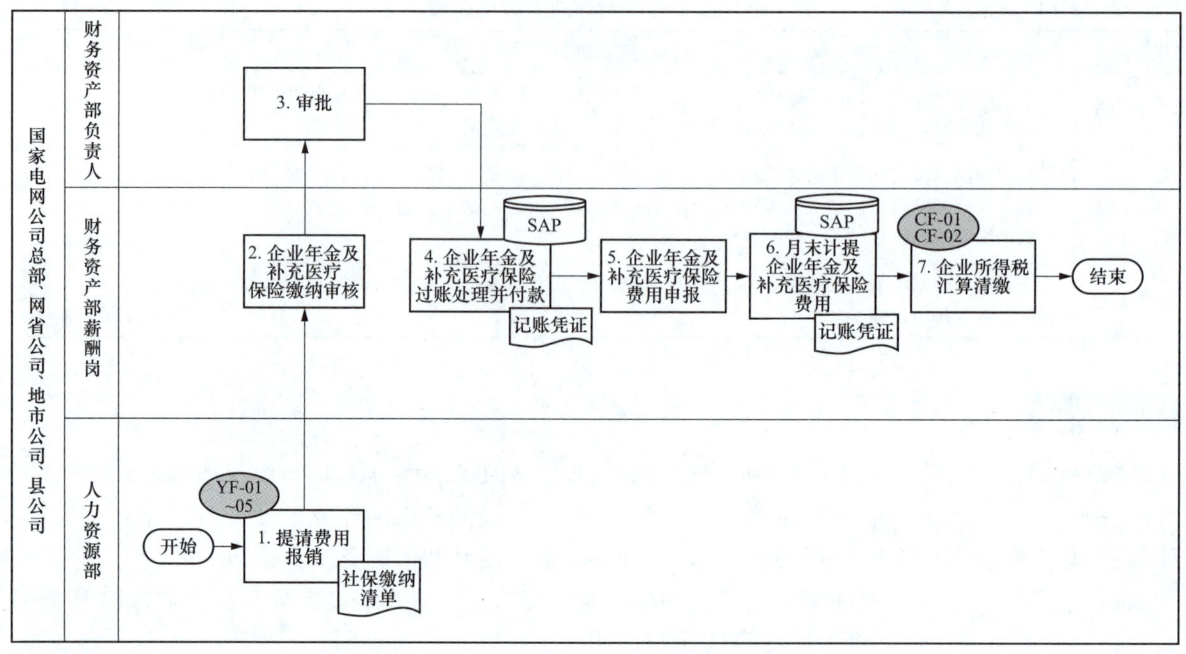

图 5－15　企业年金与补充医疗保险管理业务流程

涉税处理

【企业所得税】

《中华人民共和国企业所得税法实施条例》（中华人民共和国国务院令第 512 号）第三十五条、《财政部、国家税务总局关于补充养老保险费、补充医疗保险费有关企业所得税政策问题的通知》（财税〔2009〕27 号）的规定，企业根据国家有关政策规定，为在本企业任职或者受雇的全体员工支付的补充养老保险费、补充医疗保险费，分别在不超过职工工资总额 5%标准内的部分，在计算应纳税所得额时准予扣除；超过的部分，不予扣除。

【个人所得税】

1. 企业年金个人所得税处理

《财政部、国家税务总局、人力资源和社会保障部关于企业年金、职业年金个人所得税有关问题的通知》（财税〔2013〕103 号）规定，年金缴费和年金领取个人所得税处理如下：

（1）企业年金缴费的个人所得税处理。

1）企业根据国家有关政策规定的办法和标准，为在本单位任职或者受雇的全体职工缴付的企业年金单位缴费部分，在计入个人账户时，个人暂不缴纳个人所得税。

2）个人根据国家有关政策规定缴付的年金个人缴费部分，在不超过本人缴费工资计税基数的 4%标准内的部分，暂从个人当期的应纳税所得额中扣除。企业年金个人缴费工资计税基数为本人上一年度月平均工资。月平均工资按国家统计局规定列入工资总额统计的项目计算。月平均工资超过职工工作地所在设区城市上一年度职工月平均工资 300%以上的部分，不计入个人缴费工资计税基数。

3）超过规定的标准缴付的年金单位缴费和个人缴费部分，应并入个人当期的工资、薪金所得，依法计征个人所得税。税款由建立年金的单位代扣代缴，并向主管税务机关申报解缴。

（2）领取年金的个人所得税处理。

《财政部、税务总局关于个人所得税法修改后有关优惠政策衔接问题的通知》（财税〔2018〕164号）第四条规定，个人达到国家规定的退休年龄，领取的企业年金、职业年金，符合《财政部、国家税务总局、人力资源和社会保障部关于企业年金、职业年金个人所得税有关问题的通知》（财税〔2013〕103号）规定的，不并入综合所得，全额单独计算应纳税款。其中按月领取的，适用月度税率表计算纳税；按季领取的，平均分摊计入各月，按每月领取额适用月度税率表计算纳税；按年领取的，适用综合所得税率表计算纳税。

个人因出境定居而一次性领取的年金个人账户资金，或个人死亡后，其指定的受益人或法定继承人一次性领取的年金个人账户余额，适用综合所得税率表计算纳税。对个人除上述特殊原因外一次性领取年金个人账户资金或余额的，适用月度税率表计算纳税。

2. 补充医疗保险个人所得税处理

《中华人民共和国个人所得税法实施条例》（中华人民共和国国务院令第707号）第二十五条、《国家税务总局关于单位为员工支付有关保险缴纳个人所得税问题的批复》（国税函〔2005〕318号）规定，补充医疗保险不属于可以从个人所得税纳税义务人应纳税所得额中扣除的项目，应按“工资、薪金”所得缴纳个人所得税。即企业根据工资总额计提、缴纳补充医疗保险时，若计提环节量化到个人名下的，则在计提环节计入工资、薪金缴纳个人所得税税；若无法量化到具体个人，暂不缴纳个人所得税，则在被保险人报销保险款时缴纳个人所得税。

涉税风险

企业年金与补充医疗保险管理业务涉税风险见表5-15。

表5-15　企业年金与补充医疗保险管理业务涉税风险

风险编号	风 险 描 述	责任部门
YF-01	企业提取的补充养老保险费（年金）不完全满足税前扣除条件：①必须是经国家批准从事养老保险（年金）的商业保险公司；②补充养老保险费应计入个人账户；③不超过职工工资总额5%比例	业务部门
YF-02	补充养老保险费企业缴费部分上缴时并入工资薪金代扣代缴个人所得税，存在多缴税的风险	
YF-03	建立年金计划的次月15日内未向其所在地主管税务机关报送年金方案、人力资源社会保障部门出具的方案备案函、计划确认函以及主管税务机关要求报送的其他相关资料，存在涉税风险	
YF-04	在计算应纳税所得税额时扣除的企业实际发生的补充医疗保险费未同时满足以下条件：①必须是企业在足额缴纳基本养老保险费、基本医疗保险费的基础上发生的补充医疗保险费支出；②企业办理的补充医疗保险必须用于参保人员的医疗性支出	
YF-05	补充医疗保险在实际取得分解到个人时，未并入当月“工资、薪金”所得税目代扣缴纳个人所得税	
CF-01	为本企业任职或者受雇的全体职工支付的补充养老保险费和补充医疗保险费超过职工工资总额5%标准内的部分，在计算企业所得税应纳税所得额时未进行纳税调整	财务部门
CF-02	为本企业任职或者受雇的全体职工计提补充养老保险费和补充医疗保险费在企业所得税汇算清缴前未缴付，而在企业所得税应纳税所得额中扣除	

政策依据

《中华人民共和国企业所得税法实施条例》（中华人民共和国国务院令第 512 号）

《财政部、国家税务总局关于补充养老保险费、补充医疗保险费有关企业所得税政策问题的通知》（财税〔2009〕27 号）

《中华人民共和国个人所得税法实施条例》（中华人民共和国国务院令第 707 号）

《国家税务总局关于单位为员工支付有关保险缴纳个人所得税问题的批复》（国税函〔2005〕318 号）

《财政部、国家税务总局、人力资源和社会保障部关于企业年金、职业年金个人所得税有关问题的通知》（财税〔2013〕103 号）

《财政部、税务总局关于个人所得税法修改后有关优惠政策衔接问题的通知》（财税〔2018〕164 号）

（三）住房公积金

业务描述

《住房公积金管理条例》（中华人民共和国国务院令第 350 号）第二条规定，住房公积金是指国家机关、国有企业、城镇集体企业、外商投资企业、城镇私营企业及其他城镇企业、事业单位、民办非企业单位、社会团体（以下统称单位）及其在职职工缴存的长期住房储金。

住房公积金管理业务流程如图 5－16 所示。

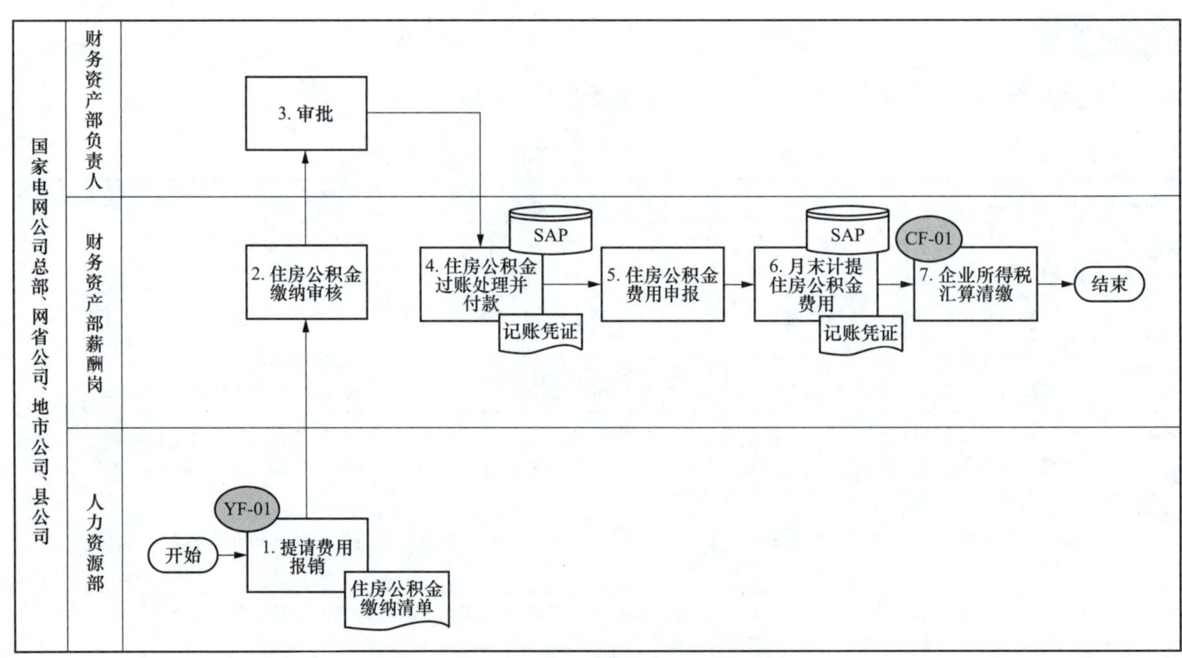

图 5－16　住房公积金管理业务流程

涉及税种

住房公积金管理业务主要涉及企业所得税、个人所得税等税种。

涉税处理

【企业所得税】

《中华人民共和国企业所得税法实施条例》（中华人民共和国国务院令第512号）第三十五条规定，企业依照国务院有关主管部门或者省级人民政府规定的范围和标准为职工缴纳的住房公积金，准予扣除。公积金缴存标准应符合《建设部、财政部、中国人民银行关于住房公积金管理若干具体问题的指导意见》（建金管〔2005〕5号）规定，即缴存住房公积金的月工资基数，原则上不应超过职工工作地所在设区城市统计部门公布的上一年度职工月平均工资的2倍或3倍；单位和职工缴存比例不应低于5%，原则上不高于12%。

【个人所得税】

《中华人民共和国个人所得税法实施条例》（中华人民共和国国务院令第707号）第二十五条、《财政部、国家税务总局关于基本养老保险费、基本医疗保险费、失业保险费、住房公积金有关个人所得税政策的通知》（财税〔2006〕10号）第二条规定，单位和个人分别在不超过职工本人上一年度月平均工资12%的幅度内，其实际缴存的住房公积金，允许在个人应纳税所得额中扣除。单位和职工个人缴存住房公积金的月平均工资不得超过职工工作地所在设区城市上一年度职工月平均工资的3倍，具体标准按照各地有关规定执行。

单位和个人超过上述规定比例和标准缴付的住房公积金，应将超过部分并入个人当期的工资、薪金收入，计征个人所得税。

涉税风险

住房公积金管理业务涉税风险见表5-16。

表5-16　　住房公积金管理业务涉税风险

风险编号	风 险 描 述	责任部门
YF-01	单位和个人超过上述规定比例和标准缴付的住房公积金，未将超过部分并入个人当期的工资、薪金收入计征个人所得税，带来涉税风险	业务部门
CF-01	单位已缴纳的住房公积金超过上述规定比例和标准或未实际缴付，且未进行企业所得税纳税调整，带来涉税风险	财务部门

政策依据

《中华人民共和国企业所得税法实施条例》（中华人民共和国国务院令第512号）

《中华人民共和国个人所得税法实施条例》（中华人民共和国国务院令第707号）

《财政部、国家税务总局关于基本养老保险费、基本医疗保险费、失业保险费、住房公积金有关个人所得税政策的通知》（财税〔2006〕10号）

《住房公积金管理条例》(中华人民共和国国务院令第350号)

《建设部、财政部、中国人民银行关于住房公积金管理若干具体问题的指导意见》(建金管〔2005〕5号)

(四)特殊工种保险

业务描述

特殊工种保险，是指为从事井下、高空、高温、特重体力劳动或其他有害身体健康的工种缴纳的保险。

《特种作业人员安全技术培训考核管理规定》(国家安全监管总局令第80号)第二条对特种作业做出了定义，明确特种作业是指容易发生人员伤亡事故，对操作者本人、他人及周围设施的安全有重大危害的作业，比如电工作业，含发电、送电、变电、配电工，电气设备的安装、运行、检修(维修)、试验工，矿山井下电钳工；起重机械作业，含起重机司机、司索工、信号指挥工、安装与维修工；企业内机动车辆驾驶，含在企业内及码头、货场等生产作业区域和施工现场行驶的各类机动车辆的驾驶人员；登高架设作业，含2m以上登高架设、拆除、维修工、高层建(构)筑物表面清洗工等。

特殊工种保险管理业务流程如图5-17所示。

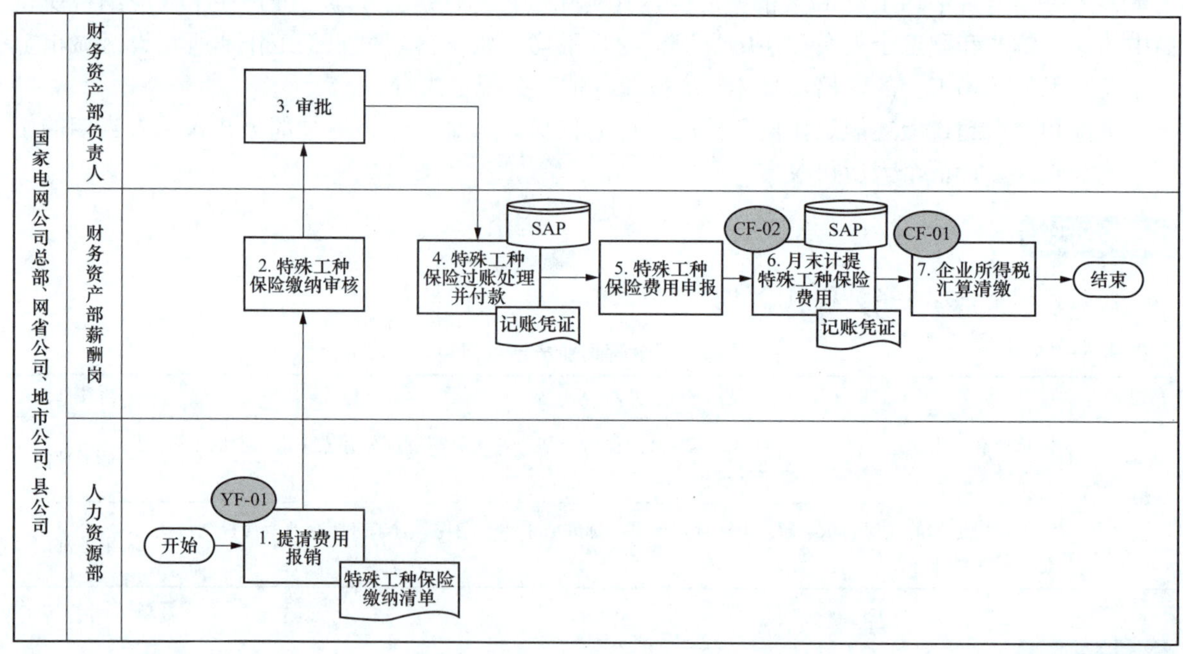

图5-17　特殊工种保险管理业务流程

涉及税种

特殊工种保险管理业务主要涉及增值税、企业所得税、个人所得税等税种。

涉税处理

【增值税】

《财政部、国家税务总局关于全面推开营业税改征增值税试点的通知》（财税〔2016〕36号）规定，特殊工种保险不属于免税保费收入范围，企业取得增值税专用发票，可以正常抵扣。

【企业所得税】

根据《中华人民共和国企业所得税法实施条例》（中华人民共和国国务院令第512号）第三十六条规定，企业依照国家有关规定为特殊工种职工支付的人身安全保险费准予在企业所得税前扣除。

【个人所得税】

职工获得的特殊工种保险属于企业为符合安全生产规范要求而投保的保险，职工并未因此获得任何经济利益，因而不需缴纳个人所得税。

涉税风险

特殊工种保险管理业务涉税风险见表5-17。

表5-17　特殊工种保险管理业务涉税风险

风险编号	风险描述	责任部门
YF-01	业务部门未对特殊工种进行定义区分，导致企业为非特殊工种职工支付的保险费未计入工资薪金缴纳个人所得税	业务部门
CF-01	企业为非特殊工种职工支付的商业保险费，未进行企业所得税纳税调整，存在涉税风险	财务部门
CF-02	由于未区分特殊工种，导致取得的增值税发票全额抵扣，存在涉税风险	

政策依据

《财政部、国家税务总局关于全面推开营业税改征增值税试点的通知》（财税〔2016〕36号）

《中华人民共和国企业所得税法》（中华人民共和国主席令第63号）

《中华人民共和国企业所得税法实施条例》（中华人民共和国国务院令第512号）

《特种作业人员安全技术培训考核管理规定》（国家安全监管总局令第80号）

四、工会经费

业务描述

《中华人民共和国工会法》（中华人民共和国主席令第57号）第四十二条规定，工会经费来源之一是建立工会组织的企业、事业单位、机关按每月全部职工工资总额的百分之二向工会拨缴的经费，主要用于为职工服务和工会活动。

工会经费管理业务流程如图 5-18 所示。

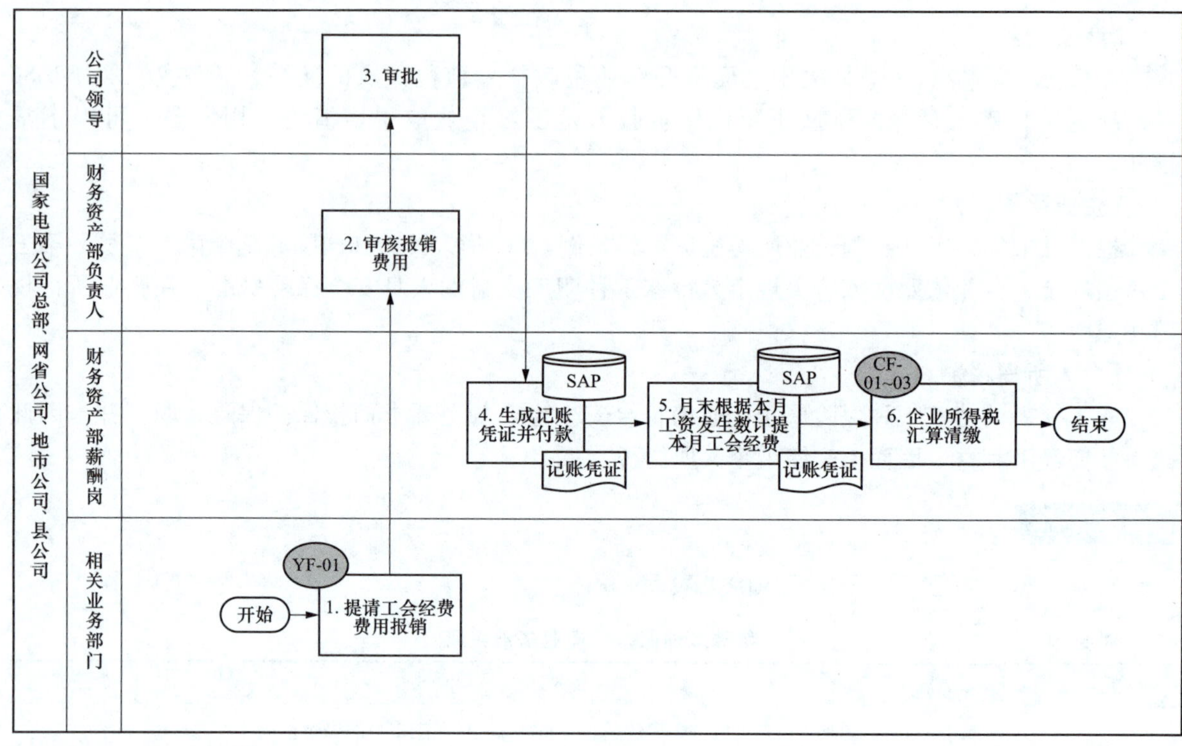

图 5-18　工会经费管理业务流程

涉及税种

工会经费管理业务主要涉及企业所得税。

涉税处理

【企业所得税】

《中华人民共和国企业所得税法实施条例》（中华人民共和国国务院令第 512 号）第四十一条、《国家税务总局关于工会经费企业所得税税前扣除凭据问题的公告》（国家税务总局公告 2010 年第 24 号）规定，企业拨缴的职工工会经费，不超过工资薪金总额 2%的部分，凭工会组织开具的“工会经费收入专用收据”在企业所得税税前扣除。

《国家税务总局关于税务机关代收工会经费企业所得税税前扣除凭据问题的公告》（国家税务总局公告 2011 年第 30 号）规定，自 2010 年 1 月 1 日起，在委托税务机关代收工会经费的地区，企业拨缴的工会经费，也可以凭合法、有效的工会经费代收凭据在税前扣除。

涉税风险

工会经费管理业务涉税风险见表 5-18。

表 5-18　　工会经费管理业务涉税风险

风险编号	风险描述	责任部门
YF-01	企业未成立工会，工会经费据实列支，未按工会经费管理办法核算，导致涉税风险	业务部门
CF-01	工会经费税前扣除依据是实际拨缴，仅计提而未支付的工会经费未进行纳税调增带来的风险	财务部门
CF-02	工会经费税前扣除未按规定取得“工会经费收入专用收据”或者工会经费代收凭据	
CF-03	企业拨缴的工会经费超过工资总额2%的部分未纳税调整	

政策依据

《中华人民共和国企业所得税法实施条例》（中华人民共和国国务院令第512号）

《国家税务总局关于工会经费企业所得税税前扣除凭据问题的公告》（国家税务总局公告2010年第24号）

《国家税务总局关于税务机关代收工会经费企业所得税税前扣除凭据问题的公告》（国家税务总局公告2011年第30号）

《中华人民共和国工会法》（中华人民共和国主席令第57号）

五、职工教育经费

业务描述

《财政部、全国总工会等部门关于企业职工教育经费提取与使用管理的意见》（财建〔2006〕317号）规定，职工教育经费是指企业按工资总额的一定比例提取用于职工教育事业的一项费用，是企业为职工学习先进技术和提高文化水平而支付的费用。

企业职工教育培训经费列支范围包括：①上岗和转岗培训；②各类岗位适应性培训；③岗位培训、职业技术等级培训、高技能人才培训；④专业技术人员继续教育；⑤特种作业人员培训；⑥企业组织的职工外送培训的经费支出；⑦职工参加的职业技能鉴定、职业资格认证等经费支出；⑧购置教学设备与设施；⑨职工岗位自学成才奖励费用；⑩职工教育培训管理费用；⑪有关职工教育的其他开支。

职工教育经费管理业务流程如图5-19所示。

涉及税种

职工教育经费管理业务主要涉及增值税、企业所得税、个人所得税等税种。

涉税处理

【增值税】

《中华人民共和国增值税暂行条例》（中华人民共和国国务院令第691号）第八条、第九条、第十条规定，企业职工教育经费支出不属于不得抵扣项目，因此取得的增值税专用发票进项税可以抵扣。

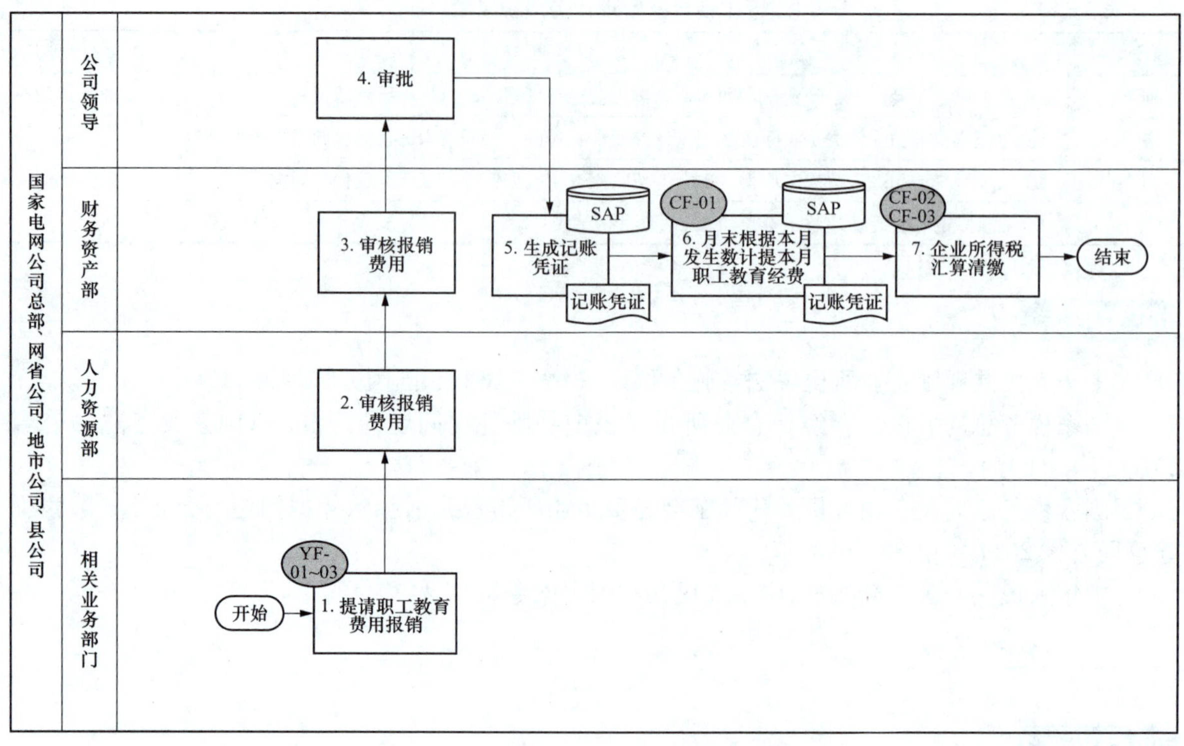

图 5－19　职工教育经费管理业务流程

【企业所得税】

《财政部、税务总局关于企业职工教育经费税前扣除政策的通知》（财税〔2018〕51 号）规定，自 2018 年 1 月 1 日起，企业发生的职工教育经费支出，不超过工资薪金总额 8%的部分，准予在计算企业所得税应纳税所得额时扣除；超过部分，准予在以后纳税年度结转扣除。

《国家税务总局关于企业所得税应纳税所得额若干问题的公告》（国家税务总局公告 2014 年第 29 号）第四条规定，核力发电企业为培养核电厂操纵员发生的培养费用，可作为企业的发电成本在税前扣除。企业应将核电厂操纵员培养费与员工的职工教育经费严格区分，单独核算。

《财政部、国家税务总局关于进一步鼓励软件产业和集成电路产业发展企业所得税政策的通知》（财税〔2012〕27 号）第六条规定，集成电路设计企业和符合条件软件企业的职工培训费用，按实际发生额在计算应纳税所得额时扣除。

【个人所得税】

《中华人民共和国个人所得税法实施条例》（中华人民共和国国务院令第 707 号）第六条第（一）项规定，工资、薪金所得，是指个人因任职或者受雇而取得的工资、薪金、奖金、年终加薪、劳动分红、津贴、补贴以及与任职或者受雇有关的其他所得。因此，内部员工为本单位授课取得的报酬属于员工取得的与任职或者受雇有关的其他所得，应与当月工资收入合并，按“工资、薪金”所得缴纳个人所得税。

《中华人民共和国个人所得税法实施条例》（中华人民共和国国务院令第 707 号）第六条第（二）项规定，劳务报酬所得，是指个人从事劳务取得的所得，包括从事设计、装潢、安装、制图、化验、测试、医疗、法律、会计、咨询、讲学、翻译、审稿、书画、雕刻、影视、录音、录像、演出、表演、广告、展览、技术服务、介绍服务、经纪服务、代办服务以及其他劳务取得的所得。企业聘请外部人员支付的授课费应在向个人支付劳务报酬时，依照税法规定按次或者按月预扣预缴税款。

涉税风险

职工教育经费管理业务涉税风险见表 5－19。

表 5－19　　职工教育经费管理业务涉税风险

风险编号	风 险 描 述	责任部门
YF－01	职工学历教育费用挤占企业的职工教育培训经费，未调整至工资薪金，并代扣代缴个人所得税，存在涉税风险	业务部门
YF－02	支付给外部人员的授课费未取得劳务发票而直接支付，未履行代扣代缴个人所得税	
YF－03	企业未准确区分员工学历教育和技能培训，导致学历教育相关费用未纳税调整，存在涉税风险	
CF－01	企业购置的教学设备和设施折旧、无形资产的摊销、低值易耗品摊销等未调整至职工教育经费；差旅费中列支培训费、专业培训和培训过程中发生的车旅费、住宿费等未并入职工教育经费归集纳税调整的税务风险	财务部门
CF－02	企业实际发生的职工教育经费支出，超过工资、薪金总额的 8%的部分未纳税调整	
CF－03	2018 年 1 月 1 日以前年实际发生且超过工资、薪金总额的 2.5%的部分，已在当年度纳税调增，但未在本年度调减	

政策依据

《中华人民共和国增值税暂行条例》（中华人民共和国国务院令第 691 号）

《财政部、国家税务总局关于进一步鼓励软件产业和集成电路产业发展企业所得税政策的通知》（财税〔2012〕27 号）

《国家税务总局关于企业所得税应纳税所得额若干问题的公告》（国家税务总局公告 2014 年第 29 号）

《财政部、税务总局关于企业职工教育经费税前扣除政策的通知》（财税〔2018〕51 号）

《中华人民共和国个人所得税法实施条例》（中华人民共和国国务院令第 707 号）

《财政部、全国总工会等部门关于印发〈关于企业职工教育经费提取与使用管理的意见〉的通知》（财建〔2006〕317 号）

六、劳务派遣

业务描述

劳务派遣，是指劳务派遣公司为了满足用工单位对于各类灵活用工的需求，将员工派遣至用工单位，接受用工单位管理并为其工作。

需要注意的是，企业应对劳务派遣、人力资源外包、业务外包做出准确判断，三者相似却各有不同。人力资源服务外包是指企业为了降低人力成本，实现效率最大化，将人力资源事务中部分或全部工作委托人才服务专业机构管（办）理。人力资源服务外包与劳务派遣的区别为：人力资源服务外包强调的是人力资源事务的委托办理，劳务派遣强调的是派遣员工的劳务服务。

业务外包，是指企业基于合同，将一些非核心的、次要的或者辅助性的功能或业务外包给外部专业服务机构具体实施，并支付报酬，利用他们的专长或优势来提高企业的整体效率和竞争力的经营管理方式。业务外包与劳务派遣的区别为：在劳务派遣中，派遣公司提供劳动者之后，就不再对劳动者进行指挥，也不干预生产过程，用人单位支付给劳务派遣公司的费用精确至每个劳动者的工资、社保和管理费；而业务外包的管理权则在外包公司手上，企业不再干预具体的业务操作，由外包公司自行判断、自行操作。

劳务派遣管理业务流程如图 5 - 20 所示。

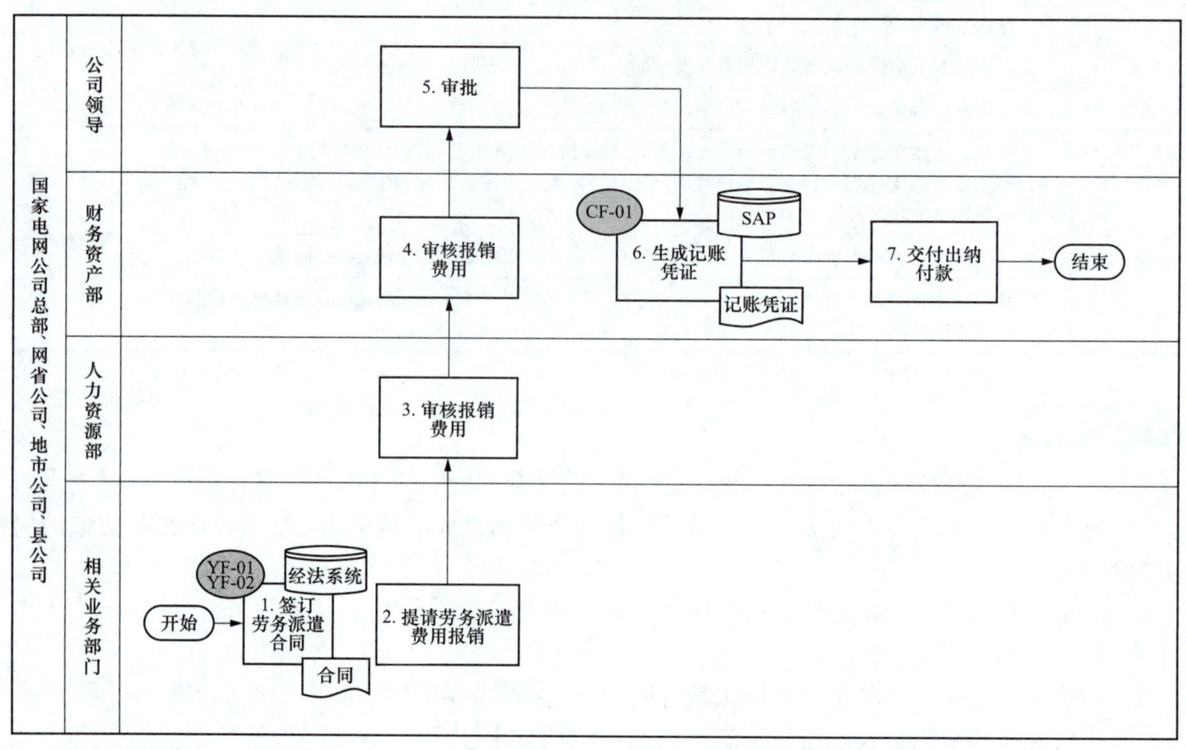

图 5 - 20　劳务派遣管理业务流程

涉及税种

劳务派遣管理业务主要涉及增值税、企业所得税等税种。

涉税处理

【增值税】

《财政部、国家税务总局关于进一步明确全面推开营改增试点有关劳务派遣服务、收费公路通行费抵扣等政策的通知》（财税〔2016〕47 号）规定，一般纳税人提供劳务派遣服务，可以以取得的全部价款和价外费用为销售额，按照一般计税方法计算缴纳增值税；也可以选择差额纳税，以取得的全部价款和价外费用，扣除代用工单位支付给劳务派遣员工的工资、福利和为其办理社会保险及住房公积金后的余额为销售额，按照简易计税方法依5%的征收率计算缴纳增值税。选择差额纳税的纳税人，向用工单位收取用于支付给劳务派遣员工工资、福利和为其办理社会保险及住房公积金的费用，不得开具增值税专用发票，开具普通发票。

企业应选择一般纳税人劳务派遣公司，并在劳务派遣合同中约定计税方式以及提供发票样式。

【企业所得税】

《国家税务总局关于企业工资薪金和职工福利费等支出税前扣除问题的公告》（国家税务总局公告2015年第34号）第三条规定，企业接受外部劳务派遣用工所实际发生的费用，应分两种情况按规定在税前扣除：按照协议（合同）约定直接支付给劳务派遣公司的费用，应作为劳务费支出；直接支付给员工个人的费用，应作为工资薪金支出和职工福利费支出。其中属于工资薪金支出的费用，准予计入企业工资薪金总额的基数，作为计算其他各项相关费用扣除的依据。

根据《国家税务总局关于发布〈企业所得税税前扣除凭证管理办法〉的公告》（国家税务总局公告2018年第28号）第四条规定，税前扣除凭证在管理中遵循合法性原则，即税前扣除凭证的形式、来源符合国家法律、法规等相关规定。因此，接受劳务派遣应注意遵循相关规定，主要包括以下几项：

（1）《中华人民共和国劳动合同法》（中华人民共和国主席令第28号）第五十七条规定，经营劳务派遣业务应当具备下列条件：①注册资本不得少于人民币二百万元；②有与开展业务相适应的固定的经营场所和设施；③有符合法律、行政法规规定的劳务派遣管理制度；④法律、行政法规规定的其他条件。经营劳务派遣业务，应当向劳动行政部门依法申请行政许可；经许可的，依法办理相应的公司登记。未经许可，任何单位和个人不得经营劳务派遣业务。

（2）《劳务派遣暂行规定》（人力资源和社会保障部令第22号）第四条规定：用工单位应当严格控制劳务派遣用工数量，使用的被派遣劳动者数量不得超过其用工总量的10%。第七条规定，劳务派遣协议应当载明下列内容：①派遣的工作岗位名称和岗位性质；②工作地点；③派遣人员数量和派遣期限；④按照同工同酬原则确定的劳动报酬数额和支付方式；⑤社会保险费的数额和支付方式；⑥工作时间和休息休假事项；⑦被派遣劳动者工伤、生育或者患病期间的相关待遇；⑧劳动安全卫生以及培训事项；⑨经济补偿等费用；⑩劳务派遣协议期限；⑪劳务派遣服务费的支付方式和标准；⑫违反劳务派遣协议的责任；⑬法律、法规、规章规定应当纳入劳务派遣协议的其他事项。

涉税风险

劳务派遣管理业务涉税风险见表5-20。

表5-20　　劳务派遣管理业务涉税风险

风险编号	风险描述	责任部门
YF-01	业务部门未审查经营劳务派遣业务的公司是否具备相应资质，使用的被派遣劳动者数量是否超过其用工总量的10%，带来涉税风险	业务部门
YF-02	未按《中华人民共和国劳动合同法》等法律法规严格审查劳务派遣合同，导致取得的凭证因不符合规定无法税前扣除等涉税风险	

续表

风险编号	风　险　描　述	责任部门
CF－01	支付给劳务公司的派遣费用，作为工资总额的计税基础，存在多计提福利费、工会经费、职工教育经费的风险	财务部门

政策依据

《财政部、国家税务总局关于进一步明确全面推开营改增试点有关劳务派遣服务、收费公路通行费抵扣等政策的通知》（财税〔2016〕47号）

《国家税务总局关于企业工资薪金和职工福利费等支出税前扣除问题的公告》（国家税务总局公告2015年第34号）

《国家税务总局关于发布〈企业所得税税前扣除凭证管理办法〉的公告》（国家税务总局公告2018年第28号）

《中华人民共和国劳动合同法》（中华人民共和国主席令第28号）

《劳务派遣暂行规定》（人力资源和社会保障部令第22号）

七、其他薪酬

业务描述

其他薪酬，是指除工资、薪金、职工福利、社会保险、住房公积金等以外的各种薪酬，主要包括内部退养人员取得收入、解除劳动关系取得的补偿收入、提前退休取得收入以及单位低价向职工售房取得的收入等。

其他薪酬管理业务流程如图5－21所示。

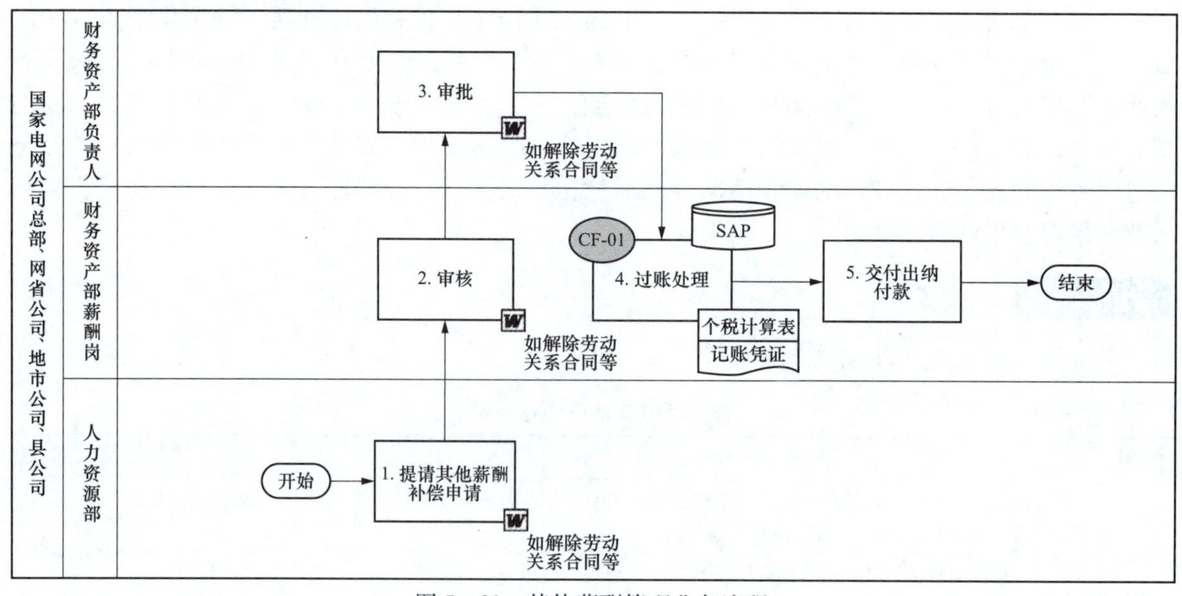

图5－21　其他薪酬管理业务流程

涉及税种

其他薪酬管理业务主要涉及个人所得税。

涉税处理

【个人所得税】

（一）内部退养人员取得收入

《国家税务总局关于个人所得税有关政策问题的通知》（国税发〔1999〕58号）规定，实行内部退养人员在办理内部退养收入后至法定离退休年龄之间从原任职单位取得的工资、薪金，不属于离退休工资，应按“工资、薪金”所得项目计征个人所得税。

个人在办理内部退养手续后从原任职单位取得的一次性收入，应按办理内部退养手续后至法定离退休年龄之间的所属月份进行平分，并于领取当月的“工资、薪金”所得合并后减除当月费用扣除标准，以余额为基数确定适用税率，再将当月工资、薪金加上取得的一次性收入，减去费用扣除标准，按适用税率计征个人所得税。

[例5-3] 2019年1月，某企业员工林某因健康状况因素，办理内部退养手续，至法定退休年龄月份尚余15个月。林某当月领取任职工资收入5400元，取得发放的一次性补偿48000元，48000/15＋5400－5000＝3600元，适用税率10％，速算扣除数210，则林某内退当月应纳个人所得税＝(48000＋5400－5000)×10％－210＝4630元。

个人在办理内部退养手续后至法定退休年龄之间重新就业取得的“工资、薪金”所得，应与其从原任职单位取得的同一月份的“工资、薪金”所得合并，并依法自行向主管税务机关申报缴纳个人所得税。

（二）个人与用人单位解除劳动关系取得一次性补偿收入

《财政部、国家税务总局关于个人与用人单位解除劳动关系取得的一次性补偿收入征免个人所得税问题的通知》（财税〔2001〕157号）、《财政部、税务总局关于个人所得税法修改后有关优惠政策衔接问题的通知》（财税〔2018〕164号）规定，个人因与用人单位解除劳动关系而取得的一次性补偿收入（包括用人单位发放的经济补偿金、生活补助费和其他补助费），其收入在当地上年职工平均工资3倍数额以内的部分，免征个人所得税；超过3倍数额的部分，不并入当年综合所得，单独适用综合所得税率表，计算纳税。

个人领取一次性补偿收入时按照国家和地方政府规定的比例实际缴纳的住房公积金、医疗保险费、基本养老保险费、失业保险费，可以在计征其一次性补偿收入的个人所得税时予以扣除。

[例5-4] 2019年2月，张某与其任职18年的单位解除聘用关系，取得一次性补偿收入456000元，当地上年年平均工资为68000元，则张某超过上年平均工资3倍以上的部分＝456000－68000×3＝252000（元），应缴纳个人所得税＝252000×20％－16920＝33480元。

（三）提前退休取得补贴收入

《国家税务总局关于个人提前退休取得补贴收入个人所得税问题的公告》（国家税务总局公告2011年第6号）规定，企业对未达到法定退休年龄、正式办理提前退休手续的个人，按照统一标准向提前退休工作人员支付的一次性补贴，不属于免税的离退休工资收入，应按照“工资、薪金”所得项目征收个人所得税。

《财政部、税务总局关于个人所得税法修改后有关优惠政策衔接问题的通知》(财税〔2018〕164号)第五条规定，个人办理提前退休手续而取得的一次性补贴收入，应按照办理提前退休手续至法定离退休年龄之间实际年度数平均分摊，确定适用税率和速算扣除数，单独适用综合所得税率表，计算纳税，计算公式为

应纳税额＝{[(一次性补贴收入/办理提前退休手续至法定退休年龄的实际年度数)－费用扣除标准]×适用税率－速算扣除数}×办理提前退休手续至法定退休年龄的实际年度数

[例5-5] 2019年8月，某企业员工王某提前15个月退休，取得按照统一标准发放的一次性补偿90000元，王某当月提前退休补助应纳个人所得税＝(90000/15－5000)×3%×15＝(6000－5000)×3%×15＝450元。

(四) 低价向职工售房收入

《财政部、国家税务总局关于单位低价向职工售房有关个人所得税问题的通知》(财税〔2007〕13号)规定，企业在住房制度改革期间，按照所在地县级以上人民政府规定的房改成本价格向职工出售公有住房，职工因支付的房改成本价格低于房屋建造成本价格或者市场价格而取得的差价收益，免征个人所得税。

《财政部、税务总局关于个人所得税法修改后有关优惠政策衔接问题的通知》(财税〔2018〕164号)第六条规定，单位按低于购置或建造成本价格出售住房给职工，职工因此而少支出的差价部分，符合《财政部、国家税务总局关于单位低价向职工售房有关个人所得税问题的通知》(财税〔2007〕13号)第二条规定的，不并入当年综合所得，以差价收入除以12个月得到的数额，按照月度税率表确定适用税率和速算扣除数，单独计算纳税，计算公式为

应纳税额＝职工实际支付的购房价款低于该房屋的购置或建造成本价格的差额×适用税率－速算扣除数

涉税风险

其他薪酬管理业务涉税风险见表5-21。

表5-21 其他薪酬管理业务涉税风险

风险编号	风险描述	责任部门
CF-01	向个人支付所得的企业未按照税法规定预扣税款并办理全员全额扣缴申报，将导致涉税风险	财务部门

政策依据

《中华人民共和国个人所得税法》(中华人民共和国主席令第9号)

《中华人民共和国个人所得税法实施条例》(中华人民共和国国务院令第707号)

《国家税务总局关于个人所得税有关政策问题的通知》(国税发〔1999〕58号)

《财政部、国家税务总局关于个人与用人单位解除劳动关系取得的一次性补偿收入征免个人所得税问题的通知》(财税〔2001〕157号)

《财政部、国家税务总局关于单位低价向职工售房有关个人所得税问题的通知》(财税〔2007〕

13号）

《国家税务总局关于个人提前退休取得补贴收入个人所得税方法问题的公告》（国家税务总局公告2011第6号）

《财政部、税务总局关于个人所得税法修改后有关优惠政策衔接问题的通知》（财税〔2018〕164号）

第四节 资 产 折 旧

业务描述

《企业会计准则第4号——固定资产》（财会〔2006〕4号）第十四条对折旧的定义为“折旧，是指在固定资产使用寿命内，按照确定的方法对应计折旧额进行系统分摊”。通俗地讲，企业以价值的形式反映固定资产的磨损程度就是折旧，或者说固定资产磨损的价值就是折旧。折旧费，是指按照规定计入营业成本或期间费用的固定资产（含按成本模式后续计量的生物资产、投资性房地产）折旧费用，包括企业经营租出固定资产及融资租赁租入固定资产的折旧额。其影响因素主要包括了折旧范围、折旧方法、折旧年限等方面。

根据《国家电网有限公司固定资产管理办法》〔国网（财/2）593—2018〕的规定，固定资产折旧业务流程如图5-22所示。

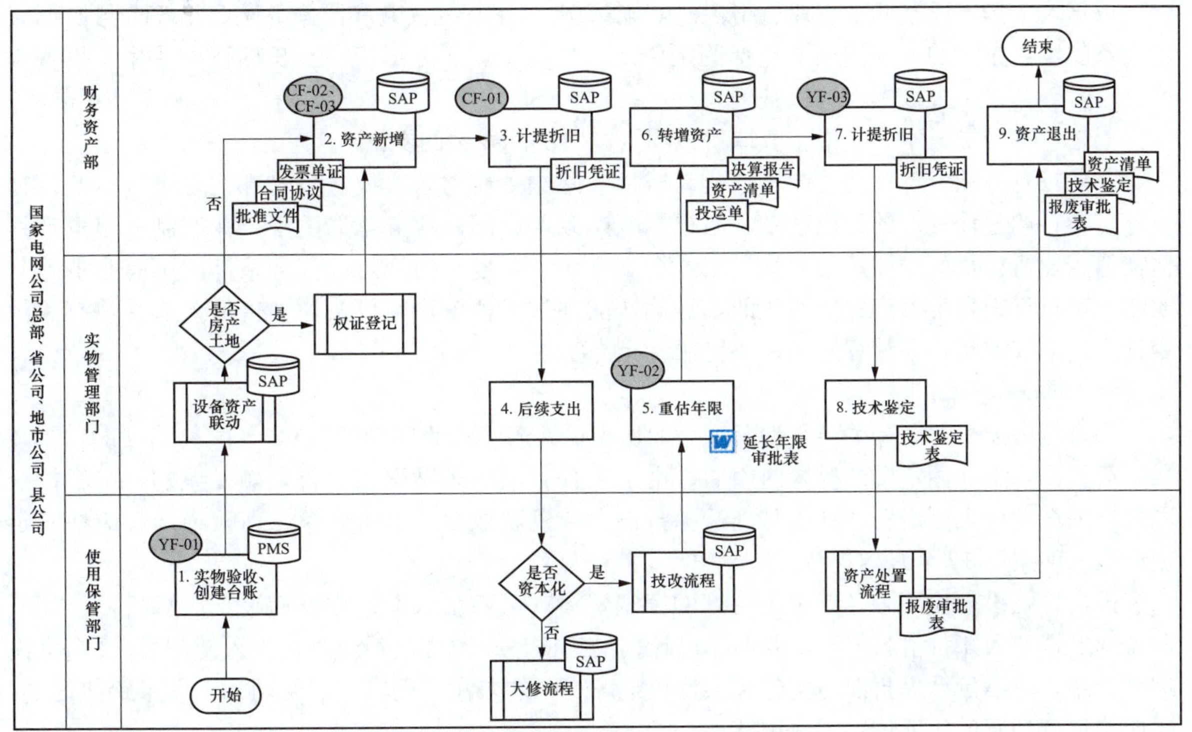

图5-22 固定资产折旧业务流程

涉及税种

固定资产折旧业务主要涉及企业所得税。

涉税处理

【企业所得税】

（一）固定资产折旧范围

根据《中华人民共和国企业所得税法》（中华人民共和国主席令第 63 号）第十一条规定，企业按规定计算的固定资产折旧，准予税前扣除。但下列固定资产不得计算折旧扣除：

（1）房屋、建筑物以外未投入使用的固定资产。

（2）以经营租赁方式租入的固定资产。

（3）以融资租赁方式租出的固定资产。

（4）已足额提取折旧仍继续使用的固定资产。

（5）与经营活动无关的固定资产。

（6）单独估价作为固定资产入账的土地。

（7）其他不得计算折旧扣除的固定资产。

（二）固定资产计税基础

1. 一般规定

依据《中华人民共和国企业所得税法实施条例》（中华人民共和国国务院令第 512 号）第五十六条规定，企业的各项资产，包括固定资产、生物资产、无形资产、长期待摊费用、投资资产、存货等，以历史成本为计税基础。

上述所称历史成本，是指企业取得该项资产时实际发生的支出。

企业持有各项资产期间资产增值或者减值，除国务院财政、税务主管部门规定可以确认损益外，不得调整该资产的计税基础。但根据《财政部、国家税务总局关于企业改制上市资产评估增值企业所得税处理政策的通知》（财税〔2015〕65 号）的规定，符合条件的国有企业，其改制上市过程中发生资产评估增值的，经确认的评估增值资产，可按评估价值入账并按有关规定计提折旧或摊销，在计算应纳税所得额时允许扣除。

2. 特殊规定

根据《国家税务总局关于贯彻落实企业所得税法若干税收问题的通知》（国税函〔2010〕79 号）第五条，企业固定资产投入使用后，由于工程款项尚未结清未取得全额发票的，可暂按合同规定的金额计入固定资产计税基础计提折旧，待发票取得后进行调整。但该项调整应在固定资产投入使用后 12 个月内进行。

因此，已投入使用未办理竣工决算的固定资产，可暂估入账；在办理竣工决算后，会计上调整固定资产入账价值，但不需要调整已计提的折旧额；税法上强调要在投入使用后 12 个月内进行调整，对估价计提折旧与实际到票计提折旧之间的差额，仍应作纳税调整，如果跨年度的，还应当追溯到所属年度进行纳税调整。

（三）固定资产折旧方法

1. 一般规定

根据《中华人民共和国企业所得税法实施条例》（中华人民共和国国务院令第 512 号）第五十九条的规定，固定资产按照直线法计算的折旧，准予扣除；企业应当自固定资产投入使用月份的次月起计算折旧，停止使用的固定资产，应当自停止使用月份的次月起停止计算折旧；企业应当根据固定资产的性质和使用情况，合理确定固定资产的预计净残值，固定资产的预计净残值一经确定，不得变更。

2. 加速折旧

（1）一般性加速折旧。根据《中华人民共和国企业所得税法》（中华人民共和国主席令第 63 号）第三十二条、《国家税务总局关于企业固定资产加速折旧所得税处理有关问题的通知》（国税发〔2009〕81 号）第一条规定，企业的固定资产由于技术进步等原因，确需加速折旧的，可以缩短折旧年限或者采取加速折旧的方法。可采用以上折旧方法的固定资产是指：由于技术进步，产品更新换代较快的固定资产；常年处于强震动、高腐蚀状态的固定资产。

采取缩短折旧年限方法的，最低折旧年限不得低于规定折旧年限的 60%；采取加速折旧方法的，可以采用双倍余额递减法或者年数总和法。

（2）特殊性加速折旧。根据《财政部、国家税务总局关于完善固定资产加速折旧企业所得税政策的通知》（财税〔2014〕75 号）规定，对 6 个特殊行业的企业 2014 年 1 月 1 日后新购进的固定资产，可缩短折旧年限或采取加速折旧的方法，但最低折旧年限不得低于税法规定折旧年限的 60%。对所有行业 2014 年 1 月 1 日后新购进的专门用于研发的仪器、设备，单位价值不超过 100 万元的，允许一次性计入当期成本费用在计算应纳税所得额时扣除，不再分年度计算折旧；单位价值超过 100 万元的，可缩短折旧年限或采取加速折旧的方法；对单位价值不超过 5000 元的固定资产，允许一次性计入当期成本费用在计算应纳税所得额时扣除，不再分年度计算折旧。《财政部、国家税务总局关于进一步完善固定资产加速折旧企业所得税政策的通知》（财税〔2015〕106 号）规定，对轻工、纺织、机械、汽车等四个领域重点行业的企业 2015 年 1 月 1 日后新购进的固定资产，可由企业选择缩短折旧年限或采取加速折旧的方法。自 2019 年 1 月 1 日起，《财政部、税务总局关于扩大固定资产加速折旧优惠政策适用范围的公告》（财政部、税务总局公告 2019 年第 66 号）将固定资产加速折旧优惠政策适用范围扩大到全部制造业领域。

另根据《财政部、国家税务总局关于设备、器具扣除有关企业所得税政策的通知》（财税〔2018〕54 号）规定，企业在 2018 年 1 月 1 日至 2020 年 12 月 31 日期间新购进的设备、器具，单位价值不超过 500 万元的，允许一次性计入当期成本费用在计算应纳税所得额时扣除，不再分年度计算折旧；单位价值超过 500 万元的，仍按《中华人民共和国企业所得税法实施条例》（中华人民共和国国务院令第 512 号）、《财政部、国家税务总局关于完善固定资产加速折旧企业所得税政策的通知》（财税〔2014〕75 号）、《财政部、国家税务总局关于进一步完善固定资产加速折旧企业所得税政策的通知》（财税〔2015〕106 号）等相关规定执行。根据《国家税务总局关于设备器具扣除有关企业所得税政策执行问题的公告》（国家税务总局公告 2018 年第 46 号）规定，新购进的设备、器具，是指以货币形式购进或自行建造的除房屋、建筑物以外的固定资产，其中：以货币形式购进的固定资产，除采取分期付款或赊销方式购进外，按发票开具时间确认购进时点；以分期付款或赊销方式购进的固定资产，按固定资产到货时间确认购进时点；自行建造的固定资产，按竣工结算时间确认购进时点。企业选择享受一次性税前扣除政策的，应在固定资产投入使用月份的次月所属年度内进行扣除，未选择享受一次性税前扣除政策的，以后年度不得再变更。企业所得税加速折旧政策见表 5－22。

表 5－22　　企业所得税加速折旧政策

<table>
<tr><th colspan="5">加速折旧政策</th></tr>
<tr><td rowspan="4">专门用于研发</td><td rowspan="2">所有行业新购进</td><td>单价≤100 万元</td><td colspan="2">一次性扣除</td></tr>
<tr><td>单价＞100 万元</td><td colspan="2">缩短折旧年限、双倍余额递减法、年数总和法</td></tr>
<tr><td rowspan="2">非新购进</td><td>持有单价≤5000 元</td><td colspan="2">一次性扣除</td></tr>
<tr><td>持有单价＞5000 元</td><td colspan="2">不享受</td></tr>
<tr><td rowspan="5">研发与生产经营公用</td><td>所有行业</td><td>持有单价≤5000 元</td><td colspan="2">一次性扣除</td></tr>
<tr><td rowspan="4">持有单价＞5000 元</td><td rowspan="2">小微特定行业新购进</td><td>单价≤100 万元</td><td>一次性扣除</td></tr>
<tr><td>单价＞100 万元</td><td>缩短折旧年限、双倍余额递减法、年数总和法</td></tr>
<tr><td>其他特定行业新购进</td><td colspan="2">缩短折旧年限、双倍余额递减法、年数总和法</td></tr>
<tr><td>非新购进</td><td colspan="2">不享受</td></tr>
<tr><td>除房屋、建筑物以外的固定资产</td><td>所有行业</td><td>单价≤500 万元</td><td>2018 年 1 月 1 日—2020 年 12 月 31 日期间新购</td><td>一次性扣除</td></tr>
</table>

（四）固定资产折旧年限

折旧年限是指固定资产使用寿命，即企业使用固定资产的预计期间，或者该固定资产所能生产产品或提供的劳务的数量。

1. 一般规定

根据《中华人民共和国企业所得税法实施条例》（中华人民共和国国务院令第 512 号）第六十条的规定，除国务院财政、税务主管部门另有规定外，固定资产计算折旧的最低年限如下：

（1）房屋、建筑物，为 20 年。

（2）飞机、火车、轮船、机器、机械和其他生产设备，为 10 年。

（3）与生产经营活动有关的器具、工具、办公家具等，为 5 年。

（4）飞机、火车、轮船以外的运输工具，为 4 年。

（5）电子设备，为 3 年。

依据《国家税务总局关于企业所得税应纳税所得额若干问题的公告》（国家税务总局公告 2014 年第 29 号）第五条规定：

（1）企业固定资产会计折旧年限如果短于税法规定的最低折旧年限，其按会计折旧年限计提的折旧高于按税法规定的最低折旧年限计提的折旧部分，应调增当期应纳税所得额；企业固定资产会计折旧年限已期满且会计折旧已提足，但税法规定的最低折旧年限尚未到期且税收折旧尚未足额扣除，其未足额扣除的部分准予在剩余的税收折旧年限继续按规定扣除。

（2）企业固定资产会计折旧年限如果长于税法规定的最低折旧年限，其折旧应按会计折旧年限计算扣除，税法另有规定除外。

（3）企业按会计规定提取的固定资产减值准备，不得税前扣除，其折旧仍按税法确定的固定资产计税基础计算扣除。

（4）企业按税法规定实行加速折旧的，其按加速折旧办法计算的折旧额可全额在税前扣除。

2. 其他规定

（1）根据《财政部、国家税务总局关于进一步鼓励软件产业和集成电路产业发展企业所得税政策的通知》（财税〔2012〕27 号）规定，企业外购的软件，凡符合固定资产或无形资产确认条件的，可以按照固定资产或无形资产进行核算，其折旧或摊销年限可以适当缩短，最短可为 2 年（含）；集成电路生产企业的生产设备，其折旧年限可以适当缩短，最短可为 3 年（含）。

（2）根据《国家税务总局关于企业固定资产加速折旧所得税处理有关问题的通知》（国税发〔2009〕81 号）第三条规定，企业采取缩短折旧年限方法的，对其购置的新固定资产，最低折旧年限不得低于《中华人民共和国企业所得税法实施条例》（中华人民共和国国务院令第 512 号）第六十条规定的折旧年限的 60%；若为购置已使用过的固定资产，其最低折旧年限不得低于《中华人民共和国企业所得税法实施条例》规定的最低折旧年限减去已使用年限后剩余年限的 60%。最低折旧年限一经确定，一般不得变更。

（3）如果是因满足并执行《财政部、国家税务总局关于完善固定资产加速折旧企业所得税政策的通知》（财税〔2014〕75 号）、《国家税务总局关于固定资产加速折旧税收政策有关问题的公告》（国家税务总局公告 2014 年第 64 号）规定的加速折旧政策，造成的税会差异，则依据《国家税务总局关于进一步完善固定资产加速折旧企业所得税政策有关问题的公告》（国家税务总局公告 2015 年第 68 号）第六条规定，企业应将购进固定资产的发票、记账凭证等有关资料留存备查，并建立台账，准确反映税法与会计差异情况，逐年按规定进行纳税调整。

涉税风险

固定资产折旧业务涉税风险见表 5－23。

表 5－23　　固定资产折旧业务涉税风险

风险编号	风险描述	责任部门
YF－01	资产新增时，设备管理部门手动建立设备因人为分类错误，导致资产折旧方法、年限与税法规定产生差异的风险	业务部门
YF－02	改扩建后，资产应延长折旧年限，业务管理部门未出具年限延长鉴定表，导致仍按原折旧年限计提折旧	
YF－03	因业务部门结算滞后，项目投运 12 个月后仍未完成竣工决算，且超过所得税汇算清缴期，导致暂估资产的折旧不得税前扣除	
CF－01	房屋、建筑物不得享受《财政部、国家税务总局关于设备、器具扣除有关企业所得税政策的通知》（财税〔2018〕54 号）文件一次性扣除政策而税前一次性扣除的，导致企业少缴纳企业所得税	财务部门
CF－02	享受加速折旧、一次性扣除政策的固定资产应获取发票或竣工决算情况说明、固定资产记账凭证、税会差异台账等留存备查材料而未获取，导致后期税务检查不认可企业享受的所得税优惠而补缴税款和滞纳金	
CF－03	对固定资产与低值易耗品、房屋建筑物与非房屋建筑物资产分类划分错误，导致增值税进项抵扣、所得税与房产税计提存在税收风险	

政策依据

《中华人民共和国企业所得税法》（中华人民共和国主席令第 63 号）

《中华人民共和国企业所得税法实施条例》（中华人民共和国国务院令第 512 号）

《国家税务总局关于企业固定资产加速折旧所得税处理有关问题的通知》（国税发〔2009〕81 号）

《国家税务总局关于贯彻落实企业所得税法若干税收问题的通知》（国税函〔2010〕79 号）

《财政部、国家税务总局关于进一步鼓励软件产业和集成电路产业发展企业所得税政策的通知》（财税〔2012〕27 号）

《财政部、国家税务总局关于完善固定资产加速折旧企业所得税政策的通知》（财税〔2014〕75 号）

《国家税务总局关于企业所得税应纳税所得额若干问题的公告》（国家税务总局公告 2014 年第 29 号）

《国家税务总局关于固定资产加速折旧税收政策有关问题的公告》（国家税务总局公告 2014 年第 64 号）

《财政部、国家税务总局关于进一步完善固定资产加速折旧企业所得税政策的通知》（财税〔2015〕106 号）

《财政部、国家税务总局关于企业改制上市资产评估增值企业所得税处理政策的通知》（财税〔2015〕65 号）

《财政部、国家税务总局关于设备、器具扣除有关企业所得税政策的通知》（财税〔2018〕54 号）

《国家税务总局关于设备、器具扣除有关企业所得税政策执行问题的公告》（国家税务总局公告 2018 年第 46 号）

《财政部、税务总局关于扩大固定资产加速折旧优惠政策适用范围的公告》（财政部、税务总局公告 2019 年第 66 号）

《企业会计准则第 4 号——固定资产》（财会〔2006〕4 号）

《国家电网有限公司固定资产管理办法》[国网（财/2）593—2018]

第五节　检　修　运　维

一、检修业务

业务描述

根据《国家电网公司生产设备大修工作管理规定》（国家电网企管〔2014〕69 号），生产设备大修是指为恢复资产（包括设备、设施以及辅助设施等）原有形态和能力，按项目制管理的修理性工作。

根据《国家电网公司非生产性技改、大修项目管理办法》（国家电网企管〔2014〕1210 号），非生产性大修是指为恢复现有非生产性房屋的结构分系统、围护分系统（含室外）、装饰装修分系统和设备设施的给水排水、供热采暖、空调通风、电气、电梯、建筑智能化系统原有形态、作用和功能，满足环境、工作的要求，确保安全运行所进行的维修工作。

检修费包括自营材料费、外包材料费和外包检修费。其中，自营材料费是指生产经营过程中自行组织设备大修、抢修和日常检修发生的材料消耗，包括装置性材料费用和消耗性材料费用。外包材料费是指委托外部社会单位进行设备大修、抢修和日常检修等业务中，需要企业自行购买的材料，包括装置性材料费用和消耗性材料费用。外包检修费是指将检修项目外包给社会单位而发生的材料、人工、机械台班费用及措施费、间接费、利润、税金等全部支出。除零星维修外，检修业务均作为大修项目管理。

根据《国家电网公司关于进一步深化项目可研经济性与财务合规性评价工作的通知》(国家电网财〔2015〕563 号）的规定，检修业务流程如图 5－23 所示。

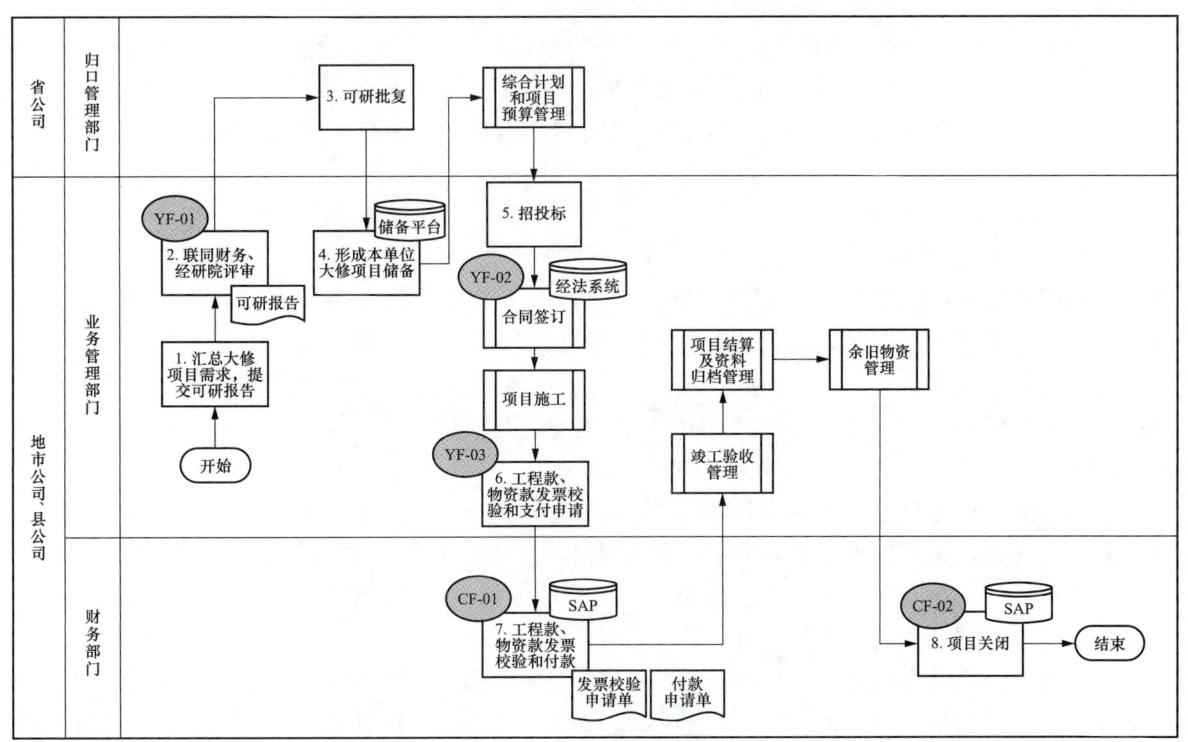

图 5－23 检修业务流程

涉及税种

检修业务主要涉及增值税、企业所得税、印花税等税种。

涉税处理

【增值税】

材料费、检修费应从一般纳税人处取得增值税专用发票。根据取得的增值税专用发票注明的增值税税额确认进项税额。

（一）农村电网维护检修费用

农村电网维护费中的检修费用是指农村低压电网资产因大修、抢修和日常检修所发生的成本消耗，包括装置性材料、消耗性材料费和外包工程费用。

根据《国家税务总局关于农村电网维护费征免增值税问题的通知》（国税函〔2009〕591号）规定，对其他单位收取的农村电网维护费免征增值税。因此，农村电网维护费中的检修费用对应的进项税额不得从销项税额中抵扣，材料费用用于农村电网维护费项目时对应的增值税须进项税转出。

《营业税改征增值税试点实施办法》（财税〔2016〕36号附件1）第二十九条规定，适用一般计税方法的纳税人，兼营简易计税方法计税项目、免征增值税项目而无法划分不得抵扣的进项税额，按照下列公式计算不得抵扣的进项税额：

不得抵扣的进项税额＝当期无法划分的全部进项税额×（当期简易计税方法计税项目销售额＋免征增值税项目销售额）/当期全部销售额

企业应对农维费项目按月登记《免税进项税转出台账》，按年对不得抵扣的进项税额进行清算。

（二）其他特殊检修费用

《营业税改征增值税试点实施办法》（财税〔2016〕36号附件1）第二十七条第（一）项规定，下列项目的进项税额不得从销项税额中抵扣：用于简易计税方法计税项目、免征增值税项目、集体福利或者个人消费的购进货物、加工修理修配劳务、服务、无形资产和不动产。其中涉及的固定资产、无形资产、不动产，仅指专用于上述项目的固定资产、无形资产（不包括其他权益性无形资产）、不动产。检修费用应按上述规定判断抵扣进项税。

【企业所得税】

根据《国家税务总局关于企业所得税若干问题的公告》（国家税务总局公告2011年第34号）第六条规定，企业当年度实际发生的相关成本、费用，由于各种原因未能及时取得该成本、费用的有效凭证，企业在预缴季度所得税时，可暂按账面发生金额进行核算；但在汇算清缴时，应补充提供该成本、费用的有效凭证。

企业尚未分离的内设集体福利部门所发生的检修费用应按照《国家税务总局关于企业工资薪金及职工福利费扣除问题的通知》（国税函〔2009〕3号）规定计入职工福利费，在规定限额中扣除。

【印花税】

检修运维业务中书立、领受、使用应税经济凭证时需按规定贴花，主要涉及加工承揽合同、建筑安装工程承包合同、购销合同。

企业应按照《国家税务总局关于发布〈印花税管理规程（试行）〉的公告》（国家税务总局公告2016年第77号）第五条的规定统一设置、登记、保管《印花税应纳税凭证登记簿》。

涉税风险

检修业务涉税风险见表5-24。

表 5-24 检修业务涉税风险

风险编号	风险描述	责任部门
YF-01	在项目可研评审时，未正确区分技改和大修（含房屋大修），导致当期少缴纳企业所得税的风险	业务部门
YF-02	在签订合同时，未明确区分修理、修缮、运行维护等业务内容及金额，导致增值税和印花税从高适用税率	
YF-03	未取得合规发票及其他外部凭证，且未在汇算清缴结束前要求对方补开、换开发票、其他外部凭证，导致少缴企业所得税的风险	
CF-01	因未做好农维费检修项目免税进项税转出台账（见附录1附表11），而无法准确区分农维费检修项目，导致多抵扣增值税进项的风险	财务部门
CF-02	未做好大修项目是否达到资本化条件的跟踪管理，造成资本化项目费用化	

政策依据

《国家税务总局关于农村电网维护费征免增值税问题的通知》（国税函〔2009〕591号）

《财政部、国家税务总局关于全面推开营业税改征增值税试点的通知》（财税〔2016〕36号）

《国家税务总局关于企业工资薪金及职工福利费扣除问题的通知》（国税函〔2009〕3号）

《国家税务总局关于企业所得税若干问题的公告》（国家税务总局公告2011年第34号）

《国家税务总局关于发布〈印花税管理规程（试行）〉的公告》（国家税务总局公告2016年第77号）

《国家电网公司生产设备大修工作管理规定》（国家电网企管〔2014〕69号）

《国家电网公司非生产性技改、大修项目管理办法》（国家电网企管〔2014〕1210号）

《国家电网公司关于进一步深化项目可研经济性与财务合规性评价工作的通知》（国家电网财〔2015〕563号）

二、其他费用

业务描述

根据《国家电网公司会计核算办法》[国网（财/2）469—2014]，其他费用指电网企业提供正常输配电服务发生的除上述成本因素外的费用，包括办公费、差旅费、劳动保护费、会议费、物业管理费、绿化费、业务费、业务招待费、广告宣传费、租赁费、安全费、团体会费、长期待摊费用、党建活动经费、车辆使用费、特殊工种保险费、中介费、财产保险费等。

根据《国家电网公司成本管理办法》[国网（财/2）347—2014]和《国家电网有限公司会计基础管理办法》[国网（财/2）350—2018]的规定，其他费用业务流程如图5-24所示。

涉及税种

其他费用业务主要涉及增值税、企业所得税、印花税、个人所得税等税种。

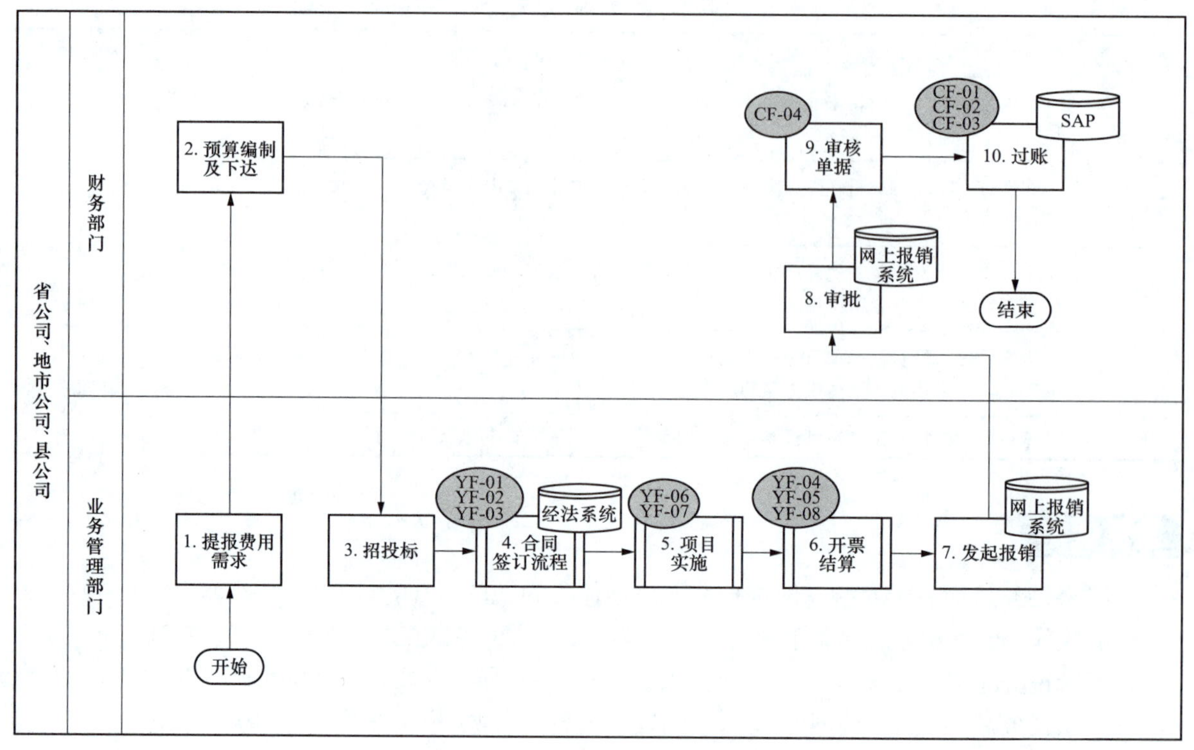

图 5－24　其他费用业务流程

涉税处理

【增值税】

其他费用的增值税涉税处理应考虑尽可能取得增值税专用发票，维护企业经济利益。取得的增值税发票应按《国家税务总局货物和劳务税司关于做好增值税发票使用宣传辅导有关工作的通知》（税总货便函〔2017〕127 号）的要求开具，具体涉及商品名称是否与实际相符、税率是否正确、发票备注栏是否按要求填写等。

同时，根据《国家税务总局关于发布〈企业所得税税前扣除凭证管理办法〉的公告》（国家税务总局公告 2018 年第 28 号）规定，企业在境内发生的支出项目属于增值税应税项目的，对方若为依法无须办理税务登记的单位或者从事小额零星经营业务的个人，其支出以税务机关代开的发票或者收款凭证及内部凭证作为税前扣除凭证，收款凭证应载明收款单位名称、个人姓名及身份证、支出项目、收款金额等相关信息。其中小额零星经营业务员的判断标准是个人从事应税项目经营业务的销售额不超过增值税相关政策规定的起征点。

下面对其他费用中主要涉税事项进行介绍。

（一）*差旅费*

差旅费中支付的住宿费应根据《财政部、国家税务总局关于全面推开营业税改征增值税试点的通知》（财税〔2016〕36 号）规定，按“住宿服务”税收编码取得增值税专用发票。

根据《国家税务总局关于在境外提供建筑服务等有关问题的公告》（国家税务总局公告

2016 年第 69 号）第五条规定，纳税人以长（短）租形式出租酒店式公寓并提供配套服务的，按照住宿服务缴纳增值税。因此，职工挂职（挂岗）需要长租酒店公寓，若同时取得相关配套服务的，应取得按“住宿服务”税收编码的增值税专用发票，否则应取得按“经营租赁”税收编码的增值税专用发票。

根据《财政部、国家税务总局关于全面推开营业税改征增值税试点的通知》（财税〔2016〕36 号）第二十七条规定，下列项目的进项税额不得从销项税额中抵扣：用于简易计税方法计税项目、免征增值税项目、集体福利或者个人消费的购进货物、加工修理修配劳务、服务、无形资产和不动产……由于个人住宿费超标部分属于个人消费，因此相关进项税也应根据超标金额作同比例税金转出。

根据《财政部、税务总局、海关总署关于深化增值税改革有关政策的公告》（财政部、税务总局、海关总署公告 2019 年第 39 号）第六条规定，纳税人购进国内旅客运输服务，其进项税从销项税额中抵扣。

纳税人未取得增值税专用发票的，暂按照以下规定确定进项税额：

（1）取得增值税电子普通发票的，为发票上注明的税额。

（2）取得注明旅客身份信息的航空运输电子客票行程单的，按照下列公式计算进项税额。

$$航空旅客运输进项税额=(票价+燃油附加费)/(1+9\%)\times 9\%$$

（3）取得注明旅客身份信息的铁路车票的，按照下列公式计算的进项税额

$$铁路旅客运输进项税额=票面金额/(1+9\%)\times 9\%$$

（4）取得注明旅客身份信息的公路、水路等其他客票的，按照下列公式计算进项税额

$$公路、水路等其他旅客运输进项税额=票面金额/(1+3\%)\times 3\%$$

因此企业需对购进国内旅客运输服务，取得的增值税电子普通发票、注明旅客身份信息的航空运输电子客票行程单、铁路车票和公路、水路等其他客票对应的进项税要予以抵扣。

（二）劳动保护费

合理的劳动保护费支出允许进项税抵扣。根据《中华人民共和国增值税暂行条例》（中华人民共和国国务院令第 691 号）第十条规定，用于非增值税应税项目、免征增值税项目、集体福利或者个人消费的购进货物或者应税劳务的进项税，以及国务院财政、税务主管部门规定的纳税人自用消费品，不得从销项税额中抵扣。劳动保护费支出如不属于上述不可以抵扣进项税范围，购进的劳保用品，只要取得合法的增值税扣除凭证，其进项税可以抵扣。

（三）会议费

根据《营业税改征增值税试点实施办法》（财税〔2016〕36 号附件 1）所附《销售服务、无形资产、不动产注释》规定，会议展览服务，是指为商品流通、促销、展示、经贸洽谈、民间交流、企业沟通、国际往来等举办或者组织安排的各类展览和会议的业务活动。因此企业支付会议费，应取得按“会议展览服务”税收编码的增值税专用发票。

根据《财政部关于印发〈中央和国家机关会议费管理办法〉的通知》（财行〔2016〕214 号）第十四条规定，会议费开支范围包括会议住宿费、伙食费、会议场地租金、交通费、文件印刷费、医药费等。

根据《财政部、国家税务总局关于明确金融、房地产开发、教育辅助服务等增值税政策的

通知》（财税〔2016〕140 号）第十条规定，宾馆、旅馆、旅社、度假村和其他经营性住宿场所提供会议场地及配套服务的活动，按照“会议展览服务”缴纳增值税。

（四）物业管理费

企业应根据物业公司提供的不同业务分别取得适用税率的增值税专用发票。

根据《营业税改征增值税试点实施办法》（财税〔2016〕36 号附件 1）所附《销售服务、无形资产、不动产注释》规定，企业管理服务是指提供总部管理、投资与资产管理、市场管理、物业管理、日常综合服务等服务的业务活动。因此企业支付物业服务费，应取得按“企业管理服务”税收编码的增值税专用发票。

根据《营业税改征增值税试点实施办法》（财税〔2016〕36 号附件 1）所附《销售服务、无形资产、不动产注释》规定，车辆停放服务按照不动产经营租赁服务缴纳增值税。因此企业需要支付物业公司开具的停车费时，应取得“不动产经营租赁服务”的增值税专用发票。

根据《财政部、国家税务总局关于明确金融、房地产开发、教育辅助服务等增值税政策的通知》（财税〔2016〕140 号）第十五条规定，物业服务企业为业主提供的装修服务，按照建筑服务缴纳增值税。因此企业取得为业主提供的装修服务发票按照“建筑服务”税收编码的增值税专用发票。而物业管理费用中的物业管理单位代收的住宅专项维修资金由于属于不征增值税项目，不得取得增值税专用发票。

根据《国家税务总局关于物业管理服务中收取的自来水水费增值税问题的公告》（国家税务总局公告 2016 年第 54 号），提供物业管理服务的纳税人，向企业收取的自来水水费（不包含污水处理费），可以按照简易计税方法依 3%的征收率开具增值税专用发票或增值税普通发票，企业取得的 3%征收率增值税专用发票可以用于进项税抵扣。但物业公司代收的电费不适用差额简易计税政策。

（五）绿化费

企业发生的绿化费应当区分接受绿化服务的具体内容，如属于盆栽、盆景租赁应根据《财政部、国家税务局关于全面推开营业税改征增值税试点的通知》（财税〔2016〕36 号）规定，根据“有形动产租赁服务”税收编码取得增值税专用发票；园林绿化根据“其他建筑服务”税收编码取得增值税专用发票，而日常绿化养护应根据“其他生活服务”取得增值税专用发票。

（六）业务招待费

业务招待费是核算公务接待活动发生的支出，一般用于支付的交际应酬费用、餐饮服务等个人消费，根据《营业税改征增值税试点实施办法》（财税〔2016〕36 号附件 1）第二十七条规定，下列项目的进项税额不得从销项税额中抵扣：用于简易计税方法计税项目、免征增值税项目、集体福利或者个人消费的购进货物、加工修理修配劳务、服务、无形资产和不动产。因此业务招待费不得抵扣进项税。

（七）广告宣传费

根据《营业税改征增值税试点实施办法》（财税〔2016〕36 号附件 1）所附《销售服务、无形资产、不动产注释》规定，广告服务是指利用图书、报纸、杂志、广播、电视、电影、幻灯、路牌、招贴、橱窗、霓虹灯、灯箱、互联网等各种形式为客户的商品、经营服务项目、文体节目或者通告、声明等委托事项进行宣传和提供相关服务的业务活动，包括广告代理和广告的发布、播映、宣传、展示等。

因此企业支付广告费（包括租用车载或机载电视进行广告宣传），应取得按“广告服务”税收编码的增值税专用发票。

企业在业务宣传、广告等活动中，将自产、委托加工、购进的货物无偿赠送其他单位或者个人的，应视同销售货物缴纳增值税。

（八）租赁费

根据《财政部、国家税务总局关于全面推开营业税改征增值税试点的通知》（财税〔2016〕36号）规定，承租企业取得一般纳税人出租其2016年4月30日前取得的不动产，出租方可以选择适用简易计税方法，按照5%的征收率计算应纳税额，一经选择简易计税方法计税的，36个月内不得变更为一般计税方法计税。

根据《营业税改征增值税试点实施办法》（财税〔2016〕36号附件1）所附《销售服务、无形资产、不动产注释》规定，承租企业租用建筑物、构筑物等不动产或者飞机、车辆等有形动产的广告位用于发布广告，分别按照“不动产经营租赁”和“有形动产经营租赁服务”缴纳增值税。

根据《财政部、国家税务总局关于全面推开营业税改征增值税试点的通知》（财税〔2016〕36号）规定，企业承租车辆时，出租方同时为承租企业配备驾驶人员，应取得“交通运输业”税收编码的增值税专用发票；若对方提供车辆租赁的同时不配备驾驶人员的，不承担运输过程中的任何费用只收取固定租赁费的，应取得“有形动产租赁服务”税收编码的增值税专用发票。

（九）安全费

安全费是核算企业发生的安全措施费，其中包括安全保护费。根据《财政部、国家税务总局关于进一步明确全面推开营改增试点有关再保险不动产租赁和非学历教育等政策的通知》（财税〔2016〕68号）第四条规定，纳税人提供安全保护服务，比照劳务派遣服务政策执行。

一般纳税人提供劳务派遣服务，可以按照《财政部、国家税务总局关于进一步明确全面推开营改增试点有关劳务派遣服务、收费公路通行费抵扣等政策的通知》（财税〔2016〕47号）的有关规定，以取得的全部价款和价外费用为销售额，按照一般计税方法计算缴纳增值税；也可以选择差额纳税，以取得的全部价款和价外费用，扣除代用工单位支付给劳务派遣员工的工资、福利和为其办理社会保险及住房公积金后的余额为销售额，按照简易计税方法依5%的征收率计算缴纳增值税。

小规模纳税人提供劳务派遣服务，可以按照《财政部、国家税务总局关于进一步明确全面推开营改增试点有关劳务派遣服务、收费公路通行费抵扣等政策的通知》（财税〔2016〕47号）的有关规定，以取得的全部价款和价外费用为销售额，按照简易计税方法依3%的征收率计算缴纳增值税；也可以选择差额纳税，以取得的全部价款和价外费用，扣除代用工单位支付给劳务派遣员工的工资、福利和为其办理社会保险及住房公积金后的余额为销售额，按照简易计税方法依5%的征收率计算缴纳增值税。

选择差额纳税的纳税人，向用工单位收取用于支付给劳务派遣员工工资、福利和为其办理社会保险及住房公积金的费用，不得开具增值税专用发票，可以开具普通发票。

因此企业取得的安全保护服务费发票可根据实际情况选择开票方式。

（十）团体会费

社会团体会费，是指社会团体在国家法律法规、政策许可的范围内，依照社团章程的规定，收取的个人会员、单位会员和团体会员的会费。

《财政部、国家税务总局关于租入固定资产进项税额抵扣等增值税政策的通知》（财税〔2017〕90号）第八条规定，自2016年5月1日起，社会团体收取的会费免征增值税，不得开具增值税专用发票。社会团体向会员收取会费时应当按规定开具财政票据作为凭据。社会团体开展经营服务性活动取得的其他收入，一律照章缴纳增值税并开具增值税发票。

（十一）车辆使用费

（1）企业购买汽车燃油和车辆修理劳务增值税。应当要求销售方按“销售货物、加工修理修配劳务”依13%的税率（小规模纳税人按3%）开具增值税发票。其中，根据《成品油零售加油站增值税征收管理办法》（国家税务总局令第2号）第十二条规定，企业在购入加油卡或加油凭证时可要求销售方开具增值税普通发票，或待实际凭卡或加油凭证加油后，根据加油卡或加油凭证回笼记录，向售油单位索取增值税专用发票。

（2）道路通行费、过路过桥费的增值税。根据《财政部、国家税务总局关于进一步明确全面推开营改增试点有关劳务派遣服务、收费公路通行费抵扣等政策的通知》（财税〔2016〕47号）、《财政部、国家税务总局关于收费公路通行费增值税抵扣有关问题的通知》（财税〔2016〕86号）、《交通运输部、国家税务总局关于收费公路通行费增值税电子普通发票开具等有关事项的公告》（交通运输部、国家税务总局公告2017年第66号）文件，通行费增值税抵扣政策见表5-25。

表5-25　　通行费增值税抵扣政策

发票类型	可否抵扣	抵扣方式	票据使用时限
通行费增值税电子普通发票	征税发票，可抵扣	360日内认证	2018年1月1日起
	不征税发票，不可抵扣		
通行费非电子发票	高速公路通行费发票，可抵扣	计算抵扣：高速公路通行费发票上注明的金额/(1+3%)×3%	2018年1月1日—2018年6月30日
	一、二级公路通行费发票，可抵扣	计算抵扣：一、二级公路通行费发票上注明的金额/(1+5%)×5%	2018年1月1日—2018年12月31日
	桥、闸通行费发票，可抵扣	计算抵扣：桥、闸通行费发票上注明的金额/(1+5%)×5%	2016年8月1日起
财政票据	不可抵扣		

（十二）中介费

企业支付的审计、管理咨询等中介费应根据《财政部、国家税务总局关于全面推开营业税改征增值税试点的通知》（财税〔2016〕36号）对“鉴证咨询服务”的定义，依适用税率6%或征收率3%取得增值税专用发票。

【企业所得税】

其他费用的企业所得税涉税处理主要应关注发生的业务是否符合实际情况、企业是否在当年度企业所得税法规定的汇算清缴期结束前取得合法合规的税前扣除凭证（包括内部凭证和外部凭证）及与税前扣除凭证相关的资料、发生的费用是否符合所得税税前列支的要求。

（一）差旅费

《国家税务总局关于企业所得税有关问题的公告》（国家税务总局公告 2016 年第 80 号）规定，企业职工因公出差乘坐交通工具发生的人身意外保险费支出，准予企业在计算应纳税所得额时扣除。

（二）劳动保护费

劳动保护费税前列支条件：

（1）注意区分劳保费用的列支范围。根据《劳动保护用品管理规定》（劳部发〔1996〕138 号）和《中华人民共和国劳动和社会保障部社会保险事业管理中心关于规范社会保险缴费基数有关问题的通知》（劳社险中心函〔2006〕60 号）规定，劳动保护支出范围包括：工作服、手套、洗衣粉等劳保用品，解毒剂等安全保护工作所享受的用品，清凉饮料等防暑降温用品，以及按照原劳动部等部门规定的范围对接触有毒物质、放射线作业和潜水等 5 种由劳动保护费开支的保健食品待遇。企业以上支出计入劳动保护费，可以在税前扣除。

（2）符合劳保费支出税前扣除条件。根据《国家税务总局关于企业所得税若干问题的公告》（国家税务总局公告 2011 年第 34 号）规定，对企业员工服饰费用支出扣除问题予以明确，即企业根据其工作特性和特点，由企业统一制作并要求员工工作时统一着装所发生的工作服饰费用，可以作为企业合理支出给予税前扣除。

（三）物业管理费

企业与其他企业包括关联企业、个人在境内共同接受应税劳务（如物业服务、食堂服务）发生的支出，采取分摊方式的，根据《国家税务总局关于发布〈企业所得税税前扣除凭证管理办法〉的公告》（国家税务总局公告 2018 年第 28 号）规定，应当按照独立交易原则进行分摊，企业以发票和分割单作为税前扣除凭证，共同接受应税劳务的其他企业以企业开具的分割单作为税前扣除凭证。

（四）电力设施保护费

电力设施保护费是指供电企业为保护供电设施而发生的供电设施标识费、补偿费、护线费等。根据《国家税务总局关于发布〈企业所得税税前扣除凭证管理办法〉的公告》（国家税务总局公告 2018 年第 28 号）第十条规定，企业在境内发生的支出项目不属于应税项目的，对方为单位的，以对方开具的发票以外的其他外部凭证作为税前扣除凭证；对方为个人的，以内部凭证作为税前扣除凭证。同时第七条规定，企业应将与税前扣除凭证相关的资料，包括合同协议、支出依据、付款凭证等留存备查，以证实税前扣除凭证的真实性。因此补偿费、赔偿费等有关的费用支出，若取得相关税前扣除凭证，准予按规定在税前扣除。

（五）业务招待费

《中华人民共和国企业所得税法实施条例》（中华人民共和国国务院令第 512 号）第四十三条规定，企业发生的与生产经营活动有关的业务招待费支出，按照发生额的 60%扣除，但最高不得超过当年销售（营业）收入的 5‰。当年销售（营业）收入包括《中华人民共和国企业所得税法实施条例》（中华人民共和国国务院令第 512 号）第二十五条规定的视同销售（营业）收入额。

《国家税务总局关于贯彻落实企业所得税法若干税收问题的通知》（国税函〔2010〕79 号）

第八条规定，对从事股权投资业务的企业（包括集团公司总部、创业投资企业等），其从被投资企业所分配的股息、红利以及股权转让收入，可以按规定的比例计算业务招待费扣除限额。

《国家税务总局关于企业所得税应纳税所得额若干税务处理问题的公告》（国家税务总局公告2012年第15号）规定，企业在筹建期间，发生的与筹办活动有关的业务招待费支出，可按实际发生额的60%计入企业筹办费，并按有关规定在税前扣除。

（六）广告宣传费

《中华人民共和国企业所得税法实施条例》（中华人民共和国国务院令第512号）第四十四条规定，企业发生的符合条件的广告费和业务宣传费支出，除国务院财政、税务主管部门另有规定外，不超过当年销售（营业）收入15%的部门，准予扣除；超过部分，准予结转以后纳税年度扣除。当年销售（营业）收入包括《中华人民共和国企业所得税法实施条例》（中华人民共和国国务院令第512号）第二十五条规定的视同销售（营业）收入额。

企业申报扣除的广告费支出应与赞助支出严格区分。企业申报扣除的广告费支出，必须符合下列条件：广告是通过工商管理部门批准的专门机构制作的；已实际支付费用，并已取得相应发票；通过一定的媒体传播。

根据《财政部、国家税务总局关于广告费和业务宣传费支出税前扣除政策的通知》（财税〔2017〕41号）规定，对签订广告费和业务宣传费分摊协议的关联企业，其中一方发生的不超过当年销售（营业）收入税前扣除限额比例内的广告费和业务宣传费支出可以在本企业扣除，也可以将其中的部分或全部按照分摊协议归集至另一方扣除。另一方在计算本企业广告费和业务宣传费支出企业所得税税前扣除限额时，可将按照上述办法归集至本企业的广告费和业务宣传费不计算在内。

（七）租赁费

根据《中华人民共和国企业所得税法实施条例》（中华人民共和国国务院令第512号）第四十七条规定，企业租入生产经营活动需要固定资产支付的租赁费，按照以下方法扣除：以经营租赁方式租入固定资产发生的租赁费支出，按照租赁期均匀扣除；以融资租赁方式租入固定资产发生的租赁费支出，按照规定构成融资租入固定资产价值的部分应当提取折旧费用，分期扣除。

根据《国家税务总局关于发布〈企业所得税税前扣除凭证管理办法〉的公告》（国家税务总局公告2018年第28号）规定，企业租用（包括企业作为单一承租方租用）办公、生产用房等资产发生的水、电、燃气、冷气、暖气、通信线路、有线电视、网络等费用，出租方作为增值税应税项目开具发票的，企业以发票作为税前扣除凭证；出租方采取分摊方式的，企业以出租方开具的其他外部凭证作为税前扣除凭证。

（八）团体会费

团体会费应符合团体章程所规定的金额，企业应取得社会团体按规定开具的财政票据作为税前扣除依据。

（九）党建活动经费

根据《中共中央组织部、财政部、国务院国资委党委、国家税务总局关于国有企业党组织工作经费问题的通知》（组通字〔2017〕38号）规定，国有企业（包括国有独资、全资和国有资本绝对控股、相对控股企业）纳入管理费用的部分党组织工作经费，实际支出不超过职工年度工资薪金总额1%的部分，可以据实在企业所得税前扣除。年末如有结余，结转下一年度使用。累计结转超过上一年度职工工资总额2%的，当年不再从管理费用中安排。

（十）特殊工种保险费

根据《中华人民共和国企业所得税法实施条例》（中华人民共和国国务院令第512号）第三十六条，企业依照国家有关规定为特殊工种职工支付的人身安全保险费和国务院财政、税务主管部门规定可以扣除的其他商业保险费可以所得税税前扣除。

（十一）财产保险费

根据《中华人民共和国保险法》（中华人民共和国主席令第11号）第十二条规定，财产保险是以财产及其有关利益为保险标的保险。符合财产保险扣除原则的保险标的物必须是企业自有财产或与生产经营相关的保险费支出。

根据《国家税务总局关于责任保险费企业所得税税前扣除有关问题的公告》（国家税务总局公告2018年第52号）规定，企业参加雇主责任险、公众责任险等责任保险，按照规定缴纳的保险费，准予在企业所得税税前扣除。因此企业发生的公众责任险、供电责任险等责任保险费用可以所得税税前扣除。

【个人所得税】

（一）差旅费

根据《国家税务总局关于印发〈征收个人所得税若干问题的规定〉的通知》（国税发〔1994〕89号）第二条第（二）项规定，企业职工因公出差取得的差旅费补助不予征收个人所得税。

（二）劳动保护费

企业、事业单位按照国家规定的劳动保护范围给职工发放的劳保性质的服装，不征收个人所得税；对属于劳动保护范围但超标准职工发放的劳保性质的服装，按照国家规定的标准扣除，对其差额计算征收个人所得税；对企业、事业单位发给职工的不属于劳动保护范围的各类服装（包括以现金形式支付的服装费），均应并入个人的当月工资全额计算征收个人所得税。

（三）广告宣传费

广告宣传费必须提供宣传活动方案，如宣传活动中赠送本企业标识专门制作的物品，作为广告宣传费处理，并交策划机构组织实施，明确双方权利和义务。在营销活动中以赠品、抽奖等方式向本单位以外的个人赠送礼品的，对个人取得的礼品所得，应计入“偶然所得”按20%的税率缴纳个人所得税，税款由赠送礼品的单位代扣代缴。

符合《财政部、国家税务总局关于企业促销展业赠送礼品有关个人所得税问题的通知》（财税〔2011〕50号）规定的以下三种情形的，不征收个人所得税：①企业通过价格折扣，折让方式向个人销售商品（产品）和提供服务；②企业在向个人销售商品（产品）和提供服务的同时给予赠品；③企业对累积消费达到一定额度的个人按消费积分反馈礼品。业务部门在营销活动中应当保留营销活动方案等相关证据，证明企业不属于随机向本单位以外的个人赠送礼品，无须代扣代缴个人所得税。

【印花税】

根据《中华人民共和国印花税暂行条例》（中华人民共和国国务院令第11号），其他费用涉及缴纳印花税的应税凭证主要包括：采购合同、加工承揽合同、财产租赁合同和财产保险合同等。

需要注意的是中介费中核算的一般的法律、会计、审计等方面的咨询合同不属于技术咨询合同，所立合同不贴印花；广告标识制作、停电通知单印制等加工承揽合同，凡由受托方提供原材料的，应当在合同中分别记载加工费金额与原材料金额，分别按加工承揽合同适用税率和购销合同适用税率计算印花税。若没有分别记载金额的，将全额按照加工承揽合同适用税率计税贴花。

“营改增”后部分成本费用税率参照表 5 - 26。

表 5 - 26　　　　“营改增”后部分成本费用税率

<table>
<tr><th>成本费用项目</th><th>应税项目</th><th>2018 年 5 月 1 日前</th><th>2018 年 5 月 1 日—2019 年 4 月 1 日</th><th>2019 年 4 月 1 日后</th></tr>
<tr><td>劳务派遣费、安全费（小规模—简易计税方法）</td><td>现代服务—商务辅助—人力资源</td><td colspan="3" rowspan="2">3%</td></tr>
<tr><td>人力资源外包费（小规模—简易计税方法）</td><td>现代服务—商务辅助—经纪代理</td></tr>
<tr><td>劳务派遣费、安全费（差额计税方法）</td><td>现代服务—商务辅助—人力资源</td><td colspan="3" rowspan="2">5%</td></tr>
<tr><td>人力资源外包费（一般纳税人—简易计税方法）</td><td>现代服务—商务辅助—经纪代理</td></tr>
<tr><td>财产保险费、车辆使用费（财产保险）</td><td>金融服务—保险</td><td colspan="3" rowspan="11">6%</td></tr>
<tr><td>会议费</td><td>现代服务—文化创意—会议展览</td></tr>
<tr><td>广告费（广告宣传）</td><td>现代服务—文化创意—广告</td></tr>
<tr><td>物业管理费</td><td>现代服务—商务辅助—企业管理</td></tr>
<tr><td>劳务派遣费、安全费（一般计税方法）</td><td>现代服务—商务辅助—人力资源</td></tr>
<tr><td>人力资源外包费（一般计税方法）</td><td>现代服务—商务辅助—经纪代理</td></tr>
<tr><td>搬运费</td><td>现代服务—物流辅助—装卸搬运</td></tr>
<tr><td>业务招待费（餐饮、住宿）、差旅费（住宿）</td><td>生活服务—餐饮住宿</td></tr>
<tr><td>培训费</td><td>生活服务—教育医疗—教育</td></tr>
<tr><td>绿化养护（日常）</td><td>生活服务—其他生活服务</td></tr>
<tr><td>运输费</td><td>交通运输服务</td><td rowspan="6">11%</td><td rowspan="6">10%</td><td rowspan="6">9%</td></tr>
<tr><td>检修费（不动产）、修理费（不动产）、修缮费</td><td>建筑服务</td></tr>
<tr><td>绿化养护（园林绿化）</td><td>建筑服务—其他建筑服务</td></tr>
<tr><td>车辆使用费（车辆停放、通行）</td><td>不动产租赁</td></tr>
<tr><td>广告费（租用不动产发布广告）</td><td>不动产租赁</td></tr>
<tr><td>租赁费（不动产）</td><td>不动产租赁</td></tr>
</table>

续表

成本费用项目	应税项目	2018 年 5 月 1 日前	2018 年 5 月 1 日—2019 年 4 月 1 日	2019 年 4 月 1 日后
苗木费、材料费、燃料费、水电费、办公费（办公用品）、劳动保护费（劳保用品）	货物	17%	16%	13%
检修费（动产）、修理费（动产）、车辆使用费（修理）	劳务			
租赁费（动产）、绿植租摆	有形动产租赁			
广告费（标牌制作）	劳务			
广告费（租用动产发布广告）	有形动产租赁			

涉税风险

其他费用业务涉税风险见表 5-27。

表 5-27　　其他费用业务涉税风险

风险编号	风 险 描 述	责任部门
YF-01	业务部门签订合同时未根据具体经济业务区分业务内容，以汇总的形式打包，导致增值税从高计税	业务部门
YF-02	对于合同中同时包括进项可抵扣项目和不可抵扣项目（如福利费、农维费等），业务部门未在合同中单独列示，导致多抵扣进项税的风险	
YF-03	业务部门未在印花税应税合同中注明不含税价，或对于由受托方提供原材料的加工承揽合同，未在合同中分别记载加工费金额和原材料金额，导致多缴印花税的风险	
YF-04	取得的增值税发票备注栏未按《增值税发票开具指南》的要求填写必要内容，存在不能税前扣除的风险，具体情形包括： （1）货物运输增值税发票备注栏应注明起运地、到达地、车种车号以及运输货物信息等内容。 （2）建筑服务增值税发票备注栏应注明建筑服务发生地县（市、区）名称以及项目名称。 （3）不动产销售、不动产租赁增值税发票备注栏应注明不动产的详细地址。 （4）税务机关代开增值税发票的，备注栏应注明增值税纳税人的名称和纳税人识别号（统一社会信用代码）。 （5）保险机构代收车船税的增值税发票备注栏应注明代收车船税税款信息［保险单号、税款所属期（详细至月）、代收车船税金额、滞纳金金额、金额合计等］	
YF-05	赔付青苗补偿费等未按照规定取得经济合作社开具的收款收据，直接支付青苗补偿费未附签字的发放清单及身份证复印件的，或未直接转账至收款人账号的，存在不能税前扣除的风险	
YF-06	业务部门在营销活动中向个人销售商品同时给予赠品，未保留营销策划方案等证据，存在被税务机关认定为需代扣代缴个人所得税的风险	
YF-07	劳动保护用品应当以实物形式发生，凡以劳保为名向职工发放的现金、人人有份的生活用品和非防护装备等福利和劳动报酬支出不得作为劳动保护费列支，其取得的进项税也不得抵扣	
YF-08	未正确区分租用班车的租赁费和运输费，导致发票品名、税率出错	
CF-01	广告、业务宣传时向外单位随机赠送宣传品，增值税上未作视同销售处理	财务部门
CF-02	用于农维费免税项目取得的进项税核算不准确，导致进项税（不包括外购电力产品进项税）应转出未转出	

续表

风险编号	风　险　描　述	责任部门
CF-03	租入的固定资产、不动产，既用于一般计税方法计税项目，又用于简易计税方法计税项目、免征增值税项目、集体福利或者个人消费的，误将进项税额按比例转出，导致多缴纳增值税的风险	财务部门
CF-04	金融机构手续费以银行回单代替增值税专用发票，不仅导致增值税进项税少抵，而且因没有取得合法票据而不得在企业所得税税前扣除	

政策依据

《中华人民共和国增值税暂行条例》（中华人民共和国国务院令第691号）

《中华人民共和国增值税暂行条例实施细则》（财政部令第65号）

《财政部、国家税务局关于全面推开营业税改征增值税试点的通知》（财税〔2016〕36号）

《财政部、国家税务总局关于进一步明确全面推开营改增试点有关劳务派遣服务、收费公路通行费抵扣等政策的通知》（财税〔2016〕47号）

《财政部、国家税务总局关于进一步明确全面推开营改增试点有关再保险、不动产租赁和非学历教育等政策的通知》（财税〔2016〕68号）

《财政部、国家税务总局关于明确金融、房地产开发、教育辅助服务等增值税政策的通知》（财税〔2016〕140号）

《国家税务总局关于发布〈纳税人提供不动产经营租赁服务增值税征收管理暂行办法〉的公告》（国家税务总局公告2016年第16号）

《国家税务总局关于部分地区开展住宿业增值税小规模纳税人自开增值税专用发票试点工作有关事项的公告》（国家税务总局公告2016年第44号）

《国家税务总局关于在境外提供建筑服务等有关问题的公告》（国家税务总局公告2016年第69号）

《国家税务总局关于进一步明确营改增有关征管问题的公告》（国家税务总局公告2017年第11号）

《财政部、国家税务总局关于租入固定资产进项税额抵扣等增值税政策的通知》（财税〔2017〕90号）

《国家税务总局货物和劳务税司关于做好增值税发票使用宣传辅导有关工作的通知》（税总货便函〔2017〕127号）

《交通运输部、国家税务总局关于收费公路通行费增值税电子普通发票开具等有关事项的公告》（交通运输部、国家税务总局公告2017年第66号）

《财政部、国家税务总局关于调整增值税税率的通知》（财税〔2018〕32号）

《财政部、税务总局、海关总署关于深化增值税改革有关政策的公告》（财政部、税务总局、海关总署公告2019年第39号）

《中华人民共和国企业所得税法》（中华人民共和国主席令第63号）

《中华人民共和国企业所得税实施条例》（中华人民共和国国务院令第512号）

《国家税务总局关于贯彻落实企业所得税法若干税收问题的通知》（国税函〔2010〕79号）

《国家税务总局关于企业所得税若干问题的公告》(国家税务总局公告 2011 年第 34 号)

《国家税务总局关于企业所得税应纳税所得额若干税务处理问题的公告》(国家税务总局公告 2012 年第 15 号)

《国家税务总局关于企业所得税有关问题的公告》(国家税务总局公告 2016 年第 80 号)

《财政部、国家税务总局关于广告费和业务宣传费支出税前扣除政策的通知》(财税〔2017〕41 号)

《中共中央组织部、财政部、国务院国资委党委、国家税务总局关于国有企业党组织工作经费问题的通知》(组通字〔2017〕38 号)

《国家税务总局关于发布〈企业所得税税前扣除凭证管理办法〉的公告》(国家税务总局公告 2018 年第 28 号)

《国家税务总局关于责任保险费企业所得税税前扣除有关问题的公告》(国家税务总局公告 2018 年第 52 号)

《国家税务总局关于印发〈征收个人所得税若干问题的规定〉的通知》(国税发〔1994〕89 号)

《财政部、国家税务总局关于企业促销展业赠送礼品有关个人所得税问题的通知》(财税〔2011〕50 号)

《中华人民共和国印花税暂行条例》(中华人民共和国国务院令第 11 号)

《中华人民共和国印花税暂行条例施行细则》(财税字〔1988〕255 号)

《国家税务局关于印花税若干具体问题的规定》(国税地字〔1988〕25 号)

《国家税务局关于图书、报刊等征订凭证征免印花税问题的通知》(国税地字〔1989〕142 号)

《中华人民共和国保险法》(中华人民共和国主席令第 11 号)

《财政部关于印发〈中央和国家机关会议费管理办法〉的通知》(财行〔2016〕214 号)

《劳动保护用品管理规定》(劳部发〔1996〕138 号)

《中华人民共和国劳动和社会保障部社会保险事业管理中心关于规范社会保险缴费基数有关问题的通知》(劳社险中心函〔2006〕60 号)

《国家电网公司成本管理办法》[国网 (财/2) 347—2014]

《国家电网公司会计核算办法》[国网 (财/2) 469—2014]

《财政部、税务总局、海关总署关于深化增值税改革有关政策的公告》(财政部、税务总局、海关总署公告 2019 年第 39 号)

第六节　技　术　改　造

业务描述

技术改造项目包括生产技术改造、非生产性技术改造、营销技术改造、信息技术改造等。

根据《国家电网公司生产技术改造工作管理办法》(国家电网企管〔2014〕69 号),生产技术改造是指利用成熟、先进、适用的技术、设备、工艺和材料等,对现有电网生产设备、设施及相关辅助设施等资产进行更新、完善和配套,提高其安全性、可靠性、经济性和满足智能化、节能、环保等要求。生产技术改造投资形成固定资产,是企业的一种资本性支出。

根据《国家电网有限公司非生产性技改、大修项目管理办法》（国家电网企管〔2014〕1210号），非生产性技改是指对非生产性房屋结构分系统、围护分系统（含室外）和设备设施的给水排水、供热采暖、空调通风、电气、电梯、建筑智能化分系统进行更新、完善和配套改造，以提高其安全性、可靠性、经济性，满足智能化、节能、环保等要求的技术改造工作。

根据《国家电网公司关于进一步深化项目可研经济性与财务合规性评价工作的通知》（国家电网财〔2015〕536号），予以资本化的项目支出，除应具备显著提升原资产的输电量、变电容量，降低损耗等提升资产效益的技术指标以外，还须至少满足下列条件之一：①后续支出达到取得固定资产时的计税基础50%以上；②延长固定资产的使用年限2年（含）以上。

根据上述规定，以生产性技术改造为代表的技术改造业务流程如图5-25所示。

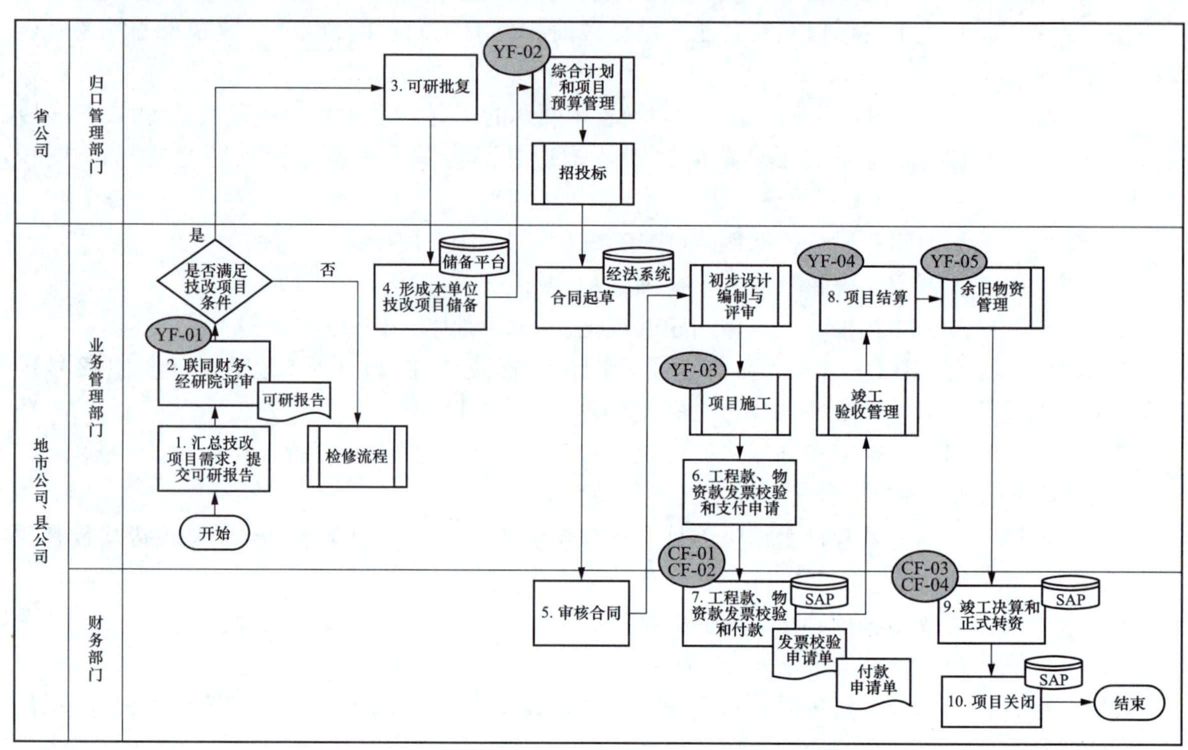

图5-25　生产性技术改造业务流程

涉及税种

技术改造业务主要涉及增值税、企业所得税、房产税、印花税等税种。

涉税处理

【增值税】

技术改造项目为资本化支出，技术改造投资增加固定资产原值，其中对建筑物、构筑物的技术改造项目涉及不动产原值的增加。

购进货物、加工修理修配劳务、各类服务用于改建、扩建、修缮、装饰不动产的，进项税可在取得当期全额抵扣根据《营业税改征增值税试点实施办法》（财税〔2016〕36 号附件 1）第二十七条规定，专用于集体福利固定资产技术改造所耗用的货物、加工修理修配劳务以及设计、建筑等服务的进项税不得抵扣；如涉及非正常损失，非正常损失的购进货物及相关的加工修理修配劳务和交通运输服务、非正常损失的不动产在建工程所耗用的购进货物、设计服务和建筑服务，其进项税均不得抵扣；涉及的贷款服务、餐饮服务、居民日常服务和娱乐服务的进项税也不得抵扣。企业进行技术改造项目取得增值税专用发票等进项税抵扣凭证时，应考虑是否符合进项税的抵扣条件，税收法规规定不得抵扣的进项税不能从销项税中扣除。

企业购入技改项目使用的机器设备且由销售方提供安装服务时，根据《国家税务总局关于明确中外合作办学等若干增值税征管问题的公告》（国家税务总局公告 2018 年第 42 号）规定，应当要求对方在合同中分别核算机器设备和安装服务的销售额，其中安装服务可以按照文件规定选择按照甲供工程简易方法计税。

【企业所得税】

（一）技术改造支出的企业所得税前扣除

1. 改建支出

根据《中华人民共和国企业所得税法》（中华人民共和国主席令第 63 号）、《中华人民共和国企业所得税法实施条例》（中华人民共和国国务院令第 512 号）规定，进行技术改造的固定资产，如果尚未提足折旧，则增加其原值，同时根据增加的资产使用年限延长折旧年限计提折旧；如果固定资产已提足折旧，无论会计核算是增加固定资产原值还是作为长期待摊费用，该技术改造支出应作为长期待摊费用按照固定资产预计尚可使用年限摊销。上述折旧或摊销可在企业所得税前扣除。

对于技术改造涉及未提足折旧房屋、建筑物的，根据《国家税务总局关于企业所得税若干问题的公告》（国家税务总局公告 2011 年第 34 号）第四条规定，企业对房屋、建筑物固定资产在未足额提取折旧前进行改扩建的，如属于推倒重置的，该资产原值减除提取折旧后的净值，应并入重置后的固定资产计税成本，并在该固定资产投入使用后的次月起，按照税法规定的折旧年限，一并计提折旧；如属于提升功能、增加面积的，该固定资产的改扩建支出，并入该固定资产计税基础，并从改扩建完工投入使用后的次月起，重新按税法规定的该固定资产折旧年限计提折旧，如该改扩建后的固定资产尚可使用的年限低于税法规定的最低年限的，可以按尚可使用的年限计提折旧。企业所得税改建支出政策见表 5－28。

表 5－28　　企业所得税改建支出政策

<table>
<tr><th colspan="3">情形</th><th colspan="2">税务处理</th></tr>
<tr><td colspan="3">产权不属于企业所有</td><td>长期待摊费用</td><td>剩余租赁期内分期摊销</td></tr>
<tr><td rowspan="3">产权属于企业所有</td><td colspan="2">已提足折旧</td><td>长期待摊费用</td><td>按预计尚可使用年限分期摊销</td></tr>
<tr><td rowspan="2">未提足折旧</td><td>推倒重置</td><td>原值减除提取折旧后的净值，并入重置后的固定资产计税成本</td><td>在该固定资产投入使用后的次月起，按税法规定的折旧年限，一并计提折旧</td></tr>
<tr><td>提升功能、增加面积</td><td>改扩建支出并入该固定资产计税基础</td><td>从改扩建完工投入使用后的次月起，重新按税法规定的折旧年限计提折旧；如该改扩建后的资产尚可使用年限〈税法规定最低年限的，可按尚可使用年限计提折旧</td></tr>
</table>

2. 大修理支出

根据《中华人民共和国企业所得税法实施条例》(中华人民共和国国务院令第 512 号) 第六十九条规定，固定资产大修理支出必须同时符合以下条件：

(1) 修理支出达到取得固定资产时的计税基础 50%以上。

(2) 修理后固定资产的使用年限延长 2 年以上。

因此，同时满足以上条件的可以确认为大修理支出，按照固定资产尚可使用年限分期摊销，在企业所得税前扣除。

3. 不符合以上改建支出和大修理支出规定条件的

不符合以上改建支出和大修理支出规定条件的作为费用化的一般修理支出，计入当期损益。

(二) 技术改造中设备拆旧企业所得税处理

技术改造中发生的设备、设施拆旧产生的固定资产损失，应根据《财政部、国家税务总局关于企业资产损失税前扣除政策的通知》(财税〔2009〕57 号) 和《国家税务总局关于发布〈企业资产损失所得税税前扣除管理办法〉的公告》(国家税务总局公告 2011 年第 25 号)，按照规定程序办理资产损失的税前扣除。根据《国家税务总局关于企业所得税资产损失资料留存备查有关事项的公告》(国家税务总局公告 2018 年第 15 号)，2017 年度及以后年度企业所得税汇算清缴中，企业向税务机关申报扣除资产损失，仅需填报企业所得税年度纳税申报表“资产损失税前扣除及纳税调整明细表”，不再报送资产损失相关资料。相关资料由企业留存备查。具体政策及方法详见本书第六章第一节“资产退出”。

对于输电线路技术改造中，部分铁塔、线路拆除报废形成的部分固定资产损失，根据《国家税务总局关于电网企业输电线路部分报废损失税前扣除问题》(国家税务总局公告 2010 年第 30 号) 规定，允许在企业所得税前扣除。上述部分固定资产损失，应按照该固定资产的总计税价格，计算每基铁塔和每千米线路的计税价格后，根据报废的铁塔数量和线路长度以及已计提折旧情况确定。

(三) 技术改造项目涉及的企业所得税优惠

技术改造项目购置并实际使用部分型号三相双绕组有载变压器、三相配电变压器等属于《节能节水专用设备企业所得税优惠目录 (2017 年版)》中的专用设备的，根据《财政部、国家税务总局关于执行环境保护专用设备企业所得税优惠目录、节能节水专用设备企业所得税优惠目录和安全生产专用设备企业所得税优惠目录有关问题的通知》(财税〔2008〕48 号) 规定，该专业设备投资额的 10%可以从企业当年的应纳税额中抵免；当年不足抵免的，可以在以后 5 个纳税年度结转抵免。

享受前款规定的企业所得税优惠的企业，应当实际购置并自身实际投入使用；企业购置上述专业设备 5 年内转让、出租的，应当停止享受企业所得税优惠，并补缴已经抵免的企业所得税税款。转让的受让方可以按照该专用设备投资额的 10%抵免当年企业所得税应纳税额；当年不足抵免的，可以在以后 5 个纳税年度结转抵免。

上述变压器的投资额，根据《国家税务总局关于环境保护节能节水安全生产等专用设备投资抵免企业所得税有关问题的通知》(国税函〔2010〕256 号) 的规定，如增值税进项税额允许抵扣，其专用设备投资额应为增值税专用发票上注明的不含税金额。如购买专用设备取得普通发票或增值税进项税不允许抵扣，其专用设备投资额为发票上注明的价税合计金额。

【房产税】

技术改造项目涉及房产原值发生变动的，在依照房产余值计算房产税时，应考虑房产原值变动引起的计税基础变化。根据《财政部、国家税务总局关于房产税城镇土地使用税有关问题的通知》（财税〔2008〕152 号）规定，对依照房产原值计税的房产，不论是否记载在会计账簿固定资产科目中，均应按照房屋原价计算缴纳房产税。房屋原价应根据国家有关会计制度规定进行核算。对纳税人未按国家会计制度规定核算并记载的，应按规定予以调整或重新评估。涉及设备、设施拆旧的，根据《国家税务总局关于进一步明确房屋附属设备和配套设施计征房产税有关问题的通知》（国税发〔2005〕173 号）规定，对于更换房屋附属设备和配套设施的，在将其价值计入房产原值时，可扣减原来相应设备和设施的价值；对附属设备和配套设施中易损坏、需要经常更换的零配件，更新后不再计入房产原值。

对于涉及的房产配套的消防水池、化粪池、消防砂箱等，需确认是否属于以房屋为载体、不可随意移动的配套设施。根据《国家税务总局关于进一步明确房屋附属设备和配套设施计征房产税有关问题的通知》（国税发〔2005〕173 号）规定，为了维持和增加房屋的使用功能或使房屋满足设计要求凡以房屋为载体，不可随意移动的附属设备和配套设施，如给排水、采暖、消防、中央空调、电气及智能化楼宇设备等，无论在会计核算中是否单独记账与核算，都应计入房产原值，计征房产税。此外，对上述配套设施发生的技术改造支出，无论在会计上是否计入房产原值，均应按规定调整房产税的计税基础，计算缴纳房产税。

根据《财政部、税务总局关于房产税若干具体问题的解释和暂行规定》（财税地字〔1986〕8 号），房屋大修停用在半年以上的，经纳税人申请，在大修期间可免征房产税。

【印花税】

根据《中华人民共和国印花税暂行条例》（中华人民共和国国务院令第 11 号），技术改造项目涉及缴纳印花税的应税凭证主要包括：建设工程勘察设计合同、建筑安装工程承包合同、采购合同、货物运输合同、仓储保管合同、财产保险合同、技术合同。

涉税风险

技术改造业务涉税风险见表 5－29。

表 5－29　技术改造业务涉税风险

风险编号	风 险 描 述	责任部门
YF－01	在项目可研评审时，对于技术改造项目，未正确区分技改和大修	业务部门
YF－02	项目计划和预算编制符合“后续支出达到取得固定资产时的计税基础 50%以上”条件，但实际执行时存在偏差，从而导致不能适用技术改造相关税务处理	
YF－03	项目施工过程中，购置的符合企业所得税税收优惠条件的专用设备，取得的发票如未注明设备型号，将导致无法享受企业所得税优惠	
YF－04	项目投产后 12 个月内，因结算滞后未完成竣工决算，导致暂估资产的折旧存在纳税调整风险	
YF－05	技术改造项目涉及的拆旧工作，应根据立项阶段技术鉴定结论及处置意见编制拆旧方案及拆旧清单，如未按规定编制，造成资产损失企业所得税前扣除备查资料不完整，将导致企业所得税风险	

续表

风险编号	风　险　描　述	责任部门
CF-01	对专用于集体福利设施进行的技术改造项目设计、施工过程中所耗用的材料、设备、加工修理修配劳务、设计服务、建筑服务的进项税额不应抵扣，如用于抵扣，将导致少缴纳增值税	财务部门
CF-02	项目实施过程中发生非正常损失的，未及时掌握相应变动情况及相关资料，未能按照规定计算转出不得抵扣的进项税，导致增值税风险	
CF-03	项目购置的符合企业所得税税收优惠条件的专用设备，未建立相应台账，未按要求归集、留存相关备查资料，造成企业所得税优惠留存备查资料不完整，导致企业所得税风险	
CF-04	企业实际资产损失，应当在其实际发生且会计上已作损失处理的年度申报扣除。技术改造项目涉及的拆旧工作，应在拆旧物资处置完成后确认损失，如未完成拆旧物资处置便在会计上作损失处理，将导致多扣除损失的企业所得税风险	
CF-05	项目涉及以房屋为载体、不可随意移动的附属设备和配套设施的，如未将其计入房产原值，将导致少缴纳房产税	

政策依据

《财政部、国家税务总局关于全面推开营业税改征增值税试点的通知》（财税〔2016〕36号）

《国家税务总局关于明确中外合作办学等若干增值税征管问题的公告》（国家税务总局公告2018年第42号）

《财政部、税务总局、海关总署关于深化增值税改革有关政策的公告》（财政部、税务总局、海关总署公告2019年第39号）

《中华人民共和国企业所得税法》（中华人民共和国主席令第63号）

《中华人民共和国企业所得税法实施条例》（中华人民共和国国务院令第512号）

《财政部、国家税务总局关于执行环境保护专用设备企业所得税优惠目录、节能节水专用设备企业所得税优惠目录和安全生产专用设备企业所得税优惠目录有关问题的通知》（财税〔2008〕48号）

《财政部、国家税务总局关于企业资产损失税前扣除政策的通知》（财税〔2009〕57号）

《国家税务总局关于电网企业输电线路部分报废损失税前扣除问题》（国家税务总局公告2010年第30号）

《国家税务总局关于环境保护节能节水、安全生产等专用设备投资抵免企业所得税有关问题的通知》（国税函〔2010〕256号）

《国家税务总局关于发布〈企业资产损失所得税税前扣除管理办法〉的公告》（国家税务总局公告2011年第25号）

《国家税务总局关于企业所得税若干问题的公告》（国家税务总局公告2011年第34号）

《国家税务总局关于企业所得税资产损失资料留存备查有关事项的公告》（国家税务总局公告2018年第15号）

《财政部、税务总局关于房产税若干具体问题的解释和暂行规定》（财税地字〔1986〕8号）

《国家税务总局关于进一步明确房屋附属设备和配套设施计征房产税有关问题的通知》（国税发〔2005〕173号）

《财政部、国家税务总局关于房产税城镇土地使用税有关问题的通知》（财税〔2008〕152号）

《中华人民共和国印花税暂行条例》（中华人民共和国国务院令第11号）

《国家电网公司生产技术改造工作管理办法》（国家电网企管〔2014〕69号）

《国家电网公司非生产性技改、大修项目管理办法》（国家电网企管〔2014〕1210号）

《国家电网公司关于进一步深化项目可研经济性与财务合规性评价工作的通知》（国家电网财〔2015〕536号）

第六章　退　出　阶　段

第一节　资　产　退　出

一、资产报废

业务描述

根据《财政部、国家税务总局关于企业资产损失税前扣除政策的通知》（财税〔2009〕57号）第一条的规定，报废包括固定资产报废和存货报废，同时对于报废的固定资产处置包括处置收益和处置损失，本节仅对固定资产报废及处置进行详细分析。

根据《国家电网有限公司固定资产管理办法》［国网（财/2）593—2018］的规定，固定资产报废业务流程如图6－1所示。

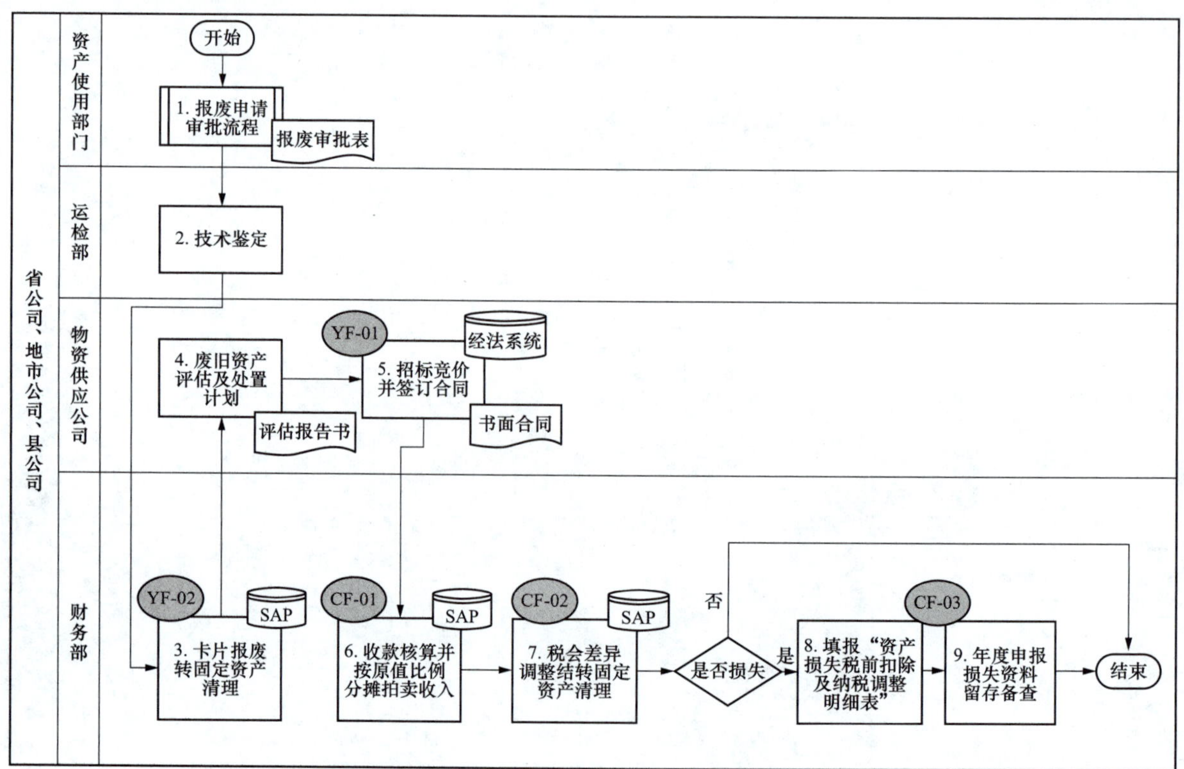

图6－1　固定资产报废业务流程

涉及税种

固定资产报废业务主要涉及增值税及附加、企业所得税、印花税等税种。

涉税处理

【增值税及附加】

根据《财政部、国家税务总局关于部分货物适用增值税低税率和简易办法征收增值税政策的通知》(财税〔2009〕9号)第二条第(一)项第1款的规定，一般纳税人销售自己使用过的除固定资产以外的物品，应当按照适用税率征收增值税。根据《中华人民共和国增值税暂行条例》(中华人民共和国国务院令第691号)第二条第(一)项的规定，纳税人销售货物、劳务、有形动产租赁服务或者进口货物，除本条第二项、第四项、第五项另有规定外，税率为17%。根据《财政部、税务总局、海关总署关于深化增值税改革有关的公告》(财政部、税务总局、海关总署公告2019年第39号)第一条的规定，纳税人发生增值税应税销售行为或者进口货物，原适用16%和10%税率的，税率分别调整为13%、9%。在实务中，电力企业固定资产报废一般先进行拆除，其残料收入应按13%税率缴纳增值税，不适用简易征收方法。如未进行拆除，而是作为自己使用过的固定资产出售则参考本节“二、资产出售”相关内容，本处不再详述。

县供电公司受托处置地市供电公司固定资产报废残料，如果以本单位名义签订废旧物资销售合同，统一收款并以本单位名义开具发票，应以县供电公司为增值税纳税主体，向主管税务机关申报增值税。如果仅以代收代付名义，不以本单位名义签订销售合同和开具发票，应以地市供电公司为纳税主体，申报增值税。

【企业所得税】

(一) 固定资产损失税前扣除

根据《财政部、国家税务总局关于企业资产损失税前扣除政策的通知》(财税〔2009〕57号)第八条的规定，对企业毁损、报废的固定资产，以该固定资产的账面净值减除残值、保险赔款和责任人赔偿后的余额，作为固定资产毁损、报废损失在计算应纳税所得额时扣除。若为净收益，则按规定申报纳税即可。

(二) 固定资产报废损失确认证据

根据《国家税务总局关于发布〈企业资产损失所得税税前扣除管理办法〉的公告》(国家税务总局公告2011年第25号)第三十条规定，固定资产报废、毁损损失，为其账面净值扣除残值和责任人赔偿后的余额，应依据以下证据材料确认：

(1) 固定资产的计税基础相关资料。

(2) 企业内部有关责任认定和核销资料。

(3) 企业内部有关部门出具的鉴定材料。

(4) 涉及责任赔偿的，应当有赔偿情况的说明。

(5) 损失金额较大的或自然灾害等不可抗力原因造成固定资产毁损、报废的，应有专业技术鉴定意见或法定资质中介机构出具的专项报告等[注：根据《国家税务总局关于取消20项税务证明事项的公告》（国家税务总局公告 2018 年第 65 号）的规定，企业可以自行选择是否需要中介机构的鉴证]。

（三）固定资产报废损失留存备查

根据《国家税务总局关于发布〈企业资产损失企业所得税税前扣除管理办法〉的公告》（国家税务总局公告 2011 年第 25 号）和《国家税务总局关于企业所得税资产损失资料留存备查有关事项的公告》（国家税务总局公告 2018 年第 15 号）的规定，固定资产报废损失留存备查相关规定如下：

（1）企业在进行企业所得税年度汇算清缴申报时，仅需填报“资产损失税前扣除及纳税调整明细表”，不再报送资产损失相关资料，相关资料由企业留存备查。

（2）原属于清单申报的资产损失，企业可按会计核算科目进行归类、汇总，有关会计核算资料和纳税资料留存备查。

（3）原属于专项申报的资产损失，企业应将会计核算资料及其他相关的纳税资料整理成册留存备查。

（四）跨地区经营的汇总纳税企业资产损失相关规定

根据《国家税务总局关于发布〈企业资产损失所得税税前扣除管理办法〉的公告》（国家税务总局公告 2011 年第 25 号）第十一条的规定，总分机构资产损失相关规定如下：

（1）总机构及其分支机构发生的资产损失，除应按原专项申报和清单申报的有关规定准备留存资料外，各分支机构同时还应将留存资料上报总机构。

（2）总机构将跨地区分支机构所属资产捆绑打包转让所发生的资产损失，由总机构将相关资料进行留存备查。

（五）电网企业输电铁塔和线路损失处理规定

电网企业输电铁塔和线路损失企业所得税税前扣除问题，应根据《国家税务总局关于电网企业输电线路部分报废损失税前扣除问题的公告》（国家税务总局公告 2010 年第 30 号）的规定进行处理：

（1）由于加大水电送出和增强电网抵御冰雪能力需要等原因，电网企业对原有输电线路进行改造，部分铁塔和线路拆除报废，形成部分固定资产损失。考虑到该部分资产已形成实质性损失，可以按照有关税收规定作为企业固定资产损失允许税前扣除。

（2）上述部分固定资产损失，应按照该固定资产的总计税价格，计算每基铁塔和每千米线路的计税价格后，根据报废的铁塔数量和线路长度以及已计提折旧情况确定。

（3）上述报废的部分固定资产，其中部分能够重新利用的，应合理计算价格，冲减当年度固定资产损失。

（4）新投资建设的线路和铁塔，应单独作为固定资产，在投入使用后，按照税收的规定计提折旧。

（六）电网企业按照固定资产原值比例分摊废旧物资拍卖收入的实务建议

（1）由于电网企业部分资产报废与废旧物资拍卖收入归属于不同纳税年度，应于取得废旧物资拍卖收入年度确认资产报废损失。

（2）鉴于废旧物资拍卖收入与单项资产无法一一对应，可采用按照单项资产的原值比例分摊废旧物资拍卖收入，在此基础上对资产损失进行申报扣除。

【印花税】

根据《中华人民共和国印花税暂行条例》（中华人民共和国国务院令第 11 号）的规定，企业应建立合同台账，对签订废旧物资销售合同，应按购销金额万分之三贴花或申报印花税。

涉税风险

固定资产报废业务涉税风险见表 6－1。

表 6－1　　固定资产报废业务涉税风险

风险编号	风 险 描 述	责任部门
YF－01	物资部门无法区分固定资产报废变卖收入和其他残料收入，导致增值税缴纳只能从高计算的税务风险	业务部门
YF－02	对已实施报废的固定资产当月，资产使用部门未及时将报废固定资产流程表传递到财务部门，使财务部门无法进行报废的会计确认，多计提折旧，少计固定资产损失，产生涉税风险	
CF－01	对废旧物资拍卖收入没有按照单项资产的原值比例分摊废旧物资拍卖收入，并在此基础上对资产损失进行申报扣除导致资产损失申报不实的税收风险	财务部门
CF－02	固定资产报废转为固定资产清理后没有进行拍卖，财务直接转为营业外支出并进行损失申报，没有等有拍卖收入再结转，导致税收风险	
CF－03	固定资产报废损失原应向主管税务机关专项和清单申报的资料，没有装订成册留存备查，导致税收后期检查产生风险	

政策依据

《中华人民共和国增值税暂行条例》（中华人民共和国国务院令第 691 号）

《财政部、国家税务总局关于部分货物适用增值税低税率和简易办法征收增值税政策的通知》（财税〔2009〕9 号）

《财政部、税务总局、海关总署关于深化增值税改革有关的公告》（财政部、税务总局、海关总署公告 2019 年第 39 号）

《财政部、国家税务总局关于企业资产损失税前扣除政策的通知》（财税〔2009〕57 号）

《国家税务总局关于电网企业输电线路部分报废损失税前扣除问题的公告》（国家税务总局公告 2010 年第 30 号）

《国家税务总局关于发布〈企业资产损失所得税税前扣除管理办法〉的公告》（国家税务总局公告 2011 年第 25 号）

《国家税务总局关于企业所得税资产损失资料留存备查有关事项的公告》（国家税务总局公告 2018 年第 15 号）

《国家税务总局关于取消 20 项税务证明事项的公告》（国家税务总局公告 2018 年第 65 号）

《中华人民共和国印花税暂行条例》（中华人民共和国国务院令第 11 号）

《国家电网有限公司固定资产管理办法》[国网（财/2）593—2018]

二、资产出售

业务描述

固定资产出售是指以买卖的方式转让固定资产产权的行为。

根据《国家电网有限公司固定资产管理办法》[国网（财/2）593—2018]，固定资产转让是由实物管理等相关部门根据本单位内部决策或批准文件组织实施，填制固定资产转让审批表，办理审批手续后，连同有关决算材料、合同、协议、单证等，报送财务部门办理固定资产清理手续。经办部门负责收回转让价款交财务部门入账。

根据《国家电网公司资产评估工作管理办法》[国网（财/2）470—2014]的规定，单项资产账面原值超过百万元或占资产占有单位全部固定资产原值百分之二十以上的资产转让、置换、租赁，应当对相关资产进行评估。

根据《国家电网有限公司会计基础管理办法》[国网（财/2）350—2018]和《国家电网有限公司固定资产管理办法》[国网（财/2）593—2018]的规定，固定资产出售流程如图6－2所示。

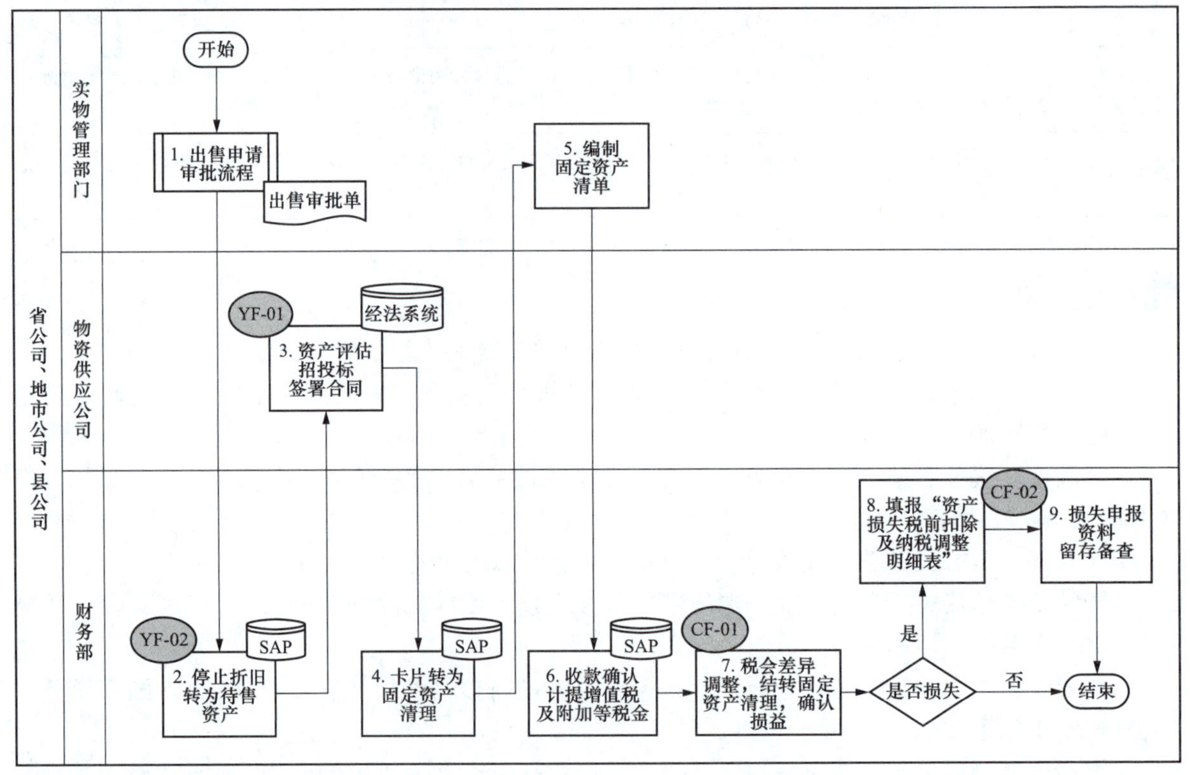

图6－2　固定资产出售业务流程

涉及税种

固定资产出售业务主要涉及增值税及附加、企业所得税、印花税、土地增值税等税种。

涉税处理

【增值税及附加】

（一）动产

1. 正常销售

根据《财政部、国家税务总局关于全国实施增值税转型改革若干问题的通知》（财税〔2008〕170号）、《财政部、国家税务总局关于部分货物适用增值税低税率和简易办法征收增值税政策的通知》（财税〔2009〕9号）、《国家税务总局关于一般纳税人销售自己使用过的固定资产增值税有关问题的公告》（国家税务总局公告2012年第1号）及《国家税务总局关于简并增值税征收率有关问题的公告》（国家税务总局公告2014年第36号）的规定，对于销售自己使用过的固定资产，一般纳税人可以选择适用一般计税方法计税，也可以选择适用简易计税方法计税，一经选择，36个月内不得变更。

销售自己使用过的固定资产并适用一般计税方法的，应开具税率为13%的增值税专用发票。若该动产为自己使用过的属于《中华人民共和国增值税暂行条例》（中华人民共和国国务院令第691号）第十条规定不得抵扣且未抵扣进项税额的固定资产，按照简易办法依照3%征收率减按2%征收增值税，并开具增值税普通发票，根据《国家税务总局货物和劳务税司关于做好增值税发票使用宣传辅导有关工作的通知》（税总货便函〔2017〕127号）第十一条第（三）项第3款的规定放弃减税的，按照简易办法依照3%征收率缴纳增值税，并可以开具增值税专用发票。

对于销售自己使用过的固定资产以外的物品，企业按照货物销售相应税率缴纳增值税。

2. 重组

根据《国家税务总局关于纳税人资产重组有关增值税问题的公告》（国家税务总局公告2011年第13号公告）规定，纳税人在资产重组过程中，通过合并、分立、出售、置换等方式，将全部或者部分实物资产以及与其相关联的债权、负债和劳动力一并转让给其他单位和个人，不属于增值税的征税范围，其中涉及的货物转让，不征收增值税。

（二）不动产

根据《营业税改征增值税试点实施办法》（财税〔2016〕36号附件1）所附《销售服务、无形资产、不动产注释》第三项的规定，销售不动产，是指转让不动产所有权的业务活动。根据《国家税务总局关于发布〈纳税人转让不动产增值税征收管理暂行办法〉的公告》（国家税务总局公告2016年第14号）第二、三条的规定，取得的不动产，一般纳税人转让其取得的不动产，包括以直接购买、接受捐赠、接受投资入股、自建以及抵债等各种形式取得的不动产，按照以下规定缴纳增值税：

（1）一般纳税人转让其2016年4月30日前取得（不含自建）的不动产，可以选择适用简易计税方法计税，以取得的全部价款和价外费用扣除不动产购置原价或者取得不动产时的作价后的余额为销售额，按照5%的征收率计算应纳税额。纳税人应按照上述计税方法向不动产所在地主管税务机关预缴税款，向机构所在地主管税务机关申报纳税。

（2）一般纳税人转让其2016年4月30日前自建的不动产，可以选择适用简易计税方法计税，以取得的全部价款和价外费用为销售额，按照5%的征收率计算应纳税额。纳税人应按照上述计税方法向不动产所在地主管税务机关预缴税款，向机构所在地主管税务机关申报纳税。

（3）一般纳税人转让其2016年4月30日前取得（不含自建）的不动产，选择适用一般计税方法计税的，以取得的全部价款和价外费用为销售额计算应纳税额。纳税人应以取得的全部价款和价外费用扣除不动产购置原价或者取得不动产时的作价后的余额，按照5%的预征率向不动产所在地主管税务机关预缴税款，向机构所在地主管税务机关申报纳税。

（4）一般纳税人转让其2016年4月30日前自建的不动产，选择适用一般计税方法计税的，以取得的全部价款和价外费用为销售额计算应纳税额。纳税人应以取得的全部价款和价外费用，按照5%的预征率向不动产所在地主管税务机关预缴税款，向机构所在地主管税务机关申报纳税。

（5）一般纳税人转让其2016年5月1日后取得（不含自建）的不动产，适用一般计税方法，以取得的全部价款和价外费用为销售额计算应纳税额。纳税人应以取得的全部价款和价外费用扣除不动产购置原价或者取得不动产时的作价后的余额，按照5%的预征率向不动产所在地主管税务机关预缴税款，向机构所在地主管税务机关申报纳税。

（6）一般纳税人转让其2016年5月1日后自建的不动产，适用一般计税方法，以取得的全部价款和价外费用为销售额计算应纳税额。纳税人应以取得的全部价款和价外费用，按照5%的预征率向不动产所在地主管税务机关预缴税款，向机构所在地主管税务机关申报纳税。

根据《国家税务总局关于全面推开营业税改征增值税试点有关税收征收管理事项的公告》（国家税务总局公告2016年第23号），销售不动产，纳税人自行开具或者税务机关代开增值税发票时，应在发票“货物或应税劳务、服务名称”栏填写不动产名称及房屋产权证书号码（无房屋产权证书的可不填写），“单位”栏填写面积单位，“备注”栏注明不动产的详细地址。

根据《国家税务总局关于发布〈纳税人转让不动产增值税征收管理暂行办法〉的公告》（国家税务总局公告2016年第14号）第八条规定，纳税人按规定从取得的全部价款和价外费用中扣除不动产购置原价或者取得不动产时的作价的，应当取得符合法律、行政法规和国家税务总局规定的合法有效凭证。否则，不得扣除。具体包括税务部门监制的发票；法院判决书、裁定书、调解书，以及仲裁裁决书、公证债权文书；国家税务总局规定的其他凭证。第十一条规定，纳税人向其他个人转让其取得的不动产，不得开具或申请代开增值税专用发票。根据《国家税务总局关于纳税人转让不动产缴纳增值税差额扣除有关问题的公告》（国家税务总局公告2016年第73号）规定，纳税人转让不动产，按照有关规定差额缴纳增值税的，如因丢失等原因无法提供取得不动产时的发票，可向税务机关提供其他能证明契税计税金额的完税凭证等资料，进行差额扣除。上述凭证是指：①税务部门监制的发票；②法院判决书、裁定书、调解书，以及仲裁裁决书、公证债权文书；③国家税务总局规定的其他凭证。在实际执行中，部分纳税人由于丢失等原因无法提供取得不动产时的发票，但可以提供其他能证明契税计税金额的完税凭证等资料。

【企业所得税】

根据《中华人民共和国企业所得税法实施条例》（中华人民共和国国务院令第512号）第十六条规定，企业转让固定资产、生物资产、无形资产、股权、债权等财产取得的收入属于企业所得税法所规范的“转让财产收入”，应并入当年度企业应纳税所得额。

资产出售按照税会差异调整后如果为净收益，按照正常申报纳税即可，若产生损失可参见本书“资产损失”相关内容。

企业政策性搬迁而发生的资产处置支出，将在本章第六节作详细介绍，本处不予叙述。

【印花税】

根据《国家税务总局关于印花税若干具体问题的解释和规定的通知》（国税发〔1991〕155号）第十条及《中华人民共和国印花税暂行条例》（中华人民共和国国务院令第11号）规定，经政府管理机关登记注册的动产、不动产的所有权转移所立的书据应按“产权转移书据”税目中“财产所有权”按所载金额万分之五贴花贴花或申报印花税。在境内书立、领受印花税条例所列举凭证的购销合同，按购销金额万分之三贴花或申报印花税。

【土地增值税】

（一）有偿转让

根据《中华人民共和国土地增值税暂行条例》（中华人民共和国国务院令第138号）及《中华人民共和国土地增值税暂行条例实施细则》（财法字〔1995〕6号）的规定，以出售或者其他方式有偿转让国有土地使用权、地上的建筑物及其附着物（以下简称转让房地产）并取得收入的单位和个人，为土地增值税的纳税义务人，并按照纳税人转让房地产所取得的增值额和规定的税率计算征收。

《财政部、国家税务总局关于土地增值税一些具体问题规定的通知》（财税字〔1995〕48号）第二、七、十条规定：①对于一方出地，一方出资金，双方合作建房，建成后按比例分房自用的，暂免征收土地增值税；建成后转让的，应征收土地增值税。②新建房是指建成后未使用的房产。凡是已使用一定时间或达到一定磨损程度的房产均属旧房。③转让旧房的，应按房屋及建筑物的评估价格、取得土地使用权所支付的地价款和按国家统一规定交纳的有关费用以及在转让环节缴纳的税金作为扣除项目金额计征土地增值税。对取得土地使用权时未支付地价款或不能提供已支付的地价款凭据的，不允许扣除取得土地使用权所支付的金额。

根据《财政部、国家税务总局关于土地增值税若干问题的通知》（财税〔2006〕21号）第二条规定，纳税人转让旧房及建筑物，凡不能取得评估价格，但能提供购房发票的，经当地税务部门确认，《中华人民共和国土地增值税暂行条例》（中华人民共和国国务院令第138号）第六条第（一）、（三）项规定的扣除项目的金额，可按发票所载金额并从购买年度起至转让年度止每年加计5%计算。对纳税人购房时缴纳的契税，凡能提供契税完税凭证的，准予作为“与转让房地产有关的税金”予以扣除，但不作为加计5%的基数。对于转让旧房及建筑物，既没有评估价格，又不能提供购房发票的，地方税务机关可以根据《中华人民共和国税收征收管理法》（中华人民共和国主席令第60号）第35条的规定，实行核定征收。

根据《国家税务总局关于土地增值税清算有关问题的通知》（国税函〔2010〕220号）第七条的规定，计算扣除项目时“每年”按购房发票所载日期起至售房发票开具之日止，每满12个月计一年；超过一年，未满12个月但超过6个月的，可以视同为一年。

根据《中华人民共和国土地增值税暂行条例》（中华人民共和国国务院令第138号）及《中华人民共和国土地增值税暂行条例实施细则》（财法字〔1995〕6号）的规定，以出售或者其他方式有偿转让国有土地使用权、地上的建筑物及其附着物并取得收入的单位，按转让旧房的政策规定计算增值额和规定的税率申报土地增值税。具体方法如下：

（1）确认转让旧房所取得的收入，包括货币收入、实物收入和其他收入。

（2）计算转让旧房增值的扣除额。

1）计算公式为

扣除额＝房屋及建筑物的评估价格＋取得土地使用权所支付的地价款＋按国家统一规定交纳的有关费用＋在转让环节缴纳的税金（城建税、教育费附加、地方教育费附加和印花税）

房屋及建筑物的评估价格＝重置成本价×成新度折扣率

对取得土地使用权时未支付地价款或不能提供已支付的地价款凭据的，不允许扣除取得土地使用权所支付的金额。

2）如果转让旧房及建筑物，凡不能取得评估价格，但能提供购房发票的，可按发票所载金额并从购买年度起至转让年度止每年加计5%计算。对纳税人购房时缴纳的契税，凡能提供契税完税凭证的，准予作为“与转让房地产有关的税金”予以扣除，但不作为加计5%的基数。

扣除额＝购房发票所载金额×(1＋5%×N)＋在转让环节缴纳的税金（城建税、教育费附加、地方教育费附加和印花税、契税）

式中：N 为购买年限。

（3）计算增值额及增值率。

旧房转让增值额＝收入额－扣除额

增值率＝增值额/扣除额×100%

（4）依据增值率确定适用税率，见表6-2。

表6-2　　土地增值税税率表

级别	计税依据（增值额）	税率	速算扣除数
1	土地增值额未超过扣除项目金额50%的部分	30%	0
2	土地增值额超过扣除项目金额50%未超过100%的部分	40%	5%
3	土地增值额超过扣除项目金额100%未超过200%的部分	50%	15%
4	土地增值额超过扣除项目金额200%以上的部分	60%	35%

（5）计算土地增值税额。

土地增值税税额＝增值额×适用税率－扣除项目金额×速算扣除系数

对于转让旧房及建筑物，既没有评估价格，又不能提供购房发票的，地方税务机关可以根据《中华人民共和国税收征收管理法》（中华人民共和国主席令第60号）第35条的规定，实行核定征收。

（二）无偿赠与

《中华人民共和国土地增值税暂行条例实施细则》（财法字〔1995〕6号）第二条规定，条例第二条所称的转让国有土地使用权、地上的建筑物及其附着物并取得收入，是指以出售或者其他方式有偿转让房地产的行为，不包括以继承、赠与方式无偿转让房地产的行为。《财政部、国家税务总局关于土地增值税一些具体问题规定的通知》（财税字〔1995〕48号）第四条规定，细则所称的“赠与”是指如下情况：

（1）房产所有人、土地使用权所有人将房屋产权、土地使用权赠与直系亲属或承担直接赡养义务人的。

（2）房产所有人、土地使用权所有人通过中国境内非营利的社会团体、国家机关将房屋产权、土地使用权赠与教育、民政和其他社会福利、公益事业的。

因此，如果用于公益性捐赠，免征土地增值税，非公益性捐赠，视同转让计征土地增值税。

涉税风险

资产出售业务涉税风险见表6-3。

表6-3　资产出售业务涉税风险

风险编号	风 险 描 述	责任部门
YF-01	物资部门未能准确区分销售的是使用过的固定资产还是废旧物资，招投标时错用相应税率、征收率从而导致涉税风险	业务部门
YF-02	资产出售审批完成当月，资产使用部门未及时将固定资产出售审批表传递到财务部门，使得多计提折旧，少计固定资产出售损失，产生涉税风险	
CF-01	因固定资产计税基础与会计初始计量的差异原已纳税调整，但未通过递延所得税资产或负债的会计核算，也未建立纳税调整台账，导致原有调整差异在销售环节因计税基础不同而未予纳税调整产生的税务风险	财务部门
CF-02	固定资产出售损失相关资料未装订成册留存备查，备查资料不完整引发风险	

政策依据

《中华人民共和国增值税暂行条例》（中华人民共和国国务院令第691号）

《财政部、国家税务总局关于全国实施增值税转型改革若干问题的通知》（财税〔2008〕170号）

《财政部、国家税务总局关于部分货物适用增值税低税率和简易办法征收增值税政策的通知》（财税〔2009〕9号）

《国家税务总局关于增值税简易征收政策有关管理问题的通知》（国税函〔2009〕90号）

《国家税务总局关于纳税人资产重组有关增值税问题的公告》（国家税务总局公告2011年第13号）

《国家税务总局关于一般纳税人销售自己使用过的固定资产增值税有关问题的公告》（国家税务总局公告2012年第1号）

《财政部、国家税务总局关于简并增值税征收率政策的通知》（财税〔2014〕57号）

《国家税务总局关于简并增值税征收率有关问题的公告》（国家税务总局公告2014年第36号）

《财政部、国家税务总局关于全面推开营业税改征增值税试点的通知》（财税〔2016〕36号）

《国家税务总局关于发布〈纳税人转让不动产增值税征收管理暂行办法〉的公告》（国家税务总局公告2016年第14号）

《国家税务总局关于全面推开营业税改征增值税试点有关税收征收管理事项的公告》（国家

税务总局公告 2016 年第 23 号）

《国家税务总局关于纳税人转让不动产缴纳增值税差额扣除有关问题的公告》（国家税务总局公告 2016 年第 73 号）

《国家税务总局货物和劳务税司关于做好增值税发票使用宣传辅导有关工作的通知》（税总货便函〔2017〕127 号）

《中华人民共和国企业所得税法实施条例》（中华人民共和国国务院令第 512 号）

《财政部、国家税务总局关于企业资产损失税前扣除政策的通知》（财税〔2009〕57 号）

《国家税务总局关于电网企业输电线路部分报废损失税前扣除问题的公告》（国家税务总局公告 2010 年第 30 号）

《国家税务总局关于发布〈企业资产损失所得税税前扣除管理办法〉的公告》（国家税务总局公告 2011 年第 25 号）

《国家税务总局关于企业所得税资产损失资料留存备查有关事项的公告》（国家税务总局公告 2018 年第 15 号）

《国家税务总局关于取消 20 项税务证明事项的公告》（国家税务总局公告 2018 年第 65 号）

《中华人民共和国印花税暂行条例》（中华人民共和国国务院令第 11 号）

《国家税务总局关于印花税若干具体问题的解释和规定的通知》（国税发〔1991〕155 号）

《中华人民共和国土地增值税暂行条例》（中华人民共和国国务院令第 138 号）

《中华人民共和国土地增值税暂行条例实施细则》（财法字〔1995〕6 号）

《财政部、国家税务总局关于土地增值税一些具体问题规定的通知》（财税字〔1995〕48 号）

《财政部、国家税务总局关于土地增值税若干问题的通知》（财税〔2006〕21 号）

《国家税务总局关于土地增值税清算有关问题的通知》（国税函〔2010〕220 号）

《中华人民共和国税收征收管理法》（中华人民共和国主席令第 60 号）

《国家电网有限公司会计基础管理办法》[国网（财/2）350—2018]

《国家电网有限公司固定资产管理办法》[国网（财/2）593—2018]

三、资产划转

业务描述

根据《企业国有产权无偿划转管理暂行办法》（国资发产权〔2005〕239 号）第二、二十一条的规定，企业国有产权无偿划转，是指企业国有产权在政府机构、事业单位、国有独资企业、国有独资公司之间的无偿转移。企业实物资产等无偿划转参照本办法执行。

根据《财政部、国家税务总局关于促进企业重组有关企业所得税处理问题的通知》（财税〔2014〕109 号）第三条的规定，股权、资产划转，是指 100%直接控制的居民企业之间，以及受同一或相同多家居民企业 100%直接控制的居民企业之间按账面净值划转股权或资产。

划转涉及资产在不同法律主体之间的权属改变，就业务实质而言，需通过相关法律主体之间资产转让、增资、减资等步骤才能实现。划转分为外部划转和内部划转，本节主要针对国网系统内部 100%全资公司间的资产无偿划转进行涉税分析。资产划转业务流程如图 6－3 所示。

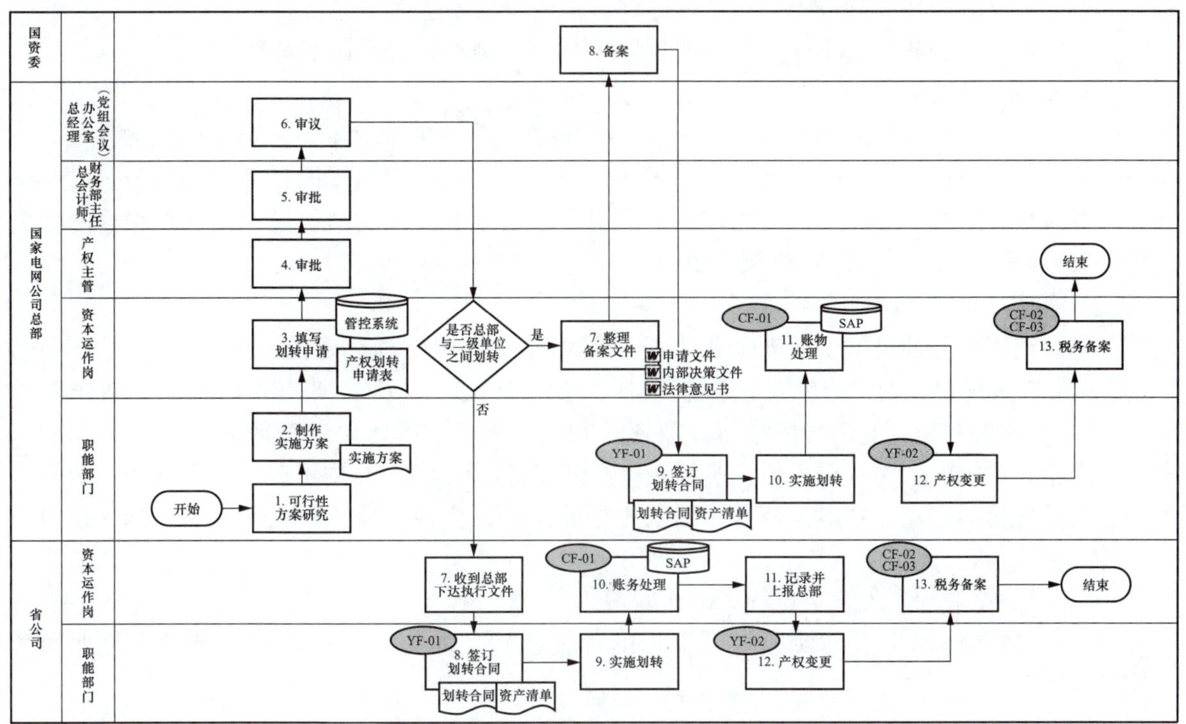

图 6-3 资产划转业务流程

涉及税种

资产划转业务主要涉及增值税及附加、企业所得税、印花税、土地增值税、契税等税种。

涉税处理

资产退出阶段的资产划转涉税处理与企业重组时资产划转涉税处理相同，具体涉税处理事宜详见本书第二章第二节“企业重组”，此处不再赘述。

[例 6-1] 国网某公司的 A 子公司于 2013 年出资 7500 万元取得 a、b 两处工业用地地块，共计占地 150 亩。其中 a 地块占地 111.3 亩，用于变电检修厂房等 6 个项目；b 地块占地 38.7 亩，用于计量中心项目。A 子公司已将上述两块土地按无形资产入账。

计量中心项目已经由国家电网发展相关文件批复同意，由国家电网公司下属综合服务公司负责出资建设，已于 2016 年 6 月竣工并投运，综合服务公司已将该项目结转固定资产入账。现正处于办理产权证书阶段。

现根据工作安排，须将 b 地块及计量中心项目划转至国家电网公司下属综合服务公司。

由于项目立项、建设用地规划许可证、建设工程规划许可证、建筑工程施工许可证及土地权属均在 A 子公司名下，直接划转土地涉及项目立项、建设用地规划许可证、建设工程规划许可证、建筑工程施工许可证变更，难度之大，周期之长。

依据以上资料，可先由综合服务公司将计量中心项目划转至 A 子公司，待 A 子公司办出产权证书后，再将 b 地块及计量中心项目整体划转至综合服务公司。

第一步：综合服务公司将计量中心项目划转至 A 子公司，涉及以下税种：

（1）增值税及附加。

根据《营业税改征增值税试点实施办法》（财税〔2016〕36 号附件 1）第十四条的规定，单位或者个人向其他单位或者个人无偿转让无形资产或者不动产应当视同销售，但用于公益事业或者以社会公众为对象的除外。因此，集团内资产无偿划转需缴纳增值税及附加。综合服务公司应开具增值税专用发票，并进行账务处理。

（2）企业所得税。

根据《国家税务总局关于促进企业重组有关企业所得税处理问题的通知》（财税〔2014〕109 号）第三条规定，对 100％直接控制的居民企业之间，以及受同一或相同多家居民企业 100％直接控制的居民企业之间按账面净值划转股权或资产，凡具有合理商业目的、不以减少、免除或者推迟缴纳税款为主要目的，股权或资产划转后连续 12 个月内不改变被划转股权或资产原来实质性经营活动，且划出方企业和划入方企业均未在会计上确认损益的，可以选择按以下规定进行特殊性税务处理：

1）划出方企业和划入方企业均不确认所得。

2）划入方企业取得被划转股权或资产的计税基础，以被划转股权或资产的原账面净值确定。

3）划入方企业取得的被划转资产，应按其原账面净值计算折旧扣除。

该案例中，存在合理商业目的：为了理顺资产权属管理关系，整合企业资产，提高资产利用率，提升企业市场竞争力，将企业做大做强。在国网系统内清理各级资产权属关系，实现资产统一整合，提升整体竞争力。

故该案例中综合服务公司将计量中心项目划转至 A 子公司免缴企业所得税。

（3）印花税。

根据《中华人民共和国印花税暂行条例》（中华人民共和国国务院令第 11 号）第二条规定，下列凭证为应纳税凭证：产权转移书据。

故该案例中综合服务公司将计量中心项目划转至 A 子公司需按转让价格的 0.05％缴纳印花税。

（4）土地增值税。

由于 b 地块产权归属 A 子公司，综合服务公司将计量中心项目平价划转至 A 子公司，土地产权未发生转移，不涉及土地增值税。

（5）契税。

根据《财政部国家税务总局关于继续支持企业事业单位改制重组有关契税政策的通知》（财税〔2018〕17 号）第六条规定，同一投资主体内部所属企业之间土地、房屋权属的划转，包括母公司与其全资子公司之间，同一公司所属全资子公司之间，同一自然人与其设立的个人独资企业、一人有限公司之间土地、房屋权属的划转，免征契税。

故该案例中综合服务公司将计量中心项目划转至 A 子公司免缴契税。

第二步：由 A 子公司办理产权证书，并对 b 地块及计量中心项目进行整体评估。

第三步：由A子公司将b号地块及计量中心项目整体划转至综合服务公司，涉及以下税种：

（1）增值税及附加。

根据《营业税改征增值税试点实施办法》（财税〔2016〕36号附件1）第十四条的规定，单位或者个人向其他单位或者个人无偿转让无形资产或者不动产应当视同销售，但用于公益事业或者以社会公众为对象的除外。因此，集团内资产无偿划转需缴纳增值税及附加。A子公司应开具增值税专用发票，综合服务公司可作进项税额抵扣。

（2）企业所得税。

根据《国家税务总局关于促进企业重组有关企业所得税处理问题的通知》（财税〔2014〕109号）第三条规定，对100%直接控制的居民企业之间，以及受同一或相同多家居民企业100%直接控制的居民企业之间按账面净值划转股权或资产，凡具有合理商业目的、不以减少、免除或者推迟缴纳税款为主要目的，股权或资产划转后连续12个月内不改变被划转股权或资产原来实质性经营活动，且划出方企业和划入方企业均未在会计上确认损益的，可以选择按以下规定进行特殊性税务处理：

1）划出方企业和划入方企业均不确认所得。

2）划入方企业取得被划转股权或资产的计税基础，以被划转股权或资产的原账面净值确定。

3）划入方企业取得的被划转资产，应按其原账面净值计算折旧扣除。

该案例中，存在合理商业目的，即为了理顺资产权属管理关系，整合企业资产，提高资产利用率，提升企业市场竞争力，将企业做大做强。在国网电力系统内清理各级资产权属关系，实现资产统一整合，提升国网电力系统整体竞争力。

故该案例中A子公司将b号地块及计量中心项目整体划转至综合服务公司免缴企业所得税。

（3）印花税。

根据《中华人民共和国印花税暂行条例》（中华人民共和国国务院令第11号）第二条规定，下列凭证为应纳税凭证：产权转移书据。

故该案例中A子公司将b号地块及计量中心项目整体划转至综合服务公司需按转让价格的0.05%缴纳印花税。

（4）土地增值税。

根据《中华人民共和国土地增值税暂行条例》（中华人民共和国国务院令第138号）第二条的规定，转让国有土地使用权、地上的建筑物及其附着物（以下简称转让房地产）并取得收入的单位和个人，为土地增值税的纳税义务人（以下简称纳税人），应当依照本条例缴纳土地增值税。

根据《中华人民共和国土地增值税暂行条例实施细则》（财法字〔1995〕6号）第二条的规定，条例第二条所称的转让国有土地使用权、地上的建筑物及其他附着物并取得收入，是指以出售或者其他方式有偿转让房地产的行为。不包括以继承，赠与方式无偿转让房地产的行为。

故该案例中A子公司将b号地块及计量中心项目整体划转至综合服务公司需缴纳土地增值税，但是税额取决于土地的评估价。若评估价与土地原值一致，则缴纳税金为0。

需要注意的是，目前的税收文件并未规定划转是否免征土地增值税，部分地区税务局免征土地增值税，部分地区税务局则未明确，在实务中应以与税务局沟通结果为准。

（5）契税。

根据《财政部、国家税务总局关于继续支持企业事业单位改制重组有关契税政策的通知》（财税〔2018〕17 号）第六条规定，同一投资主体内部所属企业之间土地、房屋权属的划转，包括母公司与其全资子公司之间，同一公司所属全资子公司之间，同一自然人与其设立的个人独资企业、一人有限公司之间土地、房屋权属的划转，免征契税。

故该案例中 A 子公司将 b 号地块及计量中心项目整体划转至综合服务公司免缴契税。

涉税风险

资产划转业务涉税风险见表 6－4。

表 6－4　　资产划转业务涉税风险

风险编号	风　险　描　述	责任部门
YF－01	签订的划转合同中未附上划转的资产清单，导致划转双方资产转出转入依据不足，产生涉税风险	业务部门
YF－02	划转资产涉及产权的，资产管理责任部门未及时办理产权变更，导致未缴房产税、土地使用税的涉税风险	
CF－01	划出方未开具增值税专用发票，导致资产接收方无法抵扣进项税	财务部门
CF－02	涉及产权的划转业务，未办理契税等免税证明单等相关手续，导致多缴税款	
CF－03	划转双方未及时到税务机关办理企业所得税报备手续，在企业所得税汇算清缴结束前未及时申报，导致无法享受所得税优惠	

注　其他涉税风险详见本书第二章第二节。

政策依据

《中华人民共和国增值税暂行条例》（中华人民共和国国务院令第 691 号）

《中华人民共和国增值税暂行条例实施细则》（财政部令第 65 号）

《财政部、国家税务总局关于全面推开营业税改征增值税试点的通知》（财税〔2016〕36 号）

《中华人民共和国企业所得税法》（中华人民共和国主席令第 63 号）

《财政部、国家税务总局关于企业重组业务企业所得税处理若干问题的通知》（财税〔2009〕59 号）

《财政部、国家税务总局关于促进企业重组有关企业所得税处理问题的通知》（财税〔2014〕109 号）

《中华人民共和国印花税暂行条例》（中华人民共和国国务院令第 11 号）

《中华人民共和国土地增值税暂行条例》（中华人民共和国国务院令第 138 号）

《中华人民共和国土地增值税暂行条例实施细则》（财法字〔1995〕6 号）

《财政部、国家税务总局关于继续支持企业事业单位改制重组有关契税政策的通知》（财税〔2018〕17 号）

《企业国有产权无偿划转管理暂行办法》（国资发产权〔2005〕239 号）

四、资产盘亏

业务描述

资产盘亏是指企业进行资产清查盘点，将经过盘点的实存数与账面记录核对，若账面数大于实际盘存数，即资产盘亏，包括现金盘亏、固定资产盘亏、存货盘亏、工程物资盘亏等。本节仅对固定资产和存货盘亏进行涉税分析。

根据《国家电网有限公司固定资产管理办法》[国网（财/2）593—2018]的规定，资产盘亏业务流程如图 6 - 4 所示。

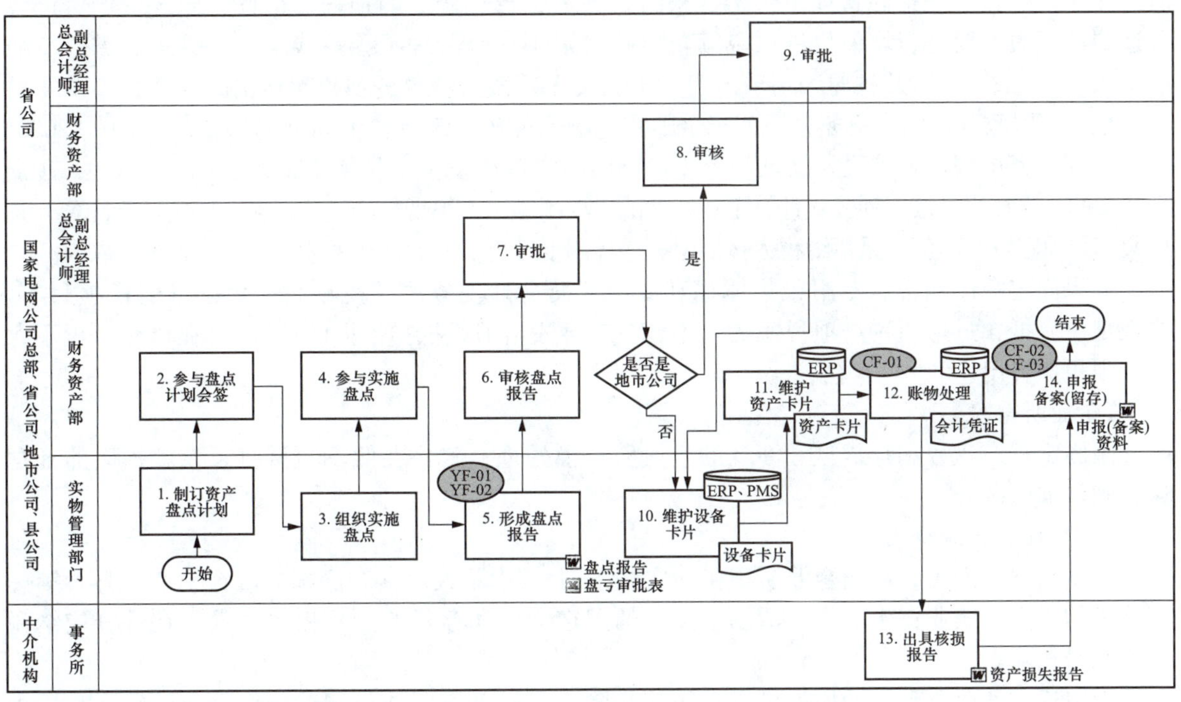

图 6 - 4 资产盘亏业务流程

涉及税种

资产盘亏业务主要涉及增值税、企业所得税等税种。

涉税处理

【增值税】

（一）存货盘亏

根据《中华人民共和国增值税暂行条例》（中华人民共和国国务院令第 691 号）第十条第二、三款的规定，非正常损失的购进货物，以及相关的劳务和交通运输服务；非正常损失的在产品、产成品所耗用的购进货物（不包括固定资产）、劳务和交通运输服务进项税额不得从销项税额中抵扣。因此，对于纳税人由于非正常原因造成的存货盘亏，应按税法规定作进项税转出处理。若属于自然灾害等不可抗拒的原因而发生的存货损失，进项税不作处理。

（二）固定资产盘亏

根据《中华人民共和国增值税暂行条例》（中华人民共和国国务院令第 691 号）第十条的规定，下列项目的进项税额不得从销项税额中抵扣：①用于简易计税方法计税项目、免征增值税项目、集体福利或者个人消费的购进货物、劳务、服务、无形资产和不动产；②非正常损失的购进货物，以及相关的劳务和交通运输服务；③非正常损失的在产品、产成品所耗用的购进货物（不包括固定资产）、劳务和交通运输服务；④国务院规定的其他项目。根据《中华人民共和国增值税暂行条例实施细则》（财政部令第 65 号）第二十四条的规定，条例第十条第（二）项所称非正常损失，是指因管理不善造成被盗、丢失、霉烂变质的损失。因此，固定资产资产盘亏造成的损失需要进行增值税进项税额转出的仅限于"因管理不善造成被盗、丢失、霉烂变质的损失"，如果不是这几种原因造成的盘亏损失则无须做增值税进项税额转出。

根据《财政部、国家税务总局关于全国实施增值税转型改革若干问题的通知》（财税〔2008〕70 号）第五条的规定，纳税人已抵扣进项税额的固定资产发生条例第十条第（一）—（三）项所列情形的，应在当月按下列公式计算不得抵扣的进项税额：不得抵扣的进项税额＝固定资产净值×适用税率。固定资产净值，是指纳税人按照财务会计制度计提折旧后计算的固定资产净值。

如果固定资产购置后专用于集体福利或用于简易计税方法计税项目、免征增值税项目等，按规定没有抵扣过增值税进项税额的（不含没有合法增值税抵扣依据的情况），在盘亏时也不存在进项税额转出。

【企业所得税】

因固定资产盘亏和存货盘亏涉及的企业所得税处理一致，在此不再区分，仅就损失的证据材料确认加以区分。

（一）税前扣除规定

根据《中华人民共和国企业所得税法实施条例》（中华人民共和国国务院令第 707 号）第三十二条的规定，企业在生产经营活动中发生的固定资产和存货的盘亏损失，准予在计算应纳税所得额时扣除。

固定资产和存货盘亏的损失可以在税前扣除，一般不需要纳税调整。但企业已经作为损失处理的资产，在以后纳税年度又全部收回或者部分收回时，应当计入当期收入。

（二）申报扣除形式

根据《国家税务总局关于发布〈企业资产损失所得税税前扣除管理办法〉的公告》（国家税务总局公告 2011 年第 25 号）及《国家税务总局关于企业所得税资产损失资料留存备查有关事项的公告》（国家税务总局公告 2018 年第 15 号）的规定，企业实际资产损失，应当在其实际发生且会计上已作损失处理的年度申报扣除。企业向税务机关申报扣除资产损失，仅需要填报企业所得税年度纳税申报表"资产损失税前扣除及纳税调整明细表"，不再报送资产损失相关资料。相关资料由企业留存备查。

（三）资产损失确认证据

根据《国家税务总局关于发布〈企业资产损失所得税税前扣除管理办法〉的公告》（国家税

务总局公告 2011 年第 25 号）的规定，资产损失确认证据包括具有法律效力的外部证据和特定事项的企业内部证据。

1. 具有法律效力的外部证据

主要包括：①司法机关的判决或者裁定；②公安机关的立案结案证明、回复；③工商部门出具的注销、吊销及停业证明；④企业的破产清算公告或清偿文件；⑤行政机关的公文；⑥专业技术部门的鉴定报告［注：根据《国家税务总局关于取消 20 项税务证明事项的公告》（国家税务总局公告 2018 年第 65 号）的规定，2018 年 12 月 28 日起改为纳税人留存备查自行出具的有法定代表人、主要负责人和财务负责人签章证实有关损失的书面申明，下同］；⑦具有法定资质的中介机构的经济鉴定证明；⑧仲裁机构的仲裁文书；⑨保险公司对投保资产出具的出险调查单、理赔计算单等保险单据；⑩符合法律规定的其他证据。

2. 特定事项的企业内部证据

主要包括：①有关会计核算资料和原始凭证；②资产盘点表；③相关经济行为的业务合同；④企业内部技术鉴定部门的鉴定文件或资料；⑤企业内部核批文件及有关情况说明；⑥对责任人由于经营管理责任造成损失的责任认定及赔偿情况说明；⑦法定代表人、企业负责人和企业财务负责人对特定事项真实性承担法律责任的声明。

（四）固定资产、存货盘亏损失确认证据

根据《国家税务总局关于发布〈企业资产损失所得税税前扣除管理办法〉的公告》（国家税务总局公告 2011 年第 25 号）第二十六、二十九条的规定，存货盘亏损失，为其盘亏金额扣除责任人赔偿后的余额，应依据以下证据材料确认：

（1）存货计税成本确定依据。

（2）企业内部有关责任认定、责任人赔偿说明和内部核批文件。

（3）存货盘点表。

（4）存货保管人对于盘亏的情况说明。

固定资产盘亏损失，为其账面净值扣除责任人赔偿后的余额，应依据以下证据材料确认：

（1）企业内部有关责任认定和核销资料。

（2）固定资产盘点表。

（3）固定资产的计税基础相关资料。

（4）固定资产盘亏、丢失情况说明。

（5）损失金额较大的，应有专业技术鉴定报告或法定资质中介机构出具的专项报告等。

涉税风险

资产盘亏业务涉税风险见表 6 - 5。

表 6 - 5　　资产盘亏业务涉税风险

风险编号	风险描述	责任部门
YF - 01	盘点结果未正确区分非正常损失与正常损失，导致增值税多缴或少缴的情况	业务部门
YF - 02	未按照要求取得盘亏所需的内部审批证明材料，导致不能享受企业所得税税前扣除政策	

续表

风险编号	风　险　描　述	责任部门
CF－01	会计上将盘盈、盘亏结果进行抵销处理，导致企业所得税风险	财务部门
CF－02	未正确选择专项申报和清单申报扣除形式，导致不能享受企业所得税税前扣除政策	
CF－03	未完整保存资产盘亏损失的相关备查资料，导致税务检查时被认定为虚假纳税申报，造成纳税风险	

政策依据

《中华人民共和国增值税暂行条例》（中华人民共和国国务院令第 691 号）

《中华人民共和国增值税暂行条例实施细则》（财政部令第 65 号）

《财政部、国家税务总局关于全国实施增值税转型改革若干问题的通知》（财税〔2008〕70 号）

《中华人民共和国企业所得税法》（中华人民共和国主席令第 63 号）

《中华人民共和国企业所得税法实施条例》（中华人民共和国国务院令第 512 号）

《国家税务总局关于电网企业输电线路部分报废损失税前扣除问题的公告》（国家税务总局公告 2010 年第 30 号）

《国家税务总局关于发布〈企业资产损失所得税税前扣除管理办法〉的公告》（国家税务总局公告 2011 年第 25 号）

《国家税务总局关于企业所得税资产损失资料留存备查有关事项的公告》（国家税务总局公告 2018 年第 15 号）

《国家税务总局关于取消 20 项税务证明事项的公告》（国家税务总局公告 2018 年第 65 号）

《国家电网有限公司固定资产管理办法》[国网（财/2）593—2018]

五、对外投资

业务描述

根据《财政部关于印发〈企业会计准则——投资〉的通知》（财会字〔1998〕26 号）第三条的规定，投资指企业为通过分配来增加财富，或为谋求其他利益，而将资产让渡给其他单位所获得的另一项资产。

根据《国家电网有限公司股权管理办法》[国网（财/2）198—2018] 的规定，股权投资是指国家电网公司总部及各级企业通过让渡货币资金、股权、债权、实物资产、无形资产或法律法规允许作为出资的其他资产，取得被投资企业的股权，享有权益并承担相应责任的行为。具体包括：

（1）新增投资，指投资新设，或通过股权收购、增资入股等方式新增对原来无投资关系企业的投资。

（2）追加投资，指对原来已有投资关系的企业增加投资。

股权投资中的新增投资已在本书第二章第一节有详细讲解，本章节根据公司的具体业务实际，对公司以货币或非货币性资产追加投资 100%全资子公司的情形进行涉税分析。

根据《国家电网有限公司股权管理办法》［国网（财/2）198—2018］的规定，追加投资（增资）业务流程如图 6－5 所示。

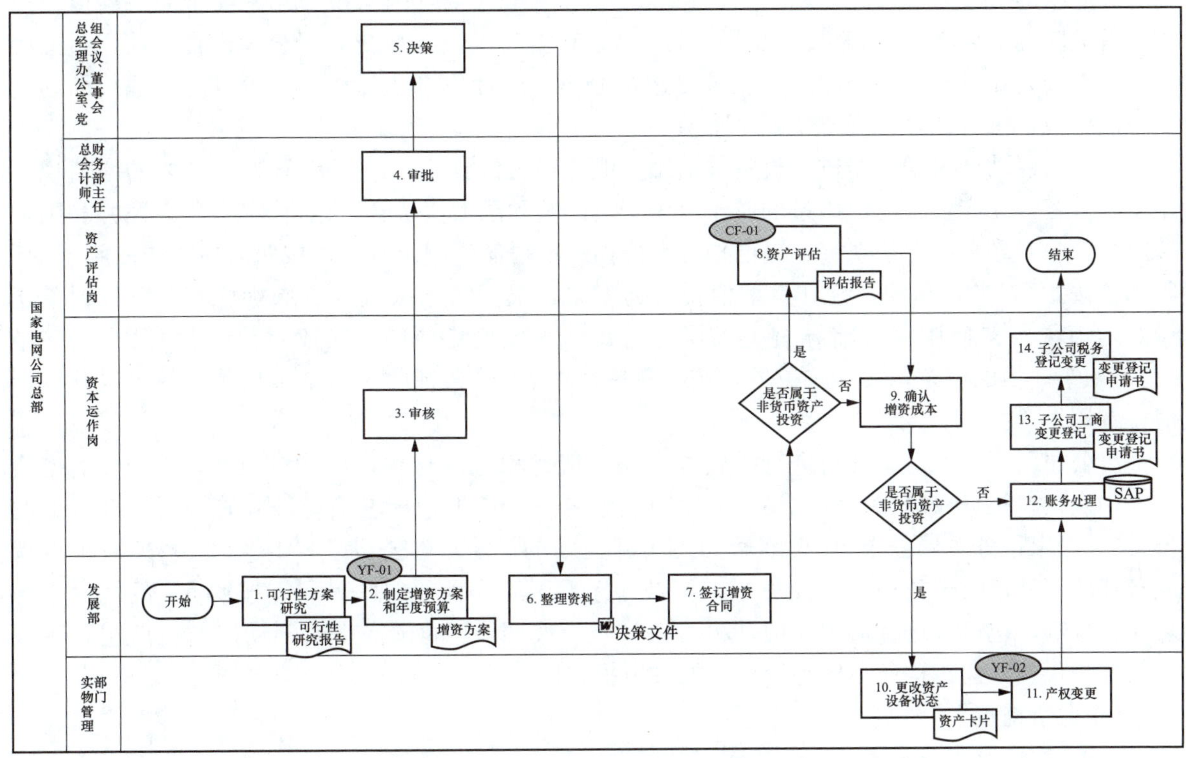

图 6－5　追加投资（增资）业务流程

涉及税种

追加投资（增资）业务涉及增值税及附加、企业所得税、印花税、土地增值税、契税等税种。

涉税处理

【增值税及附加】

（一）动产投资

根据《中华人民共和国增值税暂行条例实施细则》（财政部令第 65 号）第四条第六款的规定，母公司以动产对子公司进行追加投资，视同销售货物。

（二）不动产投资

根据《国家税务总局关于发布〈纳税人转让不动产增值税征收管理暂行办法〉的公告》（国家税务总局公告 2016 年第 14 号）第二条的规定，母公司以不动产对子公司进行追加投资，视同销售不动产。

（三）交易双方涉税处理

根据《财政部、国家税务总局关于全国实施增值税转型改革若干问题的通知》（财税〔2008〕

170号）、《财政部、国家税务总局关于部分货物适用增值税低税率和简易办法征收增值税政策的通知》（财税〔2009〕9号）、《国家税务总局关于一般纳税人销售自己使用过的固定资产增值税有关问题的公告》（国家税务总局公告2012年第1号）及《国家税务总局关于简并增值税征收率有关问题的公告》（国家税务总局公告2014年第36号）的规定，母公司以自己使用过的固定资产对子公司投资的，一般纳税人可以选择适用一般计税方法计税，也可以选择适用简易计税方法计税，一经选择，36个月内不得变更。

母公司以动产对子公司进行投资并适用一般计税方法计税，应开具税率为13%的增值税专用发票。若该动产为自己使用过的属于《中华人民共和国增值税暂行条例》（中华人民共和国国务院令第691号）第十条规定不得抵扣且未抵扣进项税额的固定资产，按照简易办法依照3%征收率减按2%征收增值税，并开具增值税普通发票，根据《国家税务总局货物和劳务税司关于做好增值税发票使用宣传辅导有关工作的通知》（税总货便函〔2017〕127号）第十一条第（三）款第3项的规定，放弃减税的，按照简易办法依照3%征收率缴纳增值税，并可以开具增值税专用发票。

母公司以不动产对子公司进行投资并适用一般计税方法计税，应当开具税率为9%的增值税专用发票。根据《国家税务总局关于发布〈纳税人转让不动产增值税征收管理暂行办法〉的公告》（国家税务总局公告2016年第14号）第三条的规定，母公司以2016年4月30日前取得或自建的不动产对子公司进行投资的，可以选择适用简易计税方法计税，按照5%的征收率计算应纳税额，也可以选择适用一般计税方法计税，按照5%的预征率向不动产所在地主管税务机关预缴税款，向机构所在地主管税务机关申报纳税。

【企业所得税】

（一）一般性税务处理

根据《中华人民共和国企业所得税法》（中华人民共和国主席令第63号）第六条第（三）项、《中华人民共和国企业所得税法实施条例》（中华人民共和国国务院令第512号）第五十六条的规定，母公司追加投资选择一般性税务处理的，应以货币投资金额加上非货币投资的评估价格作为追加投资长期股权投资的计税基础；并在依法办理财产权的转移手续后按评估价格和原账面价值的差额确认非货币资产转让所得或亏损。

（二）特殊性税务处理

（1）根据《财政部、国家税务总局关于促进企业重组有关企业所得税处理问题的通知》（财税〔2014〕109号）第三条的规定，母公司按账面净值划转股权或资产追加投资的具体处理方法参见本书第二章第二节“企业重组”。

（2）根据《国家税务总局关于非货币性资产投资企业所得税有关征管问题的公告》（国家税务总局公告2015年第33号）的规定，母公司以非货币性资产追加投资，符合相关规定的，可以适用特殊性税务处理。

【印花税】

（一）货币投资

根据《财政部、税务总局关于对营业账簿减免印花税的通知》（财税〔2018〕50号）的规定，自2018年5月1日起，对按万分之五税率贴花的资金账簿减半征收印花税。因此，母公司以货币追加投资的，子公司对计入“实收资本”的金额应按照万分之五减半征收印花税。

（二）非货币资产投资

按照《中华人民共和国印花税暂行条例》（中华人民共和国国务院令第 11 号）的规定，母公司以动产（包括存货，除车船以外的固定资产，除版权、商标专用权、专利权、专利实施许可、专有技术使用权外的无形资产）投资部分由于不签订购销合同（一般签订《投资协议》），因此不用按照购销合同贴花；母公司以不动产投资的，财产所有权（包括车船、不动产）、版权、商标专用权、专利权、专利实施许可、专有技术使用权不动产投资部分涉及的产权转移书据应按其所载金额万分之五贴花，涉及权利、许可证照的接受投资方应按五元贴花。

【土地增值税】

根据《中华人民共和国土地增值税暂行条例》（中华人民共和国国务院令第 138 号）第二条的规定，转让国有土地使用权、地上的建筑物及其附着物并取得收入的单位和个人，为土地增值税的纳税义务人，应当依照本条例缴纳土地增值税。根据《财政部、税务总局关于继续实施企业改制重组有关土地增值税政策的通知》（财税〔2018〕57 号）第四条的规定，单位、个人在改制重组时以国有土地、房屋进行投资，对其将国有土地、房屋权属转移、变更到被投资的企业，暂不征土地增值税。

需要注意的是，按上述政策规定，以国有土地、房屋进行投资不征土地增值税应符合改制重组的条件，但各地执行不一，部分地区税务局在实际执行中不考虑是否“在改制重组中”，只要满足投资且双方均不属于房地产开发企业即可适用。

【契税】

根据《财政部、国家税务总局关于继续支持企业事业单位改制重组有关契税政策的通知》（财税〔2018〕17 号）第六条第三款的规定，母公司以土地、房屋权属向其全资子公司增资，视同划转，免征契税。

涉税风险

追加投资（增资）业务涉税风险见表 6 - 6。

表 6 - 6　　追加投资（增资）业务涉税风险

风险编号	风险描述	责任部门
YF - 01	未上报年度股权投资计划和预算，致使未纳入公司年度投资计划和预算，导致业务不具备开展的前置条件	业务部门
YF - 02	非货币性投资中涉及产权的，资产管理部门未在财务部门进行账务处理后及时办理产权变更，资产所有权未及时转移，导致未申报缴纳房产税、土地使用税的风险	业务部门
CF - 01	以非货币资产进行股权投资的，未进行资产评估，导致股权投资成本认定不准确，损害出资人权益，存在涉税风险及内审风险	财务部门

政策依据

《中华人民共和国增值税暂行条例》（中华人民共和国国务院令第 691 号）

《中华人民共和国增值税暂行条例实施细则》（财政部令第 65 号）

《财政部、国家税务总局关于全国实施增值税转型改革若干问题的通知》（财税〔2008〕170号）

《财政部、国家税务总局关于部分货物适用增值税低税率和简易办法征收增值税政策的通知》（财税〔2009〕9号）

《国家税务总局关于一般纳税人销售自己使用过的固定资产增值税有关问题的公告》（国家税务总局公告2012年第1号）

《国家税务总局关于简并增值税征收率有关问题的公告》（国家税务总局公告2014年第36号）

《国家税务总局关于发布〈纳税人转让不动产增值税征收管理暂行办法〉的公告》（国家税务总局公告2016年第14号）

《国家税务总局货物和劳务税司关于做好增值税发票使用宣传辅导有关工作的通知》（税总货便函〔2017〕127号）

《中华人民共和国企业所得税法》（中华人民共和国主席令第63号）

《中华人民共和国企业所得税法实施条例》（中华人民共和国国务院令第512号）

《财政部、国家税务总局关于促进企业重组有关企业所得税处理问题的通知》（财税〔2014〕109号）

《国家税务总局关于企业所得税应纳税所得额若干税务处理问题的公告》（国家税务总局公告2012年第15号）

《国家税务总局关于非货币性资产投资企业所得税有关征管问题的公告》（国家税务总局公告2015年第33号）

《财政部、税务总局关于对营业账簿减免印花税的通知》（财税〔2018〕50号）

《财政部、税务总局关于继续实施企业改制重组有关土地增值税政策的通知》（财税〔2018〕57号）

《财政部、国家税务总局关于继续支持企业事业单位改制重组有关契税政策的通知》（财税〔2018〕17号）

《财政部关于印发〈企业会计准则——投资〉的通知》（财会字〔1998〕26号）

《企业会计准则第2号——长期股权投资》（财会〔2014〕14号）

《企业会计准则第7号——非货币性资产交换》（财会〔2019〕8号）

《国家电网有限公司股权管理办法》[国网（财/2）198—2018]

六、政策搬迁

业务描述

根据《国家税务总局关于发布〈企业政策性搬迁所得税管理办法〉的公告》（国家税务总局公告2012年第40号）第三条的规定，企业政策性搬迁是指由于社会公共利益的需要，在政府主导下企业进行整体搬迁或部分搬迁。除此之外的均属于企业自行搬迁或商业性搬迁等非政策性搬迁。根据公司的实际业务，所涉及的搬迁大多为政策性搬迁，因此本节仅对政策性搬迁进行涉税分析。

根据《国家电网有限公司固定资产管理办法》［国网（财/2）593—2018］的规定，政策性搬迁业务流程如图 6－6 所示。

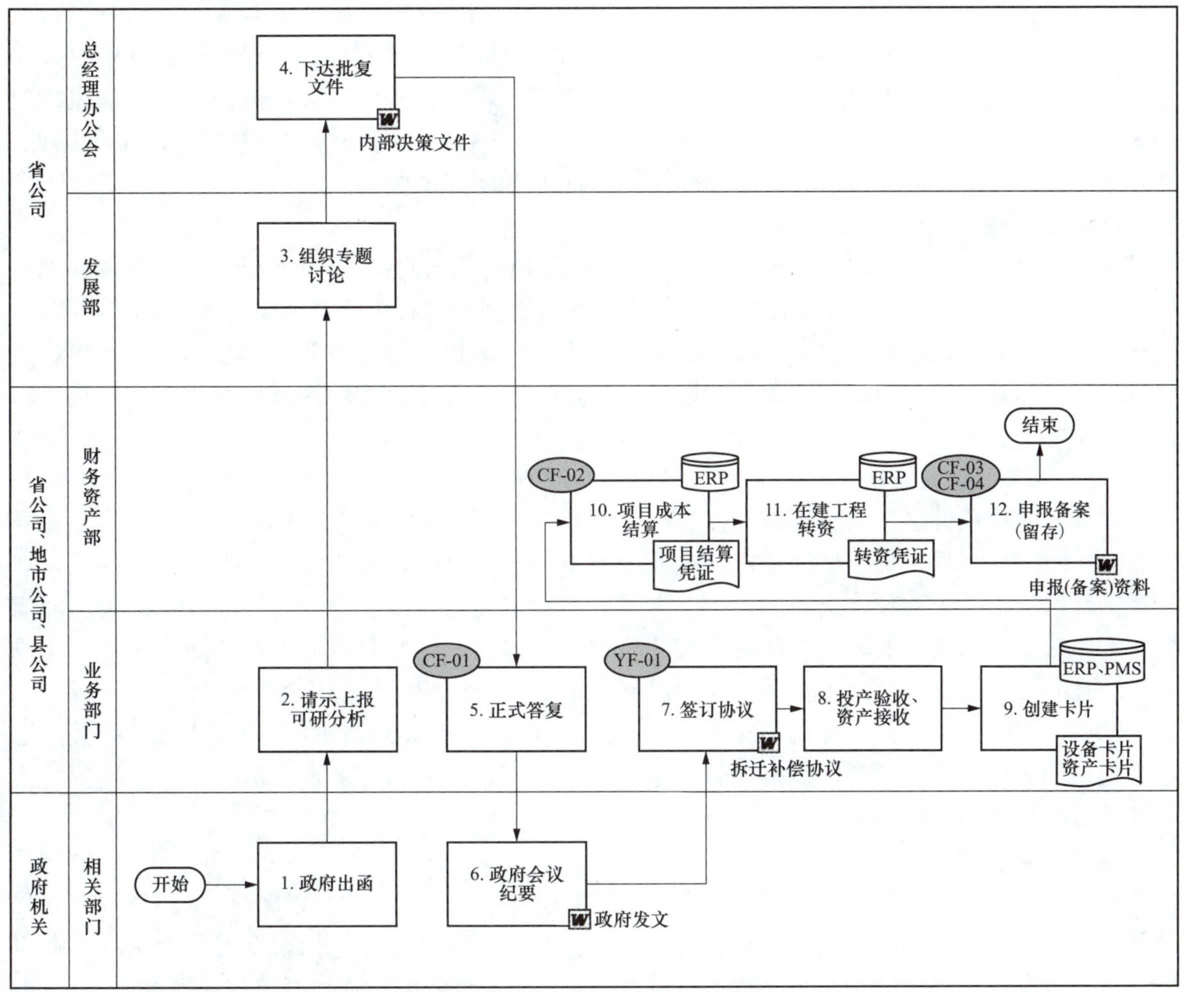

图 6－6　政策性搬迁业务流程

涉及税种

政策性搬迁业务主要涉及增值税、企业所得税、印花税、土地增值税、契税等税种。

涉税处理

【增值税】

（一）免征增值税情况

根据《营业税改征增值税试点过渡政策的规定》（财税〔2016〕36 号附件 3）第一条第三十七款的规定，土地所有者出让土地使用权和土地使用者将土地使用权归还给土地所有者免征增值税。因此，在政策性搬迁业务中，企业将土地使用权交还给政府免征增值税。

（二）缴纳增值税情况

根据《国家税务总局关于发布〈纳税人转让不动产增值税征收管理暂行办法〉的公告》（国家税务总局公告2016年第14号）第三条的规定，如果房屋建筑物为2016年4月30日前取得，则可选择简易计税方法或一般计税方法。选择简易计税的，按照取得的房屋建筑物补偿收入扣除取得房屋建筑物时的作价后的余额为销售额，按照5%征收率计算应纳税额。如果房屋建筑物为2016年5月1日后取得，则应选择一般计税方法，按照9%的税率计算应纳税额。因此，在政策性搬迁业务中对超过取得原值部分的补偿收益应缴纳增值税。

【企业所得税】

根据《国家税务总局关于发布〈企业政策性搬迁所得税管理办法〉的公告》（国家税务总局公告2012年第40号）第四条的规定，企业应就政策性搬迁过程中涉及的搬迁收入、搬迁支出、搬迁资产税务处理、搬迁所得等所得税征收管理事项，单独进行税务管理和核算。不能单独进行税务管理和核算的，应视为企业自行搬迁或商业性搬迁等非政策性搬迁进行所得税处理，不得执行本办法规定。

（一）政策性搬迁范围

根据《国家税务总局关于发布〈企业政策性搬迁所得税管理办法〉的公告》（国家税务总局公告2012年第40号）第三条的规定，企业由于下列需要之一，提供相关文件证明资料的，属于政策性搬迁：①国防和外交的需要；②由政府组织实施的能源、交通、水利等基础设施的需要；③由政府组织实施的科技、教育、文化、卫生、体育、环境和资源保护、防灾减灾、文物保护、社会福利、市政公用等公共事业的需要；④由政府组织实施的保障性安居工程建设的需要；⑤由政府依照《中华人民共和国城乡规划法》（中华人民共和国主席令第74号）有关规定组织实施的对危房集中、基础设施落后等地段进行旧城区改建的需要；⑥法律、行政法规规定的其他公共利益的需要。

（二）政策性搬迁收入

根据《国家税务总局关于发布〈企业政策性搬迁所得税管理办法〉的公告》（国家税务总局公告2012年第40号）第五、六、七条的规定，企业的搬迁收入，包括搬迁过程中从本企业以外（包括政府或其他单位）取得的搬迁补偿收入，以及本企业搬迁资产处置收入等。

企业取得的搬迁补偿收入，是指企业由于搬迁取得的货币性和非货币性补偿收入。具体包括：对被征用资产价值的补偿；因搬迁、安置而给予的补偿；对停产停业形成的损失而给予的补偿；资产搬迁过程中遭到毁损而取得的保险赔款和其他补偿收入。

企业搬迁资产处置收入，是指企业由于搬迁而处置企业各类资产所取得的收入。企业由于搬迁处置存货而取得的收入，应按正常经营活动取得的收入进行所得税处理，不作为企业搬迁收入。

（三）政策性搬迁支出

根据《国家税务总局关于发布〈企业政策性搬迁所得税管理办法〉的公告》（国家税务总局公告2012年第40号）第八、九、十条的规定，企业的搬迁支出，包括搬迁费用支出以及由于搬迁所发生的企业资产处置支出。

搬迁费用支出，是指企业搬迁期间所发生的各项费用，包括安置职工实际发生的费用、停工期间支付给职工的工资及福利费、临时存放搬迁资产而发生的费用、各类资产搬迁安装费用以及其他与搬迁相关的费用。

资产处置支出，是指企业由于搬迁而处置各类资产所发生的支出，包括变卖及处置各类资产的净值、处置过程中所发生的税费等支出。企业由于搬迁而报废的资产，如无转让价值，其净值作为企业的资产处置支出。

（四）政策性搬迁税务处理

1. 政策性搬迁资产税务处理

根据《国家税务总局关于发布〈企业政策性搬迁所得税管理办法〉的公告》（国家税务总局公告 2012 年第 40 号）第十一、十二、十三、十四条的规定，企业搬迁的资产，简单安装或不需要安装即可继续使用的，在该项资产重新投入使用后，就其净值按《中华人民共和国企业所得税法》（中华人民共和国主席令第 63 号）及其实施条例规定的该资产尚未折旧或摊销的年限，继续计提折旧或摊销。

企业搬迁的资产，需要进行大修理后才能重新使用的，应就该资产的净值，加上大修理过程所发生的支出，为该资产的计税成本。在该项资产重新投入使用后，按该资产尚可使用的年限，计提折旧或摊销。

企业搬迁中被征用的土地，采取土地置换的，换入土地的计税成本按被征用土地的净值，以及该换入土地投入使用前所发生的各项费用支出，为该换入土地的计税成本，在该换入土地投入使用后，按《中华人民共和国企业所得税法》（中华人民共和国主席令第 63 号）及其实施条例规定年限摊销。

《国家税务总局关于企业政策性搬迁所得税有关问题的公告》（国家税务总局公告 2013 年第 11 号）第二条作了补充，企业政策性搬迁被征用的资产，采取资产置换的，其换入资产的计税成本按被征用资产的净值，加上换入资产所支付的税费（涉及补价，还应加上补价款）计算确定。

企业搬迁期间新购置的各类资产，应按《中华人民共和国企业所得税法》（中华人民共和国主席令第 63 号）及其实施条例等有关规定，计算确定资产的计税成本及折旧或摊销年限。企业发生的购置资产支出，不得从搬迁收入中扣除。

《国家税务总局关于企业政策性搬迁所得税有关问题的公告》（国家税务总局公告 2013 年第 11 号）第一条作了补充，凡在《国家税务总局关于发布〈企业政策性搬迁所得税管理办法〉的公告》（国家税务总局公告 2012 年第 40 号）生效前已经签订搬迁协议且尚未完成搬迁清算的企业政策性搬迁项目，企业在重建或恢复生产过程中购置的各类资产，可以作为搬迁支出，从搬迁收入中扣除。但购置的各类资产，应剔除该搬迁补偿收入后，作为该资产的计税基础，并按规定计算折旧或费用摊销。凡在国家税务总局 2012 年第 40 号公告生效后签订搬迁协议的政策性搬迁项目，应按国家税务总局 2012 年第 40 号公告有关规定执行。

2. 政策性搬迁应税所得的税务处理

根据《国家税务总局关于发布〈企业政策性搬迁所得税管理办法〉的公告》（国家税务总局公告 2012 年第 40 号）第十六、十七条的规定，企业的搬迁收入，扣除搬迁支出后的余额，为企业搬迁所得。企业在搬迁期间发生的搬迁收入和搬迁支出，可以暂不计入当期应纳税所得额，而在完成搬迁的年度，对搬迁收入和支出进行汇总清算。

企业应在搬迁完成年度，将搬迁所得计入当年度企业应纳税所得额计算纳税。符合下列情形之一的，为搬迁完成年度，企业应进行搬迁清算，计算搬迁所得：①从搬迁开始，5 年内（包括搬迁当年度）任何一年完成搬迁的；②从搬迁开始，搬迁时间满 5 年（包括搬迁当年度）的年度。企业同时符合下列条件的，视为已经完成搬迁：①搬迁规划已基本完成；②当年生产经营收入占规划搬迁前年度生产经营收入 50%以上。企业边搬迁、边生产的，搬迁年度应从实际开始搬迁的年度计算。

3. 政策性搬迁损失的税务处理

根据《国家税务总局关于发布〈企业政策性搬迁所得税管理办法〉的公告》（国家税务总局公告 2012 年第 40 号）第十八条的规定，企业搬迁收入扣除搬迁支出后为负数的，应为搬迁损失。搬迁损失可在搬迁完成年度，一次性作为损失进行扣除，也可以自搬迁完成年度起分 3 个年度，均匀在税前扣除。上述方法由企业自行选择，但一经选定，不得改变。

4. 政策性搬迁亏损弥补期限的计算

根据《国家税务总局关于发布〈企业政策性搬迁所得税管理办法〉的公告》（国家税务总局公告 2012 年第 40 号）第二十一条的规定，企业以前年度发生尚未弥补的亏损的，凡企业由于搬迁停止生产经营无所得的，从搬迁年度次年起，至搬迁完成年度前一年度止，可作为停止生产经营活动年度，从法定亏损结转弥补年限中减除；企业边搬迁、边生产的，其亏损结转年度应连续计算。

5. 政策性搬迁报送材料和时间

根据《国家税务总局关于发布〈企业政策性搬迁所得税管理办法〉的公告》（国家税务总局公告 2012 年第 40 号）第二十二、二十三、二十四条的规定，企业应当自搬迁开始年度，至次年 5 月 31 日前，向主管税务机关（包括迁出地和迁入地）报送政策性搬迁依据、搬迁规划等相关材料。逾期未报的，除特殊原因并经主管税务机关认可外，按非政策性搬迁处理，不得执行本办法的规定。

企业应向主管税务机关报送的政策性搬迁依据、搬迁规划等相关材料，包括政府搬迁文件或公告、搬迁重置总体规划、拆迁补偿协议、资产处置计划、其他与搬迁相关的事项。企业搬迁完成当年，其向主管税务机关报送企业所得税年度纳税申报表时，应同时报送“企业政策性搬迁清算损益表”及相关材料。

企业迁出地和迁入地主管税务机关发生变化的，由迁入地主管税务机关负责企业搬迁清算。

［例 6－2］ 甲企业 2013 年初因市政规划，实施整体搬迁，并于 2013 年 6 月 15 日签订了搬迁协议，协议约定补偿搬迁款 4500 万元，过渡性房租费用每年 100 万元，共 500 万元，5 年内完成搬迁。搬迁中发生如下业务：2013 年 7 月收到财政预算补偿款 5000 万元；当年以置换形式取得一块新土地，被置换土地使用权原价 2000 万元，累计摊销 1500 万元；处置资产设备原值 1500 万元，累计折旧 900 万元，处置收入 200 万元；搬迁过程中销售存货，不含税价 300 万元，成本 310 万元。签订房租合同，2013 年 50 万元，其他每年支付 100 万元。2014 年搬迁中报废固定资产—房屋及建筑物，原值 2000 万元，累计折旧 1200 万元，支付清理费用 50 万元，处置残料收入 80 万元。2015 年 1 月银行支付搬迁固定资产发生费用化支出 150 万元，发生设备搬迁

拆卸、运输、安装费用 50 万元，支付重建房屋支出 1500 万元；2016 年重置固定资产—机器设备 1000 万元，重建房屋于 2017 年 10 月验收合格达到预定可使用状态，机器设备 11 月安装完毕，于 12 月投入生产。假设以前年度均盈利，暂不考虑各项税费，房屋使用年限 20 年，设备 10 年，无预计净残值。

根据上述会计准则的规定，2013 年其会计处理：

（1）收到财政搬迁补偿款。

借：银行存款　　5000

　　贷：专项应付款　　5000

（2）置换土地（不具有商业实质）。

借：无形资产——土地使用权（新）　　500

　　累计摊销　　1500

　　贷：无形资产——土地使用权（旧）　　2000

（3）处置固定资产—设备。

借：固定资产清理　　600

　　累计折旧　　900

　　贷：固定资产——A　　1500

借：银行存款　　200

　　贷：固定资产清理　　200

借：营业外支出　　400

　　贷：固定资产清理　　400

同时：

借：专项应付款　　400

　　贷：递延收益　　400

借：递延收益　　400

　　贷：营业外收入　　400

（4）支付房租费。

借：管理费用——房租费　　50

　　贷：银行存款　　50

同时：

借：专项应付款　　50

　　贷：递延收益　　50

借：递延收益　　50

　　贷：营业外收入　　50

（5）搬迁过程中销售存货。

借：银行存款（等）　　351

　　贷：主营业务收入　　300

　　　　应交税费——应交增值税（销项税额）　　51

借：主营业务成本　310

　　贷：库存商品　310

根据上述税收政策规定，2013年税务处理：

（1）2013年甲供电公司搬迁尚未完成，企业在搬迁期间发生的搬迁收入和搬迁支出，可以暂不计入当期应纳税所得额。年末专项应付款一搬迁收入余额＝5000－400－50＝4550万元。

（2）存货处置所得应计入当年应纳税所得额，当期应纳税所得额＝300－310＝－10万元。根据《企业资产损失所得税税前扣除管理办法》（国家税务总局公告2011年第25号）的规定，存货销售发生损失应作清单申报并税前扣除。

2014年会计处理如下：

（1）报废固定资产—房屋及建筑物。

借：固定资产清理　800

　　累计折旧　1200

　　贷：固定资产　2000

（2）支付清理费用和收到残料收入。

借：固定资产清理　50

　　贷：银行存款　50

借：银行存款　80

　　贷：固定资产清理　80

借：营业外支出　770

　　贷：固定资产清理　770

同时：

借：专项应付款　770

　　贷：递延收益　770

借：递延收益　770

　　贷：营业外收入　770

（3）支付房租。

借：管理费用——房租费　100

　　贷：银行存款　100

同时：

借：专项应付款　100

　　贷：递延收益　100

借：递延收益　100

　　贷：营业外收入　100

2014年税务处理：

（1）2014年甲企业搬迁尚未完成，企业在搬迁期间发生的搬迁收入和搬迁支出，可以暂不计入当期应纳税所得额。

（2）年末专项应付款一搬迁收入余额＝4550－770－100＝3680万元。

2015 年会计处理：

（1）支付搬迁费用及安装费用。

借：管理费用　　200

　　贷：银行存款　　200

借：专项应付款　　200

　　贷：递延收益　　200

借：递延收益　　200

　　贷：营业外收入　　200

（2）支付重建房屋支出。

借：在建工程　　1500

　　贷：银行存款　　1500

借：专项应付款　　1500

　　贷：递延收益　　1500

（3）支付房租 100 万元，会计处理同 2014 年。

2015 年税务处理：

（1）2015 年甲企业搬迁尚未完成，企业在搬迁期间发生的搬迁收入和搬迁支出，可以暂不计入当期应纳税所得额。

（2）年末专项应付款—搬迁收入余额＝3680－200－1500－100＝1880 万元。

2016 年会计处理：

（1）重置固定资产——机器设备。

借：在建工程　　1000

　　贷：银行存款　　1000

借：专项应付款　　1000

　　贷：递延收益　　1000

（2）支付房租 100 万元，会计处理同 2014 年。

2016 年税务处理：

（1）2016 年甲企业搬迁尚未完成，企业在搬迁期间发生的搬迁收入和搬迁支出，可以暂不计入当期应纳税所得额。

（2）年末专项应付款—搬迁收入余额＝1880－1000－100＝780 万元。

2017 年会计处理：

（1）支付房租 100 万元，会计处理同 2014 年。

（2）完工结转固定资产。

借：固定资产　　2500

　　贷：在建工程　　2500

2017 年末长期应付款余额＝780－100＝680 万元。

（3）企业取得的搬迁补偿款扣除转入递延收益的金额后如有结余的，作为资本公积处理。

借：专项应付款　　680

贷：资本公积 680

（4）投入使用后12月计提折旧时，应将递延收益按折旧进度转入营业外收入。

借：管理费用——折旧费 7.08

贷：累计折旧 7.08

借：递延收益 7.08

贷：营业外收入 7.08

2017年税务处理：

根据《国家税务总局关于发布〈企业政策性搬迁所得税管理办法〉的公告》（国家税务总局公告2012年第40号）的相关规定，2017年为完成搬迁的年度，对搬迁收入和支出进行汇总清算。将搬迁所得计入当年度企业应纳税所得额计算纳税，具体计算方法如下。

（1）搬迁收入＝搬迁补偿收入＋处置收入＝5000＋200＋80＝5280万元。

（2）搬迁支出＝搬迁费用支出＋资产处置支出＋购置资产支出＝450＋50＋150＋50＋600＋800＝2100万元。

（3）搬迁所得＝搬迁收入－搬迁支出＝5280－2100＝3180万元。

2017年甲公司完成搬迁，企业应在该年度应将搬迁收入5280万元和搬迁支出2100万元分别填入“企业政策性搬迁清算损益表”中的相关行次并同时报送“企业政策性搬迁清算损益表”及相关材料。

（4）根据规定，企业应当自搬迁开始年度2013年至次年5月31日前，向主管税务机关报送的政策性搬迁依据、搬迁规划等相关材料，包括政府搬迁文件或公告、搬迁重置总体规划、拆迁补偿协议、资产处置计划、其他与搬迁相关的事项。

需注意的是：

（1）凡在2012年10月1日（含）后签订搬迁协议的政策性搬迁项目，发生的购置资产支出，不得从搬迁收入中扣除。

（2）如果企业发生搬迁损失，即搬迁收入扣除搬迁支出后为负数，可从中选择其一进行税务处理：在搬迁完成年度，一次性作为损失进行扣除；自搬迁完成年度起分3个年度，均匀在税前扣除。

（3）如果企业在搬迁以前年度存在未弥补亏损，则从搬迁年度次年起，至搬迁完成年度前一年度止，可作为停止生产经营活动年度，从法定亏损结转弥补年限中减除。就本例而言，如果甲企业在搬迁以前年度存在未弥补亏损，则2014—2016年这3年可从法定亏损结转弥补年限中扣除，弥补亏损年限从2017年开始继续计算。

【印花税】

根据《财政部、国家税务总局关于关于印花税若干政策的通知》（财税〔2006〕162号）第三条的规定，对土地使用权出让合同、土地使用权转让合同、商品房销售合同按产权转移书据征收印花税。若搬迁企业与政府签订了土地使用权转让合同，应按万分之五的税率缴纳印花税。

根据《中华人民共和国印花税暂行条例》（中华人民共和国国务院令第11号）第二条的规定，权利、许可证照为应纳税凭证。在政策性搬迁业务中，对于企业新取得的房屋、土地获得的不动产权证应按件贴花5元。

【土地增值税】

根据《中华人民共和国土地增值税暂行条例》（中华人民共和国国务院令第138号）第八条规定，因国家建设需要依法征用、收回的房地产免征土地增值税。

根据《中华人民共和国土地增值税暂行条例实施细则》（财法字〔1995〕6号）第十一条第二、四款的规定，条例第八条第（二）项所称的因国家建设需要依法征用、收回的房地产，是指因城市实施规划、国家建设的需要而被政府批准征用的房产或收回的土地使用权。符合上述免税规定的单位和个人，须向房地产所在地税务机关提出免税申请，经税务机关审核后，免予征收土地增值税。因此，因城市实施规划、国家建设的需要而被政府批准征用企业所属房产或收回企业所属土地使用权的，免征土地增值税，但须向税务机关提出免税申请并审核通过。

【契税】

（一）一般规定

根据《中华人民共和国契税暂行条例细则》（财法字〔1997〕52号）第十五条第一款的规定，土地、房屋被县级以上人民政府征用、占用后，重新承受土地、房屋权属的，是否减征或者免征契税，由省、自治区、直辖市人民政府确定。根据上述政策，企业由于政策性搬迁重新承受土地、房屋权属，是否需要缴纳契税由各省、自治区、直辖市人民政府确定，企业视实际情况做出税务处理。

（二）土地使用权或房屋交换规定

《中华人民共和国契税暂行条例细则》（财法字〔1997〕52号）第十条第一款规定，土地使用权交换、房屋交换，交换价格不相等的，由多交付货币、实物、无形资产或者其他经济利益的一方缴纳税款。交换价格相等的，免征契税。根据业务实际，在政策性搬迁业务中，若涉及差价，一般由政府支付，因此企业无须缴纳契税。

涉税风险

政策性搬迁业务涉税风险见表6-7。

表6-7　政策性搬迁业务涉税风险

风险编号	风险描述	责任部门
YF-01	未取得完整的政府相关材料，导致不能享受政策性搬迁企业所得税优惠政策	业务部门
CF-01	混淆政策性搬迁与非政策性搬迁，滥用政策性搬迁企业所得税优惠政策	财务部门
CF-02	对符合政策性搬迁条件的项目未单独进行税务管理和核算，导致不能享受政策性搬迁政策，造成企业损失	
CF-03	未在企业所得税汇算清缴时间内报送资料和申报搬迁损益，导致不能享受政策性搬迁企业所得税优惠政策	
CF-04	未备齐相应的备查资料，税务部门无法正确判断是否属于政策性搬迁，导致适用错误的税收政策	

政策依据

《财政部、国家税务总局关于全面推开营业税改征增值税试点的通知》（财税〔2016〕36号）

《国家税务总局关于发布〈纳税人转让不动产增值税征收管理暂行办法〉的公告》（国家税务总局公告 2016 年第 14 号）

《财政部、国家税务总局关于企业资产损失税前扣除政策的通知》（财税〔2009〕57 号）

《国家税务总局关于发布〈企业政策性搬迁所得税管理办法〉的公告》（国家税务总局公告 2012 年第 40 号）

《国家税务总局关于企业政策性搬迁所得税有关问题的公告》（国家税务总局公告 2013 年第 11 号）

《中华人民共和国印花税暂行条例》（中华人民共和国国务院令第 11 号）

《财政部、国家税务总局关于关于印花税若干政策的通知》（财税〔2006〕162 号）

《中华人民共和国土地增值税暂行条例》（中华人民共和国国务院令第 138 号）

《中华人民共和国土地增值税暂行条例实施细则》（财法字〔1995〕6 号）

《中华人民共和国契税暂行条例》（中华人民共和国国务院令第 224 号）

《中华人民共和国契税暂行条例细则》（财法字〔1997〕52 号）

《国家电网有限公司固定资产管理办法》[国网（财/2）593—2018]

七、对外捐赠

业务描述

根据《中华人民共和国公益事业捐赠法》（中华人民共和国主席令第 19 号）的规定，公益性捐赠是指自然人、法人或者其他组织自愿无偿向依法成立的公益性社会团体和公益性非营利的事业单位用于公益事业的财产捐赠。除此之外的捐赠为非公益性捐赠。

根据《国家电网公司对外捐赠管理办法》〔国网（外联/2）236—2014〕的规定，对外捐赠业务流程如图 6－7 所示。

涉及税种

对外捐赠业务主要涉及增值税及附加、企业所得税、印花税、土地增值税等税种。

涉税处理

【增值税及附加】

企业对外捐赠应主要体现在货物捐赠和非货物捐赠。

（一）非货物捐赠

1. 公益性捐赠

根据《营业税改征增值税试点实施办法》（财税〔2016〕36 号附件 1）第十四条的规定，单位或者个体工商户向其他单位或者个人无偿提供服务，无偿转让无形资产或者不动产，视同销售，但用于公益事业或者以社会公众为对象的除外。

因此，公司在公益性捐赠支出中涉及无偿提供服务、无偿转让无形资产或不动产的，无须缴纳增值税。

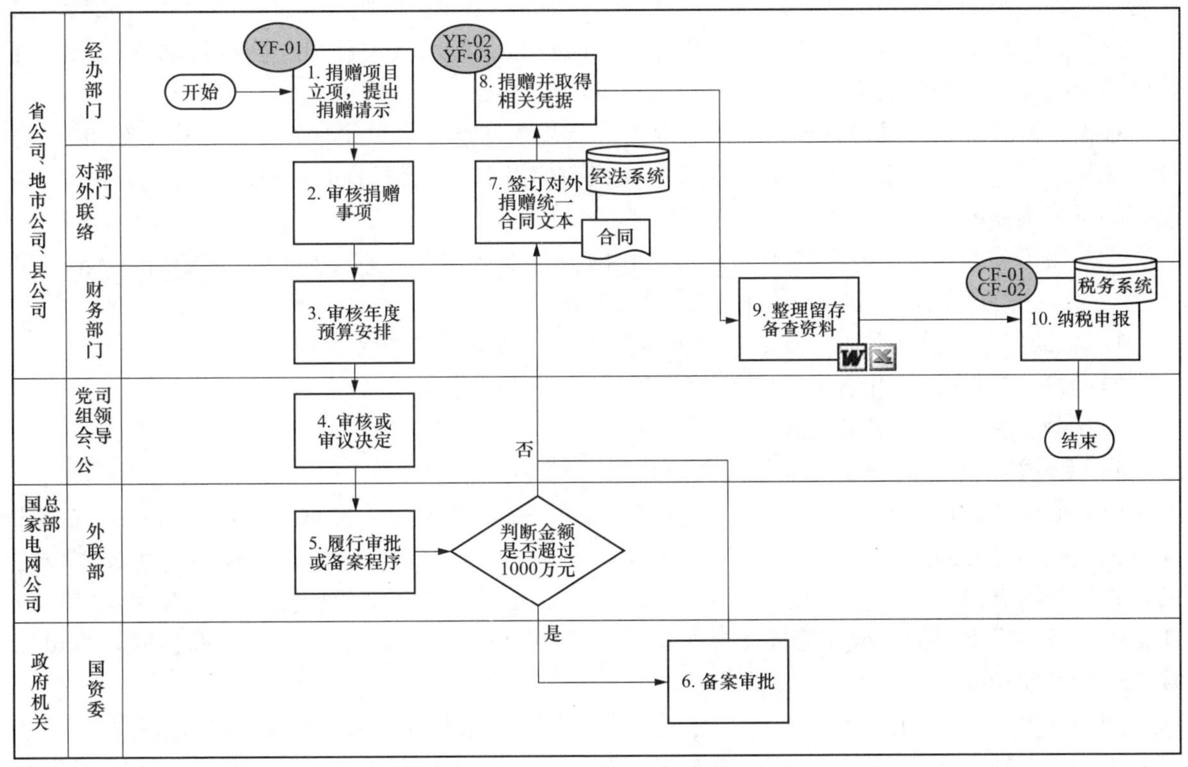

图 6－7 对外捐赠业务流程

2. 非公益性捐赠

根据上述规定，公司在非公益性捐赠支出中涉及无偿提供服务、无偿转让无形资产或不动产，应当视同销售，缴纳增值税。若以社会公众为捐赠对象的，则无须缴纳增值税。

（二）货物捐赠

根据《中华人民共和国增值税暂行条例实施细则》（财政部令第 65 号）第四条第八款的规定，将自产、委托加工或者购进的货物无偿赠送其他单位或者个人应该视同销售货物。

因此，公司在对外捐赠支出中涉及无偿提供货物的，则应按 13%的税率缴纳增值税。纳税义务发生时间为货物移送使用的当天。

【企业所得税】

公益性捐赠支出企业所得税的涉税处理如下。

根据《财政部、国家税务总局关于公益性捐赠支出企业所得税税前结转扣除有关政策的通知》（财税〔2018〕15 号）第一条的规定，自 2017 年 1 月 1 日起，企业通过公益性社会组织或者县级（含县级）以上人民政府及其组成部门和直属机构，用于慈善活动、公益事业的捐赠支出，在年度利润总额 12%以内的部分，准予在计算应纳税所得额时扣除；超过年度利润总额 12%的部分，准予结转以后三年内在计算应纳税所得额时扣除。

根据上述规定，公益性捐赠支出企业所得税税前结转扣除须满足以下三个要件：

（1）公益性社会组织，应当依法取得公益性捐赠税前扣除资格。根据《财政部、国家税务总局、民政部关于公益性捐赠税前扣除资格确认审批有关调整事项的通知》（财税〔2015〕141号）第一条的规定，由财政、税务、民政等部门结合社会组织登记注册、公益活动情况联合确认公益性捐赠税前扣除资格，并以公告形式发布名单。

根据《财政部、国家税务总局、民政部关于公益性捐赠税前扣除有关问题的补充通知》（财税〔2010〕45号）第一条的规定，县级以上人民政府及其组成部门和直属机构的公益性捐赠税前扣除资格不需要认定。

（2）用于公益事业。根据《中华人民共和国公益事业捐赠法》（中华人民共和国主席令第19号）第三条的规定，公益事业是指非营利的下列事项：

1）救助灾害、救济贫困、扶助残疾人等困难的社会群体和个人的活动。

2）教育、科学、文化、卫生、体育事业。

3）环境保护、社会公共设施建设。

4）促进社会发展和进步的其他社会公共和福利事业。

（3）取得公益性捐赠票据。根据《财政部、国家税务总局、民政部关于公益性捐赠税前扣除有关问题的补充通知》（财税〔2010〕45号）第五条的规定，对于通过公益性社会团体发生的公益性捐赠支出，企业或个人应提供省级以上（含省级）财政部门印制并加盖接受捐赠单位印章的公益性捐赠票据，或加盖接受捐赠单位印章的“非税收入一般缴款书”收据联，方可按规定进行税前扣除。

［例6-3］ 某电力企业2016年6月发生符合限额扣除条件的公益性捐赠支出20万元，10月发生符合限额扣除条件的公益性捐赠支出6万元，2016年利润总额为100万元；2017发生符合限额扣除条件的公益性捐赠支出3万元，2017年利润总额为30万元；2018年发生符合限额扣除条件的公益性捐赠支出8万元，准予全额扣除的公益性捐赠10万元，2018年利润总额100万元（不考虑其他事项）。

解析：

（1）2016年公益性捐赠支出扣除限额为100×12%=12万元。2016年度汇算清缴时，准予税前扣除的公益性捐赠为12万元。剩余26-12=14万元未在2016年税前扣除。根据《财政部、国家税务总局关于公益性捐赠支出企业所得税税前结转扣除有关政策的通知》（财税〔2018〕15号）的规定，2016年9月1日至2016年12月31日发生的公益性捐赠支出未在2016年税前扣除的部分，可结转以后三年在计算应纳税所得额时扣除。由于6月的12万元已扣除，剩余8万元未扣除，则6月剩余的8万元不能再扣除，而10月未扣除的6万元准予结转在2017、2018、2019年依次扣除。

（2）2017年公益性捐赠支出扣除限额为30×12%=3.6万元，2017年度汇算清缴时，先扣除上年结转的，则2016年仍有6-3.6=2.4万元未在2017年扣除，准予结转在2018、2019年依次扣除。2017年发生的3万元未在当年税前扣除，准予结转在2018、2019、2020年依次扣除。

（3）2018年公益性捐赠支出扣除限额为100×12%=12万元，2018年度汇算清缴时，先扣除2016年结转的2.4万元，再扣除2017年结转的3万元，再扣除当年的6.6万元（12-2.4-3=6.6万元），剩余8-6.6=1.4万元准予结转在2019、2020、2021年依次扣除。

2017、2018年度捐赠支出及纳税调整明细表见表6-8、表6-9。

表6-8　　捐赠支出及纳税调整明细表（2017年度）　　单位：万元

行次	项　目	账载金额	以前年度结转可扣除的捐赠额	按税收规定计算扣除的限额	税收金额	纳税调增金额	纳税调减金额	可结转以后年度扣除的捐赠额
		1	2	3	4	5	6	7
1	一、非公益性捐赠							
2	二、全额扣除的公益性捐赠							
3	三、限额扣除的公益性捐赠（4+5+6+7）	3	6	3.6	3.6	3	3.6	5.4
4	前三年度（年）							
5	前二年度（年）							
6	前一年度（2016年）		6				3.6	2.4
7	本年（2017年）	3		3.6	3.6	3		3
8	合计（1+2+3）	3	6	3.6	3.6	3	3.6	5.4

表6-9　　捐赠支出及纳税调整明细表（2018年度）　　单位：万元

行次	项　目	账载金额	以前年度结转可扣除的捐赠额	按税收规定计算扣除的限额	税收金额	纳税调增金额	纳税调减金额	可结转以后年度扣除的捐赠额
		1	2	3	4	5	6	7
1	一、非公益性捐赠							
2	二、全额扣除的公益性捐赠	10			10			
3	三、限额扣除的公益性捐赠（4+5+6+7）	8	5.4	12	12	1.4	5.4	1.4
4	前三年度（年）							
5	前二年度（2016年）		2.4				2.4	
6	前一年度（2017年）		3				3	
7	本年（2018年）	8		12	12	1.4		1.4
8	合计（1+2+3）	18	5.4	12	22	1.4	5.4	1.4

根据《关于企业扶贫捐赠所得税税前扣除政策的公告》（财政局、税务总局、国务院扶贫办公告2019年第49号）规定自2019年1月1日至2022年12月31日，企业通过公益性社会组织或者县级（含县级）以上人民政府及其组成部门和直属机构，用于目标脱贫地区的扶贫捐赠支出，准予在计算企业所得税应纳税所得额时据实扣除，且上述捐赠支出不计算在公益性捐赠支出年度扣除限额内。

【印花税】

根据《中华人民共和国印花税暂行条例》（中华人民共和国国务院令第11号）第四条第（二）项的规定，财产所有人将财产赠给政府、社会福利单位、学校所立的书据免征印花税。公司将财产赠给政府、社会福利单位、学校的，无须缴纳印花税，除此之外，应按所载金额的万分之五缴纳印花税。

【土地增值税】

根据《中华人民共和国土地增值税暂行条例实施细则》（财法字〔1995〕6 号）第二条的规定，转让国有土地使用权、地上的建筑物及其附着物并取得收入，是指以出售或者其他方式有偿转让房地产的行为。不包括以继承、赠与方式无偿转让房地产的行为。

根据《财政部、国家税务总局关于土地增值税一些具体问题规定的通知》（财税字〔1995〕48 号）第四条的规定，赠与是指：①房产所有人、土地使用权所有人将房屋产权、土地使用权赠与直系亲属或承担直接赡养义务人的；②房产所有人、土地使用权所有人通过中国境内非营利的社会团体、国家机关将房屋产权、土地使用权赠与教育、民政和其他社会福利、公益事业的。上述社会团体是指中国青少年发展基金会、希望工程基金会、宋庆龄基金会、减灾委员会、中国红十字会、中国残疾人联合会、全国老年基金会、老区促进会以及经民政部门批准成立的其他非营利的公益性组织。

根据上述规定，公司在公益性捐赠中涉及土地、房屋产权转让的，无须缴纳土地增值税。但公司在非公益性捐赠中涉及的土地、房屋产权转让的，需缴纳土地增值税。

涉税风险

对外捐赠业务涉税风险见表 6 - 10。

表 6 - 10　　对外捐赠业务涉税风险

风险编号	风 险 描 述	责任部门
YF - 01	经办部门在捐赠项目立项时，未选择向在政府发布名单内的公益性社会团体捐赠，或虽在名单内，但捐赠支出不属于名单所属年度的，导致该捐赠支出无法享受税前扣除的政策	业务部门
YF - 02	经办部门对外捐赠未取得省级以上（含省级）财政部门印制并加盖接受捐赠单位印章的公益性捐赠票据或加盖接受捐赠单位印章的“非税收入一般缴款书”收据联，导致该公益性捐赠失去税前扣除的资格	
YF - 03	将财产赠送给政府、社会福利单位、学校三类单位，无须缴纳印花税	
CF - 01	财务部门在捐赠所属纳税年度未及时关注相关的税收文件，未能据实享受相应的优惠政策。比如当年某些地区出现严重的自然灾害，政府可能会出台免征等税收优惠的政策和文件	财务部门
CF - 02	财务部门在对公益性捐赠支出计算扣除时，未按顺序先扣除以前年度结转的捐赠支出，导致未税前扣除的捐赠支出超过结转年限，企业多缴企业所得税	

政策依据

《中华人民共和国增值税暂行条例实施细则》（财政部令第 65 号）

《财政部、国家税务总局关于全面推开营业税改征增值税试点的通知》（财税〔2016〕36 号）

《中华人民共和国企业所得税法》（中华人民共和国主席令第 63 号）

《财政部、国家税务总局、民政部关于公益性捐赠税前扣除有关问题的通知》（财税〔2008〕160 号）

《财政部、国家税务总局、民政部关于公益性捐赠税前扣除有关问题的补充通知》（财税〔2010〕45号）

《财政部、国家税务总局关于公益性捐赠支出企业所得税税前结转扣除有关政策的通知》（财税〔2018〕15号）

《关于企业扶贫捐赠所得税税前扣除政策的公告》（财政局、税务总局、国务院扶贫办公告2019年第49号）

《中华人民共和国印花税暂行条例》（中华人民共和国国务院令第11号）

《国家税务总局关于印花税若干具体问题的解释和规定的通知》（国税发〔1991〕155号）

《财政部、国家税务总局关于土地增值税一些具体问题规定的通知》（财税字〔1995〕48号）

《中华人民共和国土地增值税暂行条例实施细则》（财法字〔1995〕6号）

《中华人民共和国公益事业捐赠法》（中华人民共和国主席令第19号）

《国家电网公司对外捐赠管理办法》〔国网（外联/2）236—2014〕

第二节 子公司退出

业务描述

根据《中华人民共和国公司法》（中华人民共和国主席令第42号）第一百八十条、《国家电网有限公司股权管理办法》［国网（财/2）198—2018］的规定，子公司注销包括以下七种情形：①公司章程规定的营业期限届满或其他解散事由出现；②股东决定、股东会、股东大会决议解散；③出现其他影响企业持续经营的重大事项；④公司合并或者分立需要解散；⑤不能清偿到期债务，被依法宣告破产；⑥依法被吊销营业执照、责令关闭或者被撤销；⑦人民法院依照《公司法》第一百八十二条的规定予以解散。本节主要对前四种情形进行详细分析，其中第①—③种情形合称“正常注销”，第④种情形称为“因合并、分立而注销”。

《税务登记管理办法》（国家税务总局令第36号）第二十八、三十一条规定，纳税人发生解散、破产、撤销以及其他情形，依法终止纳税义务的，应当在向工商行政管理机关或者其他机关办理注销登记前，持有关证件和资料向原税务登记机关申报办理注销税务登记。纳税人办理注销税务登记前，应当向税务机关提交相关证明文件和资料，结清应纳税款、多退（免）税款、滞纳金和罚款，缴销发票、税务登记证件和其他税务证件，经税务机关核准后，办理注销税务登记手续。

（一）正常注销

根据《中华人民共和国公司法》（中华人民共和国主席令第42号）第一百八十四条、《国家电网有限公司股权管理办法》［国网（财/2）198—2018］的规定，子公司正常注销业务流程如图6-8所示。

（二）合并分立

根据《中华人民共和国公司法》（中华人民共和国主席令第42号）第一百八十四条、《财政部、国家税务总局关于企业重组业务企业所得税处理若干问题的通知》（财税〔2009〕59号）、

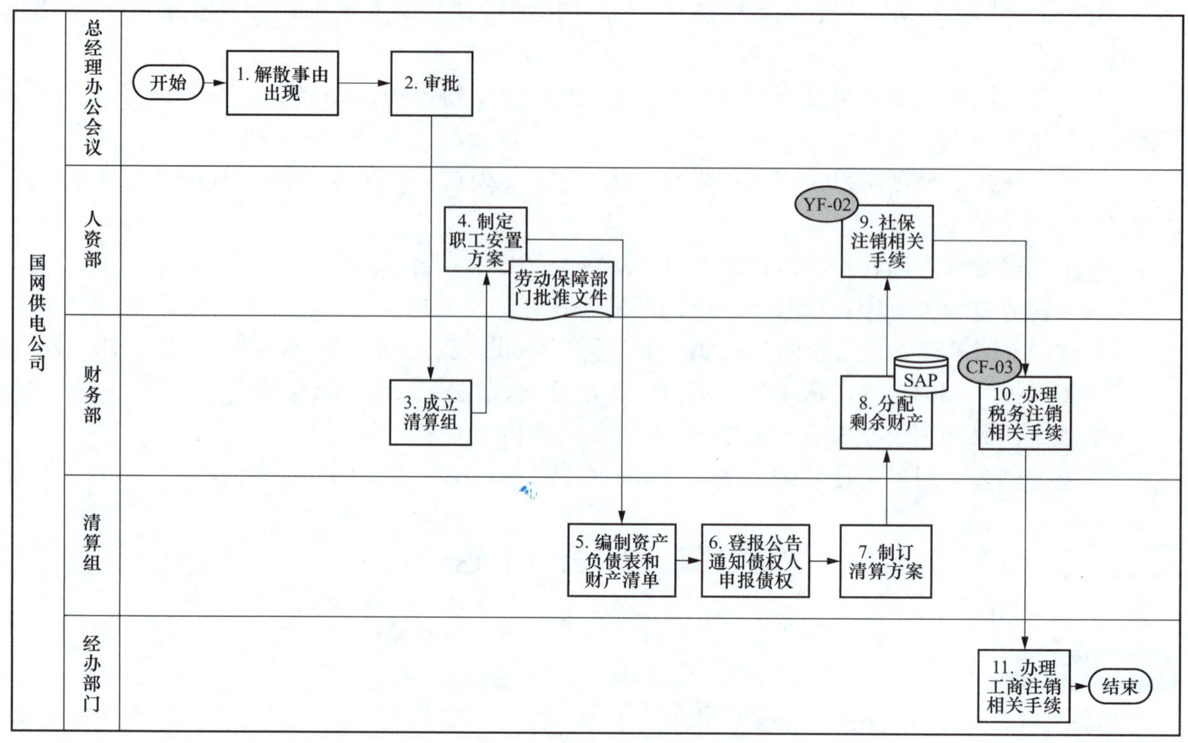

图 6-8　子公司正常注销业务流程

《国家税务总局关于企业重组业务企业所得税征收管理若干问题的公告》（国家税务总局公告2015年第48号）的规定，子公司因合并、分立而注销业务流程如图6-9所示。

根据《国家工商行政管理总局关于做好公司合并分立登记支持企业兼并重组的意见》（工商企字〔2011〕226号）第二条规定：

（1）公司合并可以采取两种形式。一种是吸收合并，指一个公司吸收其他公司后存续，被吸收公司解散；另一种是新设合并，指两个或者两个以上公司归并为一个新公司，原有各公司解散。

（2）公司分立可以采取两种形式。一种是存续分立，指一个公司分出一个或者一个以上新公司，原公司存续；另一种是解散分立，指一个公司分为两个或者两个以上新公司，原公司解散。

根据《住房和城乡建设部关于建设工程企业发生重组、合并、分立等情况资质核定有关问题的通知》（建市〔2014〕79号）第一条规定，符合条件的建设工程企业发生重组、合并、分立等情况申请资质证书的，可按照有关规定简化审批手续，经审核注册资本金和注册人员等指标满足资质标准要求的，直接进行证书变更。

涉及税种

子公司注销业务涉及增值税及附加、企业所得税、印花税、土地增值税、契税等税种。

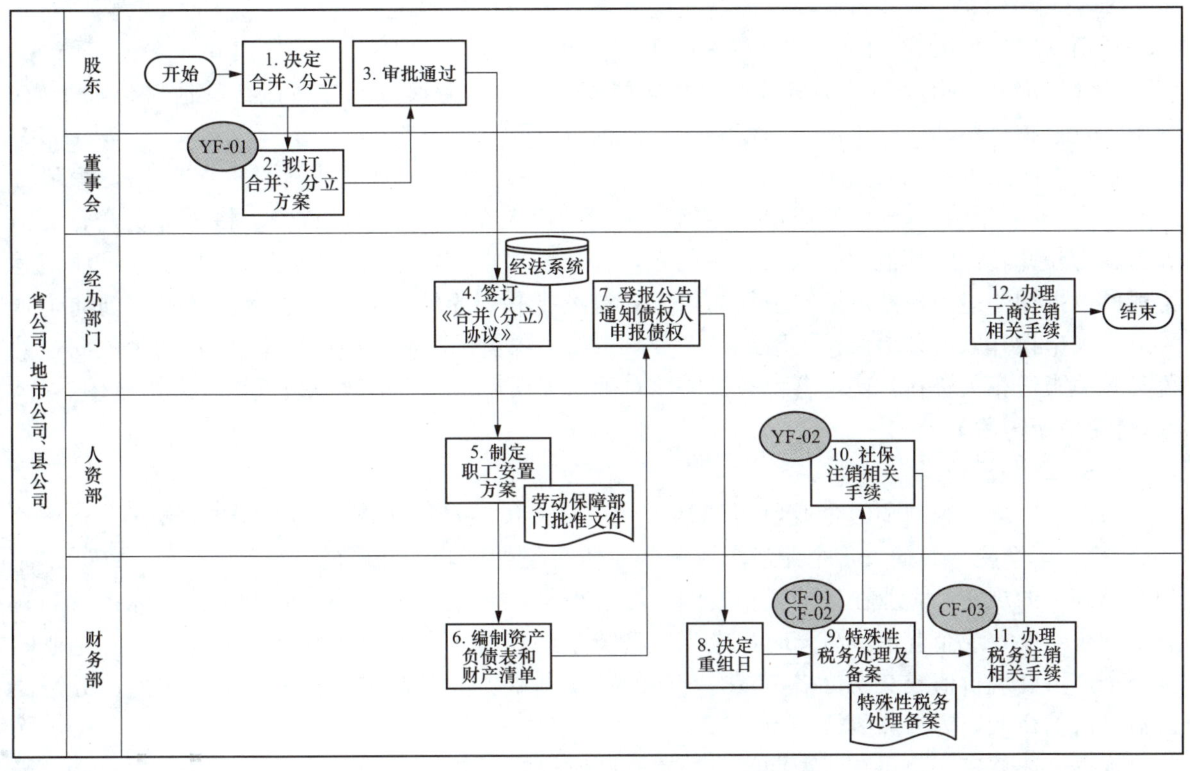

图 6－9 子公司因合并、分立而注销业务流程

税务处理

【增值税及附加】

（一）正常注销

1. 处置动产

根据《中华人民共和国增值税暂行条例》（中华人民共和国国务院令第 691 号）及《中华人民共和国增值税暂行条例实施细则》（财政部令第 65 号）第四条的规定，公司终止经营正常注销时，将相关动产出售的应缴纳增值税及附加，用于投资、分配或无偿赠送的，应视同销售。

2. 处置不动产

根据《中华人民共和国增值税暂行条例》（中华人民共和国国务院令第 691 号）第一条规定，公司终止经营正常注销时，将相关不动产出售的应缴纳增值税及附加。

根据《营业税改征增值税试点实施办法》（财税〔2016〕36 号附件 1）第十四条第（二）项的规定，单位或者个人向其他单位或者个人无偿转让无形资产或者不动产，视同销售，但用于公益事业或者以社会公众为对象的除外。

（二）因合并、分立而注销

根据《国家税务总局关于纳税人资产重组有关增值税问题的公告》（国家税务总局公告 2011 年第 13 号）、《国家税务总局关于纳税人资产重组有关增值税问题的公告》（国家税务总局公告 2013 年第 66 号)、《营业税改征增值税试点有关事项的规定》(财税〔2016〕36 号附件 2)第一条第（二）项第五款的规定，在资产重组过程中，通过合并、分立、出售、置换等方式，将全部或者部分实物资产以及与其相关联的债权、负债和劳动力一并转让给其他单位和个人，其中涉及货物、不动产、土地使用权转让不征收增值税。

根据《国家税务总局关于纳税人资产重组增值税留抵税额处理有关问题的公告》(国家税务总局公告 2012 年第 55 号）的规定，增值税一般纳税人在资产重组过程中，将全部资产、负债和劳动力一并转让给其他增值税一般纳税人，并按程序办理注销税务登记的，其在办理注销登记前尚未抵扣的进项税额可结转至新纳税人处继续抵扣。原纳税人应在注销税务登记前向主管税务机关申报并取得“增值税一般纳税人资产重组进项留抵税额转移单”，并由新纳税人向主管税务机关报送相关资料，待主管税务机关核对确认无误后，方可继续申报抵扣。

【企业所得税】

（一）正常注销

根据《中华人民共和国企业所得税法》（中华人民共和国主席令第 63 号）第五十三条及《财政部、国家税务总局关于企业清算业务企业所得税处理若干问题的通知》(财税〔2009〕60 号）第四条的规定，企业在该纳税年度的实际经营期不足十二个月的，应当以其实际经营期为一个纳税年度，或企业依法清算时，应当以清算期间作为一个纳税年度计算清算所得。企业的全部资产可变现价值或交易价格，减除资产的计税基础、清算费用、相关税费，加上债务清偿损益等后的余额，为清算所得。

根据上述规定，公司在清算期间，处置资产所得应当申报纳税。

（二）因合并、分立而注销

1. 一般性税务处理

根据《财政部、国家税务总局关于企业重组业务企业所得税处理若干问题的通知》(财税〔2009〕59 号）第四条的规定，企业重组，除符合本通知规定适用特殊性税务处理规定的外，按以下规定进行税务处理。

企业合并，当事各方应按下列规定处理：①合并企业应按公允价值确定接受被合并企业各项资产和负债的计税基础；②被合并企业及其股东都应按清算进行所得税处理；③被合并企业的亏损不得在合并企业结转弥补。

企业分立，当事各方应按下列规定处理：①被分立企业对分立出去资产应按公允价值确认资产转让所得或损失；②分立企业应按公允价值确认接受资产的计税基础；③被分立企业继续存在时，其股东取得的对价应视同被分立企业分配进行处理；④被分立企业不再继续存在时，被分立企业及其股东都应按清算进行所得税处理；⑤企业分立相关企业的亏损不得相互结转弥补。

2. 特殊性税务处理

根据《财政部、国家税务总局关于企业重组业务企业所得税处理若干问题的通知》(财税〔2009〕59 号）第五、六条的规定，企业重组符合特殊性税务处理规定的，按以下规定进行税务处理。

企业合并，企业股东在该企业合并发生时取得的股权支付金额不低于其交易支付总额的

85%，以及同一控制下且不需要支付对价的企业合并，可以选择按以下规定处理：①合并企业接受被合并企业资产和负债的计税基础，以被合并企业的原有计税基础确定；②被合并企业合并前的相关所得税事项由合并企业承继；③可由合并企业弥补的被合并企业亏损的限额＝被合并企业净资产公允价值×截至合并业务发生当年年末国家发行的最长期限的国债利率；④被合并企业股东取得合并企业股权的计税基础，以其原持有的被合并企业股权的计税基础确定。

企业分立，被分立企业所有股东按原持股比例取得分立企业的股权，分立企业和被分立企业均不改变原来的实质经营活动，且被分立企业股东在该企业分立发生时取得的股权支付金额不低于其交易支付总额的85%，可以选择按以下规定处理：①分立企业接受被分立企业资产和负债的计税基础，以被分立企业的原有计税基础确定；②被分立企业已分立出去资产相应的所得税事项由分立企业承继；③被分立企业未超过法定弥补期限的亏损额可按分立资产占全部资产的比例进行分配，由分立企业继续弥补。

3. 备案处理

根据《国家税务总局关于企业重组业务企业所得税征收管理若干问题的公告》（国家税务总局公告2015年第48号）的规定，企业重组业务适用特殊性税务处理的。除《财政部、国家税务总局关于企业重组业务企业所得税处理若干问题的通知》（财税〔2009〕59号）第四条第（一）项所称企业发生其他法律形式简单改变情形外，重组各方应在该重组业务完成当年，办理企业所得税年度申报时，分别向各自主管税务机关报送“企业重组所得税特殊性税务处理报告表及附表”和申报资料。合并、分立中重组一方涉及注销的，应在尚未办理注销税务登记手续前进行申报。重组主导方申报后，其他当事方向其主管税务机关办理纳税申报。申报时还应附送重组主导方经主管税务机关受理的“企业重组所得税特殊性税务处理报告表及附表”（复印件）。

企业合并当事各方应报送的申报资料包括：

（1）企业合并的总体情况说明，包括合并方案、基本情况，并逐条说明企业合并的商业目的。

（2）企业合并协议或决议，需有权部门（包括内部和外部）批准的，应提供批准文件。

（3）企业合并当事各方的股权关系说明，若属同一控制下且不需支付对价的合并，还需提供在企业合并前，参与合并各方受最终控制方的控制在12个月以上的证明材料。

（4）被合并企业净资产、各单项资产和负债的账面价值和计税基础等相关资料。

（5）12个月内不改变资产原来的实质性经营活动、原主要股东不转让所取得股权的承诺书。

（6）工商管理部门等有权机关登记的相关企业股权变更事项的证明材料。

（7）合并企业承继被合并企业相关所得税事项（包括尚未确认的资产损失、分期确认收入和尚未享受期满的税收优惠政策等）情况说明。

（8）涉及可由合并企业弥补被合并企业亏损的，需要提供其合并日净资产公允价值证明材料及主管税务机关确认的亏损弥补情况说明。

（9）重组当事各方一致选择特殊性税务处理并加盖当事各方公章的证明资料。

（10）涉及非货币性资产支付的，应提供非货币性资产评估报告或其他公允价值证明。

（11）重组前连续12个月内有无与该重组相关的其他股权、资产交易，与该重组是否构成分步交易、是否作为一项企业重组业务进行处理情况的说明。

（12）按会计准则规定当期应确认资产（股权）转让损益的，应提供按税法规定核算的资产（股权）计税基础与按会计准则规定核算的相关资产（股权）账面价值的暂时性差异专项说明。

企业分立当事各方应报送的申报资料包括：

（1）企业分立的总体情况说明，包括分立方案、基本情况，并逐条说明企业分立的商业目的。

（2）被分立企业董事会、股东会（股东大会）关于企业分立的决议，需有权部门（包括内部和外部）批准的，应提供批准文件。

（3）被分立企业的净资产、各单项资产和负债账面价值和计税基础等相关资料。

（4）12 个月内不改变资产原来的实质性经营活动、原主要股东不转让所取得股权的承诺书。

（5）工商管理部门等有权机关认定的分立和被分立企业股东股权比例证明材料；分立后，分立和被分立企业工商营业执照复印件。

（6）重组当事各方一致选择特殊性税务处理并加盖当事各方公章的证明资料。

（7）涉及非货币性资产支付的，应提供非货币性资产评估报告或其他公允价值证明。

（8）分立企业承继被分立企业所分立资产相关所得税事项（包括尚未确认的资产损失、分期确认收入和尚未享受期满的税收优惠政策等）情况说明。

（9）若被分立企业尚有未超过法定弥补期限的亏损，应提供亏损弥补情况说明、被分立企业重组前净资产和分立资产公允价值的证明材料。

（10）重组前连续 12 个月内有无与该重组相关的其他股权、资产交易，与该重组是否构成分步交易、是否作为一项企业重组业务进行处理情况的说明。

（11）按会计准则规定当期应确认资产（股权）转让损益的，应提供按税法规定核算的资产（股权）计税基础与按会计准则规定核算的相关资产（股权）账面价值的暂时性差异专项说明。

【印花税】

（一）正常注销

根据《中华人民共和国印花税暂行条例》（中华人民共和国国务院令第 11 号）的规定，公司在资产处置过程中，涉及购销合同或产权转移书据的，应当按按购销金额万分之三或所载金额万分之五贴花。

（二）因合并、分立而注销

《财政部、国家税务总局关于企业改制过程中有关印花税政策的通知》（财税〔2003〕183 号）规定，以合并或分立方式成立的新企业，其新启用的资金账簿记载的资金，凡原已贴花的部分可不再贴花，未贴花的部分和以后新增加的资金按规定贴花。

《财政部、税务总局关于对营业账簿减免印花税的通知》（财税〔2018〕50 号）规定，自 2018 年 5 月 1 日起，对按万分之五税率贴花的资金账簿减半征收印花税，对按件贴花五元的其他账簿免征印花税。

根据上述规定，公司因合并、分立而成立新公司的，新公司未贴花或新增加的资金账簿按万分之五减半征收。

【土地增值税】

（一）正常注销

根据《中华人民共和国土地增值税暂行条例》（中华人民共和国国务院令第 138 号）的规定，公司在资产处置过程中，涉及土地、房屋产权转移的，应当缴纳土地增值税。

根据《财政部、国家税务总局关于土地增值税若干问题的通知》（财税〔2006〕21 号）第二条规定，纳税人转让旧房及建筑物，凡不能取得评估价格，但能提供购房发票的，经当地税务部门确认，《中华人民共和国土地增值税暂行条例》（中华人民共和国国务院令第 138 号）第六条第（一）、（三）项规定的扣除项目的金额，可按发票所载金额并从购买年度起至转让年度止每年加计 5%计算。对纳税人购房时缴纳的契税，凡能提供契税完税凭证的，准予作为“与转让房地产有关的税金”予以扣除，但不作为加计 5%的基数。对于转让旧房及建筑物，既没有评估价格，又不能提供购房发票的，地方税务机关可以根据《中华人民共和国税收征收管理法》（中华人民共和国主席令第 49 号）第 35 条的规定，实行核定征收。

根据《国家税务总局关于土地增值税清算有关问题的通知》（国税函〔2010〕220 号）第七条，《财政部、国家税务总局关于土地增值税若干问题的通知》（财税〔2006〕21 号）第二条第一款规定，纳税人转让旧房及建筑物，凡不能取得评估价格，但能提供购房发票的，经当地税务部门确认，《中华人民共和国土地增值税暂行条例》（中华人民共和国国务院令第 138 号）第六条第（一）、（三）项规定的扣除项目的金额，可按发票所载金额并从购买年度起至转让年度止每年加计 5%计算。“每年”按购房发票所载日期起至售房发票开具之日止，每满 12 个月计一年；超过一年，未满 12 个月但超过 6 个月的，可以视同为一年。

（二）因合并、分立而注销

《财政部、税务总局关于继续实施企业改制重组有关土地增值税政策的通知》（财税〔2018〕57 号）第二、三条规定，按照法律规定或者合同约定，两个或两个以上企业合并为一个企业，且原企业投资主体存续的，对原企业将房地产转移、变更到合并后的企业，暂不征土地增值税。按照法律规定或者合同约定，企业分设为两个或两个以上与原企业投资主体相同的企业，对原企业将房地产转移、变更到分立后的企业，暂不征土地增值税。

根据上述规定，公司因合并、分立而将土地、房屋产权转移至新企业的，暂不征土地增值税。

【契税】

（一）正常注销

根据《中华人民共和国契税暂行条例》（中华人民共和国国务院令第 224 号）第一条的规定，在中华人民共和国境内转移土地、房屋权属，承受的单位和个人为契税的纳税人，应当依照本条例的规定缴纳契税。

（二）因合并、分立而注销

《财政部、税务总局关于继续支持企业事业单位改制重组有关契税政策的通知》（财税〔2018〕17 号）第三、四条规定，两个或两个以上的公司，依照法律规定、合同约定，合并为一个公司，且原投资主体存续的，对合并后公司承受原合并各方土地、房屋权属，免征契税。公司依照法律规定、合同约定分立为两个或两个以上与原公司投资主体相同的公司，对分立后公司承受原公司土地、房屋权属，免征契税。

根据上述规定，公司因合并、分立而将土地、房屋产权转移至新企业的，免征契税。

[例 6-4] 甲企业吸收合并其子公司，双方 2018 年 3 月签订合并协议并生效，4 月 1 日账务处理。子公司资产公允价值 5000 万元（计税基础 4500 万元），负债公允价值 3000 万元（计税基础 2800 万元），土地房屋 800 万元，弥补期限内的亏损 200 万元，合并业务发生当年年末国家发行的最长期限的国债利率 5%。2018 年 5 月 10 日甲企业增加资金账簿 200 万元，建立 5 本其他账簿。

重组日为 4 月 1 日。

子公司将资产、负债和劳动力一并转让给甲企业，其中涉及的货物、土地、房屋的权属转移不缴增值税及附加，且子公司未抵扣完的允许抵扣增值税留抵税额可结转至甲企业继续抵扣。

甲企业吸收合并子公司符合《财政部、国家税务总局关于企业重组业务企业所得税处理若干问题的通知》（财税〔2009〕59 号）第五、六条的规定，属于同一控制下且不需要支付对价的吸收合并，适用特殊性税务处理，双方均不确认损益。子公司可以由甲企业弥补的亏损额为 (5000－3000)×5%＝100 万元。如果计算结果超过 200 万元的，则弥补限额为 200 万元。甲企业接受子公司的资产以 4500 万元为计税基础，负债以 2800 万元为计税基础。

甲企业应当缴纳的印花税为 200×0.5‰×50%＝0.05 万元。如果甲企业在 2018 年 5 月 1 日前增加资金账簿和其他账簿的，不享受资金账簿印花税减半征收的优惠，同时应当按件 5 元定额缴纳其他账簿印花税。

子公司将土地房屋转移、变更到甲企业，不需要缴纳土地增值税。

甲企业接收子公司的土地房屋不需要缴纳契税。

涉税风险

子公司退出业务涉税风险见表 6-11。

表 6-11　　子公司退出业务涉税风险

风险编号	风 险 描 述	责任部门
YF-01	在资产重组过程中，被合并方通过合并、分立、出售、置换等方式，但未将全部或者部分实物资产以及与其相关联的债权、负债和劳动力一并转让给合并方，导致不能享受增值税免税优惠	业务部门
YF-02	在注销税务登记前未按规定办理社保注销手续，导致不能及时完成子公司注销	
CF-01	吸收合并采用特殊性税务处理情形的，合并双方未按规定申报企业所得税特殊性税务处理报告表及报送资料，导致不能适用企业所得税的特殊性税务处理	财务部门
CF-02	吸收合并采用特殊性税务处理情形的，合并企业未按限额弥补被合并企业的亏损，导致错误适用企业所得税特殊性税务处理，产生涉税风险	
CF-03	子公司存在增值税留抵税额但未在税务登记注销前完成留抵税额结转手续，导致留抵税额无法结转风险	

政策依据

《中华人民共和国增值税暂行条例实施细则》（中华人民共和国国务院令第 691 号）

《国家税务总局关于纳税人资产重组有关增值税问题的公告》（国家税务总局公告 2011 年第

13 号）

《国家税务总局关于纳税人资产重组增值税留抵税额处理有关问题的公告》（国家税务总局公告 2012 年第 55 号）

《国家税务总局关于纳税人资产重组有关增值税问题的公告》（国家税务总局公告 2013 年第 66 号）

《财政部、国家税务总局关于全面推开营业税改征增值税试点的通知》（财税〔2016〕36 号）

《中华人民共和国企业所得税法》（中华人民共和国主席令第 63 号）

《财政部、国家税务总局关于企业重组业务企业所得税处理若干问题的通知》（财税〔2009〕59 号）

《财政部、国家税务总局关于企业清算业务企业所得税处理若干问题的通知》（财税〔2009〕60 号）

《国家税务总局关于企业重组业务企业所得税征收管理若干问题的公告》（国家税务总局公告 2015 年第 48 号）

《中华人民共和国印花税暂行条例》（中华人民共和国国务院令第 11 号）

《财政部、国家税务总局关于企业改制过程中有关印花税政策的通知》（财税〔2003〕183 号）

《财政部、税务总局关于对营业账簿减免印花税的通知》（财税〔2018〕50 号）

《中华人民共和国土地增值税暂行条例》（中华人民共和国国务院令第 138 号）

《财政部、税务总局关于继续实施企业改制重组有关土地增值税政策的通知》（财税〔2018〕57 号）

《中华人民共和国契税暂行条例》（中华人民共和国国务院令第 224 号）

《财政部、税务总局关于继续支持企业事业单位改制重组有关契税政策的通知》（财税〔2018〕17 号）

《税务登记管理办法》（国家税务总局令第 36 号）

《中华人民共和国公司法》（中华人民共和国主席令第 42 号）

《国家工商行政管理总局关于做好公司合并分立登记支持企业兼并重组的意见》（工商企字〔2011〕226 号）

《住房和城乡建设部关于建设工程企业发生重组、合并、分立等情况资质核定有关问题的通知》（建市〔2014〕79 号）

《国家电网有限公司股权管理办法》[国网（财/2）198—2018]

第三节 分 公 司 退 出

业务描述

根据《中华人民共和国公司登记管理条例》（中华人民共和国国务院令第 666 号）的规定，分公司是指公司在其住所以外设立的从事经营活动的机构。分公司不具有企业法人资格。

根据《中华人民共和国公司法》（中华人民共和国主席令第 42 号）、《中华人民共和国公司登记管理条例》（中华人民共和国国务院令第666号）的规定，分公司退出的方式主要为分公司注销，分公司注销业务流程如图6－10所示。

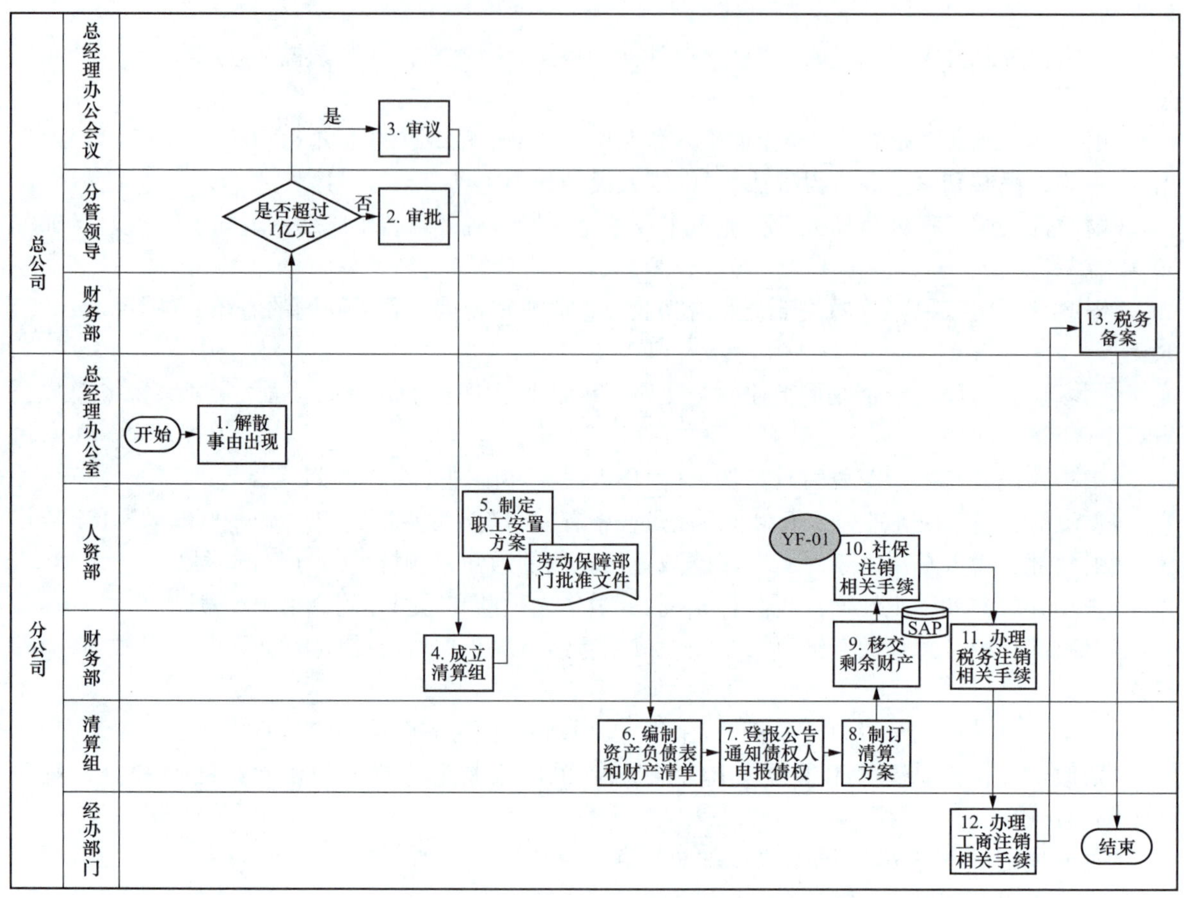

图6－10　分公司注销业务流程

涉及税种

分公司的注销过程中涉及分公司处置资产与总公司收回资产两种情形。前种情形涉及增值税及附加、企业所得税、印花税、房产税、土地增值税、契税等税种；后者仅需办理税务清算即可。

涉税处理

分公司的注销可分为正常注销和因总公司的注销而注销两种情形。

（一）正常注销

（1）对于非独立核算的分公司，其注销不涉及相关税收手续。

（2）对于独立核算的分公司，若分公司注销时，需自行处置资产、债务的，涉税处理类似子公司正常注销，待资产、债务处置完毕后，分公司进行税务清算，再行办理工商注销登记手续即可；若分公司注销时，将资产、债务上划至总公司的，由于电力系统实行总分机构汇总缴纳增值税和企业所得税，且未涉及产权转移，因此分公司注销环节不涉及相关税收，仅需对当期在当地税收缴纳情况进行清算后，即可办理工商注销登记手续。

（二）因总公司的注销而注销

若因总公司注销，应先办理分公司注销，再办理总公司注销，分公司注销涉税处理参照上述正常注销进行处理，总公司注销涉税处理参照本章第一节。

涉税风险

分公司注销业务涉税风险见表 6-12。

表 6-12　　分公司注销业务涉税风险

风险编号	风 险 描 述	责任部门
YF-01	在注销税务登记前未按规定办理社保注销手续，导致不能及时完成分公司注销	业务部门

政策依据

《中华人民共和国增值税暂行条例实施细则》（中华人民共和国国务院令第 691 号）

《财政部、国家税务总局关于全面推开营业税改征增值税试点的通知》（财税〔2016〕36 号）

《中华人民共和国企业所得税法》（中华人民共和国主席令第 63 号）

《财政部、国家税务总局关于企业清算业务企业所得税处理若干问题的通知》（财税〔2009〕60 号）

《国家税务总局关于印发〈跨地区经营汇总纳税企业所得税征收管理办法〉的公告》（国家税务总局公告 2012 年第 57 号）

《中华人民共和国印花税暂行条例》（中华人民共和国国务院令第 11 号）

《财政部、税务总局关于对营业账簿减免印花税的通知》（财税〔2018〕50 号）

《中华人民共和国土地增值税暂行条例》（中华人民共和国国务院令第 138 号）

《中华人民共和国契税暂行条例》（中华人民共和国国务院令第 224 号）

《中华人民共和国公司法》（中华人民共和国主席令第 42 号）

《税务登记管理办法》（国家税务总局令第 36 号）

《国家电网有限公司股权管理办法》[国网（财/2）198—2018]

第七章　特　殊　事　项

第一节　高　新　企　业

一、高新技术企业

业务描述

《财政部、国家税务总局、科学技术部关于修订印发〈高新技术企业认定管理办法〉的通知》（国科发火〔2016〕32号）第二条规定，高新技术企业是指在《国家重点支持的高新技术领域》内，持续进行研究开发与技术成果转化，形成企业核心自主知识产权，并以此为基础开展经营活动，在中国境内（不包括港、澳、台地区）注册的居民企业。

根据《科技部、财政部、国家税务总局关于修订印发〈高新技术企业认定管理工作指引〉的通知》（国科发火〔2016〕195号）的相关规定，高新技术企业认定流程如图7-1所示。

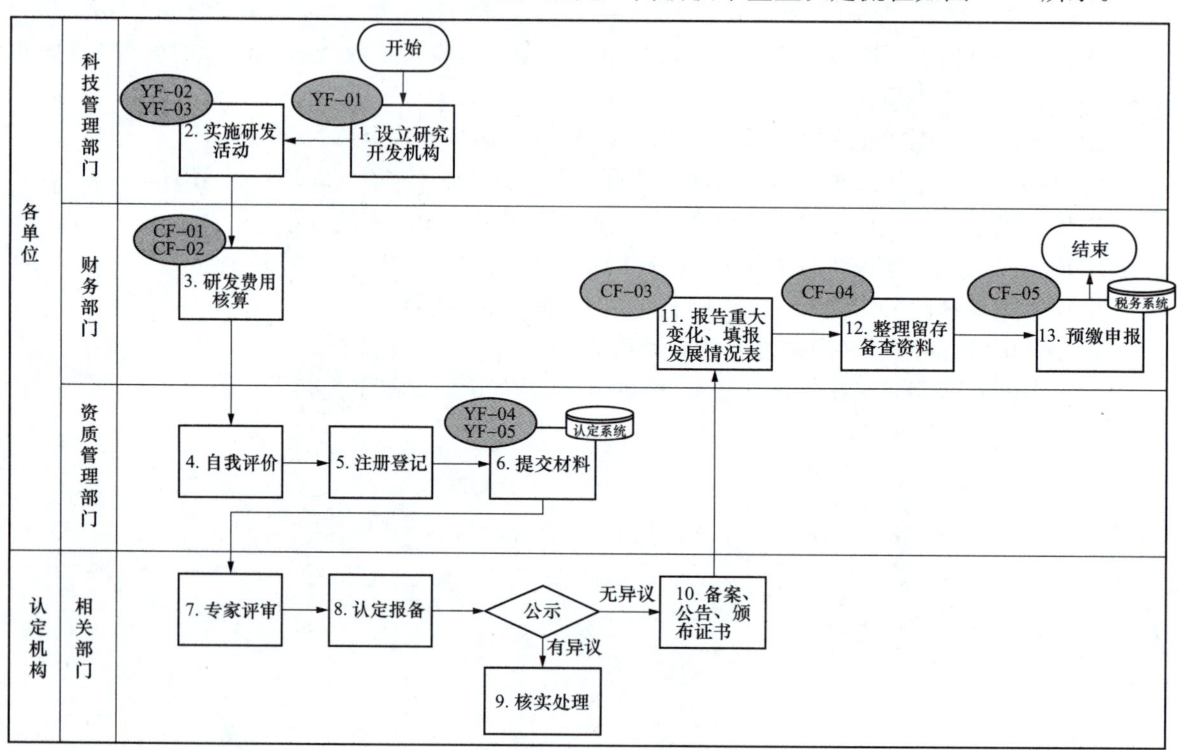

图7-1　高新技术企业认定流程

企业在进行高新技术企业认定时应当遵循下列流程。

（一）自我评价

企业应对照《高新技术企业认定管理办法》和《高新技术企业认定管理工作指引》进行自我评价。

（二）注册登记

企业登录“高新技术企业认定管理工作网”，按要求填写“企业注册登记表”，并通过网络系统提交至认定机构。

（三）提交材料

企业登录“高新技术企业认定管理工作网”，按要求填写《高新技术企业认定申请书》，通过网络系统提交至认定机构。

企业应当向认定机构提交下列书面材料：

(1)《高新技术企业认定申请书》(在线打印并签名、加盖企业公章)。

(2) 证明企业依法成立的营业执照等相关注册登记证件的复印件。

(3) 知识产权相关材料（知识产权证书及反映技术水平的证明材料、参与制定标准情况等)、科研项目立项证明（已验收或结题项目需附验收或结题报告)、科技成果转化（总体情况与转化形式、应用成效的逐项说明)、研究开发组织管理（总体情况与四项指标符合情况的具体说明）等相关材料。

(4) 企业高新技术产品（服务）的关键技术和技术指标的具体说明，相关的生产批文、认证认可和资质证书、产品质量检验报告等材料。

(5) 企业职工和科技人员情况说明材料，包括在职、兼职和临时聘用人员人数、人员学历结构、科技人员名单及其工作岗位等。

(6) 经具有资质并符合《高新技术企业认定管理工作指引》相关条件的中介机构出具的企业近三个会计年度（实际年限不足三年的按实际经营年限，下同）研究开发费用、近一个会计年度高新技术产品（服务）收入专项审计或鉴证报告，并附研究开发活动说明材料。

(7) 经具有资质的中介机构鉴证的企业近三个会计年度的财务会计报告（包括会计报表、会计报表附注和财务情况说明书)。

(8) 近三个会计年度企业所得税年度纳税申报表（包括主表及附表)。

（四）专家评审

认定机构收到企业申请材料后，根据企业主营产品（服务）的核心技术所属技术领域在符合评审要求的专家中，随机抽取专家组成专家组，对每个企业的评审专家不少于 5 人（其中技术专家不少于 60%，并至少有 1 名财务专家)。每名技术专家单独填写“高新技术企业认定技术专家评价表”，每名财务专家单独填写“高新技术企业认定财务专家评价表”，专家组长汇总各位专家分数，按分数平均值填写“高新技术企业认定专家组综合评价表”。

（五）认定报备

认定机构结合专家组评审意见，对申请企业申报材料进行综合审查（可视情况对部分企业进行实地核查)，提出认定意见，确定认定高新技术企业名单，报领导小组办公室备案，报送时间不得晚于每年 11 月底。

（六）公示公告

经认定报备的企业名单，由领导小组办公室在“高新技术企业认定管理工作网”公示10个工作日。无异议的，予以备案，认定时间以公示时间为准，核发证书编号，并在“高新技术企业认定管理工作网”上公告企业名单，由认定机构向企业颁发统一印制的“高新技术企业证书”(加盖认定机构科技、财政、税务部门公章)；有异议的，须以书面形式实名向领导小组办公室提出，由认定机构核实处理。

涉及税种

高新技术企业主要涉及企业所得税。

涉税处理

【企业所得税】

（一）高新技术企业优惠税率

《中华人民共和国企业所得税法》（中华人民共和国主席令第63号）第二十八条规定，国家需要重点扶持的高新技术企业，减按15%的税率征收企业所得税。

《财政部、国家税务总局关于高新技术企业境外所得适用税率及税收抵免问题的通知》（财税〔2011〕47号）第一条规定，以境内、境外全部生产经营活动有关的研究开发费用总额、总收入、销售收入总额、高新技术产品（服务）收入等指标申请并经认定的高新技术企业，其来源于境外的所得可以享受高新技术企业所得税优惠政策，即对其来源于境外所得可以按照15%的优惠税率缴纳企业所得税，在计算境外抵免限额时，可按照15%的优惠税率计算境内外应纳税总额。

（二）高新技术企业的认定条件

《财政部、国家税务总局、科学技术部关于修订印发〈高新技术企业认定管理办法〉的通知》（国科发火〔2016〕32号）第十一条规定，认定为高新技术企业须同时满足以下条件：

（1）企业申请认定时须注册成立一年以上。

须注册成立一年以上是指企业须注册成立365个日历天数以上。

（2）企业通过自主研发、受让、受赠、并购等方式，获得对其主要产品（服务）在技术上发挥核心支持作用的知识产权的所有权。

高新技术企业认定所指的知识产权须在中国境内授权或审批审定，并在中国法律的有效保护期内。

知识产权权属人应为申请企业，不具备知识产权的企业不能认定为高新技术企业。

知识产权采用分类评价方式，其中：发明专利（含国防专利）、植物新品种、国家级农作物品种、国家新药、国家一级中药保护品种、集成电路布图设计专有权等按Ⅰ类评价；实用新型专利、外观设计专利、软件著作权等（不含商标）按Ⅱ类评价，按Ⅱ类评价的知识产权在申请高新技术企业时，仅限使用一次。

在申请高新技术企业及高新技术企业资格存续期内，知识产权有多个权属人时，只能由一个权属人在申请时使用。

(3) 对企业主要产品（服务）发挥核心支持作用的技术属于《国家重点支持的高新技术领域》规定的范围。

主要产品（服务）是指高新技术产品（服务）中，拥有在技术上发挥核心支持作用的知识产权的所有权，且收入之和在企业同期高新技术产品（服务）收入中超过50%的产品（服务）。

(4) 企业从事研发和相关技术创新活动的科技人员占企业当年职工总数的比例不低于10%。

科技人员是指直接从事研发和相关技术创新活动，以及专门从事上述活动的管理和提供直接技术服务的，累计实际工作时间在183天以上的人员，包括在职、兼职和临时聘用人员。

职工总数包括企业在职、兼职和临时聘用人员。在职人员可以通过企业是否签订了劳动合同或缴纳社会保险费来鉴别；兼职、临时聘用人员全年须在企业累计工作183天以上。

当年是指企业申报前1个会计年度，企业当年职工总数、科技人员数均按照全年月平均数计算。年度中间开业或者终止经营活动的，以其实际经营期作为一个纳税年度确定。

(5) 企业近三个会计年度（实际经营期不满三年的按实际经营时间计算，下同）的研究开发费用总额占同期销售收入总额的比例符合如下要求：

1）最近一年销售收入小于5000万元（含）的企业，比例不低于5%。

2）最近一年销售收入在5000万元至2亿元（含）的企业，比例不低于4%。

3）最近一年销售收入在2亿元以上的企业，比例不低于3%。

其中，企业在中国境内发生的研究开发费用总额占全部研究开发费用总额的比例不低于60%。

近三个会计年度是指企业申报前的连续3个会计年度（不含申报年）。

销售收入为主营业务收入与其他业务收入之和，主营业务收入与其他业务收入按照企业所得税年度纳税申报表的口径计算。

企业在中国境内发生的研究开发费用，是指企业内部研究开发活动实际支出的全部费用与委托境内其他机构或个人进行的研究开发活动所支出的费用之和，不包括委托境外机构或个人完成的研究开发活动所发生的费用。

(6) 近一年高新技术产品（服务）收入占企业同期总收入的比例不低于60%。

高新技术产品（服务）是指对其发挥核心支持作用的技术属于《国家重点支持的高新技术领域》规定范围的产品（服务）。高新技术产品（服务）收入是指企业通过研发和相关技术创新活动，取得的产品（服务）收入与技术性收入的总和，其中：技术性收入包括技术转让收入、技术服务收入和接受委托研究开发收入。

总收入是指收入总额减去不征税收入。收入总额与不征税收入按照《中华人民共和国企业所得税法》（中华人民共和国主席令第63号）及《中华人民共和国企业所得税法实施条例》（中华人民共和国国务院令第512号）的规定计算。

(7) 企业创新能力评价应达到相应要求。

企业创新能力主要从知识产权、科技成果转化能力、研究开发组织管理水平、企业成长性等四项指标进行评价。各级指标均按整数打分，满分为100分，综合得分达到70分以上（不含70分）为符合认定要求。

(8) 企业申请认定前一年内未发生重大安全、重大质量事故或严重环境违法行为。

申请认定前一年内是指申请前的365天之内（含申报年）。

［**例 7－1**］　甲企业 2019 年申请高新技术企业认定，相关信息如下：企业 2018 年职工平均总数 20 人，其中研发人员 6 人，其 2016—2018 年账上列支的经剔除后确认的研发费用分别为 142 万元、198 万元和 226 万元且全部在境内发生，2016—2018 年经审计的营业收入分别为 3200 万元、3000 万元和 5300 万元，2018 年高新技术产品（服务）销售收入 4150 万元。

根据以上资料，甲企业从事研发和相关技术创新活动的科技人员占企业当年职工总数的比例＝6/20＝30％，符合科技人员占企业职工总数比例的要求；最近一年销售收入 5300 万元，近三个会计年度的研究开发费用总额占同期销售收入总额的比例＝(142＋198＋226)/(3200＋3000＋5300)＝4.92％，符合研究开发费用总额占同期销售收入总额比例的要求；近一年高新技术产品（服务）收入占企业同期总收入的比例＝4150/5300＝78％，符合高新技术产品（服务）收入占企业同期总收入比例的要求。

（三）高新技术企业研究开发费用的范围

《科技部、财政部、国家税务总局关于修订印发〈高新技术企业认定管理工作指引〉的通知》（国科发火〔2016〕195 号）第三条第（六）项对高新技术企业研究开发费用的范围做出了规定。

1. 人员人工费用

人员人工费用包括企业科技人员的工资薪金、基本养老保险费、基本医疗保险费、失业保险费、工伤保险费、生育保险费和住房公积金，以及外聘科技人员的劳务费用。

2. 直接投入费用

直接投入费用是指企业为实施研究开发活动而实际发生的相关支出，包括直接消耗的材料、燃料和动力费用；用于中间试验和产品试制的模具、工艺装备开发及制造费，不构成固定资产的样品、样机及一般测试手段购置费，试制产品的检验费；用于研究开发活动的仪器、设备的运行维护、调整、检验、检测、维修等费用，以及通过经营租赁方式租入的用于研发活动的固定资产租赁费。

3. 折旧费用与长期待摊费用

折旧费用是指用于研究开发活动的仪器、设备和在用建筑物的折旧费。

长期待摊费用是指研发设施的改建、改装、装修和修理过程中发生的长期待摊费用。

4. 无形资产摊销费用

无形资产摊销费用是指用于研究开发活动的软件、知识产权、非专利技术（专有技术、许可证、设计和计算方法等）的摊销费用。

5. 设计费用

设计费用是指为新产品和新工艺进行构思、开发和制造，进行工序、技术规范、规程制定、操作特性方面的设计等发生的费用，包括为获得创新性、创意性、突破性产品进行的创意设计活动发生的相关费用。

6. 装备调试费用与试验费用

装备调试费用是指工装准备过程中研究开发活动所发生的费用，包括研制特殊、专用的生产机器，改变生产和质量控制程序，或制定新方法及标准等活动所发生的费用。

为大规模批量化和商业化生产所进行的常规性工装准备和工业工程发生的费用不能计入归集范围。

试验费用包括新药研制的临床试验费、勘探开发技术的现场试验费、田间试验费等。

7. 委托外部研究开发费用

委托外部研究开发费用是指企业委托境内外其他机构或个人进行研究开发活动所发生的费用（研究开发活动成果为委托方企业拥有，且与该企业的主要经营业务紧密相关）。委托外部研究开发费用的实际发生额应按照独立交易原则确定，按照实际发生额的80%计入委托方研发费用总额。

8. 其他费用

其他费用是指上述费用之外与研究开发活动直接相关的其他费用，包括技术图书资料费、资料翻译费、专家咨询费、高新科技研发保险费，研发成果的检索、论证、评审、鉴定、验收费用，知识产权的申请费、注册费、代理费，会议费、差旅费、通信费等。此项费用一般不得超过研究开发总费用的20%，另有规定的除外。

（四）高新技术企业后续管理

1. 企业年报

《科技部、财政部、国家税务总局关于修订印发〈高新技术企业认定管理工作指引〉的通知》（国科发火〔2016〕195号）第五条第（二）项规定，企业获得高新技术企业资格后，在其资格有效期内应每年5月底前通过“高新技术企业认定管理工作网”，报送上一年度知识产权、科技人员、研发费用、经营收入等年度发展情况报表。

2. 更名及重大变化

《科技部、财政部、国家税务总局关于修订印发〈高新技术企业认定管理工作指引〉的通知》（国科发火〔2016〕195号）第五条第（四）项规定，高新技术企业发生名称变更或与认定条件有关的重大变化（如分立、合并、重组以及经营业务发生变化等），应在发生之日起三个月内向认定机构报告，在“高新技术企业认定管理工作网”上提交“高新技术企业名称变更申请表”，并将打印出的“高新技术企业名称变更申请表”与相关证明材料报认定机构，由认定机构负责审核企业是否仍符合高新技术企业条件。

企业仅发生名称变更，不涉及重大变化，符合高新技术企业认定条件的，由认定机构在本地区公示10个工作日，无异议的，由认定机构重新核发认定证书，编号与有效期不变，并在“高新技术企业认定管理工作网”上公告；有异议的或有重大变化的（无论名称变更与否），由认定机构按《高新技术企业认定管理办法》第十一条进行核实处理，不符合认定条件的，自更名或条件变化年度起取消其高新技术企业资格，并在“高新技术企业认定管理工作网”上公告。

《国家税务总局关于实施高新技术企业所得税优惠政策有关问题的公告》（国家税务总局公告2017年第24号）第二条规定，对取得高新技术企业资格且享受税收优惠的高新技术企业，税务部门如在日常管理过程中发现其在高新技术企业认定过程中或享受优惠期间不符合《高新技术企业认定管理办法》第十一条规定的认定条件的，应提请认定机构复核。复核后确认不符合认定条件的，由认定机构取消其高新技术企业资格，并通知税务机关追缴其证书有效期内自不符合认定条件年度起已享受的税收优惠。

3. 异地搬迁

《财政部、国家税务总局、科学技术部关于修订印发〈高新技术企业认定管理办法〉的通知》（国科发火〔2016〕32号）附件第十八条规定，跨认定机构管理区域整体迁移的高新技术企业，在其高新技术企业资格有效期内完成迁移的，其资格继续有效；跨认定机构管理区域部分搬迁的，由迁入地认定机构按照认定办法重新认定。

（五）优惠事项留存备查资料

《国家税务总局关于发布修订后的〈企业所得税优惠政策事项办理办法〉的公告》（国家税务总局公告 2018 年第 23 号）规定，国家需要重点扶持的高新技术企业减按 15%的税率征收企业所得税优惠政策，自 2017 年企业所得税汇算清缴年度起，无须进行备案，但应留存下列资料备查并对其真实性、合法性承担法律责任：

（1）高新技术企业资格证书。

（2）高新技术企业认定资料。

（3）知识产权相关材料。

（4）年度主要产品（服务）发挥核心支持作用的技术属于《国家重点支持的高新技术领域》规定范围的说明，高新技术产品（服务）及对应收入资料。

（5）年度职工和科技人员情况证明材料。

（6）当年和前两个会计年度研发费用总额及占同期销售收入比例、研发费用管理资料以及研发费用辅助账，研发费用结构明细表。

（六）延长亏损结转弥补年限

《财政部、税务总局关于延长高新技术企业和科技型中小企业亏损结转年限的通知》（财税〔2018〕76 号）第一条规定，自 2018 年 1 月 1 日起，当年具备高新技术企业资格的企业，其具备资格年度之前 5 个年度发生的尚未弥补完的亏损，准予结转以后年度弥补，最长结转年限由 5 年延长至 10 年。《国家税务总局关于延长高新技术企业和科技型中小企业亏损结转弥补年限有关企业所得税处理问题的公告》（国家税务总局公告 2018 年第 45 号）第一条规定，《财政部、税务总局关于延长高新技术企业和科技型中小企业亏损结转年限的通知》（财税〔2018〕76 号）第一条所称当年具备高新技术企业资格的企业，其具备资格年度之前 5 个年度发生的尚未弥补完的亏损，是指当年具备资格的企业，其前 5 个年度无论是否具备资格，所发生的尚未弥补完的亏损。第二条规定，高新技术企业按照其取得的高新技术企业证书注明的有效期所属年度，确定其具备资格的年度。

涉税风险

高新技术企业涉税风险见表 7 - 1。

表 7 - 1　　高新技术企业涉税风险

风险编号	风险描述	责任部门
YF - 01	企业未设立内部科学技术研究开发机构、不具备相应的科研条件，导致研究开发组织管理水平评价较低无法达到高新认定条件的风险	业务部门
YF - 02	企业科技成果转换每年未达到 5 项，近三年未达到 15 项，导致科技成果转化能力评价较低无法达到高新认定条件的风险	
YF - 03	已认定的高新技术企业发生重大安全、重大质量事故或严重环境违法等行为导致高新技术企业资格被取消和追缴税款的风险	

续表

风险编号	风 险 描 述	责任部门
YF-04	企业签订的合同及相关发票未体现技术转换成果导致高新收入缺乏认定依据的风险	业务部门
YF-05	在申请高新技术企业及高新技术企业资格存续期内，知识产权存在多个权属人时，申请人未取得其他权属人出具的放弃证明导致高新技术企业资格丧失的风险	
CF-01	企业在归集时混淆不同口径的研究开发费用导致研发费用核算不准确的风险。研发费用加计扣除适用《财政部、国家税务总局、科技部关于完善研究开发费用税前加计扣除政策的通知》（财税〔2015〕119号）、《国家税务总局关于企业研究开发费用税前加计扣除政策有关问题的公告》（国家税务总局公告2015年第97号）、《国家税务总局关于研发费用税前加计扣除归集范围有关问题的公告》（国家税务总局公告2017年第40号）；高新技术企业认定适用《财政部、国家税务总局、科学技术部关于修订印发〈高新技术企业认定管理办法〉的通知》（国科发火〔2016〕195号）；会计处理适用《财政部关于企业加强研发费用财务管理的若干意见》（财企〔2007〕194号）。三者相比存在一定差异，主要包括以下方面： （1）对于研发人员，研发费用加计扣除口径规定的是直接从事研发活动人员，包括研究人员、技术人员、辅助人员，但不包括为研发活动从事后勤服务的人员。高新技术企业口径规定的是直接从事研发和相关技术创新活动，以及专门从事上述活动的管理和提供直接技术服务的，累计实际工作时间在183天以上的人员，包括在职、兼职和临时聘用人员。会计口径规定的是从事研究开发活动的企业在职和外聘的专业技术人员以及为其提供直接服务的管理人员。 （2）对于房屋租赁费和房屋折旧费，研发费用加计扣除口径并未包括，因此不能加计扣除；高新技术企业口径和会计口径规定用于研发活动的固定资产租赁费和在用建筑物的折旧费可计入研发费用。 （3）其他相关费用，研发费用加计扣除口径规定此项费用总额不得超过可加计扣除研发费用总额的10%；高新技术企业口径规定此项费用一般不得超过研究开发总费用的20%，另有规定的除外。 （4）研发费用加计扣除口径的其他相关费用还包括了职工福利费、补充养老保险费、补充医疗保险费；而会计口径则将办公费、外事费、研发人员培训费、培养费等计入其他相关费用	财务部门
CF-02	直接从事研发活动的人员、外聘研发人员同时从事非研发活动的，企业未对其人员活动做必要记录，相关费用未按实际工时占比等合理方法在研发费用和生产经营费用间分配导致研发费用核算不准确的风险	
CF-03	企业未按期报告与认定条件有关重大变化情况，或在同一高新技术企业资格有效期内累计两年未填报年度发展情况报表导致高新技术企业资格被取消和追缴税款的风险	
CF-04	企业未妥善保管留存备查资料导致被税务机关后续检查和处罚的风险	
CF-05	高新技术企业在季度预缴企业所得税时未按优惠税率计算预缴税额导致多预缴税款的风险	

政策依据

《中华人民共和国企业所得税法》（中华人民共和国主席令第63号）

《中华人民共和国企业所得税法实施条例》（中华人民共和国国务院令第512号）

《财政部关于企业加强研发费用财务管理的若干意见》（财企〔2007〕194号）

《国家税务总局关于实施高新技术企业所得税优惠有关问题的通知》（国税函〔2009〕203号）

《财政部、国家税务总局关于高新技术企业境外所得适用税率及税收抵免问题的通知》（财税〔2011〕47号）

《财政部、国家税务总局、科学技术部关于修订印发〈高新技术企业认定管理办法〉的通知》（国科发火〔2016〕32号）

《科技部、财政部、国家税务总局关于修订印发〈高新技术企业认定管理工作指引〉的通

知》（国科发火〔2016〕195 号）

《国家税务总局关于实施高新技术企业所得税优惠政策有关问题的公告》（国家税务总局公告 2017 年第 24 号）

《财政部、税务总局关于延长高新技术企业和科技型中小企业亏损结转年限的通知》（财税〔2018〕76 号）

《国家税务总局关于发布修订后的〈企业所得税优惠政策事项办理办法〉的公告》（国家税务总局公告 2018 年第 23 号）

《国家税务总局关于延长高新技术企业和科技型中小企业亏损结转弥补年限有关企业所得税处理问题的公告》（国家税务总局公告 2018 年第 45 号）

二、科技型中小企业

业务描述

《科技部、财政部、国家税务总局关于印发〈科技型中小企业评价办法〉的通知》（国科发政〔2017〕115 号）第二条规定，科技型中小企业是指依托一定数量的科技人员从事科学技术研究开发活动，取得自主知识产权并将其转化为高新技术产品或服务，从而实现可持续发展的中小企业。

根据《科技部、财政部、国家税务总局关于印发〈科技型中小企业评价办法〉的通知》（国科发政〔2017〕115 号）的规定，科技型中小企业申报流程如图 7－2 所示。

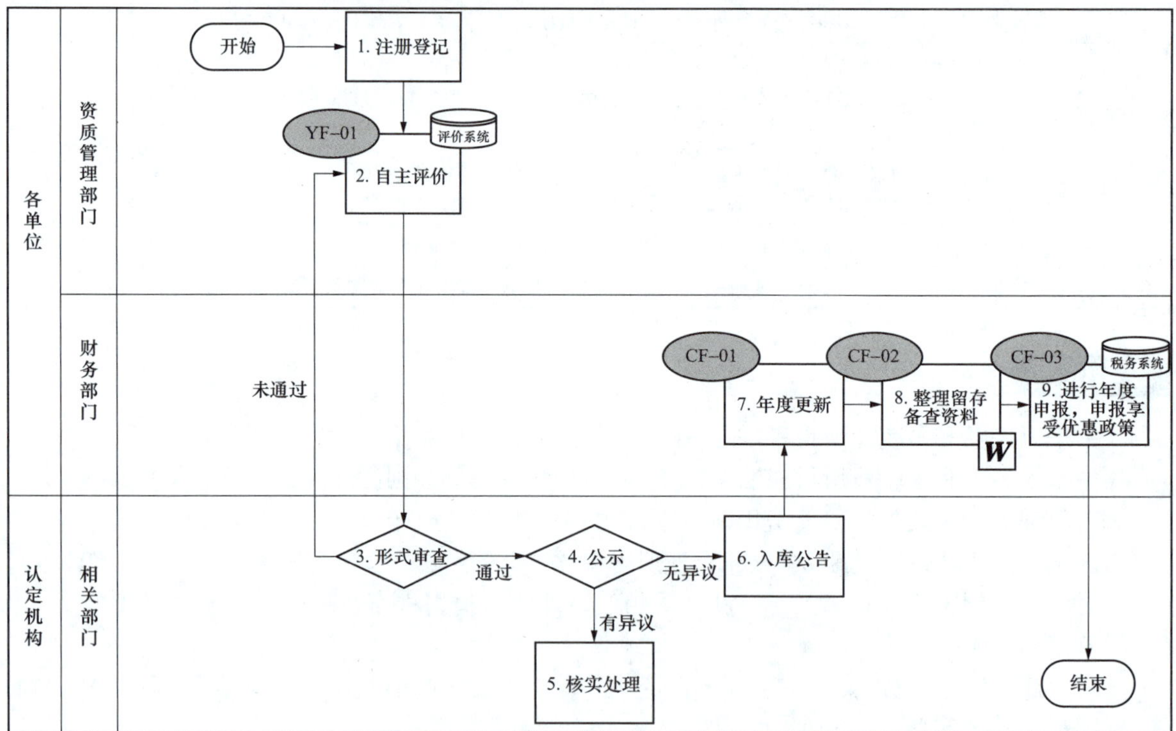

图 7－2　科技型中小企业申报流程

企业在申报科技型中小型时应当遵循下列流程。

（一）注册登记

企业在“评价工作系统”上以企业统一社会信用代码为用户名进行注册，在线填报“企业注册登记表”，填写《科技型中小企业评价工作系统注册登记承诺书》，并将企业营业执照副本原件扫描上传，注册信息中企业名称、统一社会信息代码、企业法定代表人应与营业执照一致，企业法定代表人、联系人手机及电子邮箱应确保本人正常使用。

评价工作机构对“企业注册登记表”及上传相关文档进行形式审查，结果以邮件或短信形式通知企业法定代表人和联系人。形式审查不合格的，企业可补正后再次提交。

（二）自主评价

注册成功的企业可进入“评价工作系统”，按要求在线填报“科技型中小企业信息表”（以下简称“信息表”）及上传相关证明文件。企业填报信息及上传文件不得涉及国家保密信息。

企业填报信息和证明文件齐全且自评结果符合科技型中小企业条件的企业可提交“信息表”，并应同时上传有法定代表人签名和加盖企业公章的“信息表”首页原件。企业对所填报信息和上传文件的准确、真实、合法、有效性承担有关法律责任。

（三）形式审查

评价工作机构应通过“评价工作系统”对企业提交的“信息表”及相关附件进行形式审查，形成“科技型中小企业信息审核表”。信息审核通过的，系统提交至省级科技管理部门。信息审核未通过的，系统通知企业法定代表人和联系人进行补正。企业补正后再次提交“信息表”的，视同第一次填报。

（四）名单公示

省级科技管理部门对信息审核通过的“信息表”进行汇总，发现不符合要求的，退回评价工作机构。省级科技管理部门汇总拟入库企业名单，按批次生成公示文件，在服务平台上公示10个工作日。

（五）入库公告

公示无异议的，省级科技管理部门赋予科技型中小企业入库登记编号，公众可通过“评价工作系统”查询科技型中小企业入库登记编号。公示有异议的，交由评价工作机构进行核实处理。

取得科技型中小企业入库登记编号的企业即为科技型中小企业，可享受科技型中小企业研发费用75%加计扣除优惠政策。

（六）年度更新

科技型中小企业“登记编号”实行年度动态管理，“登记编号”从公告之日起至次年3月31日前有效。企业应按年度进行信息更新，从而取得新年度“登记编号”。

入库企业应在次年1月1日至3月31日，通过“评价工作系统”主动更新“科技型中小企业信息表”，并对本企业是否仍符合科技型中小企业条件进行自主评价，经审核、公示后仍符合条件的，取得新年度入库“登记编号”。

涉及税种

科技型中小企业主要涉及企业所得税。

涉税处理

【企业所得税】

（一）科技型中小型企业研发费用加计扣除的规定

《财政部、税务总局、科技部关于提高科技型中小企业研究开发费用税前加计扣除比例的通知》（财税〔2017〕34号）第一条规定，科技型中小企业开展研发活动中实际发生的研发费用，未形成无形资产计入当期损益的，在按规定据实扣除的基础上，在2017年1月1日至2019年12月31日期间，再按照实际发生额的75%在税前加计扣除；形成无形资产的，在上述期间按照无形资产成本的175%在税前摊销。根据《财政部、税务总局、科技部关于提高研究开发费用税前加计扣除比例的通知》（财税〔2018〕99号）规定，企业享受加计扣除优惠期间延至2020年12月31日。

（二）科技型中小型企业的认定

《科技部、财政部、国家税务总局关于印发〈科技型中小企业评价办法〉的通知》（国科发政〔2017〕115号）第一章规定，科技型中小型企业的认定应当满足以下条件。

1. 基本准入条件

（1）在中国境内（不包括港、澳、台地区）注册的居民企业。

（2）职工总数不超过500人、年销售收入不超过2亿元、资产总额不超过2亿元。

年销售收入采用上一会计年度财务数据，为主营业务与其他业务收入之和，按照企业所得税年度纳税申报表的口径。当年注册的企业，以其实际经营期作为一个会计年度来计算。

资产总额应以上一年度会计报表期末数为准，按企业所得税年度纳税申报表口径。当年注册的企业，以提交“科技型中小企业信息表”时的数据为准。

（3）企业提供的产品和服务不属于国家规定的禁止、限制和淘汰类。

（4）企业在填报上一年及当年内未发生重大安全、重大质量事故和严重环境违法、科研严重失信行为，且企业未列入经营异常名录和严重违法失信企业名单。

科技型中小企业须同时满足以上基本准入条件。

2. 认定方式一（自主评价登记）

在符合基本准入条件后，企业根据科技型中小企业评价指标进行综合评价所得分值不低于60分，且科技人员指标得分不得为0分（即科技人员数占企业职工总数的比例不得低于10%），则可认定符合科技型中小企业条件。

科技型中小企业评价指标具体包括科技人员、研发投入、科技成果三类，满分100分。

（1）科技人员指标按科技人员数占企业职工总数的比例分档评价，满分20分。

企业科技人员是指企业直接从事研发和相关技术创新活动，以及专门从事上述活动管理和提供直接服务的人员，包括在职、兼职和临时聘用人员，兼职、临时聘用人员全年须在企业累计工作6个月以上。

企业职工总数包括企业在职、兼职和临时聘用人员。在职人员通过企业是否签订了劳动合同或缴纳社会保险费来鉴别，兼职、临时聘用人员全年须在企业累计工作6个月以上。

企业职工总数、科技人员数采用上一会计年度数据，按照全年季平均数计算。当年注册的企业，以其实际经营期作为一个会计年度来计算。

（2）研发投入指标由企业从研发费用总额占销售收入总额的比例或研发费用总额占成本费用支出总额的比例中选择一个指标进行分档评价，满分50分。

研发费用是指企业进行研发活动和创意设计活动而发生的相关费用，具体按照《财政部、国家税务总局、科技部〈关于完善研究开发费用税前加计扣除政策的通知〉》（财税〔2015〕119号）、《国家税务总局关于研发费用税前加计扣除归集范围有关问题的公告》（国家税务总局公告2017年第40号）有关规定进行归集。

成本费用包括营业成本、税金及附加和期间费用，按照企业所得税年度纳税申报表口径。

研发费用、成本费用均采用上一会计年度财务数据，当年注册的企业，以其实际经营期作为一个会计年度来计算。

（3）科技成果指标按企业拥有的在有效期内的与主要产品（或服务）相关的知识产权类别和数量（知识产权应没有争议或纠纷）分档评价，满分30分。

知识产权须在中国境内授权或审批审定，并在中国法律的有效保护期内。知识产权权属人应为评价申请企业。专利的有效性以企业进行评价前获得授权证书或授权通知书并能提供缴费收据为准。

3. 认定方式二（直接予以确认）

在符合基本准入条件后，若同时符合下列条件中的一项，则可直接确认符合科技型中小企业条件。

（1）企业拥有有效期内高新技术企业资格证书。

（2）企业近五年内获得过国家级科技奖励，并在获奖单位中排在前三名。

（3）企业拥有经认定的省部级以上研发机构。

（4）企业近五年内主导制定过国际标准、国家标准或行业标准。

（三）科技型中小型企业信息变更

《关于印发〈科技型中小企业评价工作指引（试行）的通知〉》（国科火字〔2017〕144号）第四条第（一）项规定，入库企业发生变更是指企业“营业执照”的统一社会信用代码不变前提下，企业名称、住所、法人代表、经营范围等发生变更。发生变更的企业应在三个月内通过服务平台上扫描传新的“营业执照”副本原件、更新“企业注册登记表”，其科技型中小企业登记编号不变。

（四）留存备查资料

《国家税务总局关于发布修订后的〈企业所得税优惠政策事项办理办法〉的公告》（国家税务总局公告2018年第23号）规定，科技型中小企业享受研发费用加计扣除优惠政策，自2017年企业所得税汇算清缴年度起，无须进行备案，但应留存下列资料备查并对其真实性、合法性承担法律责任。

（1）自主、委托、合作研究开发项目计划书和企业有权部门关于自主、委托、合作研究开发项目立项的决议文件。

（2）自主、委托、合作研究开发专门机构或项目组的编制情况和研发人员名单。

（3）经科技行政主管部门登记的委托、合作研究开发项目的合同。

（4）从事研发活动的人员（包括外聘人员）和用于研发活动的仪器、设备、无形资产的费用分配说明（包括工作使用情况记录及费用分配计算证据材料）。

（5）集中研发项目研发费决算表、集中研发项目费用分摊明细情况表和实际分享收益比例等资料。

（6）“研发支出”辅助账及汇总表。

（7）企业已取得的地市级（含）以上科技行政主管部门出具的鉴定意见。

（8）科技型中小企业取得的入库登记编号证明资料。

（五）延长亏损结转弥补年限

《财政部、税务总局关于延长高新技术企业和科技型中小企业亏损结转年限的通知》（财税〔2018〕76号）第一条规定，自2018年1月1日起，当年具备科技型中小企业资格的企业，其具备资格年度之前5个年度发生的尚未弥补完的亏损，准予结转以后年度弥补，最长结转年限由5年延长至10年。《国家税务总局关于延长高新技术企业和科技型中小企业亏损结转弥补年限有关企业所得税处理问题的公告》（国家税务总局公告2018年第45号）第一条规定，《财政部、税务总局关于延长高新技术企业和科技型中小企业亏损结转年限的通知》（财税〔2018〕76号）第一条所称当年具备科技型中小企业资格的企业，其具备资格年度之前5个年度发生的尚未弥补完的亏损，是指当年具备资格的企业，其前5个年度无论是否具备资格，所发生的尚未弥补完的亏损。第二条规定，科技型中小企业按照其取得的科技型中小企业入库登记编号注明的年度，确定其具备资格的年度。

涉税风险

科技型中小企业涉税风险见表7-2。

表7-2　科技型中小企业涉税风险

风险编号	风险描述	责任部门
YF-01	已入库企业发生以下不当行为导致被撤销登记编号的风险： （1）企业导致重大变化，不再符合规定条件的。 （2）存在严重弄虚作假行为的。 （3）发生科研严重失信行为的。 （4）发生重大安全、重大质量事故或有严重环境违法行为的。 （5）被列入经营异常名录和严重违法失信企业名单的	业务部门
CF-01	已入库企业未在次年3月底前通过服务平台对“科技型中小企业信息表”中的信息进行更新，并对本企业是否仍符合科技型中小企业条件进行自主评价导致汇算清缴年度不得享受优惠政策的风险	财务部门
CF-02	企业如未妥善保管留存备查资料导致被税务机关后续检查和处罚的风险	
CF-03	科技型中小企业研究开发费用在企业所得税季度预缴时进行加计扣除导致少预缴税款的风险	

政策依据

《财政部、税务总局、科技部关于提高科技型中小企业研究开发费用税前加计扣除比例的通知》（财税〔2017〕34号）

《国家税务总局关于提高科技型中小企业研究开发费用税前加计扣除比例有关问题的公告》（国家税务总局公告2017年第18号）

《科技部、财政部、国家税务总局关于印发〈科技型中小企业评价办法〉的通知》（国科发政〔2017〕115号）

《关于印发〈科技型中小企业评价工作指引（试行）的通知〉》（国科火字〔2017〕144号）

《科技部、国家税务总局关于做好科技型中小企业评价工作有关事项的通知》（国科发火〔2018〕11号）

《财政部、税务总局关于延长高新技术企业和科技型中小企业亏损结转年限的通知》（财税〔2018〕76号）

《财政部、税务总局、科技部关于提高研究开发费用税前加计扣除比例的通知》（财税〔2018〕99号）

《国家税务总局关于发布修订后的〈企业所得税优惠政策事项办理办法〉的公告》（国家税务总局公告2018年第23号）

《国家税务总局关于延长高新技术企业和科技型中小企业亏损结转弥补年限有关企业所得税处理问题的公告》（国家税务总局公告2018年第45号）

第二节 节能服务

一、合同能源管理服务

业务描述

根据《中华人民共和国国家标准合同能源管理技术通则》（GB/T 24915—2010）的规定，合同能源管理，是指节能服务公司与用能单位以契约形式约定节能项目的节能目标，节能服务公司为实现节能目标向用能单位提供必要的服务，用能单位以节能效益支付节能服务公司的投入及其合理利润的节能服务机制。合同能源管理项目，是指以合同能源管理机制实施的节能项目。

根据《营业税改征增值税试点实施办法》（财税〔2016〕36号附件1）中的《销售服务、无形资产、不动产注释》第一章第六条第二款的规定，合同能源管理服务是指节能服务公司与用能单位以契约形式约定节能目标，节能服务公司提供必要的服务，用能单位以节能效果支付节能服务公司投入合理报酬的业务活动。

《中华人民共和国国家标准合同能源管理技术通则》（GB/T 24915—2010）将合同能源管理分为节能效益分享型、节能量保证型、能源费用托管型、融资租赁型和混合型等五种类型。根据合同能源管理项目实际实施情况，合同能源管理业务流程如图7－3所示。

根据国家电网公司的实际业务情况，本节着重介绍节能效益分享型和节能量保证型合同能源管理。

节能效益分享型：在节能改造项目合同期内，节能公司负担所有投资或一定比例（70%以上）以及项目运维费等相关支出；项目建设施工完成后，在合同期内，经双方共同确认节能率

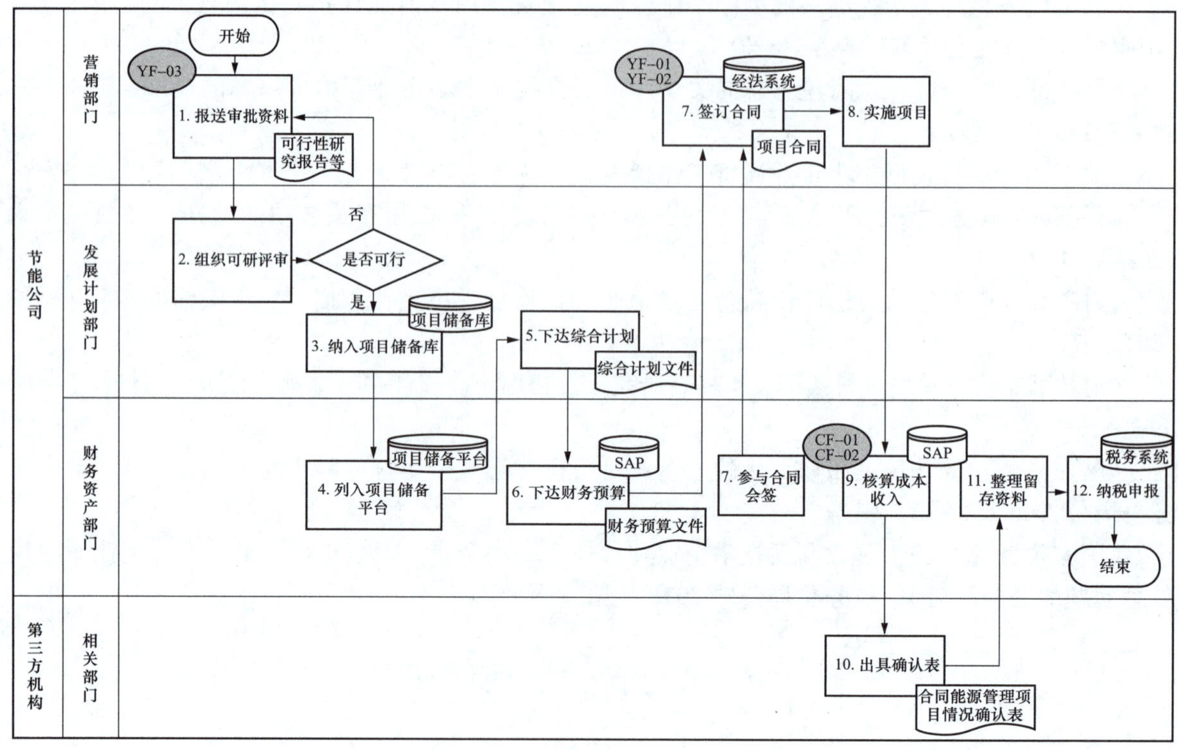

图 7－3　合同能源管理业务流程

（或节能量），节能公司与客户双方按合同约定比例分享由项目产生的节能效益；项目合同结束后，节能设备所有权无偿移交给用户，以后所产生的节能收益全归客户。节能效益分享型是我国政府大力支持的模式类型。

节能量保证型：节能公司向客户提供节能服务并承诺保证项目节能效益，项目实施完毕，经双方确认达到承诺的节能效益，客户一次性或分次向节能支付服务费，如达不到承诺的节能效益，差额部分由节能公司承担。

涉及税种

合同能源管理业务主要涉及增值税及附加、企业所得税、印花税等税种。

涉税处理

【增值税及附加】

根据《营业税改征增值税试点过渡政策的规定》（财税〔2016〕36 号附件 3）第二十七条的规定，同时符合下列条件的合同能源管理服务免征增值税：

（1）节能服务公司实施合同能源管理项目相关技术，应当符合国家质量监督检验检疫总局和国家标准化管理委员会发布的《合同能源管理技术通则》（GB/T 24915—2010）规定的技术要求。

（2）节能服务公司与用能企业签订节能效益分享型合同，其合同格式和内容，符合《中华人民共和国合同法》（中华人民共和国主席令第 15 号）和《合同能源管理技术通则》（GB/T 24915—

2010）等规定。

根据《中华人民共和国增值税暂行条例》（中华人民共和国国务院令第691号）第二条第一款第（三）项的规定，纳税人销售服务、无形资产，除本条第一项、第二项、第五项另有规定外，税率为6%。

根据上述规定，“营改增”后合同能源管理服务的税目为“现代服务”，增值税税率为6%，但是，同时符合《财政部、国家税务总局关于全面推开营业税改征增值税试点的通知》（财税〔2016〕36号）附件3第二十七条规定的合同能源管理服务免征增值税。

《财政部、国家税务总局关于全面推开营业税改征增值税试点的通知》（财税〔2016〕36号）第四十八条规定，纳税人发生应税行为适用免税、减税规定的，可以放弃免税、减税，依照本办法的规定缴纳增值税。放弃免税、减税后，36个月内不得再申请免税、减税。此外，在申请增值税免税后，按照规定不得开具增值税专用发票。

合同能源管理项目的客户为电网系统内的供电局等单位的情况下，如果节能服务公司未申请享受免税的情况下，可以开具增值税专用发票，供电局等单位取得的增值税专用发票可以进项税抵扣；如果节能服务公司享受增值税免税，则不能开具增值税专用发票。

节能服务公司投资建设的合同能源管理项目，按照相关经济业务涉税规定进行处理。如果节能服务公司申请了增值税免税，则取得的相关增值税专用发票不得进项税抵扣，否则可以抵扣增值税进项税。

【企业所得税】

《财政部、国家税务总局关于促进节能服务产业发展增值税、营业税和企业所得税政策问题的通知》（财税〔2010〕110号）和《国家税务总局、国家发展改革委关于落实节能服务企业合同能源管理项目企业所得税优惠政策有关征收管理问题的公告》（国家税务总局、国家发展改革委公告2013年第77号）对合同能源管理项目享受企业所得税优惠的条件、税务处理等事宜做出了明确规定。

（一）享受“三免三减半”税收优惠的条件

对同时符合以下条件的节能服务公司实施合同能源管理项目，符合企业所得税税法有关规定的，自项目取得第一笔生产经营收入所属纳税年度起，第一年至第三年免征企业所得税，第四年至第六年按照25%的法定税率减半征收企业所得税。

（1）具有独立法人资格，注册资金不低于100万元，且能够单独提供用能状况诊断、节能项目设计、融资、改造（包括施工、设备安装、调试、验收等）、运行管理、人员培训等服务的专业化节能服务公司。

（2）节能服务公司实施合同能源管理项目相关技术应符合《合同能源管理技术通则》（GB/T 24915—2010）规定的技术要求。

（3）节能服务公司与用能企业签订“节能效益分享型”合同，其合同格式和内容，符合《中华人民共和国合同法》（中华人民共和国主席令）和《合同能源管理技术通则》（GB/T 24915—2010）等规定。

（4）节能服务公司实施合同能源管理的项目符合《财政部、国家税务总局、国家发展改革委关于公布环境保护节能节水项目企业所得税优惠目录（试行）的通知》（财税〔2009〕166号）“4、节能减排技术改造”类中第一项至第八项规定的项目和条件。

这八类项目是指：①既有高能耗建筑节能改造项目；②既有建筑太阳能光热、光电建筑一体化技术或浅层地能热泵技术改造项目；③既有居住建筑供热计量及节能改造项目；④工业锅炉、工业窑炉节能技术改造项目；⑤电机系统节能、能量系统优化技术改造项目；⑥煤炭工业复合式干法选煤技术改造项目；⑦钢铁行业干式除尘技术改造项目和⑧有色金属行业干式除尘净化技术改造项目。

（5）节能服务公司投资额不低于实施合同能源管理项目投资总额的70%。

（6）节能服务公司拥有匹配的专职技术人员和合同能源管理人才，具有保障项目顺利实施和稳定运行的能力。

（二）税务处理

（1）用能企业按照能源管理合同实际支付给节能服务公司的合理支出，均可以在计算当期应纳税所得额时扣除，不再区分服务费用和资产价款进行税务处理。

（2）能源管理合同期满后，节能服务公司转让给用能企业的因实施合同能源管理项目形成的资产，按折旧或摊销期满的资产进行税务处理，用能企业从节能服务公司接受有关资产的计税基础也应按折旧或摊销期满的资产进行税务处理。

（3）能源管理合同期满后，节能服务公司与用能企业办理有关资产的权属转移时，用能企业已支付的资产价款，不再另行计入节能服务公司的收入。

（三）核算要求

《国家税务总局、国家发展改革委关于落实节能服务企业合同能源管理项目企业所得税优惠政策有关征收管理问题的公告》（国家税务总局、国家发展改革委公告2013年第77号）第三条规定，节能服务企业投资项目所发生的支出，应按税法规定作资本化或费用化处理。形成的固定资产或无形资产，应按合同约定的效益分享期计提折旧或摊销。节能服务企业应分别核算各项目的成本费用支出额。对在合同约定的效益分享期内发生的期间费用划分不清的，应合理进行分摊，期间费用的分摊应按照项目投资额和销售（营业）收入额两个因素计算分摊比例，两个因素的权重各为50%。即要求合同能源管理项目按照效益分享期核算折旧或摊销成本，期间费用按照项目投资额与营业收入进行分摊。

［例7-2］　甲企业2017年取得营业收入400万元，其中节能服务收入140万元（符合合同能源管理项目“三免三减”半税收优惠），商品销售收入260万元，期间费用40万元。利润总额100万元，所得税税率为25%。本年的合同能源管理项目包括：乙公司玻璃节能贴膜项目和丙街道路灯改造项目。乙公司玻璃节能贴膜项目相关资料如下：项目投资额200万元，效益分享期5年，于2016年1月取得第一笔收入，2017年该项目节能收入50万元，2017年项目成本40万元。丙街道路灯改造项目相关资料如下：项目投资额210万元，效益分享期3年，于2017年1月取得第一笔收入，2017年该项目节能收入90万元，2017年项目成本70万元。假设除上述合同能源管理项目外，其他事项均符合税法规定，不需要进行纳税调整，计算甲企业2017年应交企业所得税。

第一步，计算期间费用分摊系数。

应计入项目成本的期间费用＝40×140/400＝14（万元）

第二步，计算期间费用分摊比例。

乙公司玻璃节能贴膜项目期间费用分摊比例＝50/(50＋90)×50%＋200/(200＋

210)×50%=42.25%

丙街道路灯改造项目期间费用分摊比例=90/(50+90)×50%+210/(200+210)×50%=57.75%

第三步，计算合同能源管理项目减免得应纳税所得额。

乙公司玻璃节能贴膜项目和马桥街道路灯改造项目均在享受优惠政策的免税期。

乙公司玻璃节能贴膜项目免征的应纳税所得额=50-40-14×42.25%=4.09（万元）

丙街道路灯改造项目免征的应纳税所得额=90-70-14×57.75%=11.92（万元）

甲公司2017年可享受免征的应纳税所得额=4.09+11.92=16.01（万元）

第四步，计算甲公司应纳税所得额。

2017年甲公司应纳税所得额=100-16.01=83.99（万元）

2017年甲公司应交企业所得税=83.99×25%=21（万元）

（四）整理留存备查资料

根据《国家税务总局关于发布修订后的〈企业所得税优惠政策事项办理办法〉的公告》（国家税务总局公告〔2018〕23号）的规定，符合条件的节能服务公司实施合同能源管理项目的所得享受“三免三减半”所得税优惠，自2017年企业所得税汇算清缴年度起，无须进行备案，但应留存下列资料备查并对其真实性、合法性承担法律责任：

（1）能源管理合同。

（2）国家发展改革委、财政部公布的第三方机构出具的合同能源管理项目情况确认表，或者政府节能主管部门出具的合同能源管理项目确认意见。

（3）项目转让合同、项目原享受优惠的备案文件（项目发生转让的，受让节能服务企业）。

（4）合同能源管理项目取得第一笔生产经营收入凭证（原始凭证及账务处理凭证）。

（5）合同能源管理项目应纳税所得额计算表。

（6）合同能源管理项目所得单独核算资料，以及合理分摊期间共同费用的核算资料。

【印花税】

根据《中华人民共和国印花税暂行条例》（中华人民共和国国务院令第11号）的规定，合同能源管理服务涉及的印花税主要是“技术合同”税目中的“技术服务合同”，按所载金额万分之三计税贴花。

涉税风险

合同能源管理业务涉税风险见表7-3。

表7-3　合同能源管理业务涉税风险

风险编号	风 险 描 述	责任部门
YF-01	营销部门在签订合同时，未按照业务内容、价格、对应的税率（免税或6%增值税发票）和发票类型分项列明，造成多交印花税，增加企业的税收负担	业务部门
YF-02	节能服务公司与用能企业签订“节能效益分享型”合同，其合同格式和内容，不符合《中华人民共和国合同法》（中华人民共和国主席令第15号）和《合同能源管理技术通则》（GB/T 24915—2010）等规定，导致无法享受增值税税收优惠	

续表

风险编号	风 险 描 述	责任部门
YF-03	节能服务公司实施的合同能源管理项目不符合财政部、国家税务总局、国家发展改革委公布的《环境保护节能节水项目企业所得税优惠目录（试行）》中“节能减排技术改造”类中第一项至第八项规定的项目和条件，导致无法享受相应的税收优惠	业务部门
CF-01	财务资产部在核算合同能源管理项目过程中，未单独计算不同税收政策待遇项目的收入、扣除，并合理分摊企业的期间费用，导致无法享受税收优惠政策	财务部门
CF-02	在项目实施过程中，节能服务公司与电力系统内用能企业之间的业务往来，未按照独立企业之间的业务往来收取或者支付价款、费用，可能导致被税务机关纳税调整，增加企业的税收风险	

政策依据

《中华人民共和国增值税暂行条例》（中华人民共和国国务院令第691号）

《财政部、国家税务总局关于全面推开营业税改征增值税试点的通知》（财税〔2016〕36号）

《财政部、国家税务总局、国家发展改革委关于公布环境保护节能节水项目企业所得税优惠目录（试行）的通知》（财税〔2009〕166号）

《财政部、国家税务总局关于促进节能服务产业发展增值税、营业税和企业所得税政策问题的通知》（财税〔2010〕110号）

《国家税务总局、国家发展改革委关于落实节能服务企业合同能源管理项目企业所得税优惠政策有关征收管理问题的公告》（国家税务总局、国家发展改革委公告2013年第77号）

《国家税务总局关于发布修订后的〈企业所得税优惠政策事项办理办法〉的公告》（国家税务总局公告〔2018〕23号）

《中华人民共和国印花税暂行条例》（中华人民共和国国务院令第11号）

二、节能咨询服务

业务描述

节能咨询服务收入是为建设单位提供固定资产投资项目的有资质要求的并承担相应法律责任的节能评估报告，从而帮助建设单位通过节能审查机关的节能审查而取得的收入。

涉及税种

节能咨询服务收入主要涉及增值税及附加、企业所得税、印花税等税种。

涉税处理

【增值税及附加】

根据《财政部、国家税务总局关于全面推开营业税改征增值税试点的通知》（财税〔2016〕36号）规定，节能咨询收入按照“现代服务——鉴证咨询服务”适用6%的税率缴纳增值税。

【企业所得税】

节能咨询收入符合《中华人民共和国企业所得税法》（中华人民共和国主席令第 63 号）规定的应税收入，应缴纳企业所得税。

【印花税】

根据《国家税务局关于对技术合同征收印花税问题的通知》（国税地字〔1989〕34 号）第二条规定，技术咨询合同是当事人就有关项目的分析、论证、评价、预测和调查订立的技术合同。有关项目包括：①有关科学技术与经济、社会协调发展的软科学研究项目；②促进科技进步和管理现代化，提高经济效益和社会效益的技术项目；③其他专业项目。对属于这些内容的合同，均应按照“技术合同”税目的规定计税贴花。至于一般的法律、法规、会计、审计等方面的咨询不属于技术咨询，其所立合同不贴印花。

节能服务公司签订的节能咨询合同，符合“促进科技进步和管理现代化，提高经济效益和社会效益的技术项目”的规定，应该按照技术合同缴纳印花税，税率万分之三。

涉税风险

节能咨询服务涉税风险见表 7－4。

表 7－4　　节能咨询服务涉税风险

风险编号	风　险　描　述	责任部门
CF－01	将节能咨询合同视同一般咨询类合同，未按技术咨询类合同缴纳印花税	财务部门

政策依据

《财政部、国家税务总局关于全面推开营业税改征增值税试点的通知》（财税〔2016〕36 号）

《中华人民共和国企业所得税法》（中华人民共和国主席令第 63 号）

《国家税务局关于对技术合同征收印花税问题的通知》（国税地字〔1989〕34 号）

第三节　金　融　资　产

业务描述

根据《企业会计准则第 22 号——金融工具确认和计量》（财会〔2017〕7 号）的规定，金融资产是指企业持有的现金、其他方的权益工具以及从其他方收取现金或其他金融资产，或在潜在有利条件下，与其他方交换金融资产或金融负债，或将来须用或可用企业自身权益工具进行结算的非衍生工具合同，且企业根据该合同将收到可变数量的自身权益工具的资产，或将来须用或可用企业自身权益工具进行结算的衍生工具合同，但以固定数量的自身权益工具交换固定金额的现金或其他金融资产的衍生工具合同除外的资产。

本节主要介绍证券市场上公开发行的股票（以下简称股票），投资非上市公司形成的股权（以下简称股权）和依照法定程序发行、约定在一定期限内还本付息的债券（以下简称债券）三类金融资产。

涉及税种

金融资产主要涉及增值税及附加、企业所得税、印花税等税种。

涉税处理

【增值税及附加】

（一）股票

1. 取得股息

根据《财政部、国家税务总局关于明确金融、房地产开发、教育辅助服务等增值税政策的通知》（财税〔2016〕140号）第一条规定，金融商品持有期间（含到期）取得的非保本的报酬、资金占用费、补偿金等收入，不属于利息或利息性质的收入，不征收增值税。因此企业持有股票期间取得的股息属于非保本收益，不征收增值税。

2. 转让股票

根据《营业税改征增值税试点有关事项的规定》（财税〔2016〕36号附件2）第一条第（三）项第3点规定，金融商品转让按照卖出价扣除买入价后的余额为销售额。转让金融商品出现的正负差，按盈亏相抵后的余额为销售额。若相抵后出现负差，可结转下一纳税期与下期转让金融商品销售额相抵，但年末时仍出现负差的，不得转入下一个会计年度。企业在转让股票时，应根据规定计算销售额，按适用税率计算缴纳增值税。

根据《营业税改征增值税试点实施办法》（财税〔2016〕36号附件1）中的《销售服务、无形资产、不动产注释》第一条第（五）项第4目规定，金融转让属于金融服务，一般计税方式税率6%，适用简易计税方式的征收率3%。一般纳税人企业按照6%的税率计算销项税，小规模纳税人适用3%的征收率计算应纳税额。企业转让股票的卖出价为卖出原价，不得扣除卖出过程中支付的任何费用和税金。股票买入价为购入股票支付的价格，不包括买入金融商品支付的交易费用和税费。若企业买入股票时将其划分为交易性金融资产，则发生的交易费用计入当期损益，税法规定买入价与会计计量口径一致，不存在税会差异；若企业买入股票时将其划分为可供出售金融资产，则相关交易费用计入股票初始确认金额，该情形下存在税会差异，在确认股票买入价时应按会计成本扣除交易费用后的金额确定。

《营业税改征增值税试点有关事项的规定》（财税〔2016〕36号附件2）第一条第（三）项第3点规定，金融商品转让不得开具增值税专用发票。

（二）股权

根据《财政部、国家税务总局关于全面推开营业税改征增值税试点的通知》（财税〔2016〕36号）的规定，金融商品转让是指转让外汇、有价证券、非货物期货和其他金融商品所有权的业务活动。由于非上市企业未公开发行股票，其股权不属于有价证券，因此企业转让非上市公司股权形成的投资收益不属于增值税征税范围，不缴纳增值税。

（三）债券

1. 取得利息

根据《营业税改征增值税试点实施办法》（财税〔2016〕36号附件1）中的《销售服务、无形资产、不动产注释》第一条第五项第1点规定，金融商品持有期间（含到期）利息（保本收益、报酬、资金占用费、补偿金等）收入属于“金融服务”中的“贷款服务”。因此，纳税人持有公司债券这一金融商品取得的利息收入，属于增值税征税范围。《营业税改征增值税试点过渡政策的规定》（财税〔2016〕36号附件3）第十九项第3点规定，国债和地方政府债利息收入免征增值税；《财政部国家税务总局关于进一步明确全面推开营改增试点金融业有关政策的通知》（财税〔2016〕46号）和《财政部国家税务总局关于金融机构同业往来等增值税政策的补充通知》（财税〔2016〕70号）分别明确规定，持有政策性金融债券和非政策性金融债券取得的利息收入，属于财税〔2016〕36号文件附件3所称的“金融同业往来利息收入”，免征增值税。因此企业持有的公司债券若属于上述免税范畴的，其利息收入免征增值税，此外都应按规定计征增值税。

《营业税改征增值税试点过渡政策的规定》（财税〔2016〕36号附件3）第十九项第3点规定，国债和地方政府债利息收入免征增值税。

2. 转让债券

根据《营业税改征增值税试点实施办法》（财税〔2016〕36号附件1）中的《销售服务、无形资产、不动产注释》第一条第五项第4点规定，金融商品转让是指转让外汇、有价证券、非货物期货和其他金融商品所有权的业务活动。因此债权的转让属于金融商品转让范畴，应当按规定缴纳增值税。

债券转让的增值税相关处理参照企业转让股票相关处理执行。

【企业所得税】

（一）股票

1. 购入股票

根据《国家税务总局关于贯彻落实企业所得税法若干税收问题的通知》（国税函〔2010〕79号）的相关规定，企业取得股票时的成本应包含相关交易费用，而会计上将其分类为以公允价值计量且其变动计入当期损益的金融资产，相关交易费用计入当期损益，存在税会差异。

2. 取得股息

根据《中华人民共和国企业所得税法》（中华人民共和国主席令第63号）第六条规定，股息、红利等权益性投资所得属于企业所得税法规定所得的范畴，应计入应纳税所得额。但应注意以下几种特殊情形下的涉税处理：

（1）《中华人民共和国企业所得税法》（中华人民共和国主席令第63号）第二十六条规定，符合条件的居民企业之间的股息红利等权益性投资收益为免税收入。同时，按照《中华人民共和国企业所得税法实施条例》（中华人民共和国国务院令第512号）解释，以下情况属于上述符合条件的居民企业之间的股息、红利：居民企业直接投资于其他居民企业取得的投资收益，不包括连续持有居民企业公开发行并上市流通的股票不足12各月取得的投资收益。

（2）《财政部、国家税务总局、证监会关于沪港股票市场交易互联互通机制试点有关税收政策的通知》（财税〔2014〕81号）第一条第四项第一点规定，对内地企业投资者通过沪港通投资香港联交所上市股票取得的股息红利所得，计入其收入总额，依法计征企业所得税。其中，内地居民企业连续持有H股满12个月取得的股息红利所得，依法免征企业所得税。

因此，居民企业持有的股票，若能够满足上述两种优惠条件的，持有期间取得的股息免征企业所得税。否则，应将股息计入应纳税所得额，按适用税率计征企业所得税。

3. 转让股票

根据《国家税务总局关于贯彻落实企业所得税法若干税收问题的通知》（国税函〔2010〕79号）的相关规定，企业转让股权，应以转让股权收入扣除为取得该股权所发生的成本后，为股权转让所得。

此外，根据《财政部、国家税务总局、证监会关于沪港股票市场交易互联互通机制试点有关税收政策的通知》（财税〔2014〕81号）第一项第（三）条的规定，对内地企业投资者通过沪港通投资香港联交所上市股票取得的转让差价所得，计入其收入总额，依法征收企业所得税。因此企业转让上述股票取得的收入也应该计征企业所得税。

（二）股权

1. 取得红利

企业在持有非上市公司股权期间取得的相关红利，参照上文股息所得计征或免征企业所得税。

2. 转让股权

企业转让非上市公司股权，根据《国家税务总局关于贯彻落实企业所得税法若干税收问题的通知》（国税函〔2010〕79号）的相关规定，应以转让股权收入扣除为取得该股权所发生的成本后，为股权转让所得。企业取得非上市公司的股权时，税法上将交易费用计入成本，同时会计将其分类为以公允价值计量且其变动计入其他综合收益的金融资产，同样将交易费用计入成本，不存在税会差异。具体处理方式可参照转让上市公司股票执行。

但是，如果企业转让非上市公司股权，同时满足《财政部、国家税务总局关于促进企业重组有关企业所得税处理问题的通知》（财税〔2014〕109号）第三项规定的以下条件：

（1）100％直接控制的居民企业之间，以及受同一或相同多家居民企业100％直接控制的居民企业之间按账面净值划转股权或资产。

（2）具有合理商业目的、不以减少、免除或者推迟缴纳税款为主要目的。

（3）股权或资产划转后连续12个月内不改变被划转股权或资产原来实质性经营活动，且划出方企业和划入方企业均未在会计上确认损益的。

可以选择特殊性税务处理：

（1）划出方企业和划入方企业均不确认所得。

（2）划入方企业取得被划转股权或资产的计税基础，以被划转股权或资产的原账面净值确定。

（3）划入方企业取得的被划转资产，应按其原账面净值计算折旧扣除。

（三）债券

1. 购入债券

根据《国家税务总局关于贯彻落实企业所得税法若干税收问题的通知》（国税函〔2010〕79号）的相关规定：

（1）若企业取得债券时将其分类为以公允价值计量且其变动计入当期损益的金融资产的，则取得债券的成本应包含相关交易费用，不同于会计上将交易费用计入当期损益的处理，存在税会差异。

(2) 若企业取得债券时将其分类为以公允价值计量且其变动计入其他综合收益的金融资产或以摊余成本计量的金融资产，则涉税处理与会计处理一致，都将交易费用基础初始确认金融，不存在税会差异。

2. 取得利息

根据《中华人民共和国企业所得税法》（中华人民共和国主席令第 63 号）第六条规定，利息属于企业所得税法规定所得的范畴，应计入应纳税所得额。

但根据《中华人民共和国企业所得税法》（中华人民共和国主席令第 63 号）第二十六条规定，企业的国债利息收入为免税收入，以及《财政部、国家税务总局关于地方政府债券利息免征所得税问题的通知》（财税〔2013〕5 号）“对企业和个人取得的 2012 年及以后年度发行的地方政府债券利息收入，免征企业所得税和个人所得税”的条款，企业持有国债、地方政府债券而取得的利息收入，属于免税收入，不计征企业所得税。

3. 转让债券

依据《中华人民共和国企业所得税法实施条例》（中华人民共和国国务院令第 512 号）第十六条明确规定，转让财产收入是指企业转让固定资产、生物资产、无形资产、股权、债权等财产取得的收入。因此转让债券所得属于财产转让所得，按规定计征企业所得税。

但根据《国家税务总局关于企业国债投资业务企业所得税处理问题的公告》（国家税务总局公告 2011 年第 36 号）第一项第（二）条规定，企业到期前转让国债，或者从非发行者投资购买的国债，其按规定计算的国债利息收入，免征企业所得税。因此在计算相应转让所得时，不仅需要扣除相关成本，还要扣除未发放的国债利息。该公告还规定了相应的利息计算方式，公式如下：

国债利息收入＝国债金额×(适用年利率/365)×持有天数

【印花税】

根据《中华人民共和国印花税暂行条例》（中华人民共和国国务院令第 11 号）中印花税税目税率表的规定，产权转移书据包括财产所有权、版权、商标专用权、专利权和专有技术使用权等转移书据或合同。立据人应按所载金额万分之五贴花。因此，股权转让环节的印花税应按照“产权转移书据”征收印花税，计税依据为股权转让协议上标注的转让金额。

根据《财政部、国家税务总局关于调整证券（股票）交易印花税征收方式的通知》（财税明电〔2008〕2 号）第二项的规定，自 2008 年 9 月 19 日起，对买卖、继承、赠与所书立的 A 股、B 股股权转让书据的出让方按千分之一的税率征收证券（股票）交易印花税。因此，企业为购买、接收股票时书立的产权转移书不缴纳印花税，而当企业转让股票而书立的财产转移书据应按规定税率缴纳印花税。

政策依据

《财政部、国家税务总局关于全面推开营业税改征增值税试点的通知》（财税〔2016〕36 号）

《财政部、国家税务总局关于进一步明确全面推开营改增试点金融业有关政策的通知》（财税〔2016〕46 号）

《财政部、国家税务总局关于金融机构同业往来等增值税政策的补充通知》（财税〔2016〕70 号）

《中华人民共和国企业所得税法》（中华人民共和国主席令第 63 号）

《中华人民共和国企业所得税法实施条例》（中华人民共和国国务院令第 512 号）

《国家税务总局关于贯彻落实企业所得税法若干税收问题的通知》（国税函〔2010〕79 号）

《国家税务总局关于企业国债投资业务企业所得税处理问题的公告》（国家税务总局公告 2011 年第 36 号）

《财政部、国家税务总局关于地方政府债券利息免征所得税问题的通知》（财关税〔2013〕5 号）

《财政、部国家税务总局、证监会关于沪港股票市场交易互联互通机制试点有关税收政策的通知》（财税〔2014〕81 号）

《财政部、国家税务总局关于促进企业重组有关企业所得税处理问题的通知》（财税〔2014〕109 号）

《中华人民共和国印花税暂行条例》（中华人民共和国国务院令第 11 号）

《财政部、国家税务总局关于调整证券（股票）交易印花税征收方式的通知》（财税明电〔2008〕2 号）

《企业会计准则第 22 号——金融工具确认和计量》（财会〔2017〕7 号）

第四节 发 电 业 务

业务描述

发电，是指通过各种生产方式将其他形式的能量转化为电能的电力生产，是电力系统的一个环节，主要有水力发电、火力发电、核能发电等方式。水力发电，是指利用河流、湖泊等位于高处具有势能的水流至低处，将其中所含势能转换成水轮机之动能，再借水轮机为原动力，推动发电机产生电能进行发电的方式。火力发电，一般是指利用石油、煤炭和天然气等燃料燃烧时产生的热能来加热水，使水变成高温、高压水蒸气，然后再由水蒸气推动发电机来发电的方式。核能发电是用核能代替煤炭、水力等发电，通过受控的核反应，将核能转化成热能，驱动蒸汽，推动涡轮进行发电的方式。

根据实际业务操作，发电业务流程如图 7－4 所示。

涉及税种

发电业务主要涉及增值税及附加、企业所得税、印花税、房产税、城镇土地使用税等税种。

涉税处理

【增值税及附加】

（一）电力产品增值税征收管理办法

根据《电力产品增值税征收管理办法》（国家税务总局令第 44 号）的规定，发电企业生产销售的电量分为独立核算的发电企业和实行预缴方式缴纳增值税的发电企业两种情况计算缴纳增值税：

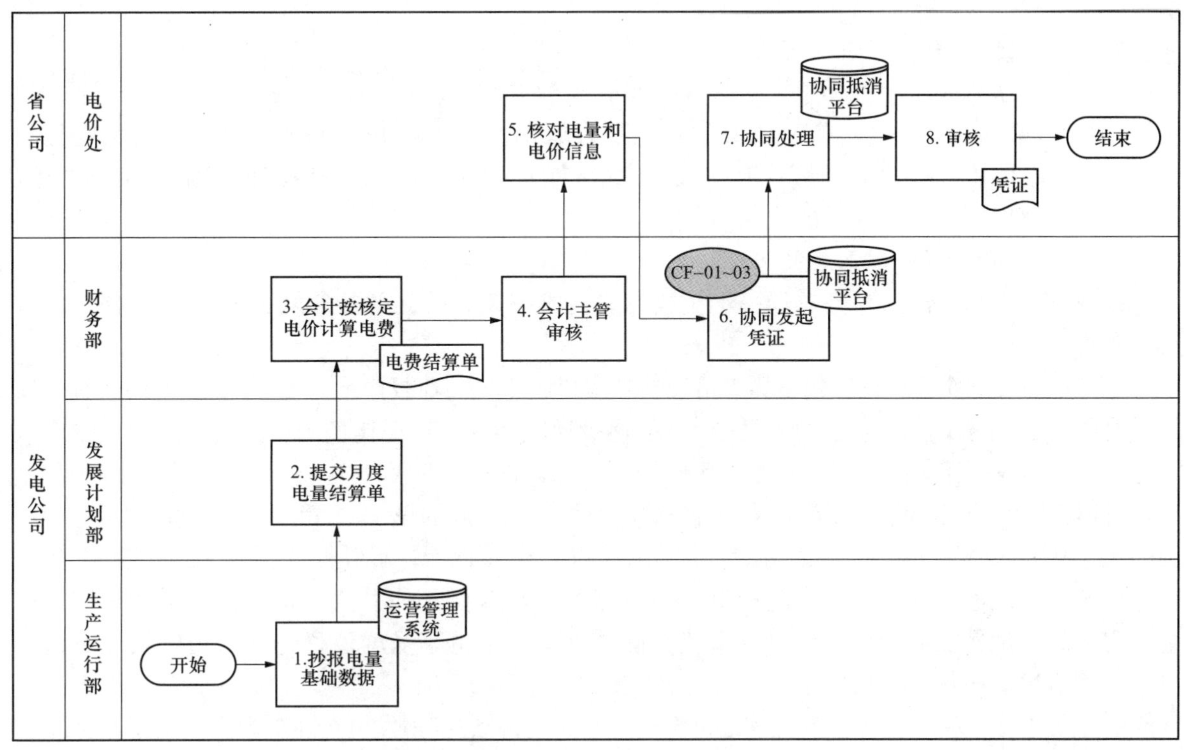

图 7-4 发电业务流程

（1）独立核算的发电企业上网电量，按照现行增值税有关规定向其机构所在地主管税务机关申报纳税；具有一般纳税人资格或具备一般纳税人核算条件的非独立核算的发电企业发出电量，按照增值税一般纳税人的计算方法计算增值税，并向其机构所在地主管税务机关申报纳税。

（2）不具有一般纳税人资格且不具有一般纳税人核算条件的非独立核算的发电企业发出电量，由发电企业按上网电量，依核定的定额税率计算发电环节的预缴增值税，且不得抵扣进项税额，向发电企业所在地主管税务机关申报纳税。计算公式为

预征税额＝上网电量×核定的定额税率

省、自治区、直辖市范围内的发电企业增值税预征率由省、自治区、直辖市、计划单列市税务局核定。发电企业预征率的执行期限由核定预征率的税务机关根据企业生产经营的变化情况确定。

（3）实行预缴方式缴纳增值税的发电企业按照隶属关系由独立核算的企业结算缴纳增值税，具体办法为：独立核算的企业月末依据其全部销售额和进项税额，计算当期增值税应纳税额，并根据发电环节预缴值税税额，计算应补（退）税额，向其所在地主管税务机关申报纳税。计算公式为

应纳税额＝销项税额－进项税额

应补（退）税额＝应纳税额－发（供）电环节预缴增值税额

独立核算的企业当期销项税额小于进项税额不足抵扣，或应纳税额小于发电环节预缴增值税税额形成多交增值税时，其不足抵扣部分和多交增值税额可结转下期抵扣或抵减下期应纳税额。

（4）采用预缴方式缴纳增值税的发电企业在申报纳税的同时，应将增值税进项税额和上网电量、电力产品销售额、其他产品销售额、价外费用、预征税领和查补税款分别归集汇总，按

隶属关系逐级汇总上报给独立核算发电企业。

（二）中央财政补贴增值税有关问题

根据《国家税务总局关于中央财政补贴增值税有关问题的公告》（国家税务总局公告 2013 年第 3 号）规定，自 2013 年 2 月 1 日起，纳税人取得的中央财政补贴，不属于增值税应税收入，不征收增值税。燃油电厂从政府财政专户取得的发电补贴不属于增值税规定的价外费用，不计入应税销售额，不征收增值税。

（三）核电行业税收政策有关问题

根据《财政部、国家税务总局关于核电行业税收政策有关问题的通知》财税〔2008〕38 号第一条规定：

(1) 核力发电企业生产销售电力产品，自核电机组正式商业投产次月起 15 个年度内，统一实行增值税先征后退政策，返还比例分三个阶段逐级递减。具体返还比例为：①自正式商业投产次月起 5 个年度内，返还比例为已入库税款的 75%；②自正式商业投产次月起的第 6 至第 10 个年度内，返还比例为已入库税款的 70%；③自正式商业投产次月起的第 11 至第 15 个年度内，返还比例为已入库税款的 55%；④自正式商业投产次月起满 15 个年度以后，不再实行增值税先征后退政策。

(2) 核力发电企业采用按核电机组分别核算增值税退税额的办法，企业应分别核算核电机组电力产品的销售额，未分别核算或不能准确核算的，不得享受增值税先征后退政策。单台核电机组增值税退税额可以按以下公式计算：

单台核电机组增值税退税额＝单台核电机组电力产品销售额/核力发电企业电力产品销售额合计×核力发电企业实际缴纳增值税额×退税比例

(3) 原已享受增值税先征后退政策但该政策已于 2007 年内到期的核力发电企业，自该政策执行到期后次月起按上述统一政策核定剩余年度相应的返还比例；对 2007 年内新投产的核力发电企业，自核电机组正式商业投产日期的次月起按上述统一政策执行。

【企业所得税】

发电收入应计入应纳所得额，涉及的企业所得税按照《中华人民共和国企业所得税法实施条例》（中华人民共和国国务院令第 512 号）的相关收入成本费用规定执行。

根据《财政部、国家税务总局关于核电行业税收政策有关问题的通知》（财税〔2008〕38 号）第二条规定，自 2008 年 1 月 1 日起，核力发电企业取得的增值税退税款，专项用于还本付息，不征收企业所得税。

【印花税】

根据《财政部、国家税务总局关于印花税若干政策的通知》（财税〔2006〕162 号）第二条规定，发电厂与电网之间、电网与电网之间（国家电网公司系统、南方电网公司系统内部各级电网互供电量除外）签订的购售电合同按购销合同征收印花税，税率为万分之三；国家电网系统内部互供电量的购售电合同，不征收印花税。

【房产税】

对于水电厂大坝涉及的房产税问题，根据《财政部、税务总局关于房产税和车船使用税几个业务问题的解释与规定》（财税地〔1987〕3 号）第一条房产是以房屋形态表现的财产。房屋是指有屋面和围护结构（有墙或两边有柱），能够遮风避雨，可供人们在其中生产，工作，学习，娱乐，居住或储藏物资的场所。

《财政部、国家税务总局关于固定资产进项税额抵扣问题的通知》财税（2009）113号规定，《中华人民共和国增值税暂行条例实施细则》（财政部令第65号）第二十三条第二款所称建筑物，是指供人们在其内生产、生活和其他活动的房屋或者场所，具体为《固定资产分类与代码》（GB/T 14885—1994）中代码前两位为“02”的房屋；所称构筑物，是指人们不在其内生产、生活的人工建造物，具体为《固定资产分类与代码》（GB/T 14885—1994）中代码前两位为“03”的构筑物。在《固定资产分类与代码》（GB/T 14885—1994）中，水电站大坝是代码前两位为“03”的构筑物。虽然《固定资产分类与代码》（GB/T 14885—1994）于2011年5月1日被《固定资产分类与代码》（GB/T 14885—2010）取代，但大坝在《固定资产分类与代码》（GB/T 14885—2010）中的分类未变。

因此水电站大坝不具备房屋功能，不属于房产范畴，不缴纳房产税。

【城镇土地使用税】

对于水电厂和火电厂涉及的城镇土地使用税，根据《国家税务总局关于电力行业征免土地使用税问题的规定》（国税地字〔1989〕013号）和《国家税务总局对〈关于请求再次明确电力行业土地使用税征免范围问题的函〉的复函》（国税地〔1989〕44号）的规定，对水电站的发电厂房用地（包括坝内、坝外式厂房），生产、办公、生活用地，照章征收土地使用税，其他用地免征土地使用税，“水库库区用地”属于其他用地，免征土地使用税；对于火电厂厂区围墙内的用地，均应征收城镇土地使用税。对厂区围墙外的灰场、输灰管、输油（气）管道、铁路专用线用地，免征城镇土地使用税；厂区围墙外的其他用地，应照章征收。

对于核电站涉及的城镇土地使用税，根据《财政部、国家税务总局关于核电站用地征免城镇土地使用税的通知》（财税〔2007〕124号）的规定，对核电站的核岛、常规岛、辅助厂房和通信设施用地（不包括地下线路用地），生活、办公用地按规定征收城镇土地使用税，其他用地免征城镇土地使用税。对核电站应税土地在基建期内减半征收城镇土地使用税。

【资源税】

根据《财政部、税务总局、水利部关于印发〈扩大水资源税改革试点实施办法〉的通知》财税〔2017〕80号附件第十五条规定，抽水蓄能发电取用水，免征水资源税。

涉税风险

发电业务涉税风险见表7-5。

表7-5　　发电业务涉税风险

风险编号	风 险 描 述	责任部门
CF-01	企业将生产的发电产品用于非增值税应税项目、集体福利、个人消费、无偿赠送他人等视同销售行为，未按规定计提增值税，导致少缴增值税及附加	财务部门
CF-02	大坝容易与厂房混淆，水电厂的厂房（包括坝内、坝外式厂房）可以单独计量的，只就坝内或坝外厂房计算缴纳房产税，坝体价值不交税。如果大坝与厂房不能单独计量，将可能造成多缴税，增加企业税负	
CF-03	发电企业应对免税土地和应税土地单独计量，避免混淆不清造成多缴或少缴城镇土地使用税	

政策依据

《中华人民共和国增值税暂行条例》（中华人民共和国国务院令 691 号）

《中华人民共和国增值税暂行条例实施细则》（财政部令第 65 号）

《电力产品增值税征收管理办法》（国家税务总局令第 44 号）

《财政部、国家税务总局关于核电行业税收政策有关问题的通知》（财税〔2008〕38 号）

《财政部、国家税务总局关于固定资产进项税额抵扣问题的通知》（财税〔2009〕113 号）

《国家税务总局关于中央财政补贴增值税有关问题的公告》（国家税务总局公告 2013 年第 3 号）

《中华人民共和国企业所得税法》（中华人民共和国主席令第 63 号）

《中华人民共和国企业所得税法实施条例》（中华人民共和国国务院令第 512 号）

《财政部、国家税务总局关于印花税若干政策的通知》（财税〔2006〕162 号）

《财政部、税务总局关于房产税和车船使用税几个业务问题的解释与规定》（财税地〔1987〕3 号）

《国家税务总局关于电力行业征免土地使用税问题的规定》（国税地字〔1989〕013 号）

《国家税务总局对〈关于请求再次明确电力行业土地使用税征免范围问题的函〉的复函》（国税地〔1989〕44 号）

《财政部、国家税务总局关于核电站用地征免城镇土地使用税的通知》（财税〔2007〕124 号）

《财政部、税务总局、水利部关于印发〈扩大水资源税改革试点实施办法〉的通知》（财税〔2017〕80 号）

《固定资产分类与代码》（GB/T 14885—2010）

第五节 港 口 岸 电

业务描述

港口岸电是一项新兴的业务活动。岸电是指船舶在靠泊期间，关闭船舶主引擎、辅助引擎等船用设备，转而使用所靠泊码头岸基供电专用电力设备以维持船舶靠泊期间日常运作的一种供电模式。港口岸电是将岸上电力供到靠港船舶使用的整体设备，以替代船上自带的燃油辅机，满足船上生产作业、生活设施等电气设备的用电需求。靠港船舶使用岸电，可有效减少船舶靠岸使用辅助燃油发电机发电产生的各类污染排放，属于典型的“以电代油”绿色能源消费模式。

港口岸电业务流程如图 7 - 5 所示。

在港口岸电项目的建设和运维过程中，根据投资主体的不同，存在以下运营模式：

（1）第三方投资模式。对于内河码头的低压岸电，由于用能方为规模较小的运输企业和个体船户，缺乏投资的积极性和实力，且项目投资额度也较小，采用引进第三方（如节能公司）投资的方式，落实项目建设资金，并负责项目建设和运营，运营收益归第三方所有。

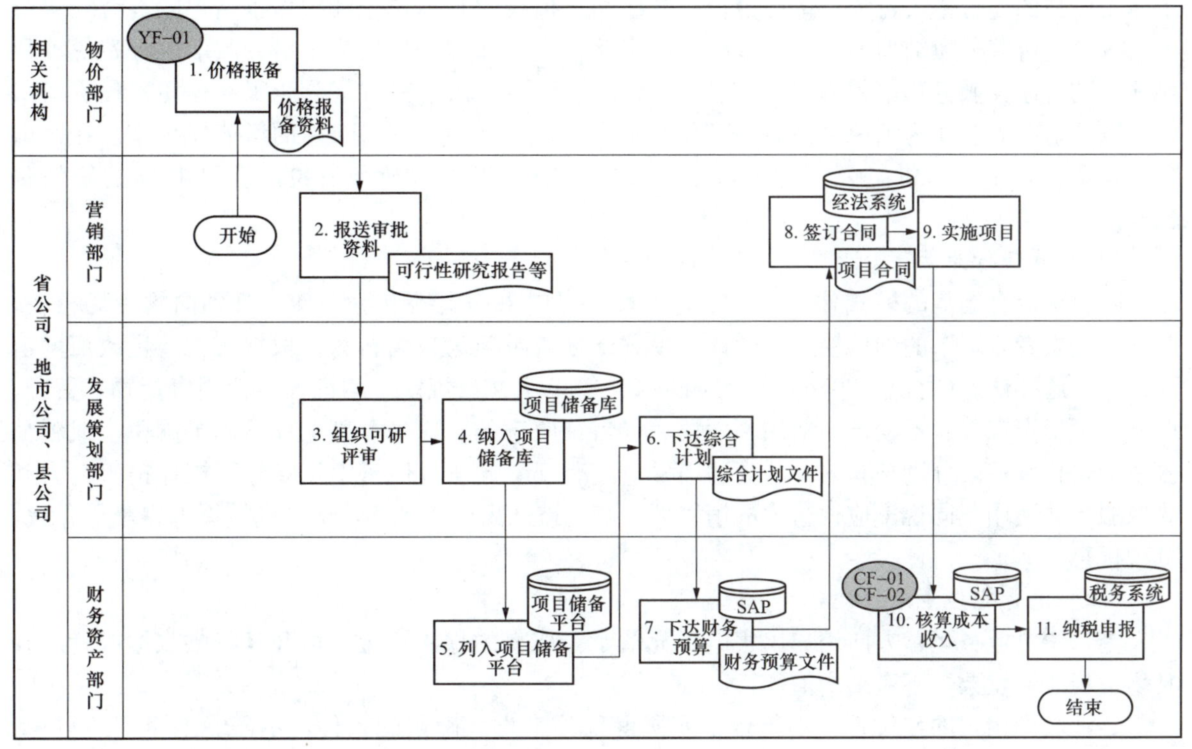

图 7－5 港口岸电业务流程

（2）融资租赁投资模式。对于岸电设备投资额度较大的岸电项目，通过融资租赁的方式引进岸电项目设备，项目建设及运营维护由港航企业或第三方（如节能公司）承担。

（3）多方共同投资模式。对于高压岸电项目，由于投资额度较大，投资回收期较长，由供电公司和港航企业（港口）等为投资主体，实行共同投资、共同建设、共同经营和收益分成的投资管理模式。

（4）供电公司投资模式。对于不适用上述投资模式的岸电项目，采用由供电公司直接投资建设的模式，项目建成后的运营维护委托港航企业或第三方（如节能公司）负责。

涉及税种

港口岸电业务主要涉及增值税及附加、企业所得税、印花税等税种。

涉税处理

【增值税及附加】

（一）混合销售涉税处理

根据《营业税改征增值税试点实施办法》（财税〔2016〕36 号附件 1）第四十条规定，一项销售行为如果既涉及服务又涉及货物，为混合销售。从事货物的生产、批发或者零售的单位和个体工商户的混合销售行为，按照销售货物缴纳增值税；其他单位和个体工商户的混合销售行为，按照销售服务缴纳增值税。港口岸电项目运营中存在购进、销售电费并收取服务费等涉税事项，同时涉及服务和销售货物，为混合销售应税行为。在第三方（节能服务公司）投资模式下，以节能服务公司为纳税主体，按照销售服务缴纳增值税，适用6%的增值税税率。在供电公司投资模式下，以供电公司为纳税主体，按照销售货物缴纳增值税，适用13%的增值税税率。

（二）兼营行为涉税处理

除目前混合销售的模式外，港口岸电项目还可以采用电费和服务费“分别向物价局报备，分开向消费者收取”的计价模式。此计价模式下涉税事项为兼营行为。根据《营业税改征增值税试点实施办法》（财税〔2016〕36号附件1）第三十九条规定，纳税人兼营销售货物、劳务、服务、无形资产或者不动产，适用不同税率或者征收率的，应当分别核算适用不同税率或者征收率的销售额；未分别核算的，从高适用税率。港口岸电项目运营中，应分别核算销售电力和收取服务费适用不同税率应税行为的销售额，避免被从高适用税率，未分别核算不得享受免税、减税优惠。

（三）电费充值卡涉税处理

港口岸电业务运营方向用户出售电费充值卡，取得的预收资金，可开具收款收据或者可开具增值税普通发票，不缴纳增值税。

企业收到用户的预付费，不符合企业所得税关于收入确认的条件，不需缴纳企业所得税。港口岸电业务涉及的企业所得税按照《中华人民共和国企业所得税法实施条例》（中华人民共和国国务院令第512号）的相关收入成本费用规定执行。目前国家尚未出台有关港口岸电的税收优惠政策。

虽然国家尚未出台相关的税收优惠政策，但是《交通运输部关于印发〈靠港船舶使用岸电2016—2018年度项目奖励资金申请指南〉的通知》（交规划函〔2017〕100号）中规定，2016年1月1日—2018年3月31日期间完成交工验收的靠港船舶使用岸电项目，包括沿海和内河港口岸电设备设施建设、船舶受电设施设备改造的项目，可向交通运输部申报奖励资金，2016—2018年采用的奖励标准分别不超过项目设施设备购置费的60%、50%、40%。上述奖励资金应作为企业的营业外收入，计入应纳税所得额，缴纳企业所得税。

【印花税】

根据《中华人民共和国印花税暂行条例》（中华人民共和国国务院令第11号）的规定，港口岸电项目在建设过程中签订的设备采购和建设工程承包应缴纳印花税，其中设备采购合同应按购销金额万分之三贴花；建设工程承包合同应按承包金额万分之三贴花。

涉税风险

港口岸电业务涉税风险见表7-6。

表 7-6　　港口岸电业务涉税风险

风险编号	风　险　描　述	责任部门
YF-01	营销部门未准确向物价局报备港口岸电业务的销售价格，明确电费和服务费的收取方式，导致被从高适用税率，加大企业的税务成本	业务部门
CF-01	供电公司投资模式下的电费和服务费均由供电公司收取，服务费再由供电公司支付给运维方，电费和服务费未分别报备和核算，导致从高适用13%的税率，加大企业的税务成本	财务部门
CF-02	第三方（如节能服务公司）投资模式下的电费和服务费均由节能服务公司收取，由于电费和服务费的税率分别为13%和6%，电费和服务费未统一报备和核算，导致电费适用13%的税率，加大企业的税务成本	

政策依据

《财政部、国家税务总局关于全面推开营业税改征增值税试点的通知》（财税〔2016〕36号）

《国家税务总局关于营改增试点若干征管问题的公告》（国家税务总局公告2016年第53号）

《财政部、国家税务总局、海关总署关于深化增值税改革有关政策的公告》（财政部、税务总局、海关总署公告2019年第39号）

《中华人民共和国企业所得税法实施条例》（中华人民共和国国务院令第512号）

《交通运输部关于印发〈靠港船舶使用岸电2016—2018年度项目奖励资金申请指南〉的通知》（交规划函〔2017〕100号）

《中华人民共和国印花税暂行条例》（中华人民共和国国务院令第11号）

第六节　充换电业务

业务描述

充换电业务包括充电服务和换电服务两种。充电服务是指充换电设施经营企业向电动汽车用户提供充电服务，充电服务收入按充电电量计价。换电服务是指充换电设施经营企业向用户提供更换电动汽车电池服务，换电服务收入按照车辆行驶里程计价。本节仅涉及充电服务。

根据《国家发展改革委关于电动汽车用电价格政策有关问题的通知》（发改价格〔2014〕1668号）第二条第（一）项规定，充换电设施经营企业可向电动汽车用户收取电费及充换电服务费两项费用。其中，电费执行国家规定的电价政策，充换电服务费用于弥补充换电设施运营成本。目前，充电服务费价格由企业自行制定试销价格，报物价部门备案，由物价部门制定正式价格。本节仅对在物价部门报备统一充电服务价格（含电费和服务费）这种情形进行分析。充电服务收入业务流程如图7-6所示。

涉及税种

充电服务收入业务主要涉及增值税及附加、企业所得税、印花税等税种。

涉税处理

【增值税及附加】

根据《电力产品增值税征收管理办法》（国家税务总局令第44号）第三条规定，电力产品

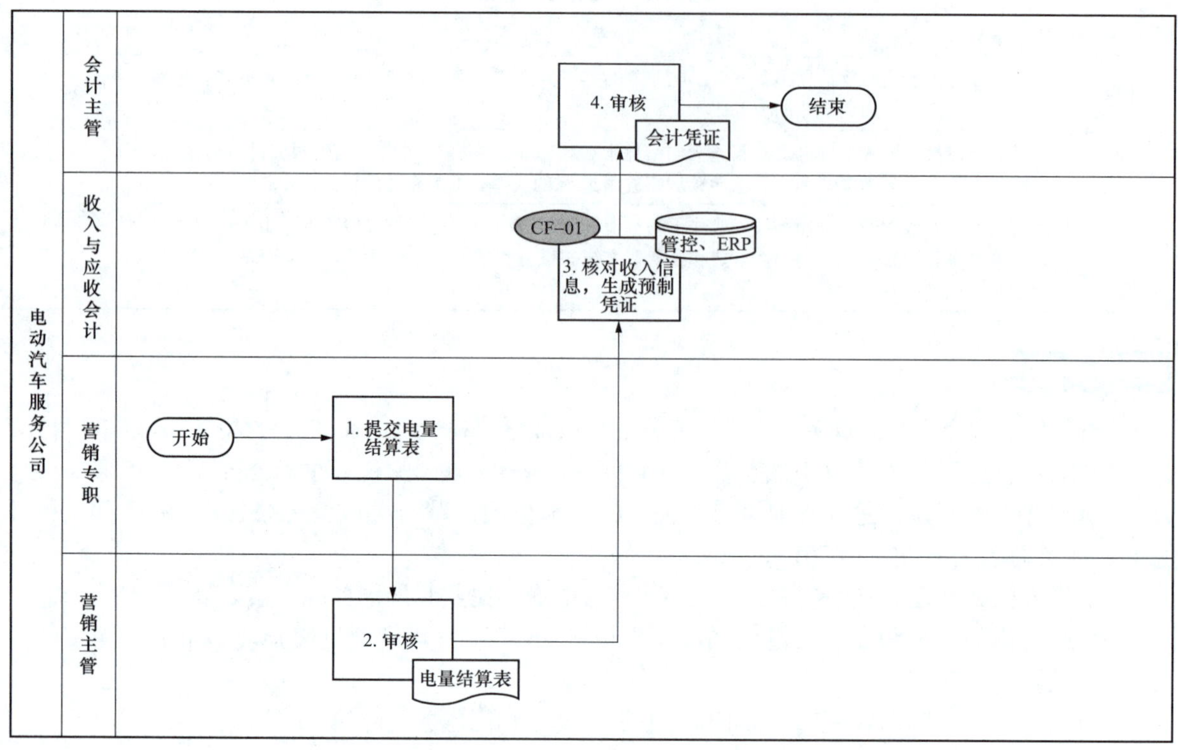

图 7-6　充电服务收入业务流程

增值税的计税销售额为纳税人销售电力产品向购买方收取的全部价款和价外费用，但不包括收取的销项税额。

充电服务收入按照“销售货物”适用 13%的税率缴纳增值税。

【企业所得税】

根据《中华人民共和国企业所得税法》（中华人民共和国主席令第 63 号）规定，充电服务收入属于企业所得税规范的应税收入，应计入应纳税所得额。

【印花税】

根据《财政部、国家税务总局关于印花税若干政策的通知》（财税〔2006〕162 号）第二条规定，电网与用户之间签订的供用电合同不属于印花税列举征税的凭证，不征收印花税。

涉税风险

充电服务收入业务涉税风险见表 7-7。

表 7-7　　充电服务收入业务涉税风险

风险编号	风险描述	责任部门
CF-01	对物价部门报备统一价格的充电服务，将电费收入和充电服务收入分别核算，并分别适用不同的税率，导致错误缴纳增值税	财务部门

政策依据

《电力产品增值税征收管理办法》(国家税务总局令第44号)
《中华人民共和国企业所得税法》(中华人民共和国主席令第63号)
《财政部、国家税务总局关于印花税若干政策的通知》(财税〔2006〕162号)
《国家发展改革委关于电动汽车用电价格政策有关问题的通知》(发改价格〔2014〕1668号)

第七节 补 助 补 偿

一、可再生能源补助

业务描述

根据《可再生能源发展基金征收使用管理暂行办法》(财综〔2011〕115号)的相关规定,可再生能源补助资金是指财政为支持可再生能源发电和开发利用活动而拨付的补助资金。

根据《国家电网公司关于可再生能源电价附加补助资金管理有关意见的通知》(国家电网财〔2013〕2044号)相关规定,可再生能源电价附加补助资金业务流程如图7-7所示。

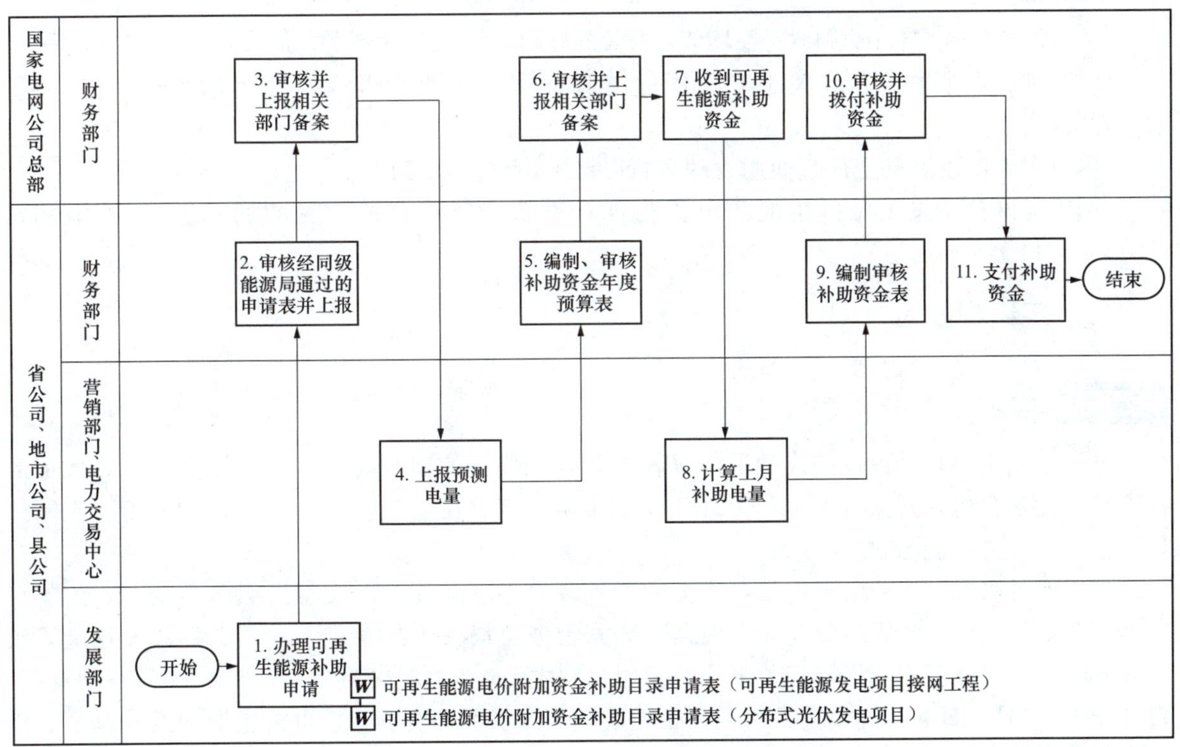

图7-7 可再生能源电价附加补助资金业务流程

涉及税种

可再生能源电价附加补助资金业务主要涉及增值税、企业所得税等税种。

涉税处理

【增值税】

可再生能源补助资金属于中央财政补贴，依据《国家税务总局关于中央财政补贴增值税有关问题的公告》（国家税务总局公告 2013 年第 3 号）规定，纳税人取得的中央财政补贴，不属于增值税应税收入，不征增值税。

【企业所得税】

根据《财政部、国家税务总局关于专项用途财政性资金企业所得税处理问题的通知》（财税〔2011〕70 号）第一条规定，企业取得准予作为不征税收入的财政性资金应同时符合以下条件：企业能够提供规定资金专项用途的资金拨付文件；财政部门或其他拨付资金的政府部门对该资金有专门的资金管理办法或具体管理要求；企业对该资金以及以该资金发生的支出单独进行核算。

电力企业收取的可再生能源附加补助资金若符合以上规定，则可作为不征税收入在计算应纳税所得额时从收入总额中减除，否则应作为应税收入缴纳企业所得税。

政策依据

《国家税务总局关于中央财政补贴增值税有关问题的公告》（国家税务总局公告 2013 年第 3 号）

《财政部、国家税务总局关于专项用途财政性资金企业所得税处理问题的通知》（财税〔2011〕70 号）

《可再生能源发展基金征收使用管理暂行办法》（财综〔2011〕115 号）

《国家电网公司关于可再生能源电价附加补助资金管理有关意见的通知》（国家电网财〔2013〕2044 号）

二、手续费收入

业务描述

电力企业主要有个税代扣代缴手续费收入和委托代征各项政府性基金手续费收入。代征的各项政府性基金包括国家重大水利工程建设基金、水库移民后期扶持基金、差别电价、农网还贷资金以及可再生能源附加收入。

省以下各级电力企业由于将委托代征的各项政府性基金逐级上交至省级电力企业，由省级电力企业统一汇缴入省级财政［注：根据《国家税务总局关于国家重大水利工程建设基金等政府非税收入项目征管职责划转有关事项的公告》（国家税务总局公告 2018 年第 63 号）的规定，自 2019 年 1 月 1 日起，国家重大水利工程建设基金、农网还贷资金、可再生能源发展基金、中央水库移民扶持基金等划转至税务部门征收］。

根据《财政部、国家税务总局、中国人民银行关于进一步加强代扣代收代征税款手续费管理的通知》(财行〔2019〕11号)规定,“三代”(代扣、代收、代征)单位所取得的手续费收入应该单独核算,计入本单位收入,用于与“三代”业务直接相关的办公设备、人员成本、信息化建设、耗材、交通费等管理支出。

涉及税种

手续费收入业务主要涉及增值税及附加、企业所得税等税种。

涉税处理

【增值税及附加】

根据《财政部、国家税务总局关于全面推开营业税改征增值税试点的通知》(财税〔2016〕36号)的相关规定,电力企业取得的委托代征政府性基金手续费收入和个税代扣代缴手续费收入,通常理解按“现代服务业”缴纳增值税,税率6%。

【企业所得税】

根据《中华人民共和国企业所得税法》(中华人民共和国主席令第63号)第六条规定,手续费收入属于提供劳务收入,应计算缴纳企业所得税。

涉税风险

手续费收入业务涉税风险见表7-8。

表7-8　手续费收入业务涉税风险

风险编号	风 险 描 述	责任部门
CF-01	将手续费收入通过往来款挂账,导致企业收入、增值税及附加税、企业所得税减少	财务部门

政策依据

《财政部、国家税务总局关于全面推开营业税改征增值税试点的通知》(财税〔2016〕36号)

《中华人民共和国企业所得税法》(中华人民共和国主席令第63号)

《国家税务总局关于国家重大水利工程建设基金等政府非税收入项目征管职责划转有关事项的公告》(国家税务总局公告2018年第63号)

《财政部、国家税务总局、中国人民银行关于进一步加强代扣代收代征税款手续费管理的通知》(财行〔2019〕11号)

三、政府补助

业务描述

《企业会计准则第16号——政府补助》(财会〔2017〕15号)附件中规定,政府补助是指企业从政府无偿取得的货币性或非货币性资产,但不包括政府作为企业所有者投入的资本。本节政府补助仅涉及货币性补助,如财政拨款、财政贴息和税收返还等。

涉及税种

政府补助业务主要涉及企业所得税。

涉税处理

【企业所得税】

（一）应计入应税收入

根据《财政部、国家税务总局关于财政性资金、行政事业性收费、政府性基金有关企业所得税政策问题的通知》（财税〔2008〕151 号）第一条第（一）项规定，企业取得的各类财政性资金，除属于国家投资和资金使用后要求归还本金的以外，均应计入企业当年收入总额。

（二）不计入应税收入

《财政部、国家税务总局关于专项用途财政性资金企业所得税处理问题的通知》（财税〔2011〕70 号）第一条规定，企业取得准予作为不征税收入的财政性资金应同时符合以下条件：①企业能够提供规定资金专项用途的资金拨付文件；②财政部门或其他拨付资金的政府部门对该资金有专门的资金管理办法或具体管理要求；③企业对该资金以及以该资金发生的支出单独进行核算。第二条规定，上述不征税收入用于支出所形成的费用，不得在计算应纳税所得额时扣除；用于支出所形成的资产，其计算的折旧、摊销不得在计算应纳税所得额时扣除。第三条规定，企业将符合不征税收入条件的财政性资金作不征税收入处理后，在 5 年（60 个月）内未发生支出且未缴回财政部门或其他拨付资金的政府部门的部分，应计入取得该资金第六年的应税收入总额；计入应税收入总额的财政性资金发生的支出，允许在计算应纳税所得额时扣除。

根据《国家税务总局关于发布〈中华人民共和国企业所得税年度纳税申报表（A 类，2017 年版）〉的公告》（国家税务总局公告 2017 年第 54 号）有关规定，总结以下政府补助在企业所得税年度申报表中的填报方式：

（1）对会计上一次性计入当期损益且不符合不征税收入条件的政府补助，会计与税务处理一致，不需填报相应的纳税调整明细表。

（2）对会计做递延收益且不符合不征税收入条件的，填报“未按权责发生制原则确认收入纳税调整明细表”（A105020）。

（3）对会计已做收入且符合不征税收入条件的，填报“纳税调整项目明细表”（A105000）和“专项用途财政性资金纳税调整明细表”（A105040）；

（4）涉及不征税收入用于支出形成的资产，其折旧、摊销额不得税前扣除，在“资产折旧、摊销情况及纳税调整明细表”（A105080）中进行反映。

涉税风险

政府补助业务涉税风险见表 7 - 9。

表 7 - 9　　政府补助业务涉税风险

风险编号	风 险 描 述	责任部门
CF - 01	将不满足不征税收入条件的政府补助，作为不征税收入，导致企业少缴税款	财务部门

政策依据

《财政部、国家税务总局关于财政性资金、行政事业性收费、政府性基金有关企业所得税政策问题的通知》（财税〔2008〕151号）

《财政部、国家税务总局关于专项用途财政性资金企业所得税处理问题的通知》（财税〔2011〕70号）

《国家税务总局关于发布〈中华人民共和国企业所得税年度纳税申报表（A类，2017年版）〉的公告》（国家税务总局公告2017年第54号）

《企业会计准则第16号——政府补助》（财会〔2017〕15号）

第八节　三　供　一　业

业务描述

"三供一业"分离移交是指国企（含企业和科研院所）将家属区水、电、暖和物业管理职能从国企剥离，转由社会专业单位实施管理的一项政策性和专业性较强、涉及面广、操作异常复杂的一项管理工作。"三供一业"具有以下特点：①接收、移交双向进行，既承担外部单位家属区供电设施接收任务，又开展所属职工家属区供水、供热、供气及物业管理移交，工作流程及操作方式既有共同之处，又有明显差别；②涉及资产范围较广，"三供一业"分离移交涉及供电、供水、供热、供气、物业管理及相关配套资产，部分项目还涉及房屋、土地等，资产种类多样，分布范围广泛；③涉及的税种繁杂，分离移交各环节涉及的税种有增值税、企业所得税、印花税、契税、土地增值税等，涵盖了大部分主要税种。

一、国有企业职工家属区供电设施接收业务

涉及税种

国有企业职工家属区供电设施接收业务主要涉及增值税及附加、企业所得税、印花税、契税、土地增值税等税种。

涉税处理

【增值税及附加】

公司所属电网企业在收取供电设施移交方支付的委托改造资金时（含接收资产同时收取的委托改造资金），应按增值税的建筑服务税目计提增值税销项税额，并对外开具增值税发票。

供电设施移交方向公司所属电网企业无偿移交资产，在增值税上应作为视同销售业务处理，依据资产移交时的公允价值（或评估价值）确定增值税计税基础，并向公司所属电网企业开具增值税发票。

【企业所得税】

在项目施工环节，无论会计账务处理采取何种方式，均应在年度汇算清缴中根据单个项目

改造决算情况，确定是否存在资金结余，结余金额如若无须退还，应计入当期损益计缴企业所得税；对于跨年度工程，应采用完工百分比法合理确认当期的收入、成本。

供电设施移交方移交的国有企业职工家属区供电设施均为用户资产，对公司所属电网企业接收用户资产应缴纳的企业所得税不征收入库，直接转增国家资本金。

【印花税】

在前期准备和协议签订环节，公司所属电网企业在与供电设施移交方签订《“三供一业”供电分离移交框架协议》（以下简称框架协议）、《“三供一业”供电分离移交实施协议》（以下简称实施协议）时，对于其中委托维修改造（含项目建设管理）业务应按印花税的建筑、安装工程承包合同税目计缴印花税；对于其中资产分离移交业务涉及的房产、土地应按印花税的产权转移书据税目计缴印花税。

施工环节与施工单位签订的资产维修改造协议，具有建筑安装工程承包合同性质，应按照印花税中的建筑安装工程承包合同税目缴纳印花税。

资产移交环节与供电设施移交方签订的《资产移交协议》（以下简称移交协议），其中涉及的房产、土地应按印花税的产权转移书据税目计提、缴纳印花税。

【契税】

接收国有企业职工家属区供电设施时，如其中涉及房产、土地使用权权属变更的，应以资产移交时的公允价值（或评估价值）确定契税计税基础，依据适用税率按照纳税义务发生时点计提、缴纳契税。

涉税风险

国有企业职工家属区供电设施接收业务涉税风险见表 7-10。

表 7-10　　国有企业职工家属区供电设施接收业务涉税风险

风险编号	风　险　描　述	责任部门
YF-01	对于同一项经济业务，如未合理确定合同签署方式，将导致重复纳税	业务部门
CF-01	在供电设施改造过程中发生的材料费、施工费、设计费、监理费等费用支出，如未取得增值税专用发票将导致无法抵扣增值税进项税额	财务部门

政策依据

《中华人民共和国增值税暂行条例》（中华人民共和国国务院令第 691 号）

《中华人民共和国增值税暂行条例实施细则》（财政部令第 65 号）

《财政部、国家税务总局关于部分货物适用增值税低税率和简易办法征收增值税政策的通知》（财税〔2009〕9 号）

《财政部、国家税务总局关于全面推开营业税改征增值税试点的通知》（财税〔2016〕36 号）

《财政部、国家税务总局、海关总署关于深化增值税改革有关政策的公告》（财政部、税务总局、海关总署公告 2019 年第 39 号）

《中华人民共和国企业所得税法》（中华人民共和国主席令第 63 号）

《中华人民共和国企业所得税法实施条例》（中华人民共和国国务院令第 512 号）

《财政部关于电网企业接收用户资产有关企业所得税政策问题的通知》（财税〔2011〕35 号）

《国家税务总局关于确认企业所得税收入若干问题的通知》（国税发〔2008〕875 号）

《中华人民共和国印花税暂行条例》（中华人民共和国国务院令第 11 号）

《中华人民共和国契税暂行条例细则》（财法字〔1997〕52 号）

二、电网企业“两供一业”分离移交业务

涉及税种

电网企业“两供一业”分离移交业务主要涉及增值税及附加、企业所得税、印花税、土地增值税等。

涉税处理

【增值税及附加】

公司所属各单位向中央财政申请的“三供一业”分离移交费用补助资金，纳入国有资本经营预算资金范畴，具有中央财政补贴性质，不属于增值税应税收入范围，不征收增值税。

自行改造或委托接收（外部）单位改造“两供一业”资产，涉及材料设备采购、改造施工，属于购买货物或者加工、修理修配劳务以及购买建筑服务、监理服务、设计服务等，应从供货方或改造承接方取得增值税发票。

对外移交的“两供一业”资产，在增值税上应作为视同销售业务处理，依据资产移交时的公允价值（或评估价值）确定增值税计税基础。同时，公司所属电网企业可就上述业务对外开具增值税发票。

【企业所得税】

取得分离移交“三供一业”的国有资本经营预算资金，作不征税收入处理，不缴纳企业所得税。

对外移交的“两供一业”资产，在企业所得税上属于将财产用于捐赠用途，且不符合相关免税规定，应当视同转让财产，按照资产移交时的公允价值（或评估价值）作为视同销售收入。

【印花税】

在前期准备及协议签订环节所签订的“两供一业”分离移交（正式或框架）协议，对于其中委托维修改造（含项目建设管理）业务部分应按印花税的建筑、安装工程承包合同税目计缴印花税；对于其中资产分离移交业务涉及的房产、土地应按印花税的产权转移书据税目计缴印花税。

施工环节与施工单位签订的“两供一业”资产维修改造协议，具有建筑安装工程承包合同性质的，应按照印花税建筑安装工程承包合同税目，即合同金额万分之三计缴印花税。

资产移交环节与“两供一业”资产接收方签订的移交协议，其中涉及的房产、土地应按印花税的产权转移书据税目计提、缴纳印花税。

【土地增值税】

对外移交的“两供一业”资产中涉及土地使用权、地上建筑物及其附着物的，根据土地增

值税相关政策，应计提、缴纳土地增值税。

涉税风险

电网企业“两供一业”分离移交业务涉税风险见表 7－11。

表 7－11　　电网企业“两供一业”分离移交业务涉税风险

风险编号	风　险　描　述	责任部门
YF－01	对于同一项经济业务，如未合理确定合同签署方式，将导致重复纳税	业务部门
CF－01	对申请的“三供一业”分离移交费用补助资金未按照《中央企业职工家属区“三供一业”分离移交中央财政补助资金管理办法》（财资〔2016〕31 号）规定，专款专用、单独核算，将导致税收风险	财务部门
CF－02	自行改造或委托接收（外部）单位改造“两供一业”资产时，混淆材料设备采购、改造施工、监理设计服务等的增值税税率，导致税收风险	

政策依据

《中华人民共和国增值税暂行条例》（中华人民共和国国务院令第 691 号）

《中华人民共和国增值税暂行条例实施细则》（财政部令第 65 号）

《财政部、国家税务总局关于部分货物适用增值税低税率和简易办法征收增值税政策的通知》（财税〔2009〕9 号）

《国家税务总局关于中央财政补贴增值税有关问题的公告》（国家税务总局公告 2013 年第 3 号）

《财政部、国家税务总局关于全面推开营业税改征增值税试点的通知》（财税〔2016〕36 号）

《国家税务总局关于发布〈纳税人转让不动产增值税征收管理暂行办法〉的公告》（国家税务总局公告 2016 年第 14 号）

《财政部、国家税务总局关于调整增值税税率的通知》（财税〔2018〕32 号）

《中华人民共和国企业所得税法实施条例》（中华人民共和国国务院令第 512 号）

《财政部、国家税务总局关于专项用途财政性资金企业所得税处理问题的通知》（财税〔2011〕70 号）

《国家税务总局关于确认企业所得税收入若干问题的通知》（国税发〔2008〕875 号）

《中华人民共和国印花税暂行条例》（中华人民共和国国务院令第 11 号）

《中华人民共和国土地增值税暂行条例》（中华人民共和国国务院令第 138 号）

《中华人民共和国土地增值税暂行条例实施细则》（财法字〔1995〕6 号）

《财政部、国家税务总局关于土地增值税一些具体问题规定的通知》（财税字〔1995〕48 号）

第九节　一　带　一　路

一、“一带一路”的基本概况

2013 年 9 月和 10 月，习近平主席在访问中亚和东南亚期间，分别提出共建“丝绸之路经济带”和“21 世纪海上丝绸之路”（简称“一带一路”）重大战略构想，其主旨在于促进与“一带一路”沿线国家实现区域协同发展，推动“一带一路”沿线各国互联互通，打造全方位、宽领域、多层次的区域协同机制，促进沿线各国互惠互利、共同发展。由于“一带一路”倡议构想不断得到沿线各国拥护与认可，中国企业在“一带一路”沿线各国“走出去”迎来了难得的发展机遇，中国“走出去”企业在沿线各国投资数量及规模日益加快。“一带一路”沿线国家大多属于发展中国家，彼此之间经济、政治、税收制度等方面的不同，导致中国“走出去”企业在沿线各国进行跨国投资面临一系列税收障碍。我国税务部门积极与“走出去”企业所在东道国之间签订税收协定，提高“走出去”企业在东道国投资的税收确定性，避免双重征税，以保障“走出去”中国企业的合法税收权益，为中国企业“走出去”铺路、护航。

2018 年 5 月 16 日，由哈萨克斯坦国家收入委员会、中国国家税务总局、经济合作与发展组织有关机构共同主办的“一带一路”税收合作会议在哈萨克斯坦首都阿斯塔纳闭幕。这是首次以“一带一路”税收合作为主题举办的国际税收会议，来自 50 多个国家、地区和国际组织的 200 多名代表出席会议。参会各方就税收法治、纳税服务、争端解决和能力建设等议题深入讨论并达成广泛共识，联合发布了《阿斯塔纳“一带一路”税收合作倡议》，旨在为现有多边税收合作体系提供有益补充，初步形成构建税收合作长效机制的框架性构想。

截至 2018 年 12 月底，中国税务部门已经与 25 个国际组织和区域税收组织建立合作关系，与 120 个国家和地区建立双边税收合作机制，与 110 个国家（地区）签署税收协定，发布了 84 份国别投资税收指南，先后签署了《多边税收征管互助公约》《实施税收协定相关措施以防止税基侵蚀和利润转移的（BEPS）多边公约》等多边合作法律文件，推出了服务“一带一路”建设 10 项税收措施，有力促进了对外经济技术合作和人员交流，有效服务了“走出去”对外开放战略。国家税务总局还成立了“12366”上海国际（纳税）服务中心，同时开通“12366”双语网站和“12366”双语咨询。上海“12366”双语网站立足国际化发展战略，开设“一带一路”、长江经济带、自由贸易试验区等专栏，可为“走出去”“引进来”企业提供专业税收指引。

为深入贯彻落实党中央、国务院关于扎实推进“一带一路”建设的要求，更好发挥税收作用，《国家税务总局关于进一步做好税收服务“一带一路”建设工作的通知》（税总发〔2017〕42 号）从思想层面、任务层面和工作层面提出了具体的要求，要求各地认真落实税收服务，做好税收协定执行，深化国别税收信息研究，完善税收政策咨询，开展税收宣传与辅导等方面的工作。

二、国家电网公司参与“一带一路”共建情况以及投资项目

近年来，国家电网公司遵循共商、共建、共享和平等互利的原则，立足主业，发挥企业优势，积极服务和参与“一带一路”建设，成功投资运营巴西、菲律宾、葡萄牙、澳大利亚、意大利、香港、希腊等 7 个国家和地区骨干能源网，在美国和德国设立研究院。国家电网公司在推进“一带一路”建设和国际化发展过程中，坚持长期战略，实施本土化运营；坚持规范运作，实现长治久安；坚持共享发展，促进合作共赢。国家电网公司投资和承建的项目均关系当地经济社会发展，是各个国家和地区的重要基础设施，所有项目运营平稳、管理规范，得到当地社会和监管机构的充分肯定和高度评价，建立了良好的国际信誉，多个项目在国际上成为“金字名片”，为当地创造经济、社会和环境价值，树立了负责任的国际化企业形象。

（一）境外投资项目全部盈利

国家电网公司完成了希腊国家电网公司24%股权投资项目交割，进一步扩大了在欧洲能源电力领域的影响，推动优势技术、装备和优质产能“走出去”；完成巴西最大配电和新能源企业CPFL公司54.64%控制权股份收购，并完成CPFL公司流通股股权收购，累计持股94.75%，在巴西市场实现输电、配电、新能源、售电业务领域全覆盖，进一步丰富了在巴西的资产组合。

截至2018年年底，国家电网公司已成功投资运营巴西、菲律宾、葡萄牙、澳大利亚、意大利、希腊和中国香港等7个国家和地区的骨干能源网，境外投资210亿美元，管理境外资产630亿美元，所有项目平稳运营，全部盈利。

在国际产能合作方面，2017年12月，我国首个海外特高压输电项目——巴西美丽山±800kV特高压直流输电一期工程提前两个月建成投运，标志着我国自主知识产权的特高压输电技术成功走向世界。这条贯穿巴西南北的“电力高速公路”，将巴西北部清洁能源输送到东南部负荷中心，输送距离2076km，输送容量400万kW，能够满足巴西2200万人的年用电需求。

截至目前，国家电网公司已在缅甸、老挝、波兰、埃及、埃塞俄比亚等“一带一路”沿线国家承建国家骨干电网工程，设备出口涉及全球80多个国家和地区，境外工程及电工装备出口合同额累计超过400亿美元。此外，在电网互联互通方面，累计建成中俄、中蒙等10条跨国输电线路，累计实现电量交易超过200亿kWh。促进了周边国家能源优化配置、电力互补互济。按照相关规划，国家电网公司将创新国际业务模式，加大“一带一路”国家市场开拓。

近年来，国家电网公司在全球陆续设立了10个办事处，主要负责加强与所在国家和地区的政府部门、经贸商会、电力企业、科研院所、国际组织及我国驻外机构等交流与合作；跟踪并推进投资并购、能源合作、工程承包、装备出口、技术咨询服务、金融合作等项目；在美国和德国分别成立美国研究院和欧洲研究院，在智能电网、电力大数据、先进计算、能源转化、新能源、智能感知与量测、储能和电动汽车等领域开展项目研究。同时，积极推进电力基础设施互联互通，参与中巴、中蒙俄、孟中印缅、新亚欧大陆桥等“一带一路”经济走廊下的能源电力合作，实施好埃塞—肯尼亚直流联网工程，积极推进沙特—埃及、土耳其—伊朗、葡萄牙—摩洛哥等跨区联网项目，进一步促进各国能源资源开发互补。

国家电网公司将深化国际产能合作，实现全价值链、产业链“走出去”。建设一批具有国际影响力的标志性工程，带动国内优势产能“走出去”，继续深耕非洲、亚洲、中东欧等国家市场。

（二）积极推动中国标准“走出去”

除积极开展境外投资、国际产能合作外，国家电网公司还注重参与国际标准制定，大力推动“一带一路”沿线电力标准互认互通，并在海外工程建设中广泛采用中国标准。公司坚持自主创新，全面掌握一批特高压输电、智能电网等核心关键技术，在国际上率先建立了完整的特高压交直流、智能电网技术标准体系。其中，我国电动汽车充换电标准体系与美国、德国、日本标准并列为世界四大标准体系。截至目前，国家电网公司分别在国际电工委员会（International Electro technical Commission，IEC）建立国际标准45项、在电气与电子工程师学会（Institute of Electrical and Electronics Engineers，IEEE）建立国际标准21项，其中30项已正式发布，在国际大电网委员会（International Council on Large Electric systems，CIGRE）主导成立13个技术报告工作组。

此外，国家电网公司服务国家战略和外交大局，成功举办新能源发展与技术国际研讨会、B20中国工商理事会“一带一路”高层论坛、第三届国际能源变革电力系统转型论坛等高层国际能源专业会议，参加“一带一路”国际合作高峰论坛、中国国际进口博览会、中非合作论坛北京峰会、达沃斯论坛、金砖国家工商峰会等重大活动，积极参与国际组织和多双机制重要交流活动，其中智慧车联网项目获得爱迪生协会2018年度国际爱迪生奖；港口岸电等创新应用案例被纳入国际清洁能源部长级会议框架下的实例报告并正式发布；选派青年专家团队参加“2017年国际青年能源论坛”并取得优异成绩，荣获“绿色技术解决方案”奖；选派青年专家赴国际可再生能源署开展合作，共同编制可再生能源应用相关联合报告，在国际舞台上展示成果、展现风采、宣传理念，树立大国企业的风范与形象。

国家电网公司还将积极参与IEC、IEEE、CIGRE等国际标准组织活动，并发挥重要作用；将继续推进技术委员会以及已立项国际标准的编制和新提案的申请工作；将强化技术创新，推动优势技术向国际标准转化，做好国际标准提案项目的孵化工作。努力加强与“一带一路”沿线重点国家市场标准互认，组织翻译一批关键中国标准，提高中国标准在境外推广的权威性。

（三）惠四海显大国责任

在埃及，曾因电网老旧无法承担过大的用电负荷，致使当地居民每年都被突然且频繁的停电困扰，居民生活和工业发展都受到影响。“供电稳、不断电”成为埃及人民的迫切需求。自2016年开始，这种状况终于得到改变。国家电网公司建设的埃及EETC 500kV输电线路工程给当地人民带来了光明。在EETC工程线路供电地区，停电次数、范围及时间大幅减少，并为埃及工业振兴提供了强有力的动力。因综合效益显著，签署了埃及500kV输变电项目二期合作协议，进一步深化中埃电力基础设施领域合作。

除解决用电问题外，国家电网公司还帮助解决当地的公共设施、教育、文化等问题。在老挝230kV巴俄—帕乌东输变电项目中，中电装备公司不仅推广中国电网的成功经验，还帮助村民修路，尽最大努力打开线路沿线村落通往外面世界的大门。在得知当地教育资源落后时，中电装备公司老挝工程项目部立即与当地政府和学校联系，商定为学校进行场地平整并供其作为操场使用，为学生们创造了良好的学习环境。

三、其他“一带一路”途经国家的所得税基本规定

（一）“一带一路”沿线国家公司所得税税率规定

在某种程度上，公司所得税税率的高低决定了企业税负的高低。“一带一路”沿线很多国家除基本税率外，对小企业实行低税率，对某些行业实行特殊税率。由表7－12可知，单一比例税率或基本税率低于17％的国家有18个国家，中国企业到这些国家进行投资，境外经营税负会低于国内经营税负。单一比例税率或基本税率高于21％的有11个国家，有附加税的3个国家税率也高于21％，中国企业到这14个国家投资经营的税负会高于中国国内经营的税负。到其他国家投资的税负是否高于境内经营税负难以确定。另外，境外经营税负的高低与受资国的税收优惠政策有关。若受资国为了吸引外资，给予外资企业减税、免税待遇，则中国企业境外经营的税负低于国内经营的税负。

表 7-12　　　　“一带一路”沿线国家公司所得税税率规定

税率形式	各国规定
单一比例税率	黑山 9%；保加利亚、吉尔吉斯斯坦、马其顿均为 10%；塞浦路斯 12.50%；罗马尼亚 16%；格鲁吉亚、科威特、拉脱维亚、塞尔维亚均为 15%；新加坡 17%；白俄罗斯、乌克兰均为 18%；波兰、捷克为 19%；阿塞拜疆、俄罗斯、哈萨克斯坦、克罗地亚、土耳其均为 20%；爱沙尼亚 21%；斯洛伐克 22%；印度尼西亚 25%；希腊 26%；巴基斯坦 33%
累进税率	蒙古 15%、25%；匈牙利 10%、19%；韩国 10%、20%、22%
有附加税	印度国内公司 30%、外国公司 40%，附加税 13%； 叙利亚 10%～28%累进税率，附加税 4%～10%； 日本 25.50%，附加税 10%，另有地方税，总税负 32.20%
小微企业低税率	波黑基本税率 10%，小微企业 2%；拉脱维亚基本税率 15%，小微企业 9%； 立陶宛基本税率 15%，小微企业 5%；阿尔巴尼亚基本税率 15%，小微企业 7.5%； 马来西亚基本税率 24%，小微企业 19%；泰国基本税率 20%，小微企业低累进税率
特定行业税率	越南基本税率 22%，油气 32%～50%；卡塔尔基本税率 10%，油气 35%；乌兹别克斯坦基本税率 8%，银行 15%；文莱基本税率 20%，油气 55%；斯里兰卡基本税率 28%，风险投资 12%；埃及基本税率 25%，油气 40.55%；巴林无基本税率，石油 46%
分类比例税率	土库曼斯坦个人独资 2%，非政府企业 8%，石油 20%；塔吉克斯坦工业 14%，其他 24%；孟加拉国上市企业 27.50%，金融 42.50%，电信 45%，其他 35%

（二）“一带一路”沿线国家亏损结转规定

用企业经营利润弥补亏损有税前弥补和税后弥补两种方式，税前弥补实际上是一项所得税优惠措施。税前弥补又有亏损前转和亏损后转两种方式，允许亏损前转的国家通过退还亏损企业以前年度缴纳的所得税税款的方式增加企业的现金流。对亏损企业而言更是雪中送炭。允许亏损后转是将企业前期的亏损用以后的税前利润弥补，后转期限越长，对企业越有利。

由表 7-13 可知，大多数国家实行亏损有限结转，一般为 3～10 年，有 12 个国家实行亏损无限期后转。实行后一种方式，企业亏损能够得到充分弥补，这对企业非常有利。实行亏损前转 1 年规定的国家有新加坡、韩国、日本和文莱，投资于这四个国家的企业若发生年度亏损，应及时办理亏损前转 1 年的相关手续，以及时获得政府的退税款。没有亏损弥补政策的是阿联酋、马其顿和爱沙尼亚，投资于这三个国家的企业各项费用的处理应尽量均摊在各年度内，否则，发生亏损不能弥补，盈利年度则需要缴纳所得税，易导致经营期内税负过重。

表 7-13　　　　“一带一路”沿线国家亏损结转的相关规定

规则	各国规定
后转 3 年	科威特、卡塔尔、阿尔巴尼亚（股权变动，后转停止）、菲律宾（所有权发生重大改变，后转停止）、土库曼斯坦（石油企业可后转 10 年）
后转 5 年	阿塞拜疆、保加利亚、吉尔吉斯斯坦、捷克、埃及、克罗地亚、泰国、土耳其、叙利亚、越南、希腊、波黑、黑山
后转 5 年且有其他规定	波兰，每年不超过亏损的 50%；乌兹别克斯坦，不得超过当年所得额的 50%；阿曼，免税期亏损无限期后转；印度尼西亚，特定行业和偏远地区可后转 10 年；格鲁吉亚，可申请延长至 20 年

续表

规则	各 国 规 定
后转6年	巴基斯坦、孟加拉国
后转10年	俄罗斯、白俄罗斯、哈萨克斯坦、韩国
不得结转	阿联酋、马其顿、爱沙尼亚
无限期结转	塞浦路斯、以色列、巴林、拉脱维亚、乌克兰
无限期结转且有其他规定	马来西亚，所有权变更除外；斯里兰卡，每年所得额的35%以内；匈牙利，最多征减50%；斯洛文尼亚，每年所得额的50%以内；立陶宛，不超过当年所得额的70%；沙特阿拉伯，每年所得额的25%以内，50%股权变动除外
其他规定	斯洛伐克后转4年，等额扣除；文莱前转1年，后转6年；日本后转9年，小微企业可前转1年；罗马尼亚后转7年；印度后转8年；蒙古国后转2年且只能按亏损的50%递减，但矿业和基础设施可后转4～8年

（三）“一带一路”沿线国家资本利得征税规定

资本利得指企业处置厂房、设备、无形资产和股权等长期资产等取得的利得。资本利得如何纳税，各国规定不尽相同。有些国家有单独的资本利得税，绝大多数国家将企业的资本利得视为经营所得，一并缴纳公司所得税。关注受资国资本利得特别是股权利得的征税规定，对以后撤出投资至关重要。

由表7-14可知，对资本利得既不征收公司所得税，也不征收资本利得税的只有6个国家，即塔吉克斯坦、阿联酋、巴林、斯里兰卡、文莱和新加坡，因此，在这些国家注册的公司转让境内外股权均无须缴纳该国的税收。中国境内企业转让在这6个国家持有的股权并将所得汇回中国，也不需要缴纳预提税。中国企业投资于股权有免税规定或者有参股免税规定的国家，应善于运用其免税规定，以备撤资出售股权时减轻税负。

表7-14　　“一带一路”沿线国家对资本利得的征税规定

规则	各 国 规 定
视同经营所得正常纳税	阿塞拜疆、爱沙尼亚、白俄罗斯、波兰、格鲁吉亚、吉尔吉斯斯坦、科威特、蒙古国、斯洛伐克、土库曼斯坦、乌克兰、阿尔巴尼亚、埃及、克罗地亚、马其顿、日本、泰国、印度尼西亚、越南、希腊、黑山
不征税	塔吉克斯坦、阿联酋、巴林、斯里兰卡、文莱、新加坡
特殊规定	叙利亚、塞浦路斯、乌兹别克斯坦、菲律宾、孟加拉国、波黑、印度、以色列、巴基斯坦、韩国、马来西亚
正常纳税但出售股份免税	俄罗斯、保加利亚、哈萨克斯坦、拉脱维亚、阿曼、斯洛文尼亚、卡塔尔、立陶宛、沙特阿拉伯
纳税且有参股免税	土耳其，出售境外股份免税（持股2年以上）；匈牙利，参股免税（持股10%以上，持股期1年以上）；罗马尼亚，参股免税（持股10%以上，持股期1年以上）；捷克，欧盟成员内参股免税（持股10%以上，持股期1年以上）

四、“一带一路”沿线国家公司所得税涉外规定

（一）外国税收抵免规定

实行居民管辖权的国家对居民公司的境内外所得汇总征收公司所得税，而居民公司的境外

所得已在来源地缴纳了所得税，这就造成了国际重复征税。

各国税法主要采用免税法、抵免法消除国际重复征税。实行对境外收入免税的国家和实行境外收入已纳税全额抵免的国家，完全消除了国际重复征税，而实行境外收入已纳税限额抵免、有条件抵免和协定国可抵免的国家，只是减轻了国际重复征税，没有完全消除国际重复征税。

由表 7-15 可知，实行全额抵免的国家只有阿尔巴尼亚、巴林、塞浦路斯和蒙古国，大部分国家实行限额抵免，即境外税收抵免额不超过境外收入按照本国税法计算的应纳税额。只有来源于已经签订了税收协定的国家已纳税，才可以抵免，来源于非协定国只能列为费用的有捷克和斯里兰卡。对境外已纳税不能抵免的有阿联酋、卡塔尔、沙特阿拉伯、叙利亚和科威特，在这 5 个国家成为法人的企业到境外经营，税负非常重。“一带一路”沿线国家中，有参股免税规定的包括立陶宛、罗马尼亚、希腊、阿塞拜疆、乌克兰、匈牙利、爱沙尼亚等 7 个国家，参股免税有利于居民企业到境外去经营。可见，对境外税收抵免程度越充分，则境内居民企业跨国经营税负越轻。

表 7-15　“一带一路”沿线国家境外收入已纳外国税收抵免规定

规则	各　国　规　定
限额抵免	波兰、俄罗斯、格鲁吉亚、阿曼、埃及、巴基斯坦、菲律宾、韩国、克罗地亚、马其顿、孟加拉国、新加坡、印度尼西亚、越南、波黑、黑山
限额抵免且有免税规定或其他要求	泰国、土耳其，境外纳税高于 15%，国内免税；希腊、阿塞拜疆，参股免税；拉脱维亚、斯洛文尼亚，来源于非黑名单国家股息免税；斯洛伐克，限额抵免或协定抵免税；马来西亚，来源于非协定国，抵免外国税款的 50%；乌克兰，参股 20%免税；立陶宛，参股 10%以上且持股 12 个月以上免税
可抵免且有免税规定	匈牙利、保加利亚、哈萨克斯坦、爱沙尼亚
可抵免且有其他要求	土库曼斯坦、乌兹别克斯坦、日本、以色列、文莱
协约国可抵免	捷克、吉尔吉斯斯坦、斯里兰卡
可抵免	阿尔巴尼亚、巴林、塞浦路斯、蒙古国
不可抵免	阿联酋、卡塔尔、沙特阿拉伯、叙利亚、科威特

（二）跨国公司转让定价规则

转让定价规则的宽严程度决定了跨国公司在该国税基的大小，进而决定了跨国经营税负的高低。跨国经营活动税收是一块“大蛋糕”，各国政府都想多切一点，因此，很多国家都想办法将跨国经营活动纳入本国的税基，严管转让定价。对此。经济合作与发展组织（Organination for Economic Co-operation and Development，OECD）制定了转让定价指南，进而对各国制定转让定价规则进行指引，但各国对转让定价管理方法仍不尽相同。

由表 7-16 可知，阿联酋、巴林、文莱和叙利亚没有转让定价要求。到这些国家投的中国企业在投资和经营时，应尽量运用转让定价手段降低海外税负。对于有公平交易原则要求和有转让定价指南的国家，中国企业应尽量遵循其税法规定，否则，若遭受受资国的反避税调查会影响企业信誉。到匈牙利、捷克、哈萨克斯坦、马来西亚、泰国和印度等国投资，若关联交易量大，应与受资国税务机关谈签预约定价，以减少税收风险和不确定性。

表 7 - 16　“一带一路”沿线国家转让定价规定

规则	各 国 规 定
基于 OECD 转让定价指南	俄罗斯、吉尔吉斯斯坦、拉脱维亚、立陶宛、罗马尼亚、斯洛伐克、乌克兰、以色列、越南、土耳其、孟加拉国、克罗地亚
无转让定价指南，但有公平交易原则要求	爱沙尼亚、波兰、格鲁吉亚、乌兹别克斯坦、蒙古国、阿尔巴尼亚、菲律宾、韩国、卡塔尔、马其顿、日本、沙特阿拉伯、斯里兰卡、新加坡、希腊、塞浦路斯、波黑、黑山
可预约定价	匈牙利、捷克、哈萨克斯坦、马来西亚、泰国、印度
无转让定价指南，但有相应的规定要求	科威特、印度尼西亚、巴基斯坦、白俄罗斯、阿塞拜疆、保加利亚、斯洛文尼亚、土库曼斯坦
对转让定价无要求	阿联酋、巴林、文莱、叙利亚

（三）跨国公司资本弱化规则

通俗来讲，资本弱化即指投资者以较少股权和较多债权进行投资，使得股本承担非关联方经营风险的能力减弱。与股息税后列支不同。债权投资的利息可以在所得税前扣除，进而降低所得税税负，故债权投资是投资者的首选。为留住跨国经营企业的税收，很多国家对关联方债权投资都设有限制，即该国有资本弱化规则或者其他要求。

由表 7 - 17 可知，对资本弱化没有限制的有乌兹别克斯坦等 20 个国家，到这些国家投资的中国企业应尽量采用债权投资方式，以获得减轻所得税税负的实惠。有“债务、权益”比例规定的国家有韩国等 20 个国家，到这些国家投资的中国企业应在规定的比例内进行债权投资，到希腊等利息扣除有限制的国家进行投资，因无法确定息税前利润等具体情况，关联方借款可能导致纳税调整，进而缴纳较多的所得税。

表 7 - 17　“一带一路”沿线国家资本弱化规定

规则	各 国 规 定
无资本弱化规定	乌兹别克斯坦、土库曼斯坦、斯洛伐克、科威特、吉尔吉斯斯坦、爱沙尼亚、阿联酋、巴林、菲律宾、孟加拉国、泰国、文莱、新加坡、叙利亚、印度、以色列、越南、塞浦路斯、波黑、马来西亚
有“债务、权益”比例规定	韩国 3∶1，金融公司 6∶1；格鲁吉亚 3∶1，租赁公司 5∶1；土耳其 3∶1，银行和金融机构 6∶1；俄罗斯 3∶1，银行和租赁公司 12.50∶1；马其顿 3∶1，金融机构不受限制；日本 3∶1，某些债券 2∶1；保加利亚 3∶1，超额利息后转 5 年；捷克 4∶1，银行保险 6∶1；阿尔巴尼亚 4∶1，银行保险租赁不限；立陶宛 4∶1；斯洛文尼亚 4∶1；克罗地亚 4∶1；拉脱维亚 4∶1；白俄罗斯 1∶1；阿曼 2∶1；埃及 4∶1；巴基斯坦、波兰、蒙古国和匈牙利均为 3∶1
有其他要求	希腊、黑山、卡塔尔、乌克兰、斯里兰卡、印度尼西亚、哈萨克斯坦、阿塞拜疆、罗马尼亚、沙特阿拉伯

由上文分析可知，“一带一路”沿线国家不仅在所得税税率高低、亏损结转弥补方式及资本利得征税规定等方面规定不同，而且在外国税收抵免、转让定价规则及资本弱化规则等涉外规定方面差异明显。

五、“一带一路”建设需要防范的涉税风险

德勤会计师事务所在其发布的《借力“一带一路”国企国际化迈进新时代》的白皮书中指

出，对国企国际化和参与“一带一路”的现状及挑战进行了问卷调查，受访的企业中有69%没有完善的税务风险管理制度和专门处理税务问题的岗位，67%的企业在海外投资过程中未就项目国的税收环境、征管体系、税务风险等进行评估。

“一带一路”沿线基本都是发展中国家，这些国家的基础设施较弱，同时国家间的税务体系发展水平参差不齐，税制结构、优惠政策以及与中国的双边税收协定签署状况、税收征管规定与方式不尽相同，种种原因导致中国企业必然会面对一个复杂陌生的税务环境。我国企业在参与“一带一路”建设时，会重点关注承包领域产业有通信、建材、电力、铁路、工程机械等，“走出去”企业无论是到境外直接投资，还是从国外取得利息、股息、特许权使用费等收益，都会涉及纳税的问题。由于缺乏对项目国相应税收制度和政策的深度了解，跨国企业面临着多重涉税风险。

（一）重复征税问题

企业在走出去的过程中，最大的风险还是担心被双重征税的问题，即便存在税收抵免政策，还是不能完全避免重复征税。国际双重征税是指两个或两个以上的国家各自依据自己的税收管辖权就同一税种对同一纳税人的同一征税对象在同一纳税期限内同时征税。例如：“走出去”企业在境外当地对企业的所有所得征税，回到中国后，作为居民企业，又具有对全球所得进行申报纳税的义务，这样使得企业对于同一笔所得缴纳了两次企业所得税。

为避免重复征税，企业在国外已经缴过税的部分所得，可以凭国外的完税凭证，按照规定在中国进行纳税申报时给予税收抵免。不同的适用对象，税收抵免的政策也不同，主要分为直接抵免和间接抵免。直接抵免即境外所得在境外缴纳的所得税额在我国应纳税额中直接抵免，这样可以有效的解决重复征税问题，保护企业的合法权益。

但在“一带一路”发展过程中，许多“走出去”跨国企业考虑到境外投资的风险，普遍选择在境外设立子公司或者多层法人公司，这就涉及间接抵免法消除双重征税问题。目前我国签订的有关间接抵免的规定，对于跨国公司间接控股的比例和层级要求较高。根据《财政部、税务总局关于完善企业境外所得税收抵免政策问题的通知》（财税〔2017〕84号）规定，只有对居民企业直接或者间接持有20%以上股份的五层外国企业才予以办理境外税收免。企业可以选择按国（地区）别分别计算［即“分国（地区）不分项”］，或者不按国（地区）别汇总计算［即“不分国（地区）不分项”］其来源于境外的应纳税所得额，分别计算其可抵免境外所得税税额和抵免限额。这对于“走出去”企业的发展实际是一种束缚，重复征税问题不能完全避免。

（二）转让定价问题

转让定价一般指跨国公司利用不同地区的税率以及税收优惠政策的差异，通过关联交易制定价格，从而降低企业税负的行为。在跨国经济活动中，高税国企业向其低税国关联企业销售货物、提供劳务、转让无形资产时制定低价，低税国企业向其高税国关联企业交易时制定高价，这样，低税国就最大程度的承担了企业的利润，从而达到降低税负的目的，实现税收逃避。

对于“走出去”企业而言，在跨国经营过程中不可避免地会存在母公司与境外子公司之间的关联交易，特别是关于劳务的定价、无形资产的定价，很难说清楚它们公允的价格，因此，“走出去”企业更容易因转让定价问题遭到东道国的反避税调查，甚至补税、罚款。如何更好地防范被境外税务部门进行转让定价的调查是企业应当重点关注的一个问题。

对于我国税务部门而言，“走出去”企业在进行关联申报的过程中，有55%的企业在境外的关联交易数据上都是零申报，许多母公司对子公司提供服务时，没有收取相关费用就将技术、商标等无形资产无偿提供给子公司，导致出现母公司在国内年年亏损，而境外子公司却年年盈利的“怪象”。企业通过转让定价手段进行避税的行为不仅违背了跨国企业的独立交易原则，不利于企业之间的公平竞争，更侵犯了政府的税收征管权，减少了政府税收收入，具有很强的危害性。

六、“一带一路”涉及的国家税务政策

（一）出口货物劳务退（免）税政策

按照我国现行税收政策，对出口企业出口货物（包括对外援助、对外承包、境外投资的出口货物等）、对外提供加工修理修配劳务，实行免征和退还增值税政策；对于出口货物属于消费税应税消费品的，如果出口货物适用增值税退（免）税政策，免征消费税；如果属于购进出口的货物，退还前一环节对其已征的消费税。

（二）跨境应税服务零税率或免税政策

（1）境内单位向境外单位提供的完全在境外消费的研发服务、合同能源管理服务、设计服务、软件服务、信息系统服务、离岸服务外包业务、转让技术以及财政部和国家税务总局规定的其他服务，适用增值税零税率政策。

完全在境外消费指的是：

1）服务的实际接受方在境外，且与境内的货物和不动产无关。

2）无形资产完全在境外使用，且与境内的货物和不动产无关。

3）财政部和国家税务总局规定的其他情形。

（2）工程项目在境外的建筑、工程类服务免征增值税，包括：①工程项目在境外的建筑服务免征增值税；②工程项目在境外的工程监理服务免征增值税；③工程、矿产资源在境外的工程勘察勘探服务免征增值税。

施工地点在境外的工程项目，工程分包方应提供工程项目在境外的证明、与发包方签订的建筑合同原件及复印件等资料，作为跨境销售服务书面合同。境内的单位和个人为施工地点在境外的工程项目提供建筑服务，按照《国家税务总局关于发布〈营业税改征增值税跨境应税行为增值税免税管理办法（试行）〉的公告》（国家税务总局公告2016年第29号）第八条规定办理免税备案手续时，凡与发包方签订的建筑合同注明施工地点在境外的，可不再提供工程项目在境外的其他证明材料。

（3）提供其他跨境服务免征增值税，例如：

1）向境外单位提供的完全在境外消费的商务辅助服务免征增值税（纳税人以对外劳务合作方式，向境外单位提供的完全在境外发生的人力资源服务，属于完全在境外消费的人力资源服务）。

2）标的物在境外使用的有形动产租赁服务免征增值税。

（三）居民企业境外所得涉及税收政策

“走出去”企业应当就其来源于中国境内、境外的所得缴纳企业所得税。企业在境外销售货物、提供劳务、转让财产取得的所得，以及来源于境外的股息红利等权益性投资所得、利息所

得、租金所得、特许权使用费所得、接受捐赠所得和其他所得，扣除按规定计算的各项合理支出后的余额，即其境外应纳税所得额。

对于企业在境外投资设立不具有独立纳税地位的分支机构［是指根据企业设立地法律不具有独立法人地位或者按照税收协定规定不认定为对方国家（地区）的税收居民］，其取得的各项境外所得，无论是否汇回中国境内，均应计入该企业所属纳税年度的境外应纳税所得额。

对于企业在境外缴纳的所得税性质的税款，我国实行税收抵免政策，即允许企业用境外已缴税款抵免其境内外所得应纳税总额。

1. 境外所得的确认

（1）所得来源地。

1）销售货物所得，按照交易活动发生地确定。

2）提供劳务所得，按照劳务发生地确定。

3）转让财产所得，不动产转让所得按照不动产所在地确定，动产转让所得按照转让动产的企业或者机构、场所所在地确定，权益性投资资产转让所得按照被投资企业所在地确定。

4）股息、红利等权益性投资所得，按照分配所得的企业所在地确定。

5）利息所得、租金所得、特许权使用费所得，按照负担、支付所得的企业或者机构、场所所在地确定。

6）其他所得，由国务院财政、税务主管部门确定。

（2）所得实现年度。

企业来源于境外的股息、红利等权益性投资收益所得，若实际收到所得的日期与境外被投资方做出利润分配决定的日期不在同一纳税年度的，应按被投资方做出利润分配日所在的纳税年度确认境外所得。

企业来源于境外的利息、租金、特许权使用费、转让财产等收入，若未能在合同约定的付款日期当年收到上述所得，仍应按合同约定付款日期所属的纳税年度确认境外所得。

（3）所得的计算。

1）在计算适用境外税额直接抵免的应纳税所得额时，境外所得应为将该项境外所得直接缴纳的境外所得税额还原计算后的境外税前所得。

2）上述直接缴纳税额还原后的所得中属于股息、红利所得的，在计算适用境外税额间接抵免的境外所得时，应再将该项境外所得间接负担的税额还原计算，即该境外股息、红利所得应为境外股息、红利税后净所得与就该项所得直接缴纳和间接负担的税额之和。

2. 境外所得税收直接抵免

直接抵免法规定的可抵免境外所得税税额，是指企业依照中国境外税收法律以及相关规定应当缴纳并已实际缴纳的企业所得税性质的税款，主要适用于企业就来源于境外的营业利润所得在境外所缴纳的企业所得税，以及就来源于或发生于境外的股息、红利等权益性投资所得、利息、租金、特许权使用费、财产转让等所得在境外被源泉扣缴的预提所得税。不包括按规定不应作为可抵免境外所得税税额的税款。

企业应准确计算下列当期与抵免境外所得税有关的项目后，确定当期实际可抵免分国（地区）别的境外所得税税额和抵免限额：

（1）境内所得的应纳税所得额和分国（地区）别的境外所得的应纳税所得额。

（2）分国（地区）别的可抵免境外所得税税额。

（3）分国（地区）别的境外所得税的抵免限额。

抵免限额＝中国境内、境外所得依照企业所得税法和企业所得税法实施条例的规定计算的应纳税总额×来源于某国（地区）的应纳税所得额/中国境内、境外应纳税所得总额

企业已在境外缴纳的所得税税额，未超过按我国税法规定计算的抵免限额的部分，可以从当期应纳税额中抵免；超过抵免限额的部分，可以在以后五个年度内，用每年度抵免限额抵免当年应抵税额后的余额进行抵补。

3. 境外所得税收饶让抵免

居民企业取得境外所得，按照所得来源国（地区）税收法律享受了免税或减税待遇，该免税或减税数额可作为企业实际缴纳的境外所得税额用于办理税收饶让抵免。税收饶让抵免应区别下列情况进行计算：

（1）税收协定规定定率饶让抵免的，饶让抵免税额为按该定率计算的应纳境外所得税额超过实际缴纳的境外所得税额的数额。

（2）税收协定规定列举一国税收优惠额给予饶让抵免的，饶让抵免税额为按所得来源国家（地区）税收法律规定税率计算的应纳所得税额超过实际缴纳税额的数额，即实际税收优惠额。

但需要注意以下几点：

（1）享受饶让抵免的境外所得来源国（地区）必须是与我国政府订立税收协定（或安排）且有饶让抵免条款的国家（地区）。

（2）享受饶让抵免的境外所得必须是按照所得来源国（地区）税收法律享受了免税或减税待遇，且该免税或减税的数额按照税收协定规定应视同已缴税额，且经企业主管税务机关确认，方可在其申报境外所得税额时视为已缴税额。

（3）企业取得的境外所得根据来源国税收法律法规不判定为所在国应税所得，而按中国税收法律法规规定属于应税所得的，不属于税收饶让抵免范畴，应全额按中国税收法律法规规定缴纳企业所得税。

（4）境外所得采用简易办法计算抵免额的，不适用饶让抵免。

政策依据

《财政部、国家税务总局关于出口货物劳务增值税和消费税政策的通知》（财税〔2012〕39号）

《国家税务总局关于发布〈出口货物劳务增值税和消费税管理办法〉的公告》（国家税务总局公告2012年第24号）

《国家税务总局关于出口货物劳务增值税和消费税有关问题的公告》（国家税务总局公告2013年第65号）

《国家税务总局关于部分税务行政审批事项取消后有关管理问题的公告》（国家税务总局公告2015年第56号）

《国家税务总局关于〈适用增值税零税率应税服务退（免）税管理办法〉的补充公告》（国家税务总局公告2015年第88号）

《财政部、国家税务总局关于全面推开营业税改征增值税试点的通知》（财税〔2016〕36号）

《国家税务总局关于发布〈营业税改征增值税跨境应税行为增值税免税管理办法（试行）〉的公告》（国家税务总局公告2016年第29号）

《国家税务总局关于在境外提供建筑服务等有关问题的公告》（国家税务总局公告2016年第69号）

《国家税务总局关于跨境应税行为免税备案等增值税问题的公告》（国家税务总局公告2017年第30号）

《中华人民共和国企业所得税法》（中华人民共和国主席令第63号）

《中华人民共和国企业所得税法实施条例》（中华人民共和国国务院令第512号）

《国家税务总局关于发布〈企业境外所得税收抵免操作指南〉的公告》（国家税务总局公告2010年第1号）

《财政部、税务总局关于完善企业境外所得税收抵免政策问题的通知》（财税〔2017〕84号）

第三部分
税收管理实务

第八章　发　票　管　理

发票是确定经济收支行为发生的法定凭证，是会计核算的原始依据，也是税务检查的重要依据。增值税一般纳税人发生应税销售行为，应使用增值税发票管理新系统（简称新系统）开具增值税专用发票、增值税普通发票、机动车销售统一发票、增值税电子普通发票。

第一节　发　票　概　述

业务描述

根据《中华人民共和国发票管理办法》（中华人民共和国国务院令第 587 号，简称《发票管理办法》）第三条规定，发票是指在购销商品、提供或者接受服务以及从事其他经营活动中，开具、收取的收付款凭证。在中华人民共和国境内印制、领购、开具、取得、保管、缴销发票的单位和个人，必须遵守《发票管理办法》的规定。

操作处理

（一）发票的领购

《发票管理办法》第十五条规定，需要领购发票的单位和个人，应当持税务登记证件、经办人身份证明、按照国务院税务主管部门规定式样制作的发票专用章的印模，向主管税务机关办理发票领购手续。主管税务机关根据领购单位和个人的经营范围和规模，确认领购发票的种类、数量以及领购方式，在 5 个工作日内发给发票领购簿。单位和个人领购发票时，应当按照税务机关的规定报告发票使用情况，税务机关应当按照规定进行查验。

为了简化纳税人领用增值税发票手续，《国家税务总局关于简化增值税发票领用和使用程序有关问题的公告》（国家税务总局公告 2014 年第 19 号）第一条规定，取消增值税发票（包括增值税专用发票、货物运输业增值税专用发票、增值税普通发票和机动车销售统一发票，下同）手工验旧。税务机关应用增值税一般纳税人（简称一般纳税人）发票税控系统报税数据，通过信息化手段实现增值税发票验旧工作。

《国家税务总局关于修订〈增值税专用发票使用规定〉的通知》（国税发〔2006〕156 号）第七条规定，一般纳税人凭《发票领购簿》、IC 卡和经办人身份证明领购专用发票。

（二）发票的开具

《发票管理办法》第十九条规定，销售商品、提供服务以及从事其他经营活动的单位和个人，对外发生经营业务收取款项，收款方应当向付款方开具发票；特殊情况下，由付款方向收款方开具发票。

《发票管理办法》第二十二条规定，开具发票应当按照规定的时限、顺序、栏目，全部联次一次性如实开具，并加盖发票专用章。任何单位和个人不得有下列虚开发票行为：为他人、为自己开具与实际经营业务情况不符的发票；让他人为自己开具与实际经营业务情况不符的发票；介绍他人开具与实际经营业务情况不符的发票。《国家税务总局关于增值税发票管理若干事项的公告》（国家税务总局公告 2017 年第 45 号）第一条规定，自 2018 年 1 月 1 日起，纳税人通过增值税发票管理新系统开具增值税发票（包括增值税专用发票、增值税普通发票、增值税电子普通发票）时，商品和服务税收分类编码对应的简称会自动显示并打印在发票票面“货物或应税劳务、服务名称”或“项目”栏次中。

《发票管理办法》第二十三条规定，安装税控装置的单位和个人，应当按照规定使用税控装置开具发票，并按期向主管税务机关报送开具发票的数据。使用非税控电子器具开具发票的，应当将非税控电子器具使用的软件程序说明资料报主管税务机关备案，并按照规定保存、报送开具发票的数据。

《中华人民共和国发票管理办法实施细则》（国家税务总局令第 37 号，简称《发票管理办法实施细则》）第二十六条规定，填开发票的单位和个人必须在发生经营业务确认营业收入时开具发票。未发生经营业务一律不准开具发票。但是，根据《国家税务总局关于增值税发票管理若干事项的公告》（国家税务总局公告 2017 年第 45 号）第一条规定，纳税人发生预付卡销售和充值、销售自行开发的房地产项目预收款、已申报缴纳营业税未开票补开票、代收印花税、代收车船使用税、融资性售后回租承租方出售资产、资产重组涉及的不动产、资产重组涉及的土地使用权、代理进口免税货物货款、有奖发票奖金支付、不征税自来水、建筑服务预收款等 12 项业务时，可按照“未发生销售行为的不征税项目”开具发票。

《国家税务总局关于统一小规模纳税人标准等若干增值税问题的公告》（国家税务总局公告 2018 年第 18 号）第九条规定，一般纳税人在增值税税率调整前已按原适用税率开具的增值税发票，发生销售折让、中止或者退回等情形需要开具红字发票的，按照原适用税率开具红字发票；开票有误需要重新开具的，先按照原适用税率开具红字发票后，再重新开具正确的蓝字发票。一般纳税人在增值税税率调整前未开具增值税发票的增值税应税销售行为，需要补开增值税发票的，应当按照原适用税率补开。增值税发票税控开票软件税率栏次默认显示调整后税率，一般纳税人发生上述行为可以手工选择原适用税率开具增值税发票。

《国家税务总局关于明确中外合作办学等若干增值税征管问题的公告》（国家税务总局公告 2018 年第 42 号）第七条规定，纳税人 2016 年 5 月 1 日前发生的营业税涉税业务，包括已经申报缴纳营业税或补缴营业税的业务，需要补开发票的，可以开具增值税普通发票。纳税人应完整保留相关资料备查。

（三）发票的取得

《发票管理办法》第二十条规定，所有单位和从事生产、经营活动的个人在购买商品、接受服务以及从事其他经营活动支付款项，应当向收款方取得发票。取得发票时，不得要求变更品名和金额。第二十一条规定，不符合规定的发票，不得作为财务报销凭证，任何单位和个人有权拒收。付款方取得发票后应及时核对发票开具内容是否真实、项目填写是否齐全、加盖的发票专用章是否与收款方一致。对于违反发票管理法规的行为，任何单位和个人有权举报。

《国家税务总局关于停止使用货物运输业增值税专用发票有关问题的公告》（国家税务总局公告 2015 年第 99 号）、《国家税务总局关于全面推开营业税改征增值税试点有关税收征收管理事项的公告》（国家税务总局公告 2016 年第 23 号）等文件对具体业务涉及的备注栏进行了相关规定，具体见表 8－1。

表 8－1　　　　发票备注栏信息规范

业务类型	备注栏信息	文件依据
货物运输服务	起运地、到达地、车种车号以及运输货物信息等内容，如内容较多可另附清单	《国家税务总局关于停止使用货物运输业增值税专用发票有关问题的公告》（国家税务总局公告 2015 年第 99 号）
铁路运输企业提供货物运输服务	受托代征的印花税款信息	《国家税务总局关于停止使用货物运输业增值税专用发票有关问题的公告》（国家税务总局公告 2015 年第 99 号）
建筑服务	建筑服务发生地县（市、区）名称及项目名称	《国家税务总局关于全面推开营业税改征增值税试点有关税收征收管理事项的公告》（国家税务总局公告 2016 年第 23 号）
销售、出租不动产	不动产的详细地址	《国家税务总局关于全面推开营业税改征增值税试点有关税收征收管理事项的公告》（国家税务总局公告 2016 年第 23 号）
差额征税开票	“差额征税”字样	《国家税务总局关于全面推开营业税改征增值税试点有关税收征收管理事项的公告》（国家税务总局公告 2016 年第 23 号）
销售预付卡	“收到预付卡结算款”字样	《国家税务总局关于营改增试点若干征管问题的公告》（国家税务总局公告 2016 年第 53 号）
保险代收车船税发票	保险单号、税款所属期（详细至月）、代收车船税金额、滞纳金金额、金额合计等	《国家税务总局关于保险机构代收车船税开具增值税发票问题的公告》（国家税务总局公告 2016 年第 51 号）
互联网物流平台企业代开货物运输发票	会员的纳税人名称和统一社会信用代码（或税务登记证号码或组织机构代码）	《关于开展互联网物流平台企业代开增值税专用发票试点工作的通知》（税总函〔2017〕579 号）
生产企业委托综服企业代办出口退税	代办退税专用	《国家税务总局关于调整完善外贸综合服务企业办理出口货物退（免）税有关事项的公告》（国家税务总局公告 2017 年第 35 号）

《国家税务总局关于发布〈企业所得税税前扣除凭证管理办法〉的公告》（国家税务总局公告 2018 年第 28 号）第十二条规定，企业取得私自印制、伪造、变造、作废、开票方非法取得、虚开、填写不规范等不符合规定的发票，以及取得不符合国家法律、法规等相关规定的其他外部凭证，不得作为税前扣除凭证。

同时，《国家税务总局关于启用全国增值税发票查验平台的公告》（国家税务总局公告 2016 年第 87 号）对增值税发票查验做出了规定：取得增值税发票的单位和个人可登录全国增值税发票查验平台（https：//inv－veri. chinatax. gov. cn），对新系统开具的增值税专用发票、增值税普通发票、机动车销售统一发票和增值税电子普通发票的发票信息进行查验。单位和个人通过网页浏览器首次登录平台时，应下载安装根证书文件，查看平台提供的发票查验操作说明。

《发票管理办法实施细则》第三十三条规定，用票单位和个人有权申请税务机关对发票的真伪进行鉴别。收到申请的税务机关应当受理并负责鉴别发票的真伪；鉴别有困难的，可以提请发票监制税务机关协助鉴别。在伪造、变造现场以及买卖地、存放地查获的发票，由当地税务机关鉴别。

（四）发票的保管

《发票管理办法》第二十七条规定，开具发票的单位和个人应当建立发票使用登记制度，设置发票登记簿，并定期向主管税务机关报告发票使用情况。第二十九条规定，开具发票的单位和个人应当按照税务机关的规定存放和保管发票，不得擅自损毁。已经开具的发票存根联和发票登记簿，应当保存5年。保存期满，报经税务机关查验后销毁。

《发票管理办法实施细则》第三十一条规定，使用发票的单位和个人应当妥善保管发票。发生发票丢失情形时，应当于发现丢失当日书面报告税务机关，并登报声明作废。

《国家电网有限公司会计基础管理办法》〔国网（财/2）350—2018〕第五十五条规定，从外单位取得的原始凭证如有遗失，当事人应要求原开具单位重开或取得原始凭证复印件等证明资料，并写出详细情况说明，由经办部门负责人和财务负责人批准后，可作为记账依据。

（五）发票的缴销

《发票管理办法》第二十八条规定，开具发票的单位和个人应当在办理变更或者注销税务登记的同时，办理发票和发票领购簿的变更、缴销手续。

《网络发票管理办法》（国家税务总局令第30号）第十条规定，开具发票的单位和个人应当在办理变更或者注销税务登记的同时，办理网络发票管理系统的用户变更、注销手续并缴销空白发票。

涉税风险

发票业务涉税风险见表8-2。

表8-2　发票业务涉税风险

风险编号	风险描述	责任部门
YF-01	未按规定提供开票信息、提供虚假业务单据导致的涉税风险	业务部门
YF-02	发票作废后未收回原发票导致的涉税风险	
YF-03	用户遗失发票后，业务人员未按规定处理导致同一笔经济业务重复开票的涉税风险	
YF-04	未按规定建立并使用发票登记簿导致的涉税风险	
YF-05	发生经济业务后，未及时取得发票导致的涉税风险	
YF-06	业务人员未及时核对取得的发票，致使公司收到开具内容不真实、项目填写不齐全、备注栏填写不规范或加盖的发票专用章与收款方不一致等不符合规定的发票，并将其作为财务报销凭证，从而导致增值税进项税无法抵扣、企业所得税无法税前扣除、土地增值税无法计入扣除项目等涉税风险	
YF-07	利用空白纸张直接制作收付款凭证，利用内部结算凭证、普通收据等代替发票入账，利用伪造的假发票，作废的发票入账等情形导致的涉税风险	
CF-01	未按规定的种类、数量及方式申请领购发票、领购发票手续不齐全及发票领购簿的填写项目不齐全导致的涉税风险	财务部门

续表

风险编号	风　险　描　述	责任部门
CF－02	未按规定建立并使用发票登记簿导致的涉税风险	财务部门
CF－03	未按规定开具发票、开具发票填写项目不全以及虚开发票导致的涉税风险	
CF－04	转借转让发票、拆本使用发票及扩大发票使用范围等导致的涉税风险	
CF－05	未收回原发票并注明“作废”字样或取得对方有效证明后先开具红字发票导致的涉税风险	
CF－06	用户遗失发票后，财务人员未按规定处理导致同一笔经济业务重复开票的涉税风险	
CF－07	财务人员未识别出业务人员提交的不合规发票、未及时登陆发票校验平台验证发票导致的涉税风险	
CF－08	未按规定保管发票、擅自销毁发票以及空白发票丢失未按规定处理导致的涉税风险	
CF－09	未按规定缴销发票导致的涉税风险	

政策依据

《中华人民共和国发票管理办法》（中华人民共和国国务院令第 587 号）

《中华人民共和国发票管理办法实施细则》（国家税务总局令第 37 号）

《网络发票管理办法》（国家税务总局令第 30 号）

《国家税务总局关于简化增值税发票领用和使用程序有关问题的公告》（国家税务总局公告 2014 年第 19 号）

《国家税务总局关于停止使用货物运输业增值税专用发票有关问题的公告》（国家税务总局公告 2015 年第 99 号）

《国家税务总局关于全面推开营业税改征增值税试点有关税收征收管理事项的公告》（国家税务总局公告 2016 年第 23 号）

《国家税务总局关于保险机构代收车船税开具增值税发票问题的公告》（国家税务总局公告 2016 年第 51 号）

《国家税务总局关于营改增试点若干征管问题的公告》（国家税务总局公告 2016 年第 53 号）

《国家税务总局关于启用全国增值税发票查验平台的公告》（国家税务总局公告 2016 年第 87 号）

《国家税务总局关于调整完善外贸综合服务企业办理出口货物退（免）税有关事项的公告》（国家税务总局公告 2017 年第 35 号）

《国家税务总局关于增值税发票管理若干事项的公告》（国家税务总局公告 2017 年第 45 号）

《国家税务总局关于统一小规模纳税人标准等若干增值税问题的公告》（国家税务总局公告 2018 年第 18 号）

《国家税务总局关于发布〈企业所得税税前扣除凭证管理办法〉的公告》（国家税务总局公告 2018 年第 28 号）

《国家税务总局关于明确中外合作办学等若干增值税征管问题的公告》（国家税务总局公告 2018 年第 42 号）

《国家税务总局关于修订〈增值税专用发票使用规定〉的通知》（国税发〔2006〕156 号）

《关于开展互联网物流平台企业代开增值税专用发票试点工作的通知》（税总函〔2017〕579 号）

《国家电网有限公司会计基础管理办法》［国网（财/2）350—2018］

第二节　增值税普通发票

业务描述

《国家税务总局货物和劳务税司关于做好增值税发票使用宣传辅导有关工作的通知》（税总货便函〔2017〕127号）附件《增值税发票开具指南》规定，增值税普通发票分为三种：增值税普通发票（折叠票）、增值税普通发票（卷票）、增值税电子普通发票。

增值税普通发票管理业务流程如图8－1所示。

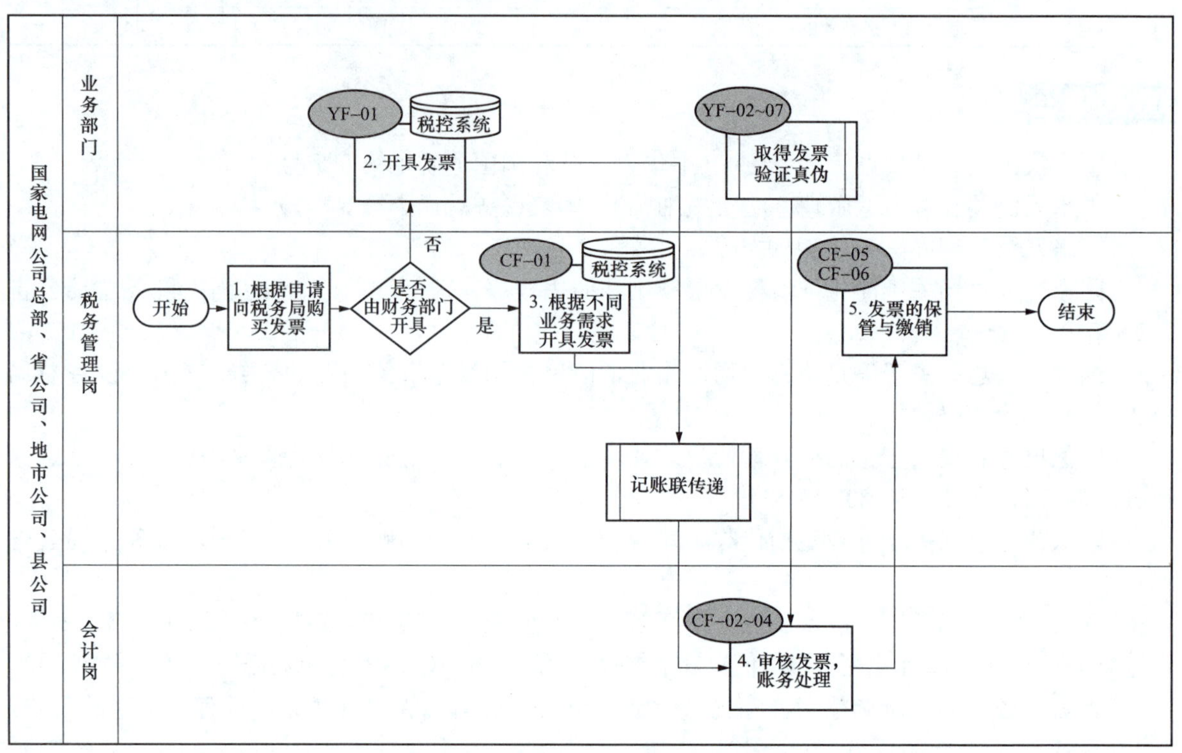

图8－1　增值税普通发票管理业务流程

操作处理

（一）增值税普通发票（折叠票）

根据《国家税务总局货物和劳务税司关于做好增值税发票使用宣传辅导有关工作的通知》（税总货便函〔2017〕127号）附件《增值税发票开具指南》的规定，增值税普通发票（折叠票）由基本联次或者基本联次附加其他联次构成，分为两联版和五联版两种。基本联次为两联：第一联为记账联，是销售方记账凭证；第二联为发票联，是购买方记账凭证。其他联次用途，由纳税人自行确定。纳税人办理产权过户手续需要使用发票的，可以使用增值税普通发票第三联。

《国家税务总局关于启用增值税普通发票有关问题的通知》（国税发明电〔2005〕34 号）规定，增值税普通发票的格式、字体、栏次、内容与增值税专用发票完全一致，增值税普通发票第二联（发票联）采用防伪纸张印制。代码采用专用防伪油墨印刷，号码的字型为专用异型体。各联次的颜色依次为蓝、橙、绿蓝、黄绿和紫红色。

《国家税务总局关于增值税普通发票管理有关事项的公告》（国家税务总局公告 2017 年第 44 号）第一条规定，增值税普通发票（折叠票）的发票代码调整为 12 位，编码规则：第 1 位为 0；第 2—5 位代表省、自治区、直辖市和计划单列市；第 6—7 位代表年度；第 8—10 位代表批次；第 11—12 位代表票种和联次，其中 04 代表二联增值税普通发票（折叠票）、05 代表五联增值税普通发票（折叠票）。

税务机关库存和纳税人尚未使用的发票代码为 10 位的增值税普通发票（折叠票）可以继续使用。

（二）增值税普通发票（卷票）

根据《增值税发票开具指南》（税总货便函〔2017〕127 号文件附件）的规定，增值税普通发票（卷票）分为两种规格：57mm×177.8mm、76mm×177.8mm，均为单联。

自 2017 年 7 月 1 日起，纳税人可按照《中华人民共和国发票管理办法》（中华人民共和国国务院令第 587 号）及其实施细则要求，书面向税务机关要求使用印有本单位名称的增值税普通发票（卷票），税务机关按规定确认印有该单位名称发票的种类和数量。纳税人通过新系统开具印有本单位名称的增值税普通发票（卷票）。

印有本单位名称的增值税普通发票（卷票），由税务总局统一招标采购的增值税普通发票（卷票）中标厂商印制，其式样、规格、联次和防伪措施等与原有增值税普通发票（卷票）一致，并加印企业发票专用章。

使用印有本单位名称的增值税普通发票（卷票）的企业，按照《国家税务总局、财政部关于冠名发票印制费结算问题的通知》（税总发〔2013〕53 号）规定，与发票印制企业直接结算印制费用。

《国家税务总局关于启用增值税普通发票（卷票）有关事项的公告》（国家税务总局公告 2016 年第 82 号）第二条规定，增值税普通发票（卷票）的发票代码为 12 位，编码规则：第 1 位为 0；第 2—5 位代表省、自治区、直辖市和计划单列市；第 6—7 位代表年度；第 8—10 位代表批次；第 11—12 位代表票种和规格，其中 06 代表 57mm×177.8mm 增值税普通发票（卷票）、07 代表 76mm×177.8mm 增值税普通发票（卷票）。增值税普通发票（卷票）的发票号码为 8 位，按年度、分批次编制。第三条规定，增值税普通发票（卷票）的基本内容包括：发票名称、发票监制章、发票联、税徽、发票代码、发票号码、机打号码、机器编号、销售方名称及纳税人识别号、开票日期、收款员、购买方名称及纳税人识别号、项目、单价、数量、金额、合计金额（小写）、合计金额（大写）、校验码、二维码码区等。

（三）增值税电子普通发票

《国家税务总局关于推行通过增值税电子发票系统开具的增值税电子普通发票有关问题的公告》（国家税务总局公告 2015 年第 84 号）第四条规定，增值税电子普通发票的发票代码为 12 位，编码规则：第 1 位为 0；第 2—5 位代表省、自治区、直辖市和计划单列市；第 6—7 位代表年度；第8—10位代表批次；第11—12位代表票种（11代表增值税电子普通发票）。发票号码为8位，按年度、分批次编制。

根据《国家税务总局货物和劳务税司关于做好增值税发票使用宣传辅导有关工作的通知》（税总货便函〔2017〕127号）附件增值税发票开具指南的规定，增值税电子普通发票的开票方和受票方需要纸质发票的，可以自行打印增值税电子普通发票的版式文件，其法律效力、基本用途、基本使用规定等与税务机关监制的增值税普通发票相同。

《交通运输部、国家税务总局关于收费公路通行费增值税电子普通发票开具等有关事项的公告》（交通运输部、国家税务总局公告2017年第66号）第三条第一款规定，通行费电子发票分为以下两种：

（1）左上角标识“通行费”字样，且税率栏次显示适用税率或征收率的通行费电子发票。

（2）左上角无“通行费”字样，且税率栏次显示“不征税”的通行费电子发票。

第三条第五款规定，客户使用ETC卡或用户卡通行收费公路并交纳通行费的，可以在实际发生通行费用后第10个自然日（遇法定节假日顺延）起，登录发票服务平台，选择相应通行记录取得通行费电子发票；客户可以在充值后实时登录发票服务平台，选择相应充值记录取得通行费电子发票。

第四条规定，增值税一般纳税人取得符合规定的通行费电子发票后，应当自开具之日起360日内登录本省（自治区、直辖市）增值税发票选择确认平台，查询、选择用于申报抵扣的通行费电子发票信息。按照有关规定不适用网络办税的特定纳税人，可以持税控设备前往主管国税机关办税服务厅，由税务机关工作人员通过增值税发票选择确认平台（税务局端）为其办理通行费电子发票选择确认。收费公路通行费增值税进项税额抵扣政策按照国务院财税主管部门有关规定执行。增值税一般纳税人申报抵扣的通行费电子发票进项税额，在纳税申报时应当填写在《增值税纳税申报表附列资料（二）》（本期进项税额明细）中“认证相符的增值税专用发票”相关栏次中。

《国家税务总局关于增值税电子普通发票使用有关事项的公告》（国家税务总局公告2018年第41号）规定，新税务机构挂牌后，国家税务总局各省、自治区、直辖市和计划单列市税务局将启用新的发票监制章。增值税电子普通发票（含收费公路通行费增值税电子普通发票）版式文件上的发票监制章，相应修改为各省（自治区、直辖市）税务局新启用的发票监制章。纳税人自建电子发票服务平台和第三方电子发票服务平台，应当于2018年12月31日前完成升级工作。

《国家税务总局关于增值税发票开具有关问题的公告》（国家税务总局公告2017年第16号）第一条规定，自2017年7月1日起，购买方为企业的，索取增值税普通发票时，应向销售方提供纳税人识别号或统一社会信用代码；销售方为其开具增值税普通发票时，应在“购买方纳税人识别号”栏填写购买方的纳税人识别号或统一社会信用代码。不符合规定的发票，不得作为税收凭证。本公告所称企业，包括公司、非公司制企业法人、企业分支机构、个人独资企业、合伙企业和其他企业。

涉税风险

增值税普通发票管理业务涉税风险见表8-3。

表 8-3　　增值税普通发票管理业务涉税风险

风险编号	风 险 描 述	责任部门
YF-01	用户遗失发票后，业务人员未按规定处理导致同一笔经济业务重复开票的涉税风险	业务部门
YF-02	企业索取或开具增值税普通发票时，未向销售方提供或未在“购买方纳税人识别号”栏填写购买方的纳税人识别号或统一社会信用代码，导致将不符合规定的发票作为税收凭证的涉税风险	
YF-03	报销人员利用图片处理技术伪造电子发票或者重复打印电子发票，从而导致涉税风险	
YF-04	业务人员未及时核对取得的发票，致使公司收到开具内容不真实、项目填写不齐全、备注栏填写不规范或加盖的发票专用章与收款方不一致等不符合规定的发票，并将其作为财务报销凭证，从而导致增值税进项税无法抵扣、企业所得税无法税前扣除、土地增值税无法计入扣除项目等涉税风险	
YF-05	收到品名为“办公用品”的增值税普通发票，没有具体明细清单，或者有具体明细清单但不是从开票系统打印出来，而是销售方自行打印制作的，从而导致涉税风险	
YF-06	去超市购物，实际采购内容是月饼水果等，但开票内容为“办公用品”，改变商品名称开票，从而导致涉税风险	
YF-07	收到培训会议报销单，有培训会议清单，但清单不是从酒店系统打印出来，而是会议承办方自行打印制作，从而导致涉税风险	
CF-01	用户遗失发票后，财务人员未按规定处理导致同一笔经济业务重复开票的涉税风险	财务部门
CF-02	申报抵扣通行费电子发票进项税额时，超过认证期限或增值税纳税申报表填写错误导致的涉税风险	
CF-03	财务人员未识别出业务人员提交的不合规发票、未及时登陆发票校验平台验证发票导致的涉税风险	
CF-04	财务人员未识别出重复打印报销的电子普通发票致使重复报销，从而导致涉税风险	
CF-05	未按规定保管发票、擅自销毁发票以及空白发票丢失未按规定处理导致的涉税风险	
CF-06	未按规定缴销发票导致的涉税风险	

政策依据

《国家税务总局关于推行通过增值税电子发票系统开具的增值税电子普通发票有关问题的公告》(国家税务总局公告 2015 年第 84 号)

《国家税务总局关于启用增值税普通发票（卷票）有关事项的公告》（国家税务总局公告 2016 年第 82 号）

《国家税务总局关于增值税发票开具有关问题的公告》(国家税务总局公告 2017 年第 16 号)

《国家税务总局关于增值税普通发票管理有关事项的公告》(国家税务总局公告 2017 年第 44 号)

《交通运输部、国家税务总局关于收费公路通行费增值税电子普通发票开具等有关事项的公告》(交通运输部、国家税务总局公告 2017 年第 66 号)

《国家税务总局关于增值税电子普通发票使用有关事项的公告》(国家税务总局公告 2018 年第 41 号)

《国家税务总局关于启用增值税普通发票有关问题的通知》(国税发明电〔2005〕34 号)

《国家税务总局、财政部关于冠名发票印制费结算问题的通知》(税总发〔2013〕53 号)

《国家税务总局货物和劳务税司关于做好增值税发票使用宣传辅导有关工作的通知》(税总货便函〔2017〕127 号)

第三节　增值税专用发票

业务描述

根据《国家税务总局关于修订〈增值税专用发票使用规定〉的通知》（国税发〔2006〕156号，简称国税发〔2006〕156号）第二条规定，专用发票是增值税一般纳税人销售货物或者提供应税劳务开具的发票，是购买方支付增值税额并可按照增值税有关规定据以抵扣增值税进项税额的凭证。第四条规定，专用发票由基本联次或者基本联次附加其他联次构成，基本联次为三联：发票联、抵扣联和记账联。发票联，作为购买方核算采购成本和增值税进项税额的记账凭证；抵扣联，作为购买方报送主管税务机关认证和留存备查的凭证；记账联，作为销售方核算销售收入和增值税销项税额的记账凭证。其他联次用途，由一般纳税人自行确定。

增值税专用发票管理业务流程如图8－2、图8－3所示。

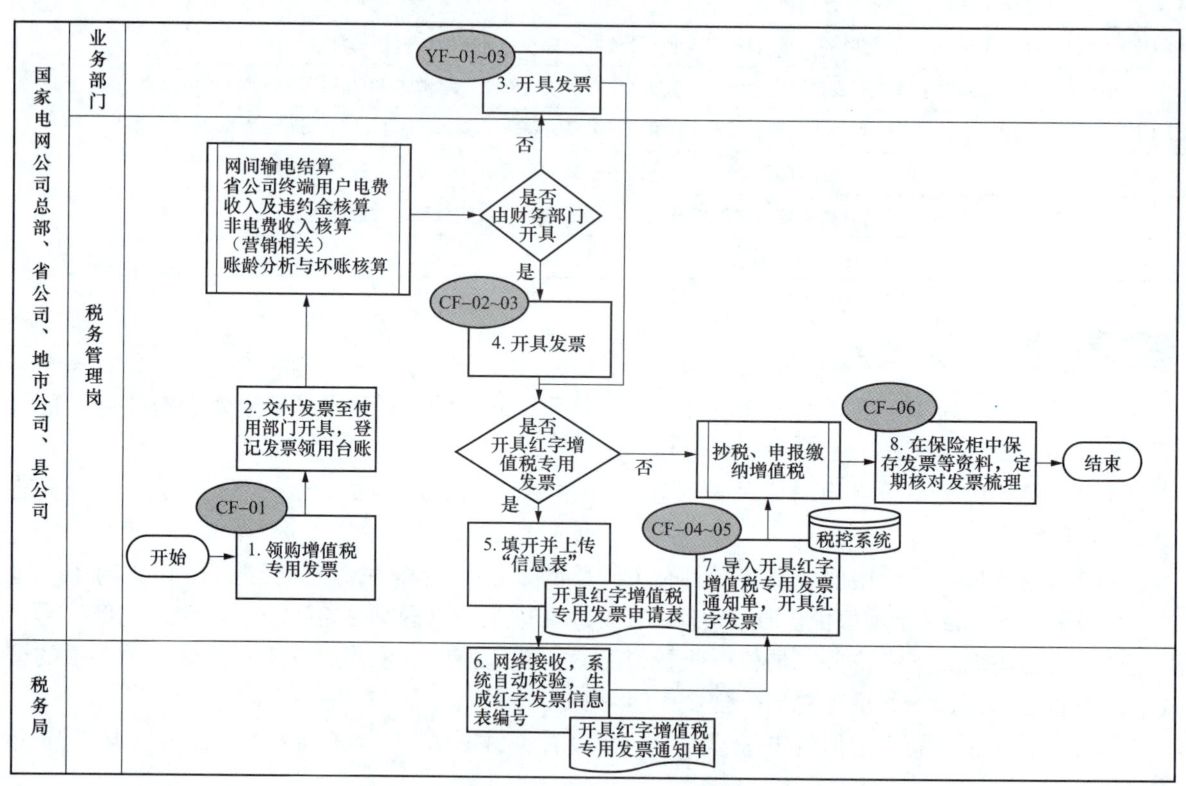

图8－2　增值税专用发票开具管理业务流程

操作处理

（一）专用发票的领购及保管

根据国税发〔2006〕156号文第七条规定，一般纳税人凭《发票领购簿》、IC卡和经办人身

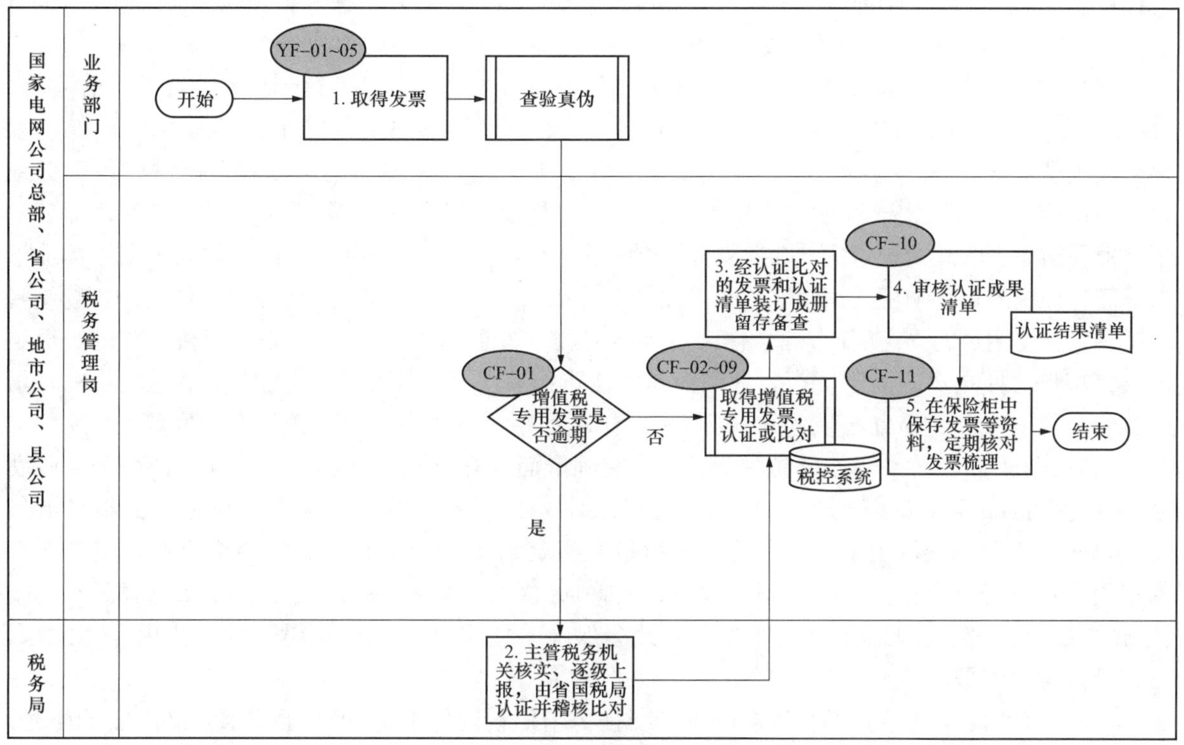

图 8-3 增值税专用发票收取管理业务流程

份证明领购专用发票。第八条规定，纳税人未按规定保管专用发票和专用设备，经税务机关责令限期改正而仍未改正的，不得领购开具专用发票，如已领购专用发票，主管税务机关应暂扣其结存的专用发票和 IC 卡。

有下列情形之一的，为未按规定保管专用发票和专用设备：

（1）未设专人保管专用发票和专用设备。

（2）未按税务机关要求存放专用发票和专用设备。

（3）未将认证相符的专用发票抵扣联、《认证结果通知书》和《认证结果清单》装订成册。

（4）未经税务机关查验，擅自销毁专用发票基本联次。

根据《国家税务总局关于发布〈纳税信用管理办法（试行）〉的公告》（国家税务总局公告 2014 年第 40 号）第三十二条规定，对纳税信用评价为 D 级的纳税人，增值税专用发票领用按辅导期一般纳税人政策办理，普通发票的领用实行交（验）旧供新、严格限量供应。

（二）专用发票的开具

1. 专用发票的开具范围和一般要求

根据国税发〔2006〕156 号第十条规定，一般纳税人销售货物或者提供应税劳务，应向购买方开具专用发票。第十二条规定，一般纳税人销售货物或者提供应税劳务可汇总开具专用发票。汇总开具专用发票的，同时使用防伪税控系统开具“销售货物或者提供应税劳务清单”，并加盖财务专用章或者发票专用章。根据《中华人民共和国发票管理办法实施细则》（国家税务总局令第 25 号）第二十八条规定，单位和个人在开具发票时，必须做到按照号码顺序填开，填写项目齐全，内容真实，字迹清楚，全部联次一次打印，内容完全一致，并在发票联和抵扣联加盖发票专用章。

2. 不得开具增值税专用发票的规定

（1）《国家税务总局货物和劳务税司关于做好增值税发票使用宣传辅导有关工作的通知》（税总货便函〔2017〕127 号）第十一条规定，属于下列情形之一的，不得开具增值税专用发票：向消费者个人销售货物、提供应税劳务或者发生应税行为的；销售货物、提供应税劳务或者发生应税行为适用增值税免税规定的，法律、法规及国家税务总局另有规定的除外；部分适用增值税简易征收政策规定的［包括：①增值税一般纳税人的单采血浆站销售非临床用人体血液选择简易计税的；②纳税人销售旧货，按简易办法依照 3%征收率减按 2%征收增值税的；③纳税人销售自己使用过的固定资产，适用按简易办法依照 3%征收率减按 2%征收增值税政策的，但纳税人销售自己使用过的固定资产，适用简易办法依照 3%征收率减按 2%征收增值税政策的，可以放弃减税，按照简易办法依照 3%征收率缴纳增值税，并可以开具增值税专用发票］。

（2）《财政部、国家税务总局关于进一步明确全面推开营改增试点有关劳务派遣服务、收费公路通行费抵扣等政策的通知》（财税〔2016〕47 号）规定，劳务派遣服务选择差额纳税的纳税人，向用工单位收取用于支付给劳务派遣员工工资、福利和为其办理社会保险及住房公积金的费用，不得开具增值税专用发票，可以开具普通发票；纳税人提供人力资源外包服务，向委托方收取并代为发放的工资和代理缴纳的社会保险、住房公积金，不得开具增值税专用发票，可以开具普通发票。

（3）《国家税务总局关于农村电网维护费征免增值税问题的通知》（国税函〔2009〕591 号）规定，电网公司收取的农村电网维护费免征增值税，不得开具增值税专用发票。

3. 红字增值税专用发票的开具

根据《国家税务总局关于红字增值税发票开具有关问题的公告》（国家税务总局公告 2016 年第 47 号）第一条规定，增值税一般纳税人开具增值税专用发票后，发生销货退回、开票有误、应税服务中止等情形但不符合发票作废条件，或者因销货部分退回及发生销售折让，需要开具红字专用发票的，按以下方法处理：

（1）购买方取得专用发票已用于申报抵扣的，购买方可在新系统中填开并上传“开具红字增值税专用发票信息表”（简称信息表），在填开信息表时不填写相对应的蓝字专用发票信息，应暂依信息表所列增值税税额从当期进项税额中转出，待取得销售方开具的红字专用发票后，与信息表一并作为记账凭证。

购买方取得专用发票未用于申报抵扣、但发票联或抵扣联无法退回的，购买方填开信息表时应填写相对应的蓝字专用发票信息。

销售方开具专用发票尚未交付购买方，以及购买方未用于申报抵扣并将发票联及抵扣联退回的，销售方可在新系统中填开并上传信息表。销售方填开信息表时应填写相对应的蓝字专用发票信息。

（2）主管税务机关通过网络接收纳税人上传的信息表，系统自动校验通过后，生成带有“红字发票信息表编号”的信息表，并将信息同步至纳税人端系统中。

（3）销售方凭税务机关系统校验通过的信息表开具红字专用发票，在新系统中以销项负数开具。红字专用发票应与信息表一一对应。

（4）纳税人也可凭信息表电子信息或纸质资料到税务机关对信息表内容进行系统校验。

（三）专用发票的认证或比对

1. 认证或比对方法

根据国税发〔2006〕156号第二十五条规定，认证是税务机关通过防伪税控系统对专用发票所列数据的识别、确认。用于抵扣增值税进项税额的专用发票应经税务机关认证相符（国家税务总局另有规定的除外）。认证相符的专用发票应作为购买方的记账凭证，不得退还销售方。认证相符，是指纳税人识别号无误，专用发票所列密文解译后与明文一致。

根据《国家税务总局关于扩大小规模纳税人自行开具增值税专用发票试点范围等事项的公告》（国家税务总局公告2019年第8号）第二条规定，自2019年3月1日起，将取消增值税发票认证的纳税人范围由原先的纳税信用A级、B级、C级、M级的增值税一般纳税人扩大至全部一般纳税人。一般纳税人取得增值税发票（包括增值税专用发票、机动车销售统一发票、收费公路通行费增值税电子普通发票，下同）后，可以自愿使用增值税发票选择确认平台查询、选择用于申报抵扣、出口退税或者代办退税的增值税发票信息。

2. 认证或比对时间

根据《国家税务总局关于进一步明确营改增有关征管问题的公告》（国家税务总局公告2017年第11号）第十条规定，自2017年7月1日起，增值税一般纳税人取得的2017年7月1日及以后开具的增值税专用发票和机动车销售统一发票，应自开具之日起360日内认证或登录增值税发票选择确认平台进行确认，并在规定的纳税申报期内，向主管国税机关申报抵扣进项税额。

增值税一般纳税人取得的2017年7月1日及以后开具的海关进口增值税专用缴款书，应自开具之日起360日内向主管国税机关报送“海关完税凭证抵扣清单”，申请稽核比对。

3. 认证或比对的结果异常处理

根据国税发〔2006〕156号第二十六条规定，经认证，有下列情形之一的，不得作为增值税进项税额的抵扣凭证，税务机关退还原件，购买方可要求销售方重新开具专用发票。

（1）无法认证，指专用发票所列密文或者明文不能辨认，无法产生认证结果。

（2）纳税人识别号认证不符，指专用发票所列购买方纳税人识别号有误。

（3）专用发票代码、号码认证不符，指专用发票所列密文解译后与明文的代码或者号码不一致。

第二十七条规定，经认证，有下列情形之一的，暂不得作为增值税进项税额的抵扣凭证，税务机关扣留原件，查明原因，分别情况进行处理。

（1）重复认证，指已经认证相符的同一张专用发票再次认证。

（2）密文有误，指专用发票所列密文无法解译。

（3）认证不符，指纳税人识别号有误，或者专用发票所列密文解译后与明文不一致。不包含“纳税人识别号认证不符”“专用发票代码、号码认证不符”。

（4）列为失控专用发票，指认证时的专用发票已被登记为失控专用发票。

第二十九条规定，专用发票抵扣联无法认证的，可使用专用发票发票联到主管税务机关认证。专用发票发票联复印件留存备查。

（四）专用发票的作废处理

根据国税发〔2006〕156号的规定，增值税专用发票的作废处理有即时作废和符合条件作废两种。即时作废是指开具时发现有误的；符合条件作废是指一般纳税人在开具专用发票当月，发生销货退回、开票有误等情形，收到退回的发票联、抵扣联符合作废条件的。符合作废条件是指同时具有下列情形：

（1）收到退回的发票联、抵扣联时间未超过销售方开票当月。

（2）销售方未抄税并且未记账，抄税，是报税前用IC卡或者IC卡和软盘抄取开票数据电文。

（3）购买方未认证或者认证结果为"纳税人识别号认证不符""专用发票代码、号码认证不符"。

作废专用发票须在防伪税控系统中将相应的数据电文按"作废"处理，在纸质专用发票（含未打印的专用发票）各联次上注明"作废"字样，全联次留存。

（五）专用发票的特殊情况处理

1. 纳税人善意取得虚开的增值税专用发票处理

根据《国家税务总局关于纳税人善意取得虚开的增值税专用发票处理问题的通知》（国税发〔2000〕187号）的规定，购货方与销售方存在真实的交易，销售方使用的是其所在省（自治区、直辖市和计划单列市）的专用发票，专用发票注明的销售方名称、印章、货物数量、金额及税额等全部内容与实际相符，且没有证据表明购货方知道销售方提供的专用发票是以非法手段获得的，对购货方不以偷税或者骗取出口退税论处。但应按有关法规不予抵扣进项税款或者不予出口、退税；购货方已经抵扣的进项税款或者取得的出口退税，应依法追缴。

购货方能够重新从销售方取得防伪税控系统开出的合法、有效专用发票的，或者取得手工开出的合法、有效专用发票且取得了销售方所在地税务机关或者正在依法对销售方虚开专用发票行为进行查处证明的，购货方所在地税务机关应依法准予抵扣进项税款或者出口退税。

如有证据表明购货方在进项税款得到抵扣，或者获得出口退税前知道该专用发票是销售方以非法手段获得的，对购货方应按《国家税务总局关于纳税人取得虚开的增值税专用发票处理问题的通知》（国税发〔1997〕134号，简称国税发〔1997〕134号）和《国家税务总局关于〈国家税务总局关于纳税人取得虚开的增值税专用发票处理问题的通知〉的补充通知》（国税发〔2000〕182号，简称国税发〔2000〕182号）的法规处理。

简而言之，纳税人善意取得虚开的增值税专用发票指购货方与销售方存在真实交易，且购货方不知取得的增值税专用发票是以非法手段获得的。纳税人善意取得虚开的增值税专用发票，如能重新取得合法、有效的专用发票，准许其抵扣进项税款；如不能重新取得合法、有效的专用发票，不准其抵扣进项税款或追缴其已抵扣的进项税款。

根据《国家税务总局关于纳税人善意取得虚开增值税专用发票已抵扣税款加收滞纳金问题的批复》（国税函〔2007〕1240号）的规定，纳税人善意取得虚开的增值税专用发票被依法追缴已抵扣税款的，不属于税收征收管理法第三十二条"纳税人未按照规定期限缴纳税款"的情形，不适用该条"税务机关除责令限期缴纳外，从滞纳税款之日起，按日加收滞纳税款万分之五的滞纳金"的规定。

根据国税发〔2000〕182号的规定，有下列情形之一的，无论购货方（受票方）与销售方是否进行了实际的交易，增值税专用发票所注明的数量、金额与实际交易是否相符，购货方向税务机关申请抵扣进项税款或者出口退税的，对其均应按偷税或者骗取出口退税处理。

（1）购货方取得的增值税专用发票所注明的销售方名称、印章与其进行实际交易的销售方不符的，即国税发〔1997〕134号文件第二条规定的"购货方从销售方取得第三方开具的专用发票”的情况。

(2) 购货方取得的增值税专用发票为销售方所在省（自治区、直辖市和计划单列市）以外地区的，即国税发〔1997〕134 号文件第二条规定的“从销货地以外的地区取得专用发票”的情况。

(3) 其他有证据表明购货方明知取得的增值税专用发票系销售方以非法手段获得的，即国税发〔1997〕134 号文件第一条法规的“受票方利用他人虚开的专用发票，向税务机关申报抵扣税款进行偷税”的情况。

2. 纳税人取得走逃（失联）企业开具的增值税专用发票的处理。

《国家税务总局关于走逃（失联）企业开具增值税专用发票认定处理有关问题的公告》（国家税务总局公告 2016 年第 76 号）第一条规定，走逃（失联）企业，是指不履行税收义务并脱离税务机关监管的企业。根据税务登记管理有关规定，税务机关通过实地调查、电话查询、涉税事项办理核查以及其他征管手段，仍对企业和企业相关人员查无下落的，或虽然可以联系到企业代理记账、报税人员等，但其并不知情也不能联系到企业实际控制人的，可以判定该企业为走逃（失联）企业。

第二条规定，走逃（失联）企业存续经营期间发生下列情形之一的，所对应属期开具的增值税专用发票列入异常增值税扣税凭证（简称异常凭证）范围。

(1) 商贸企业购进、销售货物名称严重背离的；生产企业无实际生产加工能力且无委托加工，或生产能耗与销售情况严重不符，或购进货物并不能直接生产其销售的货物且无委托加工的。

(2) 直接走逃失踪不纳税申报，或虽然申报但通过填列增值税纳税申报表相关栏次，规避税务机关审核比对，进行虚假申报的。

增值税一般纳税人取得异常凭证，尚未申报抵扣或申报出口退税的，暂不允许抵扣或办理退税；已经申报抵扣的，一律先作进项税额转出；已经办理出口退税的，税务机关可按照异常凭证所涉及的退税额对该企业其他已审核通过的应退税款暂缓办理出口退税，无其他应退税款或应退税款小于涉及退税额的，可由出口企业提供差额部分的担保。经核实，符合现行增值税进项税额抵扣或出口退税相关规定的，企业可继续申报抵扣，或解除担保并继续办理出口退税。

异常凭证由开具方主管税务机关推送至接受方所在地税务机关进行处理，具体操作规程另行明确。

3. 丢失已开具专用发票处理

根据《国家税务总局关于简化增值税发票领用和使用程序有关问题的公告》（国家税务总局公告 2014 年第 19 号）第三条规定，一般纳税人丢失已开具专用发票的发票联和抵扣联，如果丢失前已认证相符的，购买方可凭销售方提供的相应专用发票记账联复印件及销售方主管税务机关出具的《丢失增值税专用发票已报税证明单》或《丢失货物运输业增值税专用发票已报税证明单》（以下统称《证明单》），作为增值税进项税额的抵扣凭证。如果丢失前未认证的，购买方凭销售方提供的相应专用发票记账联复印件进行认证，认证相符的可凭专用发票记账联复印件及销售方主管税务机关出具的《证明单》，作为增值税进项税额的抵扣凭证。专用发票记账联复印件和《证明单》留存备查。

一般纳税人丢失已开具专用发票的抵扣联，如果丢失前已认证相符的，可使用专用发票发票联复印件留存备查；如果丢失前未认证的，可使用专用发票发票联认证，专用发票发票联复印件留存备查。

一般纳税人丢失已开具专用发票的发票联，可将专用发票抵扣联作为记账凭证，专用发票抵扣联复印件留存备查。

4. 逾期增值税扣税凭证抵扣

根据《国家税务总局关于进一步优化增值税、消费税有关涉税事项办理程序的公告》（国家税务总局公告 2017 年第 36 号）第三条规定，增值税一般纳税人发生真实交易但由于客观原因造成增值税扣税凭证（包括增值税专用发票、海关进口增值税专用缴款书和机动车销售统一发票）未能按照规定期限办理认证、确认或者稽核比对的，经主管税务机关核实、逐级上报，由省国税局认证并稽核比对后，对比对相符的增值税扣税凭证，允许纳税人继续抵扣其进项税额。

客观原因包括如下类型：

（1）因自然灾害、社会突发事件等不可抗力因素造成增值税扣税凭证逾期。

（2）增值税扣税凭证被盗、抢，或者因邮寄丢失、误递导致逾期。

（3）有关司法、行政机关在办理业务或者检查中，扣押增值税扣税凭证，纳税人不能正常履行申报义务，或者税务机关信息系统、网络故障，未能及时处理纳税人网上认证数据等导致增值税扣税凭证逾期。

（4）买卖双方因经济纠纷，未能及时传递增值税扣税凭证，或者纳税人变更纳税地点，注销旧户和重新办理税务登记的时间过长，导致增值税扣税凭证逾期。

（5）由于企业办税人员伤亡、突发危重疾病或者擅自离职，未能办理交接手续，导致增值税扣税凭证逾期。

（6）国家税务总局规定的其他情形。

根据《逾期增值税扣税凭证抵扣管理办法》（国家税务总局公告 2017 年第 36 号文件附件）的规定，增值税一般纳税人发生真实交易但由于客观原因造成增值税扣税凭证逾期的，可向主管税务机关申请办理逾期抵扣。

纳税人申请办理逾期抵扣时，应报送如下资料：

（1）《逾期增值税扣税凭证抵扣申请单》。

（2）增值税扣税凭证逾期情况说明。

（3）客观原因涉及第三方的，应提供第三方证明或说明。

（4）逾期增值税扣税凭证电子信息。

（5）逾期增值税扣税凭证复印件（复印件必须整洁、清晰，在凭证备注栏注明“与原件一致”并加盖企业公章，增值税专用发票复印件必须裁剪成与原票大小一致）。

5. 税控收款机、增值税税控系统专用设备和技术维护费用

（1）根据《财政部、国家税务总局关于推广税控收款机有关税收政策的通知》（财税〔2004〕167 号）规定，增值税一般纳税人购置税控收款机所支付的增值税税额（以购进税控收款机取得的增值税专用发票上注明的增值税税额为准），准予在该企业当期的增值税销项税额中抵扣；增值税小规模纳税人或营业税纳税人购置税控收款机，经主管税务机关审核批准后，可凭购进税控收款机取得的增值税专用发票，按照发票上注明的增值税税额，抵免当期应纳增值税或营业税税额，或者按照购进税控收款机取得的普通发票上注明的价款，按规定计算可抵免税额，当期应纳税额不足抵免的，未抵免部分可在下期继续抵免。

（2）根据《财政部、国家税务总局关于增值税税控系统专用设备和技术维护费用抵减增值税税额有关政策的通知》（财税〔2012〕15 号）第一条规定，增值税纳税人 2011 年 12 月 1 日（含，下同）以后初次购买增值税税控系统专用设备（包括分开票机）支付的费用，可凭购买增值税税控系统专用设备取得的增值税专用发票，在增值税应纳税额中全额抵减（抵减额为价税合计额），不足抵减的可结转下期继续抵减。增值税纳税人非初次购买增值税税控系统专用设备支付的费用，由其自行负担，不得在增值税应纳税额中抵减。

增值税税控系统包括增值税防伪税控系统，增值税防伪税控系统的专用设备包括金税卡、IC 卡、读卡器或金税盘和报税盘。

第二条规定，增值税纳税人 2011 年 12 月 1 日以后缴纳的技术维护费（不含补缴的 2011 年 11 月 30 日以前的技术维护费），可凭技术维护服务单位开具的技术维护费发票，在增值税应纳税额中全额抵减，不足抵减的可结转下期继续抵减。技术维护费按照价格主管部门核定的标准执行。

增值税一般纳税人支付的二项费用在增值税应纳税额中全额抵减的，其增值税专用发票不作为增值税抵扣凭证，其进项税额不得从销项税额中抵扣。

涉税风险

增值税专用发票开具管理涉税风险见表 8－4。

表 8－4　　增值税专用发票开具管理涉税风险

风险编号	风 险 描 述	责任部门
YF－01	未将已作废发票的发票联收回，并与接票方恶意串通，虚列成本，从而导致的涉税风险	业务部门
YF－02	用户遗失发票后，业务人员未按规定处理导致同一笔经济业务重复开票的涉税风险	
YF－03	同一笔销售发票当月作废，次月重开，涉嫌隐瞒当月销售收入，从而导致的涉税风险	
CF－01	未按规定保管增值税专用发票和专用设备，无法领购开具增值税专用发票，从而导致的涉税风险	财务部门
CF－02	用户遗失发票后，财务人员未按规定处理导致同一笔经济业务重复开票的涉税风险	
CF－03	2018 年 5 月 1 日前已开具 17%、11%的发票，在 5 月 1 日后符合开具红字增值税专用发票的条件，未按原适用税率开具红字发票导致的涉税风险	
CF－04	应购买方要求，将超过认证期限未认证但不符合开具红字发票条件的专用发票冲红，从而导致的涉税风险	
CF－05	当月开具红字专用发票信息表已生成编号，销项税额未及时入账，从而导致的涉税风险	
CF－06	未按规定保管使用增值税专用发票，出现发票被盗、丢失，可能导致企业被处以罚款或停止领用增值税专用发票的涉税风险。如果发现遗失的增值税专用发票有非法代开、虚开问题，将导致纳税人会承担偷税、骗税连带责任的涉税风险	

增值税专用发票收取管理涉税风险见表 8－5。

表 8－5　　增值税专用发票收取管理涉税风险

风险编号	风 险 描 述	责任部门
YF－01	出差人员未取得住宿单位开具的住宿费增值税专用发票，导致企业无法抵扣进项税额的涉税风险	业务部门
YF－02	未在合同中包含合同双方公司名称、纳税人识别号、地址、电话、开户银行及账号等开票信息，或者合同中包含的开票信息与实际收到的增值税专用发票不一致导致的涉税风险	

续表

风险编号	风险描述	责任部门
YF-03	应取得而未取得增值税专用发票，营销等业务部门未及时提交发票或与财务部门配合不到位，存在增值税专用发票超过360天认证期限未及时认证抵扣的情况，从而导致的涉税风险	业务部门
YF-04	未按规定取得《丢失增值税专用发票已报税证明单》，作为增值税进项税额的抵扣凭证，从而导致的涉税风险	
YF-05	与纳税信用级别为D级的企业或由D级纳税人的直接责任人员注册登记或者负责经营的企业发生经营业务，从而导致的涉税风险	
CF-01	对取得2017年7月1日以后开具的增值税专用发票和机动车销售统一发票，超过360日未认证或登录平台进行确认，未及时认证增值税专用发票导致的涉税风险	财务部门
CF-02	将认证结果异常但未查明原因的增值税专用发票作为增值税进项税额的抵扣凭证，从而导致的涉税风险	
CF-03	主管税务机关可定期或者不定期对已抵扣逾期增值税扣税凭证进项税额的纳税人进行复查，存在纳税人提供虚假信息，存在弄虚作假行为，导致企业被税务机关处罚的涉税风险	
CF-04	将超过认证期限未认证的专用发票冲红但不符合开具红字发票条件，从而导致的涉税风险	
CF-05	将非首次购买增值税税控系统专用设备支付的费用抵减应纳增值税税额，从而导致的涉税风险	
CF-06	未将首次购买增值税税控系统专用设备支付的费用和技术维护费在增值税应纳税额中全额抵减，或者将首次购买增值税税控系统专用设备支付的费用和技术维护费在增值税应纳税额中全额抵减，同时将增值税专用发票作为增值税抵扣凭证，从而导致的涉税风险	
CF-07	纳税人善意取得虚开的增值税专用发票，未能重新取得合法、有效的专用发票，导致进项税额无法抵扣的涉税风险	
CF-08	将已经知悉的销售方以非法手段获得的增值税专用发票向税务机关申请抵扣进项税额，从而导致的涉税风险	
CF-09	对已经申报抵扣的异常发票未作进项税额转出，从而导致的涉税风险	
CF-10	将认证相符的专用发票退还销售方，未作为购买方的记账凭证，从而导致的涉税风险	
CF-11	未按规定保管使用增值税专用发票，出现发票被盗、丢失，可能导致企业被处以罚款或停止领用增值税专用发票的涉税风险。如果发现遗失的增值税专用发票有非法代开、虚开问题，将导致纳税人承担偷税、骗税连带责任的涉税风险	

政策依据

《中华人民共和国发票管理办法实施细则》（国家税务总局令第25号）

《财政部、国家税务总局关于推广税控收款机有关税收政策的通知》（财税〔2004〕167号）

《财政部、国家税务总局关于增值税税控系统专用设备和技术维护费用抵减增值税税额有关政策的通知》（财税〔2012〕15号）

《财政部、国家税务总局关于进一步明确全面推开营改增试点有关劳务派遣服务、收费公路通行费抵扣等政策的通知》（财税〔2016〕47号）

《国家税务总局关于简化增值税发票领用和使用程序有关问题的公告》（国家税务总局公告2014年第19号）

《国家税务总局关于发布〈纳税信用管理办法（试行）〉的公告》（国家税务总局公告2014

年第 40 号）

《国家税务总局关于红字增值税发票开具有关问题的公告》（国家税务总局公告 2016 年第 47 号）

《国家税务总局关于营改增试点若干征管问题的公告》（国家税务总局公告 2016 年第 53 号）

《国家税务总局关于走逃（失联）企业开具增值税专用发票认定处理有关问题的公告》（国家税务总局公告 2016 年第 76 号）

《国家税务总局关于进一步明确营改增有关征管问题的公告》（国家税务总局公告 2017 年第 11 号）

《国家税务总局关于进一步优化增值税、消费税有关涉税事项办理程序的公告》（国家税务总局公告 2017 年第 36 号）

《国家税务总局关于扩大小规模纳税人自行开具增值税专用发票试点范围等事项的公告》（国家税务总局公告 2019 年第 8 号）

《国家税务总局关于纳税人善意取得虚开增值税专用发票已抵扣税款加收滞纳金问题的批复》（国税函〔2007〕1240 号）

《国家税务总局关于农村电网维护费征免增值税问题的通知》（国税函〔2009〕591 号）

《国家税务总局关于纳税人取得虚开的增值税专用发票处理问题的通知》（国税发〔1997〕134 号）

《国家税务总局关于〈国家税务总局关于纳税人取得虚开的增值税专用发票处理问题的通知〉的补充通知》（国税发〔2000〕182 号）

《国家税务总局关于纳税人善意取得虚开的增值税专用发票处理问题的通知》（国税发〔2000〕187 号）

《国家税务总局关于修订〈增值税专用发票使用规定〉的通知》（国税发〔2006〕156 号）

《国家税务总局货物和劳务税司关于做好增值税发票使用宣传辅导有关工作的通知》（税总货便函〔2017〕127 号）

第九章　风　险　管　控

第一节　管　控　要　求

一、税收风险管理的基本原则

（一）全员参与

企业税务风险管理由企业董事会负责督导并参与决策，同时需要人人参与才能保证效果。从风险的排查识别、到风险的量化排序、风险应对方案的选取实施，都需要从上到下一致关注、协同推进，这是税收风险管理贯彻落实的重要基础。同时，基层一线人员又是执法风险管理的重点人群，要注意调动基层一线人员的积极性，发挥其主观能动性，进一步完善、落实税收风险管理的各种要求，促进税收风险管理体系的健全，切实取得成效。

（二）全面覆盖

税收风险管理要通过完善内部流程、职责，使风险管理的目标和要求分步骤渗透到各项执法业务过程和各个操作环节，逐步实现对税收全过程、全部事项实行风险控制。要在关注操作层面风险的同时，实施全方位风险管理，拓展到外部环境、内部人员配备教育等层面。

（三）流程管控

税收风险管理应根据风险产生的原因和条件，从业务流程建立税务风险控制点，根据风险的不同特征采取相应的管控机制，根据风险发生的规律和重大程度建立预防性控制和发现性控制机制。针对重大税务风险所涉及的管理职责和业务流程，制定覆盖各个环节的全流程控制措施；对其他风险所涉及的业务流程，合理设置关键控制环节，采取相应的管控措施。将税收管理要求内嵌于企业各项经营活动的业务流程，形成税收与业务相结合的流程体系，明确各业务流程节点的税收管理职责，固化内控管理要求，根据发展要求不断优化业务流程，形成良好的流程制约机制，实现业务与税务的管理协同，以业务流程管控税收风险。

（四）精简高效

税收风险管理作为风险管理理论的实践应用，应坚持简单易行、便于操作的基本思路。复杂的理论指导、过于烦琐的程序、内容庞杂的表格不但给基层一线增加工作负担，更会严重损害税收风险管理的生命力和活力。在基层操作实践环节必须贯彻精简高效的思路，尤其要借助信息化手段，提高房产税、印花税等各税种台账登记工作规范性、准确性，提升税收管理效率。

二、税收风险管理的基本程序

根据《大企业税务风险管理指引（试行）》（国税发〔2009〕90 号）的有关规定，大企业应根据税法和相关法律法规的规定，合理制定税务风险管理的主要目标，建立相应的风险管理制度和有效的激励约束机制，把税务风险管理制度与企业的其他内部风险控制和管理制度结合起来，形成全面有效的内部风险管理体系，从而合理控制税务稽查风险，避免企业遭受法律制裁、财务损失或声誉损害。

税收风险管理主要遵循以下程序。

（一）风险规划

风险规划是税收风险管理的起点。通过制定风险规划，准确定位税收风险管理，明确税收风险管理的主要目标、主要原则；确立风险管理的主要流程、主要内容，开展环境分析，建立必要的运行机制，以及明确各层级在税收风险管理中的主要职责；确立一定时期内的重点工作、重点风险应对事项。

（二）风险识别

风险识别是运用因素分析法对税收行为进行动因分析，根据确定的主要、根本风险动因，对税收行为进行全面扫描诊断，对所面临的以及潜在的风险加以判断、归类整理，并对风险的性质进行鉴定，确定执法风险点的管理活动。企业应结合自身税务风险管理机制和实际经营情况，重点识别税务风险因素。风险识别的主要内容包括：引起风险的因素、引起风险的主要因素、风险分布情况。

（三）风险评估

风险评估是指在风险识别的基础上，运用概率论和数理统计，估计风险点、预测风险发生的概率和损失程度，进行风险度量化、计算、排序、确定风险等级的管理活动。企业要定期开展税务风险评估。税务风险评估主要由财务部门协同相关职能部门实施，也可聘请具有相关资质和专业能力的中介机构协助实施，实现税务风险的动态管理。

（四）风险应对

风险应对是从风险成因入手，综合采取多种措施，提高风险应对效果。

风险应对综合教育、制度、监督、考评等措施，主要包括管理流程设计、确定组织结构、管理制度和标准制定、人员选配、岗位职责分工、分离不相容职务、增加记录控制节点、交叉控制、复核抽检、细化落实风险管理的责任等。

（五）监控评价

风险监控评价主要是指风险应对过程的跟踪监控和应对管理效果评价。以风险管理办公室为主体，监控各层级、各部门、各岗位是否按照规范的风险应对策略和既定的风险应对方案贯彻执行，履行过程中存在哪些偏差，及时予以指出和调整。风险应对结束后，要分析、比较已实施的风险管理方法的结果与预期目标的契合程度，以此来评判管理方案的科学性、适应性和收益性。

三、税收风险管控的基本流程

税收风险管控流程如图 9－1 所示。

税收风险管控是各部门协同配合的过程，通过对公司各类业务涉税分析，发挥业财协同效应，积极运用税收政策，实现“税收风险有效控制、节税效应充分体现”的目的。在业财协同体系中，各部门则需发挥相应的专业优势，落实职责分工。

（1）财务资产部是税收工作的归口管理部门，主要负责开展税收政策指导，税收工作协调

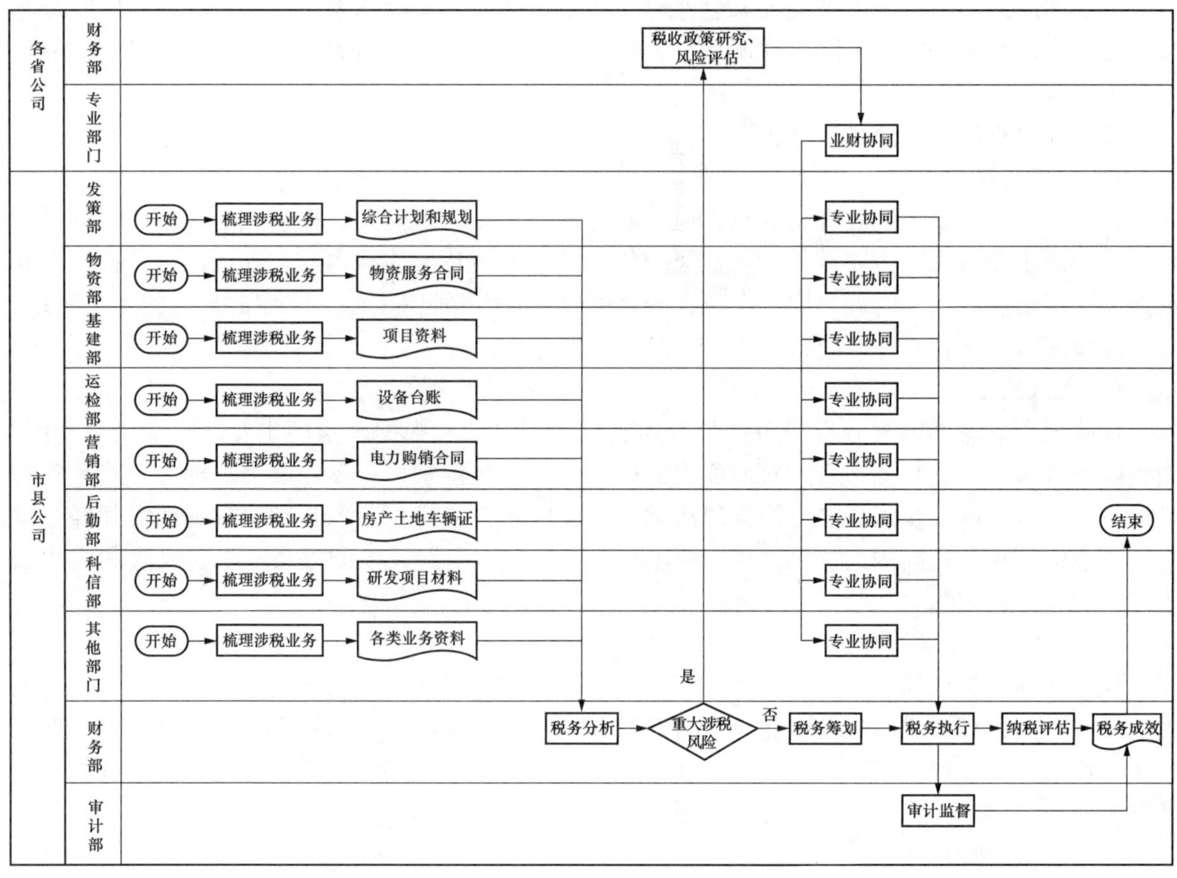

图 9－1　税收风险管控业务流程

以及与政府税收管理部门的协调沟通等。在风险管控中主要对重大涉税事项组织开展研究分析，正确运用税收政策，有效防范税收风险。

（2）各专业部门主要负责对于本专业涉税业务开展专业指导协调，促使业务实施与公司财务资产部的税收意见保持协同与协调性，督促各基层单位专业部门加强业税协同配合，提升业税协同能力。

（3）各单位财务部门是本单位的税收工作归口管理部门，负责对本单位各项经营活动开展涉税分析；协调本单位各专业部门优化业务处理方式和流程，提升税收筹划能力；组织做好税收迎检工作，落实整改要求，提升税收检查成果运用，提升税务风险防范能力。

（4）发策部门主要负责开展项目可研、立项和综合计划管理工作，科学做好项目投资安排，明确项目总投资与不含税投资，合理区分项目资本性支出和成本性支出，加强投资计划税务管理的业务协同度。

（5）物资部门主要负责做好各类物资、服务采购合同的登记、保管，优化合同价税签订要求，及时准确提供相应的合同数据，完善电网设备税收抵免登记管理，加强物资采购、保管、调配业务中涉税管理的业财协同度。

（6）基建部门主要负责基建项目的立项、施工、结算、竣工决算资料登记保管，为财务部门提供完整准确的项目投产文件资料，加强项目税务管理的业财协同度。

(7) 运检部门主要负责各类技改、大修项目管理，提供完整的项目建设文件资料及生产设备台账的登记保管，开展节能设备需求提报，为财务部门提供准确完整的资产设备涉税资料，加强资产设备税务管理的业财协同度。

(8) 营销部门主要负责电力产品购销过程中的文件资料登记保管，为财务部门提供准确完整的购销数据和营销策划方案，加强电力购销和营销宣传税务管理的业财协同度。

(9) 后勤部门主要负责房产、土地、车辆等资产的权属登记保管，为财务部门提供准确完整的不动产与车辆数据资料，加强房产税、土地使用税及车辆购置使用税等税收管理的业财协同度。

(10) 科信部门主要负责科技、信息化项目的立项、研发及完工方面的资料收集与保管，为财务部门提供准确完整的项目数据与资料，在研发项目加计扣除等税收优惠政策应用中加强业财协同度。

(11) 审计部门负责对税务管理风险管控开展审计监督，提升企业的税收风险防范能力。

税收风险取决于多重因素，在企业内控机制正常运行的条件下，税收风险系数与税收政策运用能力及业务部门的协同度具有直接的相关性，三者间的关系如图 9-2 所示。

如图 9-2 所示，税收政策运用能力越高，业务协同度越高，则税收风险系数越低。相反，税收政策运用能力越低，业务协同度越低，则税收风险系数越高。

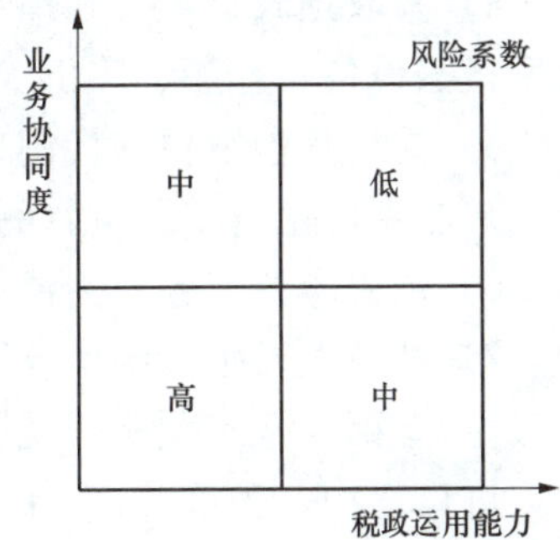

图 9-2 税收风险系数相关性

政策依据

《大企业税务风险管理指引（试行）》（国税发〔2009〕90 号）

第二节 管 控 措 施

一、纳税申报风险管控

《中华人民共和国税收征收管理法》（中华人民共和国主席令第 49 号）第二十五条规定，纳税人必须依照法律、行政法规规定或者税务机关依照法律、行政法规的规定确定的申报期限、申报内容如实办理纳税申报，报送纳税申报表、财务会计报表以及税务机关根据实际需要要求纳税人报送的其他纳税资料。扣缴义务人必须依照法律、行政法规规定或者税务机关依照法律、行政法规的规定确定的申报期限、申报内容如实报送代扣代缴、代收代缴税款报告表以及税务机关根据实际需要要求扣缴义务人报送的其他有关资料。

纳税申报的涉税事项包括纳税申报的对象、期限、方式、内容以及相关规定等。

（一）增值税纳税申报风险管控

1. 纳税义务发生时间管控

(1) 销售和进口货物、提供劳务纳税义务发生时间的规定。

根据《中华人民共和国增值税暂行条例》（中华人民共和国国务院令第 691 号）第十九条、《中华人民共和国增值税暂行条例实施细则》（财政部令第 65 号）第三十八条的规定，发生应税销售行为，为收讫销售款项或者取得索取销售款项凭据的当天；先开具发票的，为开具发票的当天。按照销售结算方式的不同，具体分为：

1）采取直接收款方式销售货物，不论货物是否发出，均为收到销售款或者取得索取销售款凭据的当天。

2）采取托收承付和委托银行收款方式销售货物，为发出货物并办妥托收手续的当天。

3）采取赊销和分期收款方式销售货物，为书面合同约定的收款日期的当天，无书面合同的或者书面合同没有约定收款日期的，为货物发出的当天。

4）采取预收货款方式销售货物，为货物发出的当天，但生产销售生产工期超过 12 个月的大型机械设备、船舶、飞机等货物，为收到预收款或者书面合同约定的收款日期的当天。

5）委托其他纳税人代销货物，为收到代销单位的代销清单或者收到全部或者部分货款的当天。未收到代销清单及货款的，为发出代销货物满 180 天的当天。

6）销售应税劳务，为提供劳务同时收讫销售款或者取得索取销售款的凭据的当天。

7）纳税人发生《中华人民共和国增值税暂行条例实施细则》（财政部令第 65 号）第四条第（三）项至第（八）项所列视同销售货物行为，为货物移送的当天。

进口货物，为报关进口的当天。

增值税扣缴义务发生时间为纳税人增值税纳税义务发生的当天。

（2）发生营改增行为纳税义务发生时间的规定。

根据《营业税改征增值税试点有关事项的规定》（财税〔2016〕36 号）附件 1 第四十五条、《财政部、国家税务总局关于建筑服务等营改增试点政策的通知》（财税〔2017〕58 号）第二条的规定，增值税纳税义务、扣缴义务发生时间为：

1）纳税人发生应税行为并收讫销售款项或者取得索取销售款项凭据的当天；先开具发票的，为开具发票的当天。

收讫销售款项，是指纳税人销售服务、无形资产、不动产过程中或者完成后收到款项。取得索取销售款项凭据的当天，是指书面合同确定的付款日期；未签订书面合同或者书面合同未确定付款日期的，为服务、无形资产转让完成的当天或者不动产权属变更的当天。

2）纳税人提供租赁服务采取预收款方式的，其纳税义务发生时间为收到预收款的当天。

3）纳税人从事金融商品转让的，为金融商品所有权转移的当天。

4）纳税人发生该办法第十四条规定情形（视同销售服务、无形资产或者不动产）的，其纳税义务发生时间为服务、无形资产转让完成的当天或者不动产权属变更的当天。

5）增值税扣缴义务发生时间为纳税人增值税纳税义务发生的当天。

（3）发、供电企业销售电力产品纳税义务发生时间的具体规定。

《电力产品增值税征收管理办法》（国家税务总局令第 44 号）第六条规定，发、供电企业销售电力产品的纳税义务发生时间的具体规定如下：

1）发电企业和其他企事业单位销售电力产品的纳税义务发生时间为电力上网并开具确认单据的当天。

2）供电企业采取直接收取电费结算方式的，销售对象属于企事业单位，为开具发票的当天；属于居民个人，为开具电费缴纳凭证的当天。

3）供电企业采取预收电费结算方式的，为发行电量的当天。

4）发、供电企业将电力产品用于非应税项目、集体福利、个人消费，为发出电量的当天。

5）发、供电企业之间互供电力，为双方核对计数量，开具抄表确认单据的当天。

6）发、供电企业销售电力产品以外其他货物，其纳税义务发生时间按《中华人民共和国增值税暂行条例》（财政部令第 65 号）及其实施细则的有关规定执行。

2. 纳税申报期限管控

根据《中华人民共和国增值税暂行条例》（财政部令第 65 号）第二十三条和《营业税改征增值税试点有关事项的规定》（财税〔2016〕36 号）附件 1 第四十七条规定，增值税的纳税期限分别为 1 日、3 日、5 日、10 日、15 日、1 个月或者 1 个季度。纳税人的具体纳税期限，由主管税务机关根据纳税人应纳税额的大小分别核定；以 1 个季度为纳税期限的规定适用于小规模纳税人、银行、财务公司、信托投资公司、信用社，以及财政部和国家税务总局规定的其他纳税人。不能按照固定期限纳税的，可以按次纳税。

纳税人以 1 个月或者 1 个季度为 1 个纳税期的，自期满之日起 15 日内申报纳税；以 1 日、3 日、5 日、10 日或者 15 日为 1 个纳税期的，自期满之日起 5 日内预缴税款，于次月 1 日起 15 日内申报纳税并结清上月应纳税款。

扣缴义务人解缴税款的期限，依照前两款规定执行。

3. 纳税地点管控

根据《中华人民共和国增值税暂行条例》（财政部令第 65 号）第二十二条和《营业税改征增值税试点实施办法》（财税〔2016〕36 号附件 1）第四十六条规定，增值税纳税地点：

（1）固定业户应当向其机构所在地的主管税务机关申报纳税。总机构和分支机构不在同一县（市）的，应当分别向各自所在地的主管税务机关申报纳税；经国务院财政、税务主管部门或者其授权的财政、税务机关批准，可以由总机构汇总向总机构所在地的主管税务机关申报纳税。具体审批权限如下。

1）总机构和分支机构不在同一省、自治区、直辖市的，经财政部和国家税务总局批准，可以由总机构汇总向总机构所在地的主管税务机关申报纳税。

2）总机构和分支机构不在同一县（市），但在同一省、自治区、直辖市范围内的，经省、自治区、直辖市财政厅（局）、税务局审批同意，可以由总机构汇总向总机构所在地的主管税务机关申报纳税。

（2）固定业户到外县（市）销售货物或者劳务，应当向其机构所在地的主管税务机关报告外出经营事项，并向其机构所在地的主管税务机关申报纳税；未报告的，应当向销售地或者劳务发生地的主管税务机关申报纳税；未向销售地或者劳务发生地的主管税务机关申报纳税的，由其机构所在地的主管税务机关补征税款。

（3）非固定业户销售货物或者劳务，应当向销售地或者劳务发生地的主管税务机关申报纳税；未向销售地或者劳务发生地的主管税务机关申报纳税的，由其机构所在地或者居住地的主管税务机关补征税款。

扣缴义务人应当向其机构所在地或者居住地的主管税务机关申报缴纳其扣缴的税款。

4. 一般纳税人纳税申报管控要求

根据《国家税务总局关于全面推开营业税改征增值税试点后增值税纳税申报有关事项的公告》（国家税务总局公告2016年第13号）和《国家税务总局关于调整增值税纳税申报有关事项的公告》（国家税务总局公告2017年第19号）的有关规定，纳税申报实行电子信息采集系统的增值税一般纳税人，应提供下列报表与资料：

（1）纳税申报表及其附列资料。

1）增值税纳税申报表（适用于增值税一般纳税人）（见附录1附表1）。

2）《增值税纳税申报表附列资料（一）》（本期销售情况明细）。

3）《增值税纳税申报表附列资料（二）》（本期进项税额明细）。

4）《增值税纳税申报表附列资料（三）》（服务、不动产和无形资产扣除项目明细）。

对一般纳税人销售服务、不动产和无形资产，在确定服务、不动产和无形资产销售额时，按照有关规定可以从取得的全部价款和价外费用中扣除价款的，需填报《增值税纳税申报表附列资料（三）》，其他情况不填写该附列资料。

5）《增值税纳税申报表附列资料（四）》（税额抵减情况表）。

6）增值税减免税申报明细表。

纳税申报表及其附列资料为必报资料。

（2）纳税申报的其他资料。

1）已开具的税控机动车销售统一发票和普通发票的存根联。

2）符合抵扣条件且在本期申报抵扣的增值税专用发票（含税控机动车销售统一发票）的抵扣联。

3）符合抵扣条件且在本期申报的海关进口增值税专用缴款书、购进农产品取得的普通发票的复印件。

4）符合抵扣条件且在本期申报抵扣的税收完税凭证及其清单，书面合同、付款证明和境外单位的对账单或者发票。

5）已开具的农产品收购凭证的存根联或报查联。

6）纳税人销售服务、不动产和无形资产，在确定服务、不动产和无形资产销售额时，按照有关规定从取得的全部价款和价外费用中扣除价款的合法凭证及其清单。

7）主管税务机关规定的其他必报资料。

纳税申报其他资料的报备要求由各省、自治区、直辖市和计划单列市税务局确定。

纳税人跨县（市）提供建筑服务、房地产开发企业预售自行开发的房地产项目、纳税人出租与机构所在地不在同一县（市）的不动产，按规定需要在项目所在地或不动产所在地主管国税机关预缴税款的，需填写“增值税预缴税款表”。

（3）纳税申报备查资料，包括已开具的增值税专用发票和普通发票存根联；符合抵扣条件并且在本期申报抵扣的增值税专用发票抵扣联；海关进口货物完税凭证、运输发票、购进农副产品普通发票复印件；收购凭证的存根联或报查联；代扣代缴税款凭证存根联；主管税务机关规定的其他备查资料。

5. 增值税预缴管控

（1）提供建筑服务取得预收款时预缴税款。

根据《财政部、税务总局关于建筑服务等营改增试点政策的通知》（财税〔2017〕58号）的规定，纳税人提供建筑服务取得预收款，应在收到预收款时，以取得的预收款扣除支付的分包款后的余额，按照规定的预征率预缴增值税。适用一般计税方法计税的项目预征率为2%，适用简易计税方法计税的项目预征率为3%。具体计税方法如下

适用一般计税方法计税的，应预缴税款=(预收款－支付的分包款)/(1+9%)×2%

适用简易计税方法计税的，应预缴税款=(预收款－支付的分包款)/(1+3%)×3%

按照现行规定应在建筑服务发生地预缴增值税的项目，纳税人收到预收款时在建筑服务发生地预缴增值税。按照现行规定无须在建筑服务发生地预缴增值税的项目，纳税人收到预收款时在机构所在地预缴增值税。

(2) 跨县（市、区）提供建筑服务预缴税款。

根据《国家税务总局关于发布〈纳税人跨县（市、区）提供建筑服务增值税征收管理暂行办法〉的公告》（国家税务总局公告2016年第17号）第四条规定，纳税人跨县（市、区）提供建筑服务，按照以下规定预缴税款：

1）一般纳税人跨县（市、区）提供建筑服务，适用一般计税方法计税的，以取得的全部价款和价外费用扣除支付的分包款后的余额，按照2%的预征率计算应预缴税款。

2）一般纳税人跨县（市、区）提供建筑服务，选择适用简易计税方法计税的，以取得的全部价款和价外费用扣除支付的分包款后的余额，按照3%的征收率计算应预缴税款。

3）小规模纳税人跨县（市、区）提供建筑服务，以取得的全部价款和价外费用扣除支付的分包款后的余额，按照3%的征收率计算应预缴税款。

第十条规定，对跨县（市、区）提供的建筑服务，纳税人应自行建立预缴税款台账，区分不同县（市、区）和项目逐笔登记全部收入、支付的分包款、已扣除的分包款、扣除分包款的发票号码、已预缴税款以及预缴税款的完税凭证号码等相关内容，留存备查。

根据《国家税务总局关于进一步明确营改增有关征管问题的公告》（国家税务总局公告2017年第11号）第三条规定，纳税人在同一地级行政区范围内跨县（市、区）提供建筑服务，不适用《纳税人跨县（市、区）提供建筑服务增值税征收管理暂行办法》（国家税务总局公告2016年第17号）。

(3) 出租不动产（土地使用权）预缴税款。

根据《营业税改征增值税试点有关事项的规定》（财税〔2016〕36号附件2）第一条第（九）项对不动产经营租赁服务的规定：一般纳税人出租其2016年4月30日前取得的不动产，可以选择适用简易计税方法，按照5%的征收率计算应纳税额。纳税人出租其2016年4月30日前取得的与机构所在地不在同一县（市）的不动产，应按照上述计税方法在不动产所在地预缴税款后，向机构所在地主管税务机关进行纳税申报。

一般纳税人出租其2016年5月1日后取得的、与机构所在地不在同一县（市）的不动产，应按照3%的预征率在不动产所在地预缴税款后，向机构所在地主管税务机关进行纳税申报。

根据《财政部、国家税务总局关于进一步明确全面推开营改增试点有关劳务派遣服务、收费公路通行费抵扣等政策的通知》（财税〔2016〕47号）第三条第二款的规定，纳税人以经营租赁方式将土地出租给他人使用，按照不动产经营租赁服务缴纳增值税。具体预缴税款的计算如下。

单位（个体出租住房除外）区分计税方法：

一般计税方法： 预缴税款＝含税销售额/(1＋9％)×3％

简易计税方法： 预缴税款＝含税销售额/(1＋5％)×5％

个体出租住房计税方法：预缴税款＝含税销售额/(1＋5％)×1.5％

(4) 转让不动产预缴税款。

根据《营业税改征增值税试点有关事项的规定》（财税〔2016〕36号附件2）第一条第（十）项的规定：一般纳税人销售其2016年4月30日前取得的不动产（不含自建），适用一般计税方法计税的，以取得的全部价款和价外费用为销售额计算应纳税额。上述纳税人应以取得的全部价款和价外费用减去该项不动产购置原价或者取得不动产时的作价后的余额，按照5％的预征率在不动产所在地预缴税款后，向机构所在地主管税务机关进行纳税申报。

一般纳税人销售其2016年4月30日前自建的不动产，适用一般计税方法计税的，应以取得的全部价款和价外费用为销售额计算应纳税额。纳税人应以取得的全部价款和价外费用，按照5％的预征率在不动产所在地预缴税款后，向机构所在地主管税务机关进行纳税申报。具体预缴税款的计算如下：

转让非自建不动产：应预缴税款＝(全部价款和价外费用－不动产购置原价或者取得不动产时的作价)/(1＋5％)×5％

转让自建不动产：应预缴税款＝全部价款和价外费用/(1＋5％)×5％

6. 台账管理

增值税申报的特点是报表体系严密，计税资料齐全。除前述申报时要求的必备资料和备查资料外，还需按规定建立以下台账：①增值税预缴台账（见附录1附表2）；②统借统还台账等（见附录1附表4）。

（二）城市维护建设税纳税申报风险管控

1. 纳税申报期限管控

根据《中华人民共和国城市维护建设税暂行条例》（中华人民共和国国务院令第19号）的规定，由于城市维护建设税是由纳税人在缴纳“两税”（消费税、增值税）时同时缴纳的，所以其纳税期限分别与“两税”的纳税期限一致。根据增值税法和消费税法规定，增值税、消费税的纳税期限分别为1日、3日、5日、10日、15日或者1个月。增值税、消费税的纳税人的具体纳税期限，由主管税务机关根据纳税人应纳税额大小分别核定；不能按照固定期限纳税的，可以按次纳税。城市维护建设税的具体纳税期限，遵从上述规定。

2. 纳税地点和申报管控

(1) 纳税人直接缴纳“两税”的，在缴纳“两税”地申报缴纳城市维护建设税。

(2) 代征、代扣、代缴“两税”的企业单位，同时也要代征、代扣、代缴城市维护建设税。没有代扣城市维护建设税的，应由纳税单位或个人回到其所在地申报纳税。

3. 预缴管控

根据《财政部、国家税务总局关于纳税人异地预缴增值税有关城市维护建设税和教育费附加政策问题的通知》（财税〔2016〕74号）的规定：

(1) 纳税人跨地区提供建筑服务、销售和出租不动产的，应在建筑服务发生地、不动产所在地预缴增值税时，以预缴增值税税额为计税依据，并按预缴增值税所在地的城市维护建设税适用税率和教育费附加征收率就地计算缴纳城市维护建设税和教育费附加。

（2）预缴增值税的纳税人在其机构所在地申报缴纳增值税时，以其实际缴纳的增值税税额为计税依据，并按机构所在地的城市维护建设税适用税率和教育费附加征收率就地计算缴纳城市维护建设税和教育费附加。

4. 备查资料

根据《国家税务总局关于城镇土地使用税等“六税一费”优惠事项资料留存备查的公告》（国家税务总局公告 2019 年第 21 号）的规定，对城市维护建设税优惠实行“自行判别、申报享受、有关资料留存备查”办理方式，申报时无须再向税务机关提供有关资料。纳税人对“六税一费”优惠事项留存备查资料的真实性、合法性承担法律责任。

（三）企业所得税纳税申报风险管控

1. 纳税申报期限管控

根据《中华人民共和国企业所得税法》（中华人民共和国主席令第 63 号）第五十四条规定，企业所得税分月或者分季预缴。企业应当自月份或者季度终了之日起十五日内，向税务机关报送预缴企业所得税纳税申报表，预缴税款。企业应当自年度终了之日起五个月内，向税务机关报送年度企业所得税纳税申报表，并汇算清缴，结清应缴应退税款。企业在报送企业所得税纳税申报表时，应当按照规定附送财务会计报告和其他有关资料。

第五十三条规定，企业所得税按纳税年度计算。纳税年度自公历 1 月 1 日起至 12 月 31 日止。企业在一个纳税年度中间开业，或者终止经营活动，使该纳税年度的实际经营期不足十二个月的，应当以其实际经营期为一个纳税年度。企业依法清算时，应当以清算期间作为一个纳税年度。

第五十五条规定，企业在年度中间终止经营活动的，应当自实际经营终止之日起六十日内，向税务机关办理当期企业所得税汇算清缴。企业应当在办理注销登记前，就其清算所得向税务机关申报并依法缴纳企业所得税。

2. 纳税地点管控

根据《中华人民共和国企业所得税法》（中华人民共和国主席令第 63 号）及其实施条例的规定，企业纳税地点：

（1）除税收法律、行政法规另有规定外，居民企业以企业登记注册地为纳税地点；但登记注册地在境外的，以实际管理机构所在地为纳税地点。企业注册登记地是指企业依照国家有关规定登记注册的住所地。

（2）居民企业在中国境内设立不具有法人资格的营业机构的，应当汇总计算并缴纳企业所得税。企业汇总计算并缴纳企业所得税时，应当统一核算应纳税所得额，具体办法由国务院财政、税务主管部门另行制定。

（3）非居民企业在中国境内设立机构、场所的，应当就其所设机构、场所取得的来源于中国境内的所得，以及发生在中国境外但与其所设机构、场所有实际联系的所得，以机构、场所所在地为纳税地点；非居民企业在中国境内未设立机构、场所，或者虽设立机构、场所但取得的所得与其所设机构、场所没有实际联系的，以扣缴义务人所在地为纳税地点。

（4）除国务院另有规定外，企业之间不得合并缴纳企业所得税。

3. 纳税申报管控

（1）按月或按季预缴的，应当自月份或者季度终了之日起 15 日内，向税务机关报送预缴企业所得税申报表，预缴税款。

（2）企业在报送企业所得税纳税申报表时，应当按照规定附送财务会计报告和其他有关资料。

（3）企业应当在办理注销登记前，就其清算所得向税务机关申报并依法缴纳企业所得税。

（4）企业在纳税年度内无论盈利或者亏损，都应当依照《中华人民共和国企业所得税法》（中华人民共和国主席令第 63 号）第五十四条规定的期限，向税务机关报送预缴企业所得税纳税申报表、年度企业所得税纳税申报表、财务会计报告和税务机关规定应当报送的其他有关资料。

（5）企业所得税申报操作规范

纳税人在月份或季度终了后 15 日内报送申报表及月份或季度财务报表，履行月份或季度纳税申报手续。年度终了后 5 个月内向其所在地主管税务机关报送企业所得税年度纳税申报表（见附录 1 附表 5）和税务机关要求报送的其他有关资料，办理结清税款手续。其纳税申报操作规范如下：

1）检查收入核算账户和主要的原始凭证，计算当期生产经营收入、财产转让收入、股息收入等各项应税收入。

2）检查成本核算账户和主要的原始凭证，根据企业会计准则，确定当期营业成本。

3）检查主要的期间费用账户和原始凭证，确定当期实际支出的销售费用、管理费用和财务费用。

4）检查税金核算账户，确定税前应扣除的税金总额。

5）检查损失核算账户，计算资产损失、投资损失和其他损失。

6）检查营业外收支账户及主要原始凭证，计算营业外收支净额。

经过上述 6 个步骤的操作，可据此计算出企业当期收入总额、不征税收入和免税收入额，再按税法规定检查允许的各项扣除及允许弥补的以前年度亏损，计算当期应税所得额。

根据企业适用的所得税税率，计算应纳所得税额。

4. 跨地区经营汇总纳税管控

根据《国家税务总局关于印发〈跨地区经营汇总纳税企业所得税征收管理办法〉的公告》（国家税务总局公告 2012 年第 57 号）的规定：

（1）汇总纳税企业实行“统一计算、分级管理、就地预缴、汇总清算、财政调库”的企业所得税征收管理办法。

统一计算，是指总机构统一计算包括汇总纳税企业所属各个不具有法人资格分支机构在内的全部应纳税所得额、应纳税额。

分级管理，是指总机构、分支机构所在地的主管税务机关都有对当地机构进行企业所得税管理的责任，总机构和分支机构应分别接受机构所在地主管税务机关的管理。

就地预缴，是指总机构、分支机构应按本办法的规定，分月或分季分别向所在地主管税务机关申报预缴企业所得税。

汇总清算，是指在年度终了后，总机构统一计算汇总纳税企业的年度应纳税所得额、应纳所得税额，抵减总机构、分支机构当年已就地分期预缴的企业所得税款后，多退少补。

财政调库，是指财政部定期将缴入中央国库的汇总纳税企业所得税待分配收入，按照核定的系数调整至地方国库。

(2) 居民企业在中国境内跨地区（指跨省、自治区、直辖市和计划单列市，下同）设立不具有法人资格分支机构的，该居民企业为跨地区经营汇总纳税企业（简称汇总纳税企业），除另有规定外，其企业所得税征收管理适用以下规定。

总机构和具有主体生产经营职能的二级分支机构，就地分摊缴纳企业所得税。

二级分支机构，是指汇总纳税企业依法设立并领取非法人营业执照（登记证书），且总机构对其财务、业务、人员等直接进行统一核算和管理的分支机构。

(3) 以下二级分支机构不就地分摊缴纳企业所得税。

1) 不具有主体生产经营职能，且在当地不缴纳增值税、营业税的产品售后服务、内部研发、仓储等汇总纳税企业内部辅助性的二级分支机构，不就地分摊缴纳企业所得税。

2) 上年度认定为小型微利企业的，其二级分支机构不就地分摊缴纳企业所得税。

3) 新设立的二级分支机构，设立当年不就地分摊缴纳企业所得税。

4) 当年撤销的二级分支机构，自办理注销税务登记之日所属企业所得税预缴期间起，不就地分摊缴纳企业所得税。

5) 汇总纳税企业在中国境外设立的不具有法人资格的二级分支机构，不就地分摊缴纳企业所得税。

(4) 税款预缴。由总机构统一计算企业应纳税所得额和应纳所得税额，并分别由总机构、分支机构按月或按季就地预缴。

1) 分支机构分摊预缴税款。总机构在每月或每季终了之日起 10 日内，按照上年度各省市分支机构的营业收入、职工薪酬和资产总额三个因素，将统一计算的企业当期应纳税额的 50% 在各分支机构之间进行分摊（总机构所在省市同时设有分支机构的，同样按三个因素分摊各分支机构根据分摊税款就地办理缴库，所缴纳税款收入由中央与分支机构所在地按 60：40 分享。分摊时按三个因素权重依次为 0.35、0.35 和 0.3。当年新设立的分支机构第 2 年起参与分摊；当年撤销的分支机构自办理注销税务登记之日起不参与分摊。

各分支机构分摊预缴额按下列公式计算：

某分支机构分摊税款＝所有分支机构分摊税款总额×该分支机构分摊比例

其中：

所有分支机构分摊税款总额＝汇总纳税企业当期应纳所得税额×50%

该分支机构分摊比例＝(该分支机构营业收入/各分支机构营业收入之和)×0.35＋
(该分支机构职工薪酬/各分支机构职工薪酬之和)×0.35＋
(该分支机构资产总额/各分支机构资产总额之和)×0.30

2) 总机构就地预缴税款。总机构应将统一计算的企业当期应纳税额的 25%，就地办理缴库，所缴纳税款收入由中央与总机构所在地按 60：40 分享。

3) 总机构预缴中央国库税款。总机构应将统一计算的企业当期应纳税额的剩余 25% 就地全额缴入中央国库，所缴纳税款收入 60% 为中央收入，40% 由财政部按照 2004—2006 年各省市三年实际分享企业所得税占地方分享总额的比例定期向各省市分配。

（5）汇总清算。企业总机构汇总计算企业年度应纳所得税额，扣除总机构和各境内分支机构已预缴的税款，计算出应补应退税款，分别由总机构和各分支机构（不包括当年已办理注销税务登记的分支机构）就地办理税款缴库或退库。

补缴的税款按照预缴的分配比例50%由各分支机构就地办理缴库，所缴纳税款收入由中央与分支机构所在地按60∶40分享；25%由总机构就地办理缴库，所缴纳税款收入由中央与总机构所在地按60∶40分享；其余25%部分就地全额缴入中央国库，所缴纳税款收入中60%为中央收入，40%由财政部按照2004—2006年各省市三年实际分享企业所得税占地方分享总额的比例定期向各省市分配。

多缴的税款按照预缴的分配比例，50%由各分支机构就地办理退库，所退税款由中央与分支机构所在地按60∶40分担；25%由总机构就地办理退库，所退税款由中央与总机构所在地按60∶40分担；其余25%部分就地从中央国库退库，其中60%从中央级1010442项“总机构汇算清缴所得税”下有关科目退付，40%从中央级1010443项“企业所得税待分配收入”下有关科目退付。

5. 台账管理

（1）根据《国家税务总局关于发布修订后的〈企业所得税优惠政策事项办理办法〉的公告》（国家税务总局公告2018年第23号）第四条规定：“企业享受优惠事项采取‘自行判别、申报享受、相关资料留存备查’的办理方式。企业应当根据经营情况以及相关税收规定自行判断是否符合优惠事项规定的条件，符合条件的可以按照《目录》列示的时间自行计算减免税额，并通过填报企业所得税纳税申报表享受税收优惠。同时，按照本办法的规定归集和留存相关资料备查。”其中所附《企业所得税优惠事项管理目录（2017年版）》中第26项规定享受从事符合条件的环境保护、节能节水项目的所得定期减免企业所得税政策所需备查资料有：①符合《环境保护、节能节水项目企业所得税优惠目录》规定范围、条件和标准的情况说明及证据资料；②环境保护、节能节水项目取得的第一笔生产经营收入凭证（原始凭证及账务处理凭证）；③环境保护、节能节水项目所得分项目核算资料，以及合理分摊期间共同费用的核算资料；④项目权属变动情况及转让方已享受优惠情况的说明及证明资料（优惠期间项目权属发生变动的）。

（2）根据《国家税务总局关于进一步完善固定资产加速折旧企业所得税政策有关问题的公告》（国家税务总局公告2015年第68号）第六条规定，企业应将购进固定资产的发票、记账凭证等有关资料留存备查，并建立固定资产台账（见附录1附表6），准确反映税法与会计差异情况。

（3）电网企业新建项目享受“三免三减半”的企业所得税优惠政策，应对其符合税法规定的电网新增输变电资产按年建立台账（见附录1附表7）。

（四）个人所得税纳税申报风险管控

1. 申报方式管控

（1）纳税申报。《中华人民共和国个人所得税法》（中华人民共和国主席令第9号）第十条规定，有下列情形之一的，纳税人应当依法办理纳税申报：取得综合所得需要办理汇算清缴；取得应税所得没有扣缴义务人；取得应税所得，扣缴义务人未扣缴税款；取得境外所得；因移居境外注销中国户籍；非居民个人在中国境内从两处以上取得工资、薪金所得；国务院规定的其他情形。

（2）代扣代缴。《中华人民共和国个人所得税法》（中华人民共和国主席令第 9 号）第九条规定，个人所得税以所得人为纳税人，以支付所得的单位或者个人为扣缴义务人。第十条规定，扣缴义务人应当按照国家规定办理全员全额扣缴申报，并向纳税人提供其个人所得和已扣缴税款等信息。第十七条规定，对扣缴义务人按照所扣缴的税款，付给 2%的手续费。

2. 纳税期限申报管控

（1）《中华人民共和国个人所得税法》（中华人民共和国主席令第 9 号）第十一条规定，居民个人取得综合所得，按年计算个人所得税；有扣缴义务人的，由扣缴义务人按月或者按次预扣预缴税款；需要办理汇算清缴的，应当在取得所得的次年 3 月 1 日至 6 月 30 日内办理汇算清缴。第十四条规定，扣缴义务人每月或者每次预扣、代扣的税款，应当在次月 15 日内缴入国库，并向税务机关报送扣缴个人所得税申报表。

（2）《中华人民共和国个人所得税法》（中华人民共和国主席令第 9 号）第十二条规定，纳税人取得利息、股息、红利所得，财产租赁所得，财产转让所得和偶然所得，按月或者按次计算个人所得税，有扣缴义务人的，由扣缴义务人按月或者按次代扣代缴税款。

3. 个人所得税申报管控要求

个人所得税申报的关键问题，是能否全面真实地反映纳税义务人的应税所得。由于个人收入结算与支付具有一定的隐蔽性，会给申报带来一定的困难和风险。为确保纳税申报质量，在界定纳税义务人性质的前提下，应严格纳税申报的操作程序。个人所得税纳税义务人分为居民纳税义务人和非居民纳税义务人。本部分仅介绍居民纳税义务人个人所得税的纳税申报操作规范。

居民纳税义务人是指在中国境内有住所，或者无住所而一个纳税年度内在中国境内居住满 183 天的个人，应负有无限纳税义务。我国境内的企业、外国企业常驻代表机构中的中方和外籍人员工薪所得，劳务报酬所得，利息、股息、红利所得申报的操作规范如下：

（1）检查有关工薪所得、劳务报酬所得和利息、股息、红利所得结算账户和工薪支付明细表，奖金和补贴性收入发放明细表，劳务报酬支付明细表，福利性现金或实物支出，集资债券利息、股息、红利支出，确定应税项目和计税收入。

（2）根据税法有关税前扣除项目的具体规定，确定免予征税的所得，计算应税所得。

（3）检查外籍个人来源于中国境内由境外公司支付的收入，来源于中国境外由境内、境外公司支付的所得，根据有无住所或实际居住时间，以及在中国境内企业任职的实际情况，确认纳税义务。

（4）检查税款负担方式和适用的税率，计算应纳税额，并于每月 7 日前向主管税务机关办理代扣代缴所得税申报手续。

（五）房产税纳税申报风险管控

根据《中华人民共和国房产税暂行条例》（国发〔1986〕90 号发布，中华人民共和国国务院令第 588 号修订）的规定，有关房产税纳税申报的主要规定如下。

1. 纳税义务发生时间管控

（1）将原有的房产用于生产经营，从生产经营之月起计征房产税。

（2）自建的房屋用于生产经营，从建成之日的次月起计征房产税。

（3）委托施工企业建设的房屋，从办理验收手续之日的次月起计征房产税。对于在办理验收手续前已使用或出租、出借的新建房屋，应从出租、出借的当月起按规定计征房产税。

（4）购置新建商品房，自房屋交付使用之次月起计征房产税。

（5）购置存量房，自办理房屋权属转移、变更登记手续，房地产权属登记机关签发房屋权属证书之次月起计征房产税。

（6）出租、出借房产，自交付出租、出借房产之次月起，计征房产税。

（7）房地产开发企业自用、出租、出借本企业建造的商品房，自房屋使用或交付之次月起计征房产税。

（8）纳税人因房产的实物或权利状态发生变化而依法终止房产税纳税义务的，其应纳税款的计算应截止到房产的实物或权利状态发生变化的当月末。

2. 纳税申报期限管控

房产税按年征收、分期缴纳。纳税期限由省、自治区、直辖市人民政府规定。

3. 纳税地点管控

房产税由房产所在地的税务机关征收。房产不在同一地方的纳税人，应按房产的坐落地点分别向房产所在地的税务机关纳税。

4. 纳税申报

纳税义务人应根据税法要求，将现有房屋的坐落地点、结构、面积、出租收入等情况，据实向当地税务机关办理纳税申报，并按规定纳税。如果纳税人住址发生变更、产权发生转移，以及出现新建、改建、扩建、拆除房屋等情况，而引起房产原值发生变化或者租金收入变化的，都要按规定及时向税务机关办理变更登记。

5. 房产税申报管控要求

房产税征税对象单一，为能准确把握应纳税额的计算，应按下述规范要领操作：

（1）检查应税房屋及与房屋不可分割的各种附属设施，或一般不单独计算价值的配套设施，确认产权所属关系，以此判定纳税义务人。

（2）检查应税房产投入使用或竣工、验收的时间，确认纳税义务发生的时间。

（3）检查“固定资产”“在建工程”“其他业务收入”等核算账户，确认应税房产的净值或租金收入，确定房产税的计税依据。

（4）检查在征税范围内按现行政策应予以减税免税的房产。如危房、险房、停止使用、企业停产闲置不用的房产，因大修理停用在半年以上的房产等，报请税务机关审核同意可暂免征收房产税。

6. 台账管理

房产税应建立台账（见附录1附表8），准确计算应税金额。

7. 备查资料

根据《国家税务总局关于城镇土地使用税等“六税一费”优惠事项资料留存备查的公告》（国家税务总局公告2019年第21号）的规定，对房产税优惠实行“自行判别、申报享受、有关资料留存备查”办理方式，申报时无须再向税务机关提供有关资料。纳税人对“六税一费”优惠事项留存备查资料的真实性、合法性承担法律责任。但房产税困难减免税不适用该规定，仍按照现行规定办理。

（六）城镇土地使用税纳税申报风险管控

1. 纳税义务发生时间管控

根据《国家税务总局关于房产税、城镇土地使用税有关政策规定的通知》（国税发〔2003〕89号）第二条、《财政部、国家税务总局关于房产税、城镇土地使用税有关政策的通知》（财税〔2006〕186号）第二条、《中华人民共和国城镇土地使用税暂行条例》（中华人民共和国国务院令第483号）第九条的规定：

（1）购置新建商品房，自房屋交付使用之次月起计征城镇土地使用税。

（2）购置存量房，自办理房屋权权属转移、变更登记手续，房地产权属登记机关签发房屋权属证书之次月起计征城镇土地使用税。

（3）出租、出借房产，自交付出租、出借房产之次月起计征城镇土地使用税。

（4）以出让或转让方式有偿取得土地使用权的，应由受让方从合同约定交付土地时间的次月起缴纳城镇土地使用税；合同未约定交付土地时间的，由受让方从合同签订的次月起缴纳城镇土地使用税。

（5）新征用的耕地，自批准征用之日起满1年时开始缴纳城镇土地使用税。

（6）新征用的非耕地，自批准征用次月起缴纳城镇土地使用税。

自2009年1月1日起，纳税人因土地的权利发生变化而依法终止城镇土地使用税纳税义务的，其应纳税款的计算应截止到土地权利发生变化的当月末。

2. 纳税申报期限管控

城镇土地使用税按年计算，分期缴纳。具体缴纳期限由省、自治区、直辖市人民政府确定。

3. 纳税地点管控

城镇土地使用税的纳税地点为土地所在地，由土地所在地的税务机关负责征收。纳税人使用的土地不属于同一省（自治区、直辖市）管辖范围内的，由纳税人分别向土地所在地的税务机关申报缴纳。在同一省（自治区、直辖市）管辖范围内，纳税人跨区使用的土地，由各省、自治区、直辖市税务局确定纳税地点。

4. 纳税申报管控

纳税人应依照税务机关规定的期限，填写“城镇土地使用税纳税申报表”，将其占用土地的权属、位置、用途、面积和税务机关规定的其他内容，据实向当地税务机关办理纳税申报登记，并提供有关的证明文件资料。纳税人新征用的土地，必须与批准新征用之日起30日内申报登记。纳税人如有住址变更、土地使用权属转换等情况，从转移之日起，按规定期限办理申报变更登记。

5. 城镇土地使用税申报管控要求

城镇土地使用税的计税方法简单直观，纳税申报操作的重点环节是确定纳税义务人和计税土地面积及类别。纳税申报操作规范如下：

（1）检查企业土地使用证标示的土地面积和实际占用的土地面积，在此基础上检查土地实际所处的类区和用途，以确定征税土地面积的数量和适用的单位税额。

(2) 检查拥有土地使用权的实际情况，确定纳税义务人。

(3) 检查企业实际占用的减税免税土地面积及核批手续，确认减税免税土地面积。

根据适用的单位税额计算应纳税额。

6. 台账管理

城镇土地使用税应建立台账（见附录1附表9），准确计算应税金额。

7. 备查资料

根据《国家税务总局关于城镇土地使用税等“六税一费”优惠事项资料留存备查的公告》（国家税务总局公告2019年第21号）的规定，对城镇土地使用税优惠实行“自行判别、申报享受、有关资料留存备查”办理方式，申报时无须再向税务机关提供有关资料。纳税人对“六税一费”优惠事项留存备查资料的真实性、合法性承担法律责任。但城镇土地使用税困难减免税不适用该规定，仍按照现行规定办理。

（七）车船税纳税申报风险管控

根据《中华人民共和国车船税法》（中华人民共和国主席令第43号）和《中华人民共和国车船税法实施条例》（中华人民共和国国务院令第611号）的规定，车船税纳税申报的具体规定如下。

1. 纳税期限管控

车船税纳税义务发生时间为取得车船所有权或者管理权的当月，以购买车船的发票或者其他证明文件所载日期的当月为准。

2. 纳税地点管控

车船税的纳税地点为车船的登记地或者车船税扣缴义务人所在地。依法不需要办理登记的车船，车船税的纳税地点为车船的所有人或者管理人所在地。

扣缴义务人代收代缴车船税的，纳税地点为扣缴义务人所在地。

纳税人自行申报缴纳车船税的，纳税地点为车船登记地的主管税务机关所在地。

依法不需要办理登记的车船，纳税地点为车船所有人或者管理人主管税务机关所在地。

3. 纳税申报管控

(1) 车船税按年申报，分月计算，一次性缴纳。纳税年度为公历1月1日至12月31日。具体申报纳税期限由省、自治区、直辖市人民政府规定。

(2) 扣缴义务人已代收代缴车船税的，纳税人不再向车辆登记地的主管税务机关申报缴纳车船税。没有扣缴义务人的，纳税人应当向主管税务机关自行申报缴纳车船税。

(3) 机动车车船税扣缴义务人在代收车船税时，应当在机动车交通事故责任强制保险的保险单以及保费发票上注明已收税款的信息，作为代收税款凭证。

(4) 纳税人缴纳车船税时，应当提供反映排气量、整备质量、核定载客人数、净吨位、千瓦、艇身长度等与纳税相关信息的相应凭证以及税务机关根据实际需要要求提供的其他资料。纳税人以前年度已经提供前款所列资料信息的，可以不再提供。

(5) 税务机关可以在车船登记管理部门、车船检验机构的办公场所集中办理车船税征收事宜。公安机关交通管理部门在办理车辆相关登记和定期检验手续时，经核查，对没有提供依法纳税或者免税证明的，不予办理相关手续。

(6) 对于依法不需要购买机动车交通事故责任强制保险的车辆，纳税人应当向主管税务机关申报缴纳车船税。

4. 备查资料

根据《国家税务总局关于城镇土地使用税等“六税一费”优惠事项资料留存备查的公告》（国家税务总局公告2019年第21号）的规定，对车船税优惠实行“自行判别、申报享受、有关资料留存备查”办理方式，申报时无须再向税务机关提供有关资料。纳税人对“六税一费”优惠事项留存备查资料的真实性、合法性承担法律责任。

（八）印花税纳税申报风险管控

1. 纳税方法及纳税申报管控

根据《中华人民共和国印花税暂行条例》（中华人民共和国国务院令第11号）和《中华人民共和国印花税暂行条例施行细则》（财税字〔1988〕第255号）规定，印花税实行由纳税人根据规定自行计算应纳税额，购买并一次贴足印花税票（简称贴花）的缴纳办法。为简化贴花手续，应纳税额较大或者贴花次数频繁的，纳税人可向税务机关提出申请，采取以缴款书代替贴花或者按期汇总缴纳的办法。

（1）自行计算应纳税额，自行购买印花税票，自行贴花和画销，自行完成纳税义务（一般方法）。应纳税凭证粘贴印花税票后应即注销。纳税人有印章的，加盖印章注销；纳税人没有印章的，可用钢笔（圆珠笔）画几条横线注销。注销标记应与骑缝处相交。骑缝处是指粘贴的印花税票与凭证及印花税票之间的交接处。

（2）以缴款书或完税凭证代替贴花。一份凭证应纳税额超过500元的，应向当地税务机关申请填写缴款书或者完税证，将其中一联粘贴在凭证上或者由税务机关在凭证上加注完税标记代替贴花。

（3）按期汇总缴纳印花税。同一种类应纳税凭证，需频繁贴花的，应向当地税务机关申请按期汇总缴纳印花税。税务机关对核准汇总缴纳印花税的单位，应发给汇缴许可证。汇总缴纳的限期限额由当地税务机关确定，但最长期限不得超过1个月。凡汇总缴纳印花税的凭证，应加注税务机关指定的汇缴戳记，编号并装订成册后，将已贴印花或者缴款书的一联粘附册后，盖章注销，保存备查。

（4）印花税申报操作管控。纳税人办理印花税纳税申报时，要掌握应税凭证的范围，做到及时贴花，不漏不缺。纳税申报操作规范如下：

1）根据企业和平经营所属的行业以及生产经营项目的特点，确定应税凭证可能发生的主要范围。

2）检查企业当期书立的购销合同、加工承揽合同、货物运输合同、技术合同、营业账簿、权利许可证照等，按合同金额和适用的税率计算应纳税额。

3）检查企业具有合同性质的票据、单据。如运输费用发票，购销单位相互之间开出的订单、要货单、传真函件等，均应视为应税凭证按规定贴花。

4）检查企业可能发生应税凭证业务的核算账户，如“实收资本”、“资本公积”、“固定资产”“制造费用”“管理费用”等，以防止漏缴税款。

5）对于加工承揽合同、货物运输合同等在计税时可作一定金额扣除的应税凭证，还应检查计税金额与扣除金额，确定计税依据。

6）将本期各应税凭证印花税税额汇总计算后，如税额较小可到税务机关购买印花税票贴花完税并在每枚税票的骑缝处画销；税额较大的（税法规定为超过 500 元）可用税收缴款书缴纳税款。如果企业应税凭证类多，纳税次数发生频繁，且金额较大，可向主管税务机关申请采取汇总缴纳的方法。

2. 纳税地点管控

印花税一般实行就地纳税。对于全国性商品物资订货会（包括展销会、交易会等）上所签订合同应纳的印花税，由纳税人回其所在地后及时办理贴花完税手续；对地方主办、不涉及省际关系的订货会、展销会上所签合同的印花税，其纳税地点由各省、自治区、直辖市人民政府自行确定。

3. 台账管理

印花税应建立台账（见附录 1 附表 10），准确计算应税金额。

4. 备查资料

根据《国家税务总局关于城镇土地使用税等“六税一费”优惠事项资料留存备查的公告》（国家税务总局公告 2019 年第 21 号）的规定，对印花税优惠实行“自行判别、申报享受、有关资料留存备查”办理方式，申报时无须再向税务机关提供有关资料。纳税人对“六税一费”优惠事项留存备查资料的真实性、合法性承担法律责任。

5. 其他风险管控

（1）印花税票应当粘贴在应纳税凭证上，并由纳税人在每枚税票的骑缝处盖戳注销或者画销。已贴用的印花税票不得重用。

（2）应纳税凭证应当于书立或者领受时贴花。

（3）同一凭证，由两方或者两方以上当事人签订并各执一份的，应当由各方就所执的一份各自全额贴花。

（4）已贴花的凭证，修改后所载金额增加的，其增加部分应当补贴印花税票。

（5）同一凭证，因载有两个或者两个以上经济事项而适用不同税目税率，如分别记载金额的，应分别计算应纳税额，相加后按合计税额贴花；如未分别记载金额的，按税率高的计税贴花。

（6）按金额比例贴花的应税凭证，未标明金额的，应按照凭证所载数量及国家牌价计算金额；没有国家牌价的，按市场价格计算金额，然后按法规税率计算应纳税额。

（7）应纳税凭证所载金额为外国货币的，纳税人应按照凭证书立当日的中华人民共和国国家外汇管理局公布的外汇牌价折合人民币，计算应纳税额。

（8）凡多贴印花税票者，不得申请退税或者抵用。

（9）纳税人对纳税凭证应妥善保存。凭证的保存期限，凡国家已有明确法规的，按法规办；其余凭证均应在履行完毕后保存 1 年。

二、税款征收风险管控

（一）税款征收方式

税款征收方式，是指税务机关以保证国家税款及时足额入库、方便纳税人、降低税收成本为原则，根据各税种的不同特点、征纳双方的具体条件而确定的计算征收税款的方法和形式。

税款征收的主要方式如下。

1. 查账征收

查账征收，是指税务机关按照纳税人提供的账表所反映的经营情况，依照适用税率计算缴纳税款的方式。这种方式一般适用于财务会计制度较为健全，能够认真履行纳税义务的纳税单位。

2. 查定征收

查定征收，是指税务机关根据纳税人的从业人员、生产设备、采用原材料等因素，对其产制的应税产品查实核定产量、销售额并据以征收税款的方式。这种方式一般适用于账册不够健全，但是能够控制原材料或进销货的纳税单位。

3. 查验征收

查验征收，是指税务机关对纳税人应税商品，通过查验数量，按市场一般销售单价计算其销售收入并据以征税的方式。这种方式一般适用于经营品种比较单一，经营地点、时间和商品来源不固定的纳税单位。

4. 定期定额征收

定期定额征收，是指税务机关通过典型调查，逐户确定营业额和所得额并据以征税的方式。这种方式一般适用于无完整考核依据的小型纳税单位。

5. 代扣代缴

代扣代缴，是指按照税法规定，负有代扣代缴税款义务的单位和个人，在向纳税人支付款项的同时，依法从支付款项中扣收纳税人应纳税款并按照规定的期限和缴库办法申报解缴的一种方式。

6. 代收代缴

代收代缴，是指依照税法规定，负有代收代缴税款义务的单位和个人，在向纳税人收取款项的同时，依法收取纳税人应纳的税款并按照规定的期限和缴库办法申报解缴的一种方式。如消费税暂行条例规定，纳税人委托加工的应税消费品，由受托方在向委托方交货时代收代缴税款。

7. 委托代征税款

委托代征税款，是指税务机关委托代征人以税务机关的名义征收税款，并将税款缴入国库的方式。这种方式一般适用于小额、零散税源的征收。

8. 其他方式

其他税款征收方式如利用网络申报、用IC卡纳税、邮寄纳税等。

（二）延期纳税

1. 延期申报

根据《中华人民共和国税收征收管理法》（中华人民共和国主席令第49号）第二十七条的规定，纳税人、扣缴义务人不能按期办理纳税申报或者报送代扣代缴、代收代缴税款报告表的，经税务机关核准，可以延期申报。经核准延期办理前款规定的申报、报送事项的，应当在纳税期内按照上期实际缴纳的税额或者税务机关核定的税额预缴税款，并在核准的延期内办理税款结算。

2. 延期纳税

根据《中华人民共和国税收征收管理法》（中华人民共和国主席令第 49 号）第三十一条的规定，纳税人、扣缴义务人按照法律、行政法规规定或者税务机关依照法律、行政法规的规定确定的期限，缴纳或者解缴税款。纳税人因有特殊困难，不能按期缴纳税款的，经省、自治区、直辖市税务局批准，可以延期缴纳税款，但是最长不得超过三个月。

其中特殊困难包括因不可抗力，导致纳税人发生较大损失，正常生产经营活动受到较大影响的以及当期货币资金在扣除应付职工工资、社会保险费后，不足以缴纳税款的。

根据《中华人民共和国税收征收管理法实施细则》（中华人民共和国国务院令第 362 号）第四十二条的规定，纳税人需要延期缴纳税款的，应当在缴纳税款期限届满前提出申请，并报送下列材料：申请延期缴纳税款报告，当期货币资金余额情况及所有银行存款账户的对账单，资产负债表，应付职工工资和社会保险费等税务机关要求提供的支出预算。

税务机关应当自收到申请延期缴纳税款报告之日起 20 日内做出批准或者不予批准的决定；不予批准的，从缴纳税款期限届满之日起加收滞纳金。

（三）退税

根据《中华人民共和国税收征收管理法》（中华人民共和国主席令第 49 号）第五十一条的规定，纳税人超过应纳税额缴纳的税款，税务机关发现后应当立即退还；纳税人自结算缴纳税款之日起三年内发现的，可以向税务机关要求退还多缴的税款并加算银行同期存款利息，税务机关及时查实后应当立即退还；涉及从国库中退库的，依照法律、行政法规有关国库管理的规定退还。

据《中华人民共和国税收征收管理法实施细则》（中华人民共和国国务院令第 362 号）第七十八条的规定，税务机关发现纳税人多缴税款的，应当自发现之日起 10 日内办理退还手续；纳税人发现多缴税款，要求退还的，税务机关应当自接到纳税人退还申请之日起 30 日内查实并办理退还手续。

可以加算银行同期存款利息的多缴税款退税，不包括依法预缴税款形成的结算退税、出口退税和各种减免退税，退税利息按照税务机关办理退税手续当天中国人民银行规定的活期存款利率计算。

根据《国家税务总局关于企业所得税应纳税所得额若干税务处理问题的公告》（国家税务总局公告 2012 年第 15 号）第六条的规定，对企业发现以前年度实际发生的、按照税收规定应在企业所得税前扣除而未扣除或者少扣除的支出，企业做出专项申报及说明后，准予追补至该项目发生年度计算扣除，但追补确认期限不得超过 5 年。

企业由于上述原因多缴的企业所得税税款，可以在追补确认年度企业所得税应纳税款中抵扣，不足抵扣的，可以向以后年度递延抵扣或申请退税。

亏损企业追补确认以前年度未在企业所得税前扣除的支出，或盈利企业经过追补确认后出现亏损的，应首先调整该项支出所属年度的亏损额，然后再按照弥补亏损的原则计算以后年度多缴的企业所得税款，并按前款规定处理。

根据《财政部、税务总局、海关总署关于深化增值税改革有关政策的公告》（财政部、税务总局、海关总署公告 2019 年第 39 号）第八条规定，自 2019 年 4 月 1 日起，试行增值税期末留抵税额退税制度。符合条件的纳税人，可以向主管税务机关申请退还增量留抵税额（即与 2019 年 3 月底相比新增加的期末留抵税额）。

（四）相关法律责任

纳税人未按照规定期限缴纳税款的，扣缴义务人未按照规定期限解缴税款的，税务机关除责令限期缴纳外，从滞纳税款之日起，按日加收滞纳税款万分之五的滞纳金。

纳税人、扣缴义务人在规定期限内不缴或者少缴应纳或者应解缴的税款，经税务机关责令限期缴纳，逾期仍未缴纳的，税务机关除依照《中华人民共和国税收征收管理法》（中华人民共和国主席令第 49 号发布，2015 年修正）第四十条的规定采取强制执行措施追缴其不缴或者少缴的税款外，可以处不缴或者少缴的税款百分之五十以上五倍以下的罚款。

扣缴义务人应扣未扣、应收而不收税款的，由税务机关向纳税人追缴税款，对扣缴义务人处应扣未扣、应收未收税款百分之五十以上三倍以下的罚款。

纳税人欠缴应纳税款，采取转移或者隐匿财产的手段，妨碍税务机关追缴欠缴的税款的，由税务机关追缴欠缴的税款、滞纳金，并处欠缴税款百分之五十以上五倍以下的罚款；构成犯罪的，依法追究刑事责任。

以暴力、威胁方法拒不缴纳税款的，是抗税，除由税务机关追缴其拒缴的税款、滞纳金外，依法追究刑事责任。情节轻微，未构成犯罪的，由税务机关追缴其拒缴的税款、滞纳金，并处拒缴税款一倍以上五倍以下的罚款。

政策依据

《中华人民共和国增值税暂行条例》（中华人民共和国国务院令第 691 号）

《电力产品增值税征收管理办法》（国家税务总局令第 44 号）

《财政部、国家税务总局关于全国实施增值税转型改革若干问题的通知》（财税〔2008〕170 号）

《财政部、国家税务总局关于部分货物适用增值税低税率和简易办法征收增值税政策的通知》（财税〔2009〕9 号）

《财政部、国家税务总局关于固定资产进项税额抵扣问题的通知》（财税〔2009〕113 号）

《国家税务总局关于一般纳税人销售自己使用过的固定资产增值税有关问题的公告》（国家税务总局公告 2012 年第 1 号）

《交通运输业和部分现代服务业营业税改征增值税试点实施办法》（财税〔2013〕37 号）

《财政部、国家税务总局关于简并增值税征收率政策的通知》（财税〔2014〕57 号）

《国家税务总局关于简并增值税征收率有关问题的公告》（国家税务总局公告 2014 年第 36 号）

《财政部、国家税务总局关于全面推开营业税改征增值税试点的通知》（财税〔2016〕36 号）

《财政部、国家税务总局关于进一步明确全面推开营改增试点有关劳务派遣服务、收费公路通行费抵扣等政策的通知》（财税〔2016〕47 号）

《国家税务总局关于发布〈纳税人跨县（市、区）提供建筑服务增值税征收管理暂行办法〉的公告》（国家税务总局公告 2016 年第 17 号）

《财政部、税务总局关于建筑服务等营改增试点政策的通知》（财税〔2017〕58 号）

《国家税务总局关于进一步明确营改增有关征管问题的公告》（国家税务总局公告 2017 年第 11 号）

《财政部、国家税务总局关于纳税人异地预缴增值税有关城市维护建设税和教育费附加政策问题的通知》（财税〔2016〕74 号）

《财政部、税务总局、海关总署关于深化增值税改革有关政策的公告》（财政部、税务总局、海关总署公告 2019 年第 39 号）

《中华人民共和国企业所得税法》（中华人民共和国主席令第 64 号）

《国家税务总局关于企业所得税应纳税所得额若干税务处理问题的公告》（国家税务总局公告 2012 年第 15 号）

《国家税务总局关于印发〈跨地区经营汇总纳税企业所得税征收管理办法〉的公告》（国家税务总局公告 2012 年第 57 号）

《国家税务总局关于发布修订后的〈企业所得税优惠政策事项办理办法〉的公告》（国家税务总局公告 2018 年第 23 号）

《中华人民共和国个人所得税法》（中华人民共和国主席令第 9 号）

《中华人民共和国个人所得税法实施条例》（中华人民共和国国务院令第 707 号）

《中华人民共和国印花税暂行条例》（中华人民共和国国务院令第 11 号）

《财政部、国家税务总局关于房产税、城镇土地使用税有关政策的通知》（财税〔2006〕186 号）

《国家税务总局关于房产税城镇土地使用税有关政策规定的通知》（国税发〔2003〕89 号）

《中华人民共和国城镇土地使用税暂行条例》（中华人民共和国国务院令第 483 号）

《中华人民共和国车船税法》（中华人民共和国主席令第 43 号）

《国家税务总局关于城镇土地使用税等“六税一费”优惠事项资料留存备查的公告》（国家税务总局公告 2019 年第 21 号）

《中华人民共和国车船税法实施条例》（中华人民共和国国务院令第 611 号）

《中华人民共和国税收征收管理法》（中华人民共和国主席令第 49 号发布，2015 年修正）

《中华人民共和国税收征收管理法实施细则》（中华人民共和国国务院令第 362 号）

《建设部、财政部中国人民银行关于住房公积金管理若干具体问题的指导意见》（建金管〔2005〕5 号）

第三节　税　务　稽　查

一、税务稽查概述

税务稽查是税收征收管理工作的重要步骤和环节，是税务机关代表国家依法对纳税人的纳税情况进行检查监督的一种形式，具体包括日常稽查、专项稽查和专案稽查。税务稽查的依据是具有各种法律效力的各种税收法律、法规及各种政策规定。

（一）税务稽查基本任务

根据《国家税务总局关于印发〈税务稽查工作规程〉的通知》（国税发〔2009〕157 号）的

规定，税务稽查的基本任务是根据国家税收法律、法规，查处税收违法行为，保障税收收入，维护税收秩序，促进依法纳税，保证税法的实施。为此，税务稽查必须以事实为依据，以国家发布的税收法律、法规、规章为准绳，依靠人民群众，加强与司法机关和其他有关部门的配合。

税务稽查一般由税务稽查局实施，稽查局查处税收违法案件时，实行选案、检查、审理、执行分工制约原则。稽查局设立选案、检查、审理、执行部门，分别实施选案、检查、审理、执行工作。

（二）税务稽查随机抽查机制

根据《推进税务稽查随机抽查实施方案》（国办发〔2015〕58号）文件的有关规定，税务稽查随机抽查主体是各级税务稽查部门，各级税务局建立税务稽查对象分类名录库，实施动态管理。所有税务稽查对象，除线索明显涉嫌偷逃骗抗税和虚开发票等税收违法行为直接立案查处的外，均须通过摇号等方式，从税务稽查对象分类名录库和税务稽查异常对象名录库中随机抽取。

随机抽查按照税务稽查对象是否设定特定条件分为定向抽查和不定向抽查。对全国、省、市重点税源企业，采取定向抽查与不定向抽查相结合的方式，每年抽查比例在20%左右，原则上每5年检查一轮。对非重点税源企业，采取以定向抽查为主、辅以不定向抽查的方式，每年抽查比例不超过3%。3年内已被随机抽查的税务稽查对象，不列入随机抽查范围。

对随机抽查对象，税务稽查部门可以直接检查，也可以要求其先行自查，再实施重点检查，或自查与重点检查同时进行。对自查如实报告税收违法行为，主动配合税务稽查部门检查，主动补缴税款和缴纳滞纳金的，依法从轻、减轻或不予行政处罚；税务稽查部门重点检查发现存在重大税收违法行为或故意隐瞒税收违法行为的，应依法从严处罚；涉嫌犯罪的，应依法移送公安机关处理。

二、税务检查范围

根据《中华人民共和国税收征收管理法》（中华人民共和国主席令第49号）及其实施细则的规定，税务机关有权进行下列税务检查：

（1）检查纳税人的账簿、记账凭证、报表和有关资料，检查扣缴义务人代扣代缴、代收代缴税款账簿、记账凭证和有关资料。

（2）到纳税人的生产、经营场所和货物存放地检查纳税人应纳税的商品、货物或者其他财产，检查扣缴义务人与代扣代缴、代收代缴税款有关的经营情况。

（3）责成纳税人、扣缴义务人提供与纳税或者代扣代缴、代收代缴税款有关的文件、证明材料和有关资料。

（4）询问纳税人、扣缴义务人与纳税或者代扣代缴、代收代缴税款有关的问题和情况。

（5）到车站、码头、机场、邮政企业及其分支机构检查纳税人托运、邮寄应纳税商品、货物或者其他财产的有关单据、凭证和有关资料。

（6）经县以上税务局（分局）局长批准，凭全国统一格式的检查存款账户许可证明，查询从事生产、经营的纳税人、扣缴义务人在银行或者其他金融机构的存款账户。税务机关在调查税收违法案件时，经设区的市、自治州以上税务局（分局）局长批准，可以查询案件涉嫌人员的储蓄存款。税务机关查询所获得的资料，不得用于税收以外的用途。

三、税务稽查迎检程序

（一）加强形势研究，掌握政策动态

各级单位财务部门应动态开展税收形势分析，加强税制改革学习研究，与主管税务机关保持密切联系与沟通，掌握年度税收重点工作计划与要求。积极关注国家税收收入与税收结构状况，深入分析不同税种收入的比重变化，分析判断总体税收收入情况及重点关注的税种，进一步提升税收稽查形势的职业研判能力。根据税务稽查“双随机”及原则上 5 年检查一轮的工作机制，结合本单位业务特点，组织开展税收自查，积极做好税款补缴入库工作，防范税务稽查风险。

（二）强化组织领导，建立协同机制

收到税务检查通知后，积极收集税务检查的相关信息。了解检查人员组成、检查背景、目的；税务检查范围、期间、税种。加强单位内部组织动员，成立税务迎检工作组，由分管领导、财务部门和业务部门联络员组织迎检工作组，明确职责分工和迎检工作流程，建立资料提交审核机制和现场盘查协同机制，形成良好的即时反馈机制，财务部门负责按日汇总稽查信息收集，加强组织协调，保障检查配合有序开展。

（三）广泛收集信息，逐级汇总上报

加强与税务检查有关的信息收集，为迎检工作提供有效的信息源。各单位在收到税务稽查通知后，应于 1 个工作日内向上级主管单位汇报税务稽查的主要内容，包括检查时间、检查范围、实施主体等信息，各主管单位应及时做好管辖范围内的各项稽查入驻情况统计，及时汇总上报上级单位，便于上级单位开展税收稽查形势分析，部署相关自查自纠工作。

（四）开展资料整理，主动配合迎检

根据现场税务稽查要求，前瞻性地开展稽查重点预判，有针对性地开展相关证据资料的收集准备工作，形成较为充分的资料源，为后续的涉检事项留有充裕的时间。同时与稽查组加强沟通，及时掌握稽查进展情况，按日汇总稽查情况，强化迎检配合的主动性，提升迎检成效。

（五）分析稽查风险，确定应对措施

根据稽查发现的问题，积极组织相关领导和专家开展税务风险分析，区分系统性风险和个性化风险，分门别类确定稽查应对措施。要严密防范系统性风险，加强沟通协调，综合施策，避免出现“鞭炮式”的税务风险事项。个性化税务风险事项需进行综合考虑，积极沟通，确保损失最小，影响最低。

（六）加强证据审核，按时有序提交

根据税务稽查发现事项，开展涉税业务分析，开展证据的收集、整理与提交，履行证据材料的逐级审核程序后按时提交给稽查组。对于提交的证据资料要加强审核，确保资料与业务的相关性、必要性，证据资料能相互佐证，避免出现前后矛盾的情况，资料提交应按时有序，做好复印备份和登记管理，便于后续分析复核。

（七）加强沟通协调，保障稽核结果

对于稽查发现事项，要加强与稽查组的协调沟通，按照先外后内的要求查找文件依据，外部文件依据主要包括税收法规、政策及解释以及地方政府的相关法规与政策文件，内部文件依据应有的放矢，不扩散至其他事项，着重分析事项的客观现状与历史成因，据理力争，争取最大理解与支持，确保良好稽核结果。

（八）补充完善材料，强化佐证效果

根据稽查沟通进展情况，结合之前提交的资料，及时补充相关资料，为稽查事项提供更加充分完善的佐证材料，形成证据材料完整、前后相互印证、逻辑严密合理的证据链条，为稽查结论的改善形成有力的证据支持。

（九）分析稽核意见，确立应对策略

根据税务稽查意见，逐项组织开展分析研究，确立相应的应对策略。对于业务事项明确，稽查证据确凿，稽查结论正确的应认真接受稽查处理；对于稽核证据不充分、稽核主体和程序不合法、稽核意见不合理的，应进一步研究对策，广泛征询税务专家和法律专家意见，论证行政复议和行政诉讼的可行性。一旦确定行政复议和诉讼，则需组成相应的专家组落实相应的对策措施，切实保障公司利益。

（十）执行稽查意见，总结改进提升

根据最终的稽查结果，各单位应积极做好稽查意见的整改落实，组织做好税款、滞纳金和罚款的缴纳工作。同时组织开展分析研究，进一步改进税收管理工作存在的薄弱环节，加强税务稽查成果运用，发挥业务与税收的协同效应，建立健全制度，改进业务处理方式，强化税务筹划能力，提升税务管理对企业经营管理的保障能力。

政策依据

《国家税务总局关于印发〈税务稽查工作规程〉的通知》（国税发〔2009〕157号）

《推进税务稽查随机抽查实施方案》（国办发〔2015〕58号）

《中华人民共和国税收征收管理法》（中华人民共和国主席令第49号）

第四节 纳 税 信 用

根据《国家税务总局关于发布〈纳税信用管理办法（试行）〉的公告》（国家税务总局公告2014年第40号）第二条的规定，纳税信用管理是指税务机关对纳税人的纳税信用信息开展的采集、评价、确定、发布和应用等活动。

纳税信用管理适用于已办理税务登记（含“三证合一、一照一码”、临时登记），从事生产、经营并适用查账征收的独立核算企业、个人独资企业和个人合伙企业。

一、纳税信用信息采集

根据《国家税务总局关于明确纳税信用管理若干业务口径的公告》（国家税务总局公告2015年第85号）的规定，纳税信用信息采集是指税务机关对纳税人纳税信用信息的记录和收集，采集的信息记录截止时间为评价年度12月31日（含本日）。

（一）纳税信用信息分类

根据《纳税信用管理办法》（国家税务总局公告2014年第40号）第十条的规定，纳税信用信息包括纳税人信用历史信息、税务内部信息、外部信息。

纳税人信用历史信息包括基本信息和评价年度之前的纳税信用记录，以及相关部门评定的优良信用记录和不良信用记录。

税务内部信息包括经常性指标信息和非经常性指标信息。经常性指标信息，是指涉税申报信息、税（费）款缴纳信息、发票与税控器具信息、登记与账簿信息等纳税人在评价年度内经常产生的指标信息。非经常性指标信息，是指税务检查信息等纳税人在评价年度内不经常产生的指标信息。

外部信息包括外部参考信息和外部评价信息。外部参考信息包括评价年度相关部门评定的优良信用记录和不良信用记录。外部评价信息是指从相关部门取得的影响纳税人纳税信用评价的指标信息。

（二）纳税信用信息采集方式

根据《纳税信用管理办法》（国家税务总局公告 2014 年第 40 号）相关规定，纳税信用信息采集工作由国家税务总局和省税务机关组织实施，按月采集。

纳税人信用历史信息中的基本信息由税务机关从税务管理系统中采集，税务管理系统中暂缺的信息由税务机关通过纳税人申报采集；评价年度之前的纳税信用记录，以及相关部门评定的优良信用记录和不良信用记录，从税收管理记录、国家统一信用信息平台等渠道中采集。

税务内部信息从税务管理系统中采集。

外部信息主要通过税务管理系统、国家统一信用信息平台、相关部门官方网站、新闻媒体或者媒介等渠道采集，通过新闻媒体或者媒介采集的信息应核实后使用。

二、纳税信用评价

（一）纳税信用评价方式

根据《纳税信用管理办法》（国家税务总局公告 2014 年第 40 号）第十五条规定，纳税信用评价采取年度评价指标得分和直接判级方式。评价指标包括税务内部信息和外部评价信息。

年度评价指标得分采取扣分方式。纳税人评价年度内经常性指标和非经常性指标信息齐全的，从 100 分起评；非经常性指标缺失的，从 90 分起评。

直接判级适用于有严重失信行为的纳税人。

第十七条规定，纳税信用评价周期为一个纳税年度，有下列情形之一的纳税人，不参加本期的评价：

（1）因涉嫌税收违法被立案查处尚未结案的。

（2）被审计、财政部门依法查出税收违法行为，税务机关正在依法处理，尚未办结的。

（3）已申请税务行政复议、提起行政诉讼尚未结案的。

（4）其他不应参加本期评价的情形。

（二）纳税信用级别

根据《纳税信用管理办法》（国家税务总局公告 2014 年第 40 号）和《国家税务总局关于纳税信用评价有关事项的公告》（国家税务总局公告 2018 年第 8 号）第三条的规定，纳税信用级别设 A、B、M、C、D 四级。A 级纳税信用为年度评价指标得分 90 分以上的；B 级纳税信用为年度评价指标得分 70 分以上不满 90 分的；M 级纳税信用为新设立企业或评价年度内无生产经营业务收入且年度评价指标得分 70 分以上的企业；C 级纳税信用为年度评价指标得分 40 分以上不满 70 分的；D 级纳税信用为年度评价指标得分不满 40 分或者直接判级确定的。

1. 不能评为 A 级的纳税人

有下列情形之一的纳税人，本评价年度不能评为 A 级：

（1）实际生产经营期不满 3 年的。

（2）上一评价年度纳税信用评价结果为 D 级的。

（3）非正常原因一个评价年度内增值税或营业税连续 3 个月或者累计 6 个月零申报、负申报的（正常原因是指季节性生产经营、享受政策性减免税等正常情况原因。非正常原因是除上述原因外的其他原因）。

（4）不能按照国家统一的会计制度规定设置账簿，并根据合法、有效凭证核算，向税务机关提供准确税务资料的。

2. 直接判为 D 级的纳税人

有下列情形之一的纳税人，本评价年度直接判为 D 级：

（1）存在逃避缴纳税款、逃避追缴欠税、骗取出口退税、虚开增值税专用发票等行为，经判决构成涉税犯罪的。

（2）存在前项所列行为，未构成犯罪，但偷税（逃避缴纳税款）金额 10 万元以上且占各税种应纳税总额 10%以上，或者存在逃避追缴欠税、骗取出口退税、虚开增值税专用发票等税收违法行为，已缴纳税款、滞纳金、罚款的（偷税（逃避缴纳税款）金额占各税种应纳税总额比例＝一个纳税年度的各税种偷税（逃避缴纳税款）总额/该纳税年度各税种应纳税总额）。

（3）在规定期限内未按税务机关处理结论缴纳或者足额缴纳税款、滞纳金和罚款的。

（4）以暴力、威胁方法拒不缴纳税款或者拒绝、阻挠税务机关依法实施税务稽查执法行为的。

（5）存在违反增值税发票管理规定或者违反其他发票管理规定的行为，导致其他单位或者个人未缴、少缴或者骗取税款的。

（6）提供虚假申报材料享受税收优惠政策的。

（7）骗取国家出口退税款，被停止出口退（免）税资格未到期的。

（8）有非正常户记录或者由非正常户直接责任人员注册登记或者负责经营的。

（9）由 D 级纳税人的直接责任人员注册登记或者负责经营的。

（10）存在税务机关依法认定的其他严重失信情形的。

3. 不影响纳税信用评价的情况

纳税人有下列情形的，不影响其纳税信用评价：

（1）由于税务机关原因或者不可抗力，造成纳税人未能及时履行纳税义务的。

（2）非主观故意的计算公式运用错误以及明显的笔误造成未缴或者少缴税款的。

（3）国家税务总局认定的其他不影响纳税信用评价的情形。

三、纳税信用评价结果的确定和发布

根据《纳税信用管理办法》（国家税务总局公告 2014 年第 40 号）的有关规定，纳税信用评价结果的确定和发布遵循谁评价、谁确定、谁发布的原则。税务机关每年 4 月确定上一年度纳税信用评价结果，并为纳税人提供自我查询服务。纳税人对纳税信用评价结果有异议的，可以书面向做出评价的税务机关申请复评。做出评价的税务机关应按规定进行复核。

税务机关对纳税人的纳税信用级别实行动态调整。因税务检查等发现纳税人以前评价年度需扣减信用评价指标得分或者直接判级的，税务机关应调整其以前年度纳税信用评价结果和记录。纳税人信用评价状态变化时，税务机关可采取适当方式通知、提醒纳税人。

税务机关对纳税信用评价结果，按分级分类原则，依法有序开放：

（1）主动公开A级纳税人名单及相关信息。

（2）根据社会信用体系建设需要，以及与相关部门信用信息共建共享合作备忘录、协议等规定，逐步开放B、C、D级纳税人名单及相关信息。

（3）定期或者不定期公布重大税收违法案件信息。具体办法参见《国家税务总局关于发布〈重大税收违法失信案件信息公布办法〉的公告》（国家税务总局公告2018年第54号）规定。

四、纳税信用评价结果的应用

根据《纳税信用管理办法》（国家税务总局公告2014年第40号）和《国家税务总局关于纳税信用评价有关事项的公告》（国家税务总局公告2018年第8号）第四条的规定，税务机关按照守信激励，失信惩戒的原则，对不同信用级别的纳税人实施分类服务和管理。

（1）对纳税信用评价为A级的纳税人，税务机关予以下列激励措施：

1）主动向社会公告年度A级纳税人名单。

2）一般纳税人可单次领取3个月的增值税发票用量，需要调整增值税发票用量时即时办理。

3）普通发票按需领用。

4）连续3年被评为A级信用级别（简称“3连A”）的纳税人，除享受以上措施外，还可以由税务机关提供绿色通道或专门人员帮助办理涉税事项。

5）税务机关与相关部门实施的联合激励措施，以及结合当地实际情况采取的其他激励措施。

（2）对纳税信用评价为B级的纳税人，税务机关实施正常管理，适时进行税收政策和管理规定的辅导，并视信用评价状态变化趋势选择性地提供参照A级纳税人的激励措施。

（3）对纳税信用评价为M级的企业，税务机关实行下列激励措施：税务机关适时进行税收政策和管理规定的辅导。

（4）对纳税信用评价为C级的纳税人，税务机关应依法从严管理，并视信用评价状态变化趋势选择性地采取参照D级纳税人的管理措施。

（5）对纳税信用评价为D级的纳税人，税务机关应采取以下措施：

1）按照《纳税信用管理办法》（国家税务总局公告2014年第40号）第二十七条的规定，公开D级纳税人及其直接责任人员名单，对直接责任人员注册登记或者负责经营的其他纳税人纳税信用直接判为D级。

2）增值税专用发票领用按辅导期一般纳税人政策办理，普通发票的领用实行交（验）旧供新、严格限量供应。

3）加强出口退税审核。

4）加强纳税评估，严格审核其报送的各种资料。

5）列入重点监控对象，提高监督检查频次，发现税收违法违规行为的，不得适用规定处罚幅度内的最低标准。

6）将纳税信用评价结果通报相关部门，建议在经营、投融资、取得政府供应土地、进出口、出入境、注册新公司、工程招投标、政府采购、获得荣誉、安全许可、生产许可、从业任职资格、资质审核等方面予以限制或禁止。

7）D级评价保留2年，第三年纳税信用不得评价为A级。

8）税务机关与相关部门实施的联合惩戒措施，以及结合实际情况依法采取的其他严格管理措施。

政策依据

《国家税务总局关于发布〈纳税信用管理办法（试行）〉的公告》（国家税务总局公告2014年第40号）

《国家税务总局关于明确纳税信用管理若干业务口径的公告》（国家税务总局公告2015年第85号）

《国家税务总局关于纳税信用评价有关事项的公告》（国家税务总局公告2018年第8号）

《国家税务总局关于发布〈重大税收违法失信案件信息公布办法〉的公告》（国家税务总局公告2018年第54号）

附录 1 常用表格及台账模板

附表 1

增值税纳税申报表

（适用于增值税一般纳税人）

根据《中华人民共和国增值税暂行条例》和《交通运输业和部分现代服务业营业税改征增值税试点实施办法》的规定制定本表。纳税人不论有无销售额，均应按主管税务机关核定的纳税期限按期填报本表，并向当地税务机关申报。

税款所属时间：自 年 月 日至 年 月 日

填表日期： 年 月 日

金额单位：元至角分

纳税人识别号						所属行业：	
纳税人名称	（公章）	法定代表人姓名		注册地址		营业地址	
开户银行及账号		企业登记注册类型				电话号码	

项目		栏次	一般货物及劳务和应税服务		即征即退货物及劳务和应税服务	
			本月数	本年累计	本月数	本年累计
销售额	（一）按适用税率征税销售额	1				
	其中：应税货物销售额	2				
	应税劳务销售额	3				
	纳税检查调整的销售额	4				
	（二）按简易征收办法征税销售额	5				
	其中：纳税检查调整的销售额	6				
	（三）免、抵、退办法出口销售额	7			—	—
	（四）免税销售额	8			—	—

续表

项目		栏次	一般货物及劳务和应税服务		即征即退货物及劳务和应税服务	
			本月数	本年累计	本月数	本年累计
销售额	其中：免税货物销售额	9			—	—
	免税劳务销售额	10			—	—
税款计算	销项税额	11				
	进项税额	12				
	上期留抵税额	13				—
	进项税额转出	14				
	免、抵、退应退税额	15			—	—
	按适用税率计算的纳税检查应补缴税额	16			—	—
	应抵扣税额合计	17＝12＋13－14－15＋16		—		—
	实际抵扣税额	18（如17＜11，则为17，否则为11）				
	应纳税额	19＝11－18				
	期末留抵税额	20＝17－18				—
	简易征收办法计算的应纳税额	21				
	按简易征收办法计算的纳税检查应补缴税额	22			—	—
	应纳税额减征额	23				
	应纳税额合计	24＝19＋21－23				
税款缴纳	期初未缴税额（多缴为负数）	25				
	实收出口开具专用缴款书退税额	26			—	—
	本期已缴税额	27＝28＋29＋30＋31				
	①分次预缴税额	28		—		—

续表

项　　目		栏次	一般货物及劳务和应税服务		即征即退货物及劳务和应税服务	
			本月数	本年累计	本月数	本年累计
税款缴纳	②出口开具专用缴款书预缴税额	29		—	—	—
	③本期缴纳上期应纳税额	30				
	④本期缴纳欠缴税额	31				
	期末未缴税额（多缴为负数）	32＝24＋25＋26－27				
	其中：欠缴税额（≥0）	33＝25＋26－27		—		—
	本期应补（退）税额	34＝24－28－29		—		—
	即征即退实际退税额	35	—	—		
	期初未缴查补税额	36			—	—
	本期入库查补税额	37			—	—
	期末未缴查补税额	38＝16＋22＋36－37			—	—

授权声明	如果你已委托代理人申报，请填写下列资料： 为代理一切税务事宜，现授权__________________ __________________（地址）为本纳税人的代理申报人，任何与本申报表有关的往来文件，都可寄予此人。 授权人签字：	申报人声明	此纳税申报表是根据《中华人民共和国增值税暂行条例》的规定填报的，我相信它是真实的、可靠的、完整的。 声明人签字：

以下由税务机关填写：

收到日期：　　　　接收人：　　　　主管税务机关盖章：

附表 2

增值税预缴台账

月份	工程地点	项目名称	开票金额	支付分包款	扣除分包款		预缴税款		应预缴税款	备注
					已扣除分包款	已扣除分包款	已预缴税款	完税凭证号码		

附表 3

不动产增值税分期抵扣台账

年度

编制单位：　　　　　　　　　　　　　　　　　　　　　　　　单位：

项目	资产编号	入账时间	凭证号	开票时间	发票号码	不含税金额	进项税额	第一期抵扣		第 13 个月抵扣		备注
								抵扣时间	抵扣税额	抵扣时间	抵扣税额	
一、不动产												
二、在建工程												
三、其他（智能化楼宇及配套设施）												

附表 4

统借统还台账

年度

单位：

序号	融入										融出												
	融入单位名称	借款金融机构	借款合同号	融入金额	融资利率	借款日期	到期日期	归还贷款	贷款余额	应付利息	借款单位名称	借款合同号	借款金额	融资利率	借款日期	到期日期	结息方式	期间归还借款	到期归还借款	借款本金余额	应收月度利息	实收利息	利息余额
1																							
2																							
3																							
4																							
5																							
6																							
7																							
8																							
9																							
10																							

附表 5

企业所得税年度纳税申报表（A 类）

行次	类别	项　　目	金　　额
1	利润总额计算	一、营业收入（填写 A101010＼101020＼103000）	
2		减：营业成本（填写 A102010＼102020＼103000）	
3		减：税金及附加	
4		减：销售费用（填写 A104000）	
5		减：管理费用（填写 A104000）	
6		减：财务费用（填写 A104000）	
7		减：资产减值损失	
8		加：公允价值变动收益	
9		加：投资收益	
10		二、营业利润（1－2－3－4－5－6－7＋8＋9）	
11		加：营业外收入（填写 A101010＼101020＼103000）	
12		减：营业外支出（填写 A102010＼102020＼103000）	
13		三、利润总额（10＋11－12）	

续表

行次	类别	项　　目	金　　额
14	应纳税所得额计算	减：境外所得（填写A108010）	
15		加：纳税调整增加额（填写A105000）	
16		减：纳税调整减少额（填写A105000）	
17		减：免税、减计收入及加计扣除（填写A107010）	
18		加：境外应税所得抵减境内亏损（填写A108000）	
19		四、纳税调整后所得（13－14＋15－16－17＋18）	
20		减：所得减免（填写A107020）	
21		减：弥补以前年度亏损（填写A106000）	
22		减：抵扣应纳税所得额（填写A107030）	
23		五、应纳税所得额（19－20－21－22）	
24	应纳税额计算	税率（25%）	
25		六、应纳所得税额（23×24）	
26		减：减免所得税额（填写A107040）	
27		减：抵免所得税额（填写A107050）	
28		七、应纳税额（25－26－27）	
29		加：境外所得应纳所得税额（填写A108000）	
30		减：境外所得抵免所得税额（填写A108000）	
31		八、实际应纳所得税额（28＋29－30）	
32		减：本年累计实际已缴纳的所得税额	
33		九、本年应补（退）所得税额（31－32）	
34		其中：总机构分摊本年应补（退）所得税额（填写A109000）	
35		财政集中分配本年应补（退）所得税额（填写A109000）	
36		总机构主体生产经营部门分摊本年应补（退）所得税额（填写A109000）	

附表6

固 定 资 产 台 账

年度

编制单位：　　　　　　　　　　　　　　　　　　　　　　单位：

序号	固定资产编号	固定资产名称	规格型号	类别名称	购置日期	使用年限	到期日	计量单位	资产原值			存放地点	使用部门	使用人	使用状态	备注
									数量	单价	金额					
1																
2																
3																
4																
5																
6																
7																
8																
9																
10																

附表 7

输变电新建项目统计表

序号	综合计划项目名称	综合计划文号	综合计划项目下达年份	项目编号	项目所在地	主要建设内容	是否为打捆项目	子项个数	投资计划（金额：万元）	城农网类型（√）		农网建设类型（√）（注 11/12 选一项，11√继 14 列以后，12√需提供 13 列声明书，14 列后不填）			新建农网完工情况（√）		新建农网完工转资情况						新建农网完工分类（金额：元）					
										城网	农网	新建农网	改造农网	不符合新建项目声明书（填编号）	未完工	完工	投运日期	转资日期	竣工决算报告完成日期	完成资产竣工决算报告（金额：元）	完成资产竣工决算编制表（金额：元）	未完成暂估金额（金额：元）	新建工程	新址（旧址）改造工程	环网工程	延伸工程	部分新建部分改造	合计
	1	2	3	4	5	6	7		8	9	10	11	12	13	14	15	16	17	18	19	20	21	22	23	24	25	26	27
1																												
2																												

附表 8

从价计征房产税税源明细表

序号	房产编号	房产名称	是否有产权证	产权证书号	房屋坐落地址	纳税人类型	所有权人纳税识别码	所有权人名称	房屋所在土地编号	房屋所在土地地址	房产用途	房产取得时间	纳税义务终止时间	建筑面积	其中出租房产建筑面积	是否启用	房产原值	其中出租房产原值	计税比例
1																			
2																			
3																			
4																			
5																			
6																			
7																			
8																			
9																			
10																			
11																			
12																			

附表 9　　　　　　**城镇土地使用税税源明细表**

序号	土地编号	地号	土地名称	纳税人类型	土地使用权人纳税识别号	土地使用权人名称	土地使用权证号	土地性质	土地取得方式	土地用途	土地坐落地址	土地取得时间	纳税义务终止时间	启用标记	占用土地面积	土地等级	税额标准	地价	其中取得土地使用权支付金额	其中土地开发成本
1																				
2																				
3																				
4																				
5																				
6																				
7																				
8																				
9																				
10																				

附表 10　　　　　　**印花税计提明细统计表**　　　　　　单位：元

合同编号	合同名称	合同金额	是否已计提	所属税目	税率	税额
		①			②	③=①×②

编制人：　　　　　　　　　　　　　　　　　　　　审核人：

附表 11

农维费检修项目免税进项税转出台账

年度

单位：

月份	销售收入		当期无法划分的全部进项税额	清算时应补进项税额	清算时应转出进项税额	备注
	应税收入	免税收入				
1						
2						
3						
4						
5						
6						
7						
8						
9						
10						
11						
12						
小计						
年终清算						

附录 2 “营改增”后增值税税率表

<table>
<tr><th>纳税人</th><th colspan="3">原增值税纳税人</th><th>2018 年 5 月 1 日前</th><th>2018 年 5 月 1 日—2019 年 4 月 1 日</th><th>2019 年 4 月 1 日后</th></tr>
<tr><td rowspan="21">一般纳税人</td><td rowspan="5">销售或者进口货物</td><td colspan="2">销售或者进口大部分货物</td><td>17%</td><td>16%</td><td>13%</td></tr>
<tr><td rowspan="4">低税率货物</td><td>1. 粮食等农产品、食用植物油、食用盐</td><td rowspan="4">11%</td><td rowspan="4">10%</td><td rowspan="4">9%</td></tr>
<tr><td>2. 自来水、暖气、冷气、热水、煤气、石油液化气、天然气、沼气、居民用煤炭制品、二甲醚</td></tr>
<tr><td>3. 图书、报纸、杂志、音像制品、电子出版物</td></tr>
<tr><td>4. 饲料、化肥、农药、农机、农膜</td></tr>
<tr><td colspan="3">提供加工、修理修配劳务</td><td>17%</td><td>16%</td><td>13%</td></tr>
<tr><td colspan="3">出口货物</td><td colspan="3">0%</td></tr>
<tr><td colspan="3">“营改增”试点增值税纳税人</td><td>2018 年 5 月 1 日前</td><td>2018 年 5 月 1 日—2019 年 4 月 1 日</td><td>2019 年 4 月 1 日后</td></tr>
<tr><td rowspan="4">交通运输业</td><td colspan="2">陆路运输服务</td><td rowspan="8">11%</td><td rowspan="8">10%</td><td rowspan="8">9%</td></tr>
<tr><td colspan="2">水路运输服务</td></tr>
<tr><td colspan="2">航空运输服务</td></tr>
<tr><td colspan="2">管道运输服务</td></tr>
<tr><td rowspan="3">邮政服务</td><td colspan="2">邮政普遍服务</td></tr>
<tr><td colspan="2">邮政特殊服务</td></tr>
<tr><td colspan="2">其他邮政服务</td></tr>
<tr><td rowspan="2">电信服务</td><td colspan="2">基础电信服务</td></tr>
<tr><td colspan="2">增值电信服务</td><td colspan="3" rowspan="5">6%</td></tr>
<tr><td rowspan="4">金融服务</td><td colspan="2">贷款服务</td></tr>
<tr><td colspan="2">直接收费金融服务</td></tr>
<tr><td colspan="2">保险服务</td></tr>
<tr><td colspan="2">金融商品转让</td></tr>
</table>

续表

<table>
<tr><th>纳税人</th><th colspan="2">“营改增”试点增值税纳税人</th><th>2018 年 5 月 1 日前</th><th>2018 年 5 月 1 日—2019 年 4 月 1 日</th><th>2019 年 4 月 1 日后</th></tr>
<tr><td rowspan="31">一般纳税人</td><td rowspan="6">建筑服务</td><td>工程服务</td><td rowspan="5">11%</td><td rowspan="5">10%</td><td rowspan="5">9%</td></tr>
<tr><td>安装服务</td></tr>
<tr><td>修缮服务</td></tr>
<tr><td>装饰服务</td></tr>
<tr><td>其他建筑服务</td></tr>
<tr><td>老项目、清包工、甲供材，选择简易计税方法</td><td colspan="3">3%</td></tr>
<tr><td rowspan="11">现代服务</td><td>研发和技术服务</td><td colspan="3" rowspan="8">6%</td></tr>
<tr><td>信息技术服务</td></tr>
<tr><td>文化创意服务</td></tr>
<tr><td>物流辅助服务</td></tr>
<tr><td>鉴证咨询服务</td></tr>
<tr><td>广播影视服务</td></tr>
<tr><td>商务辅助服务</td></tr>
<tr><td>其他现代服务</td></tr>
<tr><td>有形动产租赁服务</td><td>17%</td><td>16%</td><td>13%</td></tr>
<tr><td>不动产租赁服务</td><td>11%</td><td>10%</td><td>9%</td></tr>
<tr><td>符合条件的跨境服务［如境内单位和个人向境外单位提供完全在境外消费的研发服务、合同能源管理服务、设计服务、广播影视节目（作品）的制作和发行服务、软件服务、电路设计及测试服务、信息系统服务、业务流程管理服务、离岸服务外包业务、转让技术］</td><td colspan="3">0%</td></tr>
<tr><td rowspan="6">生活服务</td><td>文化体育服务</td><td colspan="3" rowspan="12">6%</td></tr>
<tr><td>教育医疗服务</td></tr>
<tr><td>旅游娱乐服务</td></tr>
<tr><td>餐饮住宿服务</td></tr>
<tr><td>居民日常服务</td></tr>
<tr><td>其他生活服务</td></tr>
<tr><td rowspan="7">销售无形资产</td><td>技术</td></tr>
<tr><td>商标</td></tr>
<tr><td>著作权</td></tr>
<tr><td>商誉</td></tr>
<tr><td>自然资源使用权（除土地使用权）</td></tr>
<tr><td>其他权益性无形资产</td></tr>
<tr><td>土地使用权</td><td>11%</td><td>10%</td><td>9%</td></tr>
</table>

续表

<table>
<tr><th>纳税人</th><th colspan="2">“营改增”试点增值税纳税人</th><th>2018年5月1日前</th><th>2018年5月1日—2019年4月1日</th><th>2019年4月1日后</th></tr>
<tr><td rowspan="14">一般纳税人</td><td rowspan="6">转让不动产（非房地产企业）</td><td>销售其2016年4月30日前取得（不含自建）的不动产，选择简易计税方法（差额计税）</td><td colspan="3">5%</td></tr>
<tr><td>销售其2016年4月30日前取得（不含自建）的不动产，选择一般计税方法（全额计税）</td><td>11%</td><td>10%</td><td>9%</td></tr>
<tr><td>销售其2016年4月30日前自建的不动产，选择简易计税方法（全额计税）</td><td colspan="3">5%</td></tr>
<tr><td>销售其2016年4月30日前自建的不动产，选择一般计税方法（全额计税）</td><td rowspan="3">11%</td><td rowspan="3">10%</td><td rowspan="3">9%</td></tr>
<tr><td>销售其2016年5月1日后取得（不含自建）的不动产，适用一般计税方法（全额计税）</td></tr>
<tr><td>销售其2016年5月1日后自建的不动产，适用一般计税方法（全额计税）</td></tr>
<tr><td rowspan="3">出租不动产（不含个体工商户出租住房）</td><td>出租其2016年4月30日前取得的不动产，选择简易计税方法</td><td colspan="3">5%</td></tr>
<tr><td>出租其2016年4月30日前取得的不动产，选择一般计税方法</td><td rowspan="2">11%</td><td rowspan="2">10%</td><td rowspan="2">9%</td></tr>
<tr><td>出租其2016年5月1日后取得的不动产，适用一般计税方法</td></tr>
<tr><td rowspan="6">特殊项目</td><td>销售旧货</td><td colspan="3" rowspan="2">3%减按2%</td></tr>
<tr><td>销售自己使用过的属于《中华人民共和国增值税暂行条例》（中华人民共和国国务院令第691号）第十条规定不得抵扣且未抵扣进项税额的固定资产</td></tr>
<tr><td>以纳入“营改增”试点之日前取得的有形动产为标的物提供的经营租赁服务，选择适用简易计税方法</td><td colspan="3">3%</td></tr>
<tr><td>纳入“营改增”试点之日前签订的尚未执行完毕的有形动产租赁合同，选择适用简易计税方法</td><td colspan="3">3%</td></tr>
<tr><td>2016年4月30日前签订的不动产融资租赁合同，或以2016年4月30日前取得的不动产提供的融资租赁服务，选择适用简易计税方法</td><td colspan="3">5%</td></tr>
<tr><td rowspan="11">小规模纳税人（单位和个体工商户）</td><td colspan="2">销售货物、提供加工修理修配劳务、提供应税服务</td><td colspan="3">3%</td></tr>
<tr><td rowspan="2">转让不动产（不含个体工商户转让住房）</td><td>销售其取得（不含自建）的不动产（差额计税）</td><td colspan="3" rowspan="4">5%</td></tr>
<tr><td>销售其自建的不动产（全额计税）</td></tr>
<tr><td rowspan="4">个体工商户转让住房</td><td>转让购买不足两年的住房（全额计税）</td></tr>
<tr><td>转让购买两年及以上位于北京、上海、广州、深圳的非普通住房（差额计税）</td></tr>
<tr><td>转让购买两年及以上位于北京、上海、广州、深圳的普通住房</td><td colspan="3" rowspan="2">免税</td></tr>
<tr><td>转让购买两年及以上其他地区的住房</td></tr>
<tr><td colspan="2">单位、个体工商户出租不动产（不含个体工商户出租住房）</td><td colspan="3">5%</td></tr>
<tr><td colspan="2">个体工商户出租住房</td><td colspan="3">5%减按1.5%</td></tr>
<tr><td rowspan="2">特殊项目</td><td>销售旧货</td><td colspan="3" rowspan="2">3%减按2%</td></tr>
<tr><td>销售自己使用过的固定资产</td></tr>
</table>

续表

<table>
<tr><th>纳税人</th><th colspan="2">“营改增”试点增值税纳税人</th><th>2018 年 5 月 1 日前</th><th>2018 年 5 月 1 日—2019 年 4 月 1 日</th><th>2019 年 4 月 1 日后</th></tr>
<tr><td rowspan="7">其他个人</td><td colspan="2">销售货物、提供加工修理修配劳务、提供应税服务</td><td colspan="3">3%</td></tr>
<tr><td rowspan="4">转让住房</td><td>转让购买不足两年的住房（全额计税）</td><td colspan="3" rowspan="2">5%</td></tr>
<tr><td>转让购买两年及以上位于北京、上海、广州、深圳的非普通住房（差额计税）</td></tr>
<tr><td>转让购买两年及以上位于北京、上海、广州、深圳的普通住房</td><td colspan="3" rowspan="2">免税</td></tr>
<tr><td>转让购买两年及以上其他地区的住房</td></tr>
<tr><td colspan="2">出租住房</td><td colspan="3">5%减按 1.5%</td></tr>
<tr><td colspan="2">销售自己使用过的物品</td><td colspan="3">免税</td></tr>
</table>

后　记

随着经济全球化的日益迅速发展，企业的交易行为和模式也发生很大变化，对于我国经济体系而言，税收对经济的影响是具有广泛性的。而税收法规政策是国家为了实现一定历史时期任务，选择确立的税收分配活动的指导思想和原则，它是经济政策的重要组成部分，其中，税收政策是税收行为中更具有实践性和可操作性的指导准则。目前，随着“营改增”、环境税、所得税、个税等各项税改的全面推进与实施，我国的税收法规政策体系越来越完整，税务机关的征管越来越严格，企业税务工作者面临的责任也越来越重大。

国家电网有限公司作为资产密集的大型集体企业，具有工程项目较多、资产规模庞大、经济业务复杂特殊、管理模式多样等特点，税务处理相对复杂，税务管理要求较高。为进一步提升财务人员的工作能力及工作效率，提高企业税务管理的科学化水平，有效防范税务风险，制定一套税务工作标准迫在眉睫。国家电网有限公司财务资产部从 2018 年初开始，着手编制《电力企业税务工作指南》。在公司上下多方的共同协作下，经过一年多时间的辛勤努力，圆满完成了编写任务。本书以企业生命周期管理为脉络，全面梳理公司的日常经营业务，结合电网企业各个阶段的业务流程，推动业务前端的税收筹划和税务管理，识别已存在的和有可能出现的涉税风险，并总结出一套系统的涉税风险处理方案。本书不仅介绍了日常涉税业务的制度管理与风险管理规范办法，而且结合公司经济业务的新发展，对高新技术企业，能源合同管理、金融资产、港口岸电、“一带一路”等新兴经济业务，进行税务研究和分析，提出明确而清晰的税务处理思路和方法。因此，本书是一套融合政策性、专业性、实践性、操作性和指导性的税务管理实用工具。

本书在编写过程中，得到了国家电网有限公司相关部门、各级单位及浙江正瑞税务师事务所的大力支持，特别是浙江正瑞税务师事务所所长徐珺婷对本书提出了很多建设性意见。在此，对各位专家的辛勤付出致以最诚挚的感谢！另外，因时间仓促，本书在内容上无法避免一些微小的偏差和遗漏，望各位读者积极给予指导！

《电力企业税务工作指南》编委会

2019 年 12 月